海外派遣とグローバルビジネス

—異文化マネジメント戦略—

J. S. ブラック／H. B. グレガーゼン
M. E. メンデンホール／L. K. ストロー―【著】
白木三秀・永井裕久・梅澤隆―【監訳】
（財）国際ビジネスコミュニケーション協会―【翻訳協力】

Globalizing People through International Assignments

J.S.Black／H.B.Gregersen／M.E.Mendenhall／L.K.Stroh

東京 白桃書房 神田

日本の読者へのメッセージ

まず日本の読者の皆様に心よりご挨拶申し上げます。

私が今まで精魂を込めて手がけてきた著作の一つが、日本語の翻訳版として刊行されることを大変喜ばしく光栄に存じます。本書は、白木三秀、永井裕久、梅澤隆というこの分野において三名の卓越した大学教授陣の監修のもと、財団法人国際ビジネスコミュニケーション協会の協力を得て翻訳されました。また日本の読者の方々への翻訳版発行の機会を与えてくださった白桃書房にも謝意を表したいと思います。

本書"Globalizing People through International Assignments"は、グローバル志向がある日本企業にとって大変重要な情報を提供しています。なぜなら日本企業の将来における成功は、その企業の海外派遣者が異文化環境においていかにサバイバルし、かつ効果的に職務を遂行できるかに大きく依存しているからです。また、選抜、研修、適応、帰任といった海外勤務の全体的なサイクルにおける内容を網羅しています。また本書は、海外勤務に就く個々の日本人派遣者にとっても役に立つものです。海外勤務をする個人に対して多様な商慣習、異文化間においてビジネスをうまく遂行する上で極めて重要な仕事、日常生活、現地のスタッフとのコミュニケーションに関する異文化適応の問題についてアドバイスを提供しています。これらの諸問題は、急速なビジネスのグローバル化と情報技術の進展に伴い、すべてのビジネスは世界規模で相互に関連し合い、本書が言及している考え方やスキルは、世界の誰とコミュニケーションをしようと、またどこで働こうと相互理解を推進する上でより重要になってくるはずです。海外勤務に携わる人的資源こそグローバル経済において競争力の源泉であることは、今日のビジネス環境において明らかといえます。

本書はとりわけ日本人読者にとって価値のあるものと確信しております。なぜならとりわけ日本の海外派遣者および日本企業に関する情報を多く提供しており、これに加えて諸外国の状況を紹介しているからです。これにより、日本企業およびその海外勤務者にとってどんなチャレンジが待ち受けてるのか、また諸外国と比較した場合どうなのかといった問題を読者に予見していただけることでしょう。

本書の読者の皆様が、海外勤務を通じて異文化環境において効果的に職務を遂行する上での洞察と知恵を得られることを願ってやみません。海外勤務という経験がキャリア形成において無形の財産となり、読者の皆さんとご家族が海外勤務と海外生活を満喫されることを心より祈念しております。

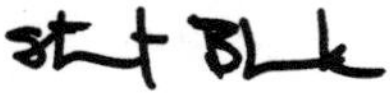

J・スチュワート・ブラック
グローバル・アサイメント・センター、マネージング・ディレクター
ミシガン大学ビジネス・スクール教授

序文

ビジネスにおける急速なグローバル化の進展とその企業への影響は議論の余地がない程、目ざましい。今まさに企業の重役会議では、多様な現地市場のニーズに対応しつつ、いかにグローバルな統合という要求を満たしていくかが議論の的となっている。多国籍企業がいつまでも繁栄を享受するためには、グローバル・コンテクスト（脈絡）において、戦略を立案・実行し、テクノロジーを開発・活用し、そして情報を創造・調整できるような人材を育成しなくてはならない。海外勤務経験は、将来のグローバルリーダーを養成する上で最も強力な方法といえる。

残念ながら、海外勤務の効用は理解されているとはいいがたい。短期のビジネス上の利益も長期的な発展という目標も十分には認識されていないからである。要するに、企業は国際勤務に投資した時間と費用に見合うリターンを得ていないのである。任期途中の帰任、業績不振者、帰任後の離職などの失敗例には、枚挙にいとまがなく、その損失は、中規模の多国籍企業でさえ年間何千万ドルにものぼる。さらに海外赴任者自身も、その勤務に伴う投資に見合うリターンを得てはいない。帰国した海外赴任経験者の一〇人中七人が海外勤務は、かれらのキャリアにとってマイナスの影響があったと考えている。実際、海外勤務はストレスがたまるものであり、そのストレスの原因による、薬物の濫用、心身の疲弊、結婚生活の破綻、その他の家庭問題も散見される。

私たち著者は全員、一時期、家族と共に海外で生活した経験を持つ。そして、不十分な、あるいは、よく整備された海外勤務システムによって、組織および個人に甚大な損失あるいは利益がもたらされていることを身をもって体験し、つぶさにみてきた。これらの経験を通して私たちは、この問題に対する理解を深め、また効果的な国際勤務システム、つまり現在までに競争優位性を達成したシステムに基いて、将来におけるグローバル・リーダーを育成するための体系的なテキストを作成したいという強い意欲を抱いたのである。

長年にわたり、企業は海外勤務制度に携わってきたが、誰を選抜し、どのようにかれらをトレーニングし、どのような要素がかれらの適応、業績、コミットメントに影響をおよぼすか、さらにかれらが帰国した後、どう会社に引き止め、活用したらよいかといった問題への理解は、多くの企業において広く浸透しているとはいいがたい。最近、これらの問題に対する学究的な調査は増えてはいるものの、その成果は学問的な論文に止まり、その知識からもっとも恩恵を受けるはずの企業経営者には知られていない。私たちは海外勤務の組織ならびに個人に対する、成果を向上させる努力を通じて、ベスト・プラクティスと純粋な学問成果を同時にもたらす必要を感じているのである。

読者

本書は国際的な競争力を達成するために、グローバル経済の中でビジネスを行い人材の戦略的役割を扱わなければならない企業経営者を主たる読者として書かれている。対象としている読者にはCEO（最高経営責任者）、ライン管理者、特に人事担当役員が含まれている。本書の内容は、経営者に海外勤務の完結的なサイクルの動きとともに、戦略的役割に関する洗練され、なおかつ実践的な認識を提供すべく書かれている。各章には四つの狙いがある。

(1) 海外勤務に対する特定の問題を検証する
(2) 問題を理解する上で前提となる原理を解説する
(3) その問題を分析するための枠組みを提供する
(4) 経営者が現行のシステムを再構築もしくは強化するための提案を行うということである。

本書の概要

本書は、海外勤務のすべての重要な側面を網羅している。第1章では、海外勤務が果たすことのできる戦略的役割を明らかにし、それらの役割が、企業が国際化していく特定の段階に応じて、いかに調整されるべきかについて論じている。第2章では、外国文化の中で効果的に働き、生活するために重要な異文化適応のプロセスについて概説している。第3章では、海外勤務者の選抜、すなわち誰を選抜するか、どう選考するかという問題を吟味していく。第4章では、海外勤務者が派遣中、効果的に職務を遂行するためのトレーニングの問題に視点を当てている。とりわけ、同章では、企業が海外勤務者のトレーニングの必要性において過剰もしくは過小な投資をしないための枠組みを提示している。第5章では、異文化適応を成功裡に導く要因に焦点を当て、企業として適応プロセスを促進することができるための方法を述べている。第6章では、親会社と海外の勤務先に対して，海外勤務者が有する二重帰属に対する先駆的な洞察を提供し，また，いかに企業が「二重帰属市民型派遣者」，すなわち，二つの組織に対する高い二つの忠誠心を持った派遣者を養成することができるかという問題を論じている。第7章では，海外勤務中に海外勤務者を評価することの難しさを検証し，どのようにしたら効果的に成し得るかについてのモデルを提示している。第8章では，多くの企業が直面している派遣従業員に対する高額な報酬に伴うコストの問題を探究し，派遣者が海外勤務に対する動機付けを高め，高い業績を発揮しつつ，なおかつ派遣コストを大幅に削減する手段を概説する。第9章では，帰国のプロセスを解明し，帰任に伴う適応と仕事の成果に影響を与える要因について探究する。ここでは，企業が帰任後の適応と成果の向上を促進するための特定のステップを指摘する。第10章では，高業績な帰任マネジャーがその派遣元企業にとどまるか去るかを決定する要因を説明する。特にこの章では，海外勤務を終えた優秀なマネジャーや経営幹部の定着策と活用に関する提案を行っている。最後に，第11章では，海外勤務の全行程の各段階から重要な要素をとりまとめている。また，海外勤務者の選考，トレーニング，評価，報酬，帰任に関するベスト・プラクティスを示している企業の事例を紹介している。

謝辞

本書が企業や個人のお役に立てるとするなら，それは多くの方々による協力の賜物である。第一に著者らが，日本，フィンランド，スイス，カナダといった場所で海外生活を喜んで共に過ごしてくれた私たちの家族に対して，その協力と理解に対して感謝したい。また，海外での勤務，生活の体験を共有してくれた多くの方々に謝意を表す。最後に，長年にわたり私たちと協働し，仕事を支えてくれた多くの同僚と共に，ブリガム・ヤング大学ビジネススクール、カリフォルニア大学アーバイン校、テネシー大学チャタヌーガ、ロヨラ大学シカゴ校（とりわけエリカ・フォックス、デーブ・マーフィー、スタンシー・バレー）の同僚に謝意を表したい。

J.スチュワート ブラック（J.Stewart Black）カリフォルニア州 サンディエゴ市

ハル B.グレガーセン（Hal B.Gregersen）ユタ州 プロボ市

マーク E.メンデンホール（Mark E.Mendenhall）テネシー州 チャタヌーガ市

リンダ K.ストロー（Linda K.Stroh）イリノイ州 シカゴ市

第Ⅰ部　序　論

第1章　グローバル勤務の戦略的役割　2

第2章　異文化適応へのプロセス　48

第Ⅱ部　グローバル勤務以前

第Ⅲ部　グローバル勤務中

第Ⅳ部　グローバル勤務以後

第Ⅰ部 序論

第1章　グローバル勤務の戦略的役割

世界市場における競争で、勝利する企業と、敗北するもしくは競争力を持つことができない企業とに分かれてしまうのは一体なぜだろうか。アナリストたちの答えは様々である。そのカギは戦略にあり、勝者は明確なゲームの計画を持っていると考えるアナリストもいる。別のアナリストは、構造が成否を左右すると考えている。さらに別のアナリストは、技術革新こそが今日のグローバル・ビジネスの諸課題に適切に対応する方法であると主張する。

私たちは人材こそがカギであると考える。それは、人が戦略を立案、実行し、組織構造をデザインし組み立て、さらには技術を生み出し活用するからである。この考えは、一九九七年の国際人事協会（International Personnel Association）の研究から支持されている。その研究は、グローバル・リーダーを育成する多国籍組織の能力とビジネス上の成功との正の相関を示している。またグローバル・リーダーシップ協会（Global Leadership Institute）による、従業員の国際化のレベルとＲＯＡ（総資産利益率）の正の相関性を示す調査結果がある。これらの研究結果にも示唆されるように、人のグローバル化こそ競争の激しい国際ビジネスにおける成功のカギであるといえる。[*1]

GE社のCEO（最高意思決定者）兼会長であるジャック・ウェルチ（Jack Welch）は次のようにうまく表現している。

「未来のジャック・ウェルチは今の私のような人間であるはずがない。私は、自分のキャリアのほとんどを米国で過ごした。しかし、次期のGE社のトップはボンベイ、香港、ブエノスアイレスなどで仕事をした経験のある人になるだろう。われわれは最も優れた人材を海外に送り、将来のGE社の繁栄を担うグローバル・リーダーを育成するトレーニングの機会を与えなければならない」。

以上のようなジャック・ウェルチのコメントから考えてみても、人材こそが成功へのカギであるといえる。結局のところ、企業の戦略は、戦略策定者のレベルに依存するのである。たとえば、グローバルな脅威やチャンスを認知するか見過ごすかは戦略策定者の経験や見識にかかっている。かれらがグローバルな展開のための組織を構築し、結果を出せるかは、かれらがどう組織、市場、競争者およびそれを取り巻く環境を認識するかにかかっている。では、何が戦略策定者に効果的なグローバルな発想や見方を身につけることを可能とするのであろうか。三年間にわたるヨーロッパ、北米、アジア地域の五〇企業における一五〇人以上の経営幹部を対象とした研究の結果は次のようなものである。[*2] すなわち、海外勤務こそがグローバル・リーダーの見識や能力を身につけさせる最も強力な経験だということである。同時に海外勤務は、グローバル人材を育成するために最も一人当たりコストがかかる投資でもある。しかしほとんどの企業がこの莫大な投資からそれ相当の利益を得ていないことは残念な現実である。それゆえ，海外勤務からの利益を最大化し，効果的に国際人を育成するための洗練されかつ現実的な指針となるベスト・プラクティス，考え方，ならびに科学的研究から学ぶことが重要である。

▶グローバル勤務の戦略的価値◀

これまで米国企業は，戦略的な目的にグローバル勤務を利用してこなかった。一般的に経営陣は，ローカル人材の能力は新しい業務に対して不十分と感じており，派遣者は特定の業務を遂行するために派遣されてきた。このことは，企業や個人にとって海外勤務という戦略的な意義が軽視されてきたことを意味している。

それとは対照的に，今日のリーディング・カンパニーはより戦略的なアプローチをとっている。かれらにとってグローバル勤務は後継者育成やリーダーの育成，つまり技術力，革新性，それに情報の交換や伝達といった調整能力や管理能力を養成するために重要な役割を果している。

リーダーシップ育成とグローバル勤務

上述のジャック・ウェルチの言葉が示すように、現職のCEOたちの主たる課題や責任の一つは将来の経営幹部やCEOを育成することである。[*3] 現職のCEOたちは、会社の将来の戦略は組織の人材の質以上のものにはなりえないことを認識している。たとえば、ベートーベン（Beethoven）の協奏曲は美しく力強いかもしれないが、ピアノを習いたての人がそれを奏でられるはずもない。ビル・ウォルシュ（Bill Walsh）のパス攻撃はすばらしいが、ジョー・モンタナ（Joe Montana）やスティーブ・ヤング（Steve Young）くらいの選手でないとそれを任せられない。今日のビジネス環境においても同様に、グローバルなビジネス環境を用心深く考慮することなしに、戦略を立てたり実行したりすることは考えられない。

グローバルに活躍できるリーダーの育成は、すべての企業にとって最優先すべき課題である。実際、ある報告によると海外勤務を通してグローバル・リーダーを育成することの重要性を認識しない経営幹部は、CEOとしての職務にふさわしくないと結論づけられている。[*4] 幸いにもほとんどの人材開発担当役員はそれらの必要性を十分に認識している。国際人事協会のレポートは、次世代のグローバル・リーダーを確保し、育成することは人材開発担当役員にとって最優先すべき課題であると報告している。[*5] 最近、ブランズウィック社（Brunswick Corporation）のCEOを退いたジャック・リチャート（Jack Reichert）は、将来におけるグローバル・リーダーを育成する重要性を認識していた。

「資金源は大した問題ではない。有力なグローバル企業として必要な資金、製品、地位は持ち合わせている。われわれに足りないものは人材である。われわれにはグローバル・リーダーに求められる能力を持ちあわせた人材が不足している」

次世代のグローバル・リーダーの育成がいかに大切かを認識するためには、グローバル市場で最近起こった重要な展開について目を凝らす必要がある。ざっと見ただけでも二一世紀のリーダーにとって息をのんでしまうようなチャンスや脅威が存在する。たとえば、以下のような出来事である。

・アジア諸国の通貨経済危機
・香港の中国返還
・金融市場の自由化（英国のビックバンと日本の現状）
・東ヨーロッパの民主化
・東西ドイツの統一
・貿易ブロック（地域経済圏）の出現（NAFTA、ECなど）
・外資系企業の国内市場への参入
・インドネシアでのスハルト大統領の退任
・新興経済諸国の台頭（中国、インド、ラテンアメリカ）

二一世紀に向け、効果的に戦略計画を立て実行するために、マネジャーや経営幹部は、海外現地の顧客、供給業者、労働予備軍、政府の政策、技術などの固有のニーズに対して、また同時に世界市場の一般的なトレンドに目を向けることができなければならない。個人にとっては、単なる情報収集さえ莫大な状況把握能力が求められる。生のデータを効果的に分類し解釈するために、広範囲な知識とデータ処理能力が必要とされる。また、異なる文化、宗教、民族的背景を持つ人々を理解し効果的に仕事をする能力に加え、そのような異文化を持つ人々で構成されたチームをうまく統率する能力が要求される。これらの能力を身に付けることのできないマネジャーや、能力のあるマネジャーを育てることのできない組織は、二一世紀において予期せぬリスクを被ることになるであろう。

海外勤務は、将来のリーダーに必要なスキルや知識を身につけるための最も効果的な手段である。このことを認識し始めた企業が増えてきている。インターナショナル・フォード・モーター社（International Ford Motor Company）の財務部長であるグレッグ・ガイガー（Greg Geiger）はかれ自身の経験に基づき次のようにコメントしている。

「海外勤務のインパクトを次のような私の経験で説明したい。就職して間もない頃、私は製造工場で働く機会があった。その後、工場を離れ、工場の分析を行う人々と仕事をした。その経験から工場内で働いたことのある人と、ただ工場を訪れたことのある人とでは明らかな違いが存在することを発見した。この両者の付加価値はまったく別の能力である。製造を理解し、それに貢献することができるようになるには、工場内で働くより他に良い手段は存在しまい。これは海外の事業展開、市場、文化を理解する点においてもまったく同じことがいえると考えている」

ガイガーによれば、海外勤務以外の方法で海外勤務のことを学ぶことは不可能である。かれはグローバル勤務を通してのグローバル・リーダー育成の価値を認識している。もう一つの例として、フィリップ・モリス社（Philip Morris Companies Inc.）があげられる。同社の主張によると近年の持続的な成長のカギは、グローバルな「ベンチ・ストレングス予備軍の強み」を理解し、自社の人材を競争のための「武器」と考えていることにある。フィリップ・モリス社は世界一八〇か国に一七万人もの従業員を擁している。二〇〇〇年には従業員の七五％が米国以外に生活していることになるという。同社では海外勤務をリーダー育成の普遍的な手段としているのである。

GE社もまた海外勤務の重要性を認識している。GEでは、マネジャーの二五％は、同社が世紀の変わり目までには直面するであろうグローバルな市場、顧客、供給業者そして競争者を理解するために必要な知識や経験を得るため、海外勤務が必要となると見込んでいる。

ジレット社（Gillette）においては単に本社から海外に人を送り出すだけではない。同社では一九八〇年代中ごろから、世界中の組織で最も優秀な人材を選び出し、海外勤務を経験させるというプログラムをスタートさせた。同プログラムは、世界中のすべての階層とあらゆるエリアにおいて世界中のどの市場でも働くことができ、またジレットという会社と戦略を徹底的に知り尽くしているマネジャーによるグローバルな組織をつくり上げるために始められたのである。[*6]

優秀な海外派遣者を選抜するため、一九八〇年代の半ばに、コルゲート・パルモリブ社（Colgate-Palmolive）はハイ・ポテンシャルなマネジャーに様々なグローバル市場で働く機会を与えるプログラムを始めた。その目的は国際的、全社的に見てトップの職位に求められるリーダーシップ・スキルを開発するためのものであった。同社では、二〇人の初級レベルの国際マーケティング職種を募集したところ二万人以上の申込みがあったという。その初級レベルのマーケティング職種につく新たな従業員は海外経験を積むことができ、コルゲート・パルモリブ社におけるキャリアの最初から出世コースにのることができるのである。

上記のいくつかの事例は、今日のグローバルな市場において効果的に企業戦略を構築し、実施するためには、人材こそがカギであり、また海外勤務が人材をうまく育成しグローバル化するための戦略的役割を果すと見なし始めている企業が増えていることを示している。

調整、統制、海外勤務

グローバル勤務は国際企業の調整や統制においても戦略的な役割を果たす。今日のグローバルビジネスの環境下では、世界中の事業単位を効果的に調整し統制することは三つの要因から複雑になっている。

交通機関とコミュニケーション技術

世界は徐々に狭くなりつつあるといわれるが、実際は拡大している。交通機関やコミュニケーション技術の発達により、企業は今まで訪れたこともない国々にも進出し、グローバル化の速度は加速している。今や、世界中のどこにいても短時間で電話や電子メールを使いコミュニケーションが取れ、数時間でどこへでも移動することができる。これまでは交通や情報の伝達が難しく時間がかかっていただけに、世界中どこでもビジネスが展開されることはあり得なかった。すなわち、世界全体は、マーケットとして存在はしていたが、常に重要、かつ身近であったわけではない。しかし、今日はそうなっている。カリフォルニアのアーバインに本社のあるフラワー社（Flour Corporation）を見てみよう。同社は世界中で二二、〇〇〇人以上の従業員を雇用し七四億ドルもの売り上げを誇る建設会社である。中核的子会社であるフラワー・ダニエル社

(Flour Daniel)は随時八〇か国以上でビジネスを展開している。[*7] この世界中におよぶネットワークの調整と統制は容易ではない。国際事業の展開は企業経営において、脇役から主役になってきたのである。

文化的多様性

二番目の要因は広くて奥深い文化的多様性であり、それは顧客、供給業者、従業員、政府関係に影響を与える。たとえばある国や文化において、賄賂とみなされる行為は他の国では通常のビジネス習慣であることもある。[*8] また、ある市場においては低価格が重要だと見なされても、別の市場では技術力や品質が重要とされるかもしれない。圧力制御装置を製造している中規模の会社、バキューム・ジェネラル社(Vacuum General, Inc.)を見てみよう。同社は大量ガス流体システムを製造しているタイロン社(Tylan Corp.)を買収した。その理由はタイロン社はドイツ、フランス、イギリスに子会社を持っていたからである。その買収によりバキューム・ジェネラル社はタイロン・ジェネラル社(Tylan General)という新しい社名になり、欧州の半導体装置市場まで手を広げることが可能になった。合併前はヨーロッパの事業単位は自立的に運営を行っており、それぞれが個別の戦略を持っていた。トップの経営陣は、米国と新しい欧州におけるビジネス単位を、購買、マーケティング、製造などの多くの側面を統一的に調整することは極めて難しいことに気づいた。そこで、タイロン・ジェネラル社のCEOであるデビッド・フェラン(David Ferran)は以下のようにコメントした。「われわれは時々海外の子会社のマネジャーと話し合いを設け、その時点でかれらは理解していると思っていた。しかし後にそうではないということに気づいた。それはコミュニケーション不足によるものからかもしれないし、あるいはかれらが理解することを望んでいなかったからかもしれない」。[*9]

地理的分散

地理的に分散されたオペレーションの調整と統制を複雑にする三番目の要因は、関係国政府からの対立する要求に起因する。たとえば、ある国は本国政府が規制しているある特定の技術の移転を要求してくるかもしれない。また、ある国の子会社で育てられた技術者の、別の国への異動の必要は、国籍に起因して当該国の移民政策によって阻まれる。たとえば中国におけるナイキ社（Nike）の事例がそうである。

近年、ナイキ社が主として輸出用のランニング・シューズを生産するために中国の製造会社と生産協定を結んだ際、中国側にも、技術的専門知識が必要であることに気がついた。中国における労働賃金は非常に廉価であるが、中国の現地マネジメントや従業員は、ナイキ社が求めるシューズの量や質を生産するための技術的ノウハウを持ちあわせていなかった。ナイキ社が最も効率的で先進的なオペレーションを行っているのは韓国であるが、ナイキ社が中国の生産方式の改善を援助するため、韓国の技術者を派遣しようと試みたところ、韓国の技術者は一時的なビザの発給さえも、中国政府に拒まれた。この行動は、北朝鮮と中国の政治的協力関係と北朝鮮と韓国間の政治的な緊張状態が主な理由だった。結局、中国での生産に技術的なノウハウを伝えるため、ナイキ社の幹部は、韓国の従業員が直接教える代わりに、トレーニングや説明内容のテープをつくった。

地理的な距離、文化的多様性、利害の異なる政府の要求は、効果的な調整と統制の重要性と困難性を高める一方、企業の戦略やオペレーションをちぐはぐなものにしてしまう。方針やマニュアルは調整や統制に役立つが、翻訳、通訳の質、現地の諸条件（文化、政府の政策、経済など）に左右される。さらに子会社が成長するにつれ、資本、技術、専門知識といった資源は、本社のコントロールに役立たないかもしれない。[*10] フォード・モーター社（Ford Motor Company）の製造ラインのシニア幹部は、この調整や統制は世界中の人材を活用することにより最大限に達成されると次のように言及している。

「フォード二〇〇〇」を掲げる以前は、フォード・モーター社は各地域の会社の集合体にすぎなかった。しかし、それ以降、ほとんどすべての従業員が統制のとれたグローバルな市場という大きな目標に向かって歩み始めた。二年前、「フォード二〇〇〇」を掲げ、グローバル・リーダーの育成に焦点を当て始めた。操業のなかった市場で成長するために、各地域では、突然基幹人材に経験のない異なるスキルが必要となった。私は、世界中の役職にふさわしい良い人材を発掘する責任を負っている。驚いたことに、これらの役職者には誰一人として北アメリカやヨーロッパの人間はいない。かれらは南アフリカ、オーストラリア、台湾、ニュージーランドなどの出身であり、海外において操業を開始するための必要なスキルをそれぞれの国で身につけていた。

成長期の子供のように、子会社はより自由を求め、本社からの指示や統制に抵抗するかもしれない。グローバル勤務は、調整や統制といった重要な経営能力を身につける上で、また世界中の重要な役職に共通の目的と理念を持つ有望な人材を配置するための有効な手段である。

図表1・1　情報フロー

	低情報流入	高情報流入
低情報流出	孤島型《アイランド》	導入型《インプリメンター》
高情報流出	革新型《イノベーター》	統合型《インテグレーター》

技術力、革新性、情報伝達、そしてグローバル勤務

地理的距離、文化的多様性、複雑な現地とグローバルの需要と供給の状況、いろいろな革新性などは、国際的な企業の様々な事業単位が情報を共有したり交換する必要性を創出してきた。図表1・1は情報の親会社・子会社間あるいは子会社間どうしの流れを示している。[*11]

図表1・1は自明ではあるが、簡単な説明を加えることでより明確になるだろう。分析や解説は会社内の組織の単位（本社、海外の子会社、部門、部署など）どれにでも当てはめることができるが、ここでは例として海外の子会社をあげたい。

「孤島型」の海外子会社は、（たとえば、競争のためのアイデア、生産技術、戦略的方針などの）情報が親会社や他の海外の子会社から**流れてきたり**、または逆に**流すこと**はほとんどない。本質的に子会社は、国内市場において、「独自のビジネスを展開」している。

「導入型」の海外子会社は、親会社や他の海外子会社から多くの情報が**入ってくる**が、逆に情報を**流すこと**はほとんどない。本質的にこの子会社は国内市場において指示を受けたことだけを実施（つまり導入）する。

「革新型」の海外子会社は、親会社やその他の海外にある子会社からわずかな情報しか**入らない**にもかかわらず、かなりの量の情報が親会社やその他海外子会社に**流される**。この子会社は他の事業単位にとってはアイデア、方向性などの情報源なのである。

「統合型」の海外子会社は、かなりの量の情報が親会社やその他海外子会社から**入り**、同時に**発信も行う**。この大量の情報の行き来については、高いレベルでの統合と調整が必要となる。

これらの四つの分類のうちどれが本質的に良くてどれが悪いということはない。特定のビジネス環境によってどれもが適切でありうる。重要な点は、完全に切り離され孤立した子会社を除いて、情報の往来は重要な戦略機能を果すということである。この情報の行き来が戦略的で競争的な決断を下す際の基礎を形成することになる。ニューズレターや社内会議のようなメカニズムは、情報の共有や交換を容易にする手段である。インターネットやEメールはいまだハードウェアの互換性や言語の標準化などによる限界はあるが、広く利用されている。それにも関わらず、最も貴重な情報というのは、きめこまかさ、微妙なニュアンスを含むような、精妙さに富んでいることが多く、デジタル化することは容易ではない。このように微妙なニュアンスをふくむような情報を効果的に交換するためには、当事者間のつながりや信頼関係が必要となる。グローバル勤務は、人々が長期間肩を並べて共に働く機会をあたえ、情報交換ができるための信頼と理解を築き上げるのである。

しかしながら忘れてならないのは、情報の交換は、海外勤務期間中と同勤務終了後の両方で行われるのである。たとえば、最近、ルーセント社（Lucent）とフィリップス社（Philips）がポケットベル、携帯電話といった個人用の通信製品に特化した大規模のジョイント・ベンチャーをたちあげた。製造プロセス技術を移転するために、そのジョイント・ベンチャーはオペレーションに必要な人員をアジアから米国に異動させた。半導体の情報ならびに技術の交換を最大限に行うことを確実にするため、世界中のオペレーションの至る所からシリコンバレーへと優れた技術者を移転させた。コストはかかってもその移転は必要不可欠であった。個人間で築き上げられたつながりがもたらす利益は、海外派遣から戻った後も、または次の海外勤務まで途絶えることなく、継続された。海外派遣中に築き上げられた個人的な人脈によって、それまでにはなかった高いレベルにおいて、競争状況や、マーケットや技術に関する情報交換が個人間で続けられた。その結果として、当該ジョイント・ベンチャーはノキア社（Nokia）のような競争相手に対しても、より迅速に反応することができた。なぜならば、より多くの人がより多くの情報をいち早く入手していたからである。

グローバル勤務が戦術的な役割を果すと同時に、優れた企業はまた戦略的役割を遂行するためにグローバル勤務を利用する。海外勤務はグローバル・リーダーの育成に必要不可欠である。海外勤務は、企業の持つ世界中にまたがるオペレーションを調整し、統括する上で、非常に価値のあるものであり、海外にいる期間のみならず帰任した後においても技術力、革新性、情報の移転の交換や推進において効果的なのである。

▼グローバル勤務に対する観点の再考▲

海外勤務の果たす戦略的な役割に関わらず、どのように海外勤務を利用し、派遣者に誰を任命すべきかについて狭く近視眼的な見解を持つ担当役員が多い。多くの米国の企業は、その地位の必要性と現地国の従業員ではそのポジションを埋められないことを主たる根拠にしてグローバル勤務を継続している。[*12] グローバル勤務者を決定する人間は、日常において実際、後継者育成や管理者育成をしばしば忘れ去ってしまっている。後継者育成計画は配置転換計画となり、緊急性が重要性よりも優先されている。[*13]

担当役員がグローバル勤務の果す戦略的役割に注目し始めた時でさえも、焦点はたいてい本国の人々を海外の子会社へ勤務させることへ向けられた。現地国のマネジャーに対してグローバル勤務が果すことのできる戦略的役割として二つの要因があげられる。

一つは、多くの外国の政府は、経営を「現地化」するように国内で操業する多国籍企業に圧力をかけている。現地化というのは、つまり、現地のマネジャーが責任ある職位に就けるよう育成し、昇進させ、海外派遣者を排除することを意味する。二つ目は、多くの会社において海外経験のない現地のマネジャーが現地の事情に敏感になりすぎたり、非現地国人を馴染みがなくかけ離れた人種として見たり、会社の方針や計画そして戦略を誤解したり、反発したりしてしまう傾向がある。現地国のマネジャーはまた、ときとして本社や本社が展開するグローバル戦略、他国の子会社間の関係について理解していない場合、人的資産ではなく、むしろお荷物になる。したがって、コストを抑え、現地化への圧力に対応するためだけに現地のマネジャーを海外派遣者の地位へ動かすことは得策とはいいがたいだろう。こうした理由から、企業は世界中のオペレーションを通して、グローバル人材を育成するために海外勤務をとらえ、また活用し始めた。たとえば、コダック社（Kodak）では、高い潜在能力のある現地国のマネジャーを見出すと、米国の重要な現場へのグローバル勤務を命じるというプログラムがある。これは先に述べたような三つの戦略的目的を果すために考えられている。海外勤務は後継者育成計画や管理職の育成を促進する。なぜならば、海外勤務は海外で得た経験や幅広い先見力、より一層の知識を身につけ、対人コミュニケーション・スキルを高め、帰国後、より高い地位に就くための能力を磨くことになるからである。海外勤務において派遣者をコダック社の社風や経営理念に順化させることで、企業の調整や統制機能を高めるのである。また、この方式は海外のマネジャーと国内の米国人マネジャー間の情報の共有を促進することにもつながる。

しかしながら、現地国籍の人が親会社の所在する国だけにグローバル勤務を命じられるとは限らない。フォード・モーター社は「第三国」に海外の人々を異動させる機会を徐々に増やしている。「第三国」とは、現地の派遣者のみならず親会社にとっても外国である国である。フォードの役員は「第三国」への海外勤務は、将来必要となるリーダーシップのスキルを高め、親会社と子会社間、また子会社同士の調整と統制の機能を促進し、フォードの持つ世界中のネットワークを通して、情報の共有と交換を促進すると考えている。

要するに、海外勤務はもっとも頻繁に「当面の問題に対処」するために利用されるが、同時に、戦略的目的を達成させるためにも利用することができるのである。戦略的役割として海外勤務を利用することは、本国の従業員にとって明らかに重要なことだが、それと同時に、企業の持つ世界中のオペレーションを通して重要な人材をグローバル人材として育成するために極めて効果的だといえよう。

稚拙な経営によって生じるグローバル勤務のコスト

この時点で、グローバル勤務の戦略的役割を確信した人もいれば、そうでない人もいるだろう。海外勤務が「当面の問題に対処」するために用いられようと、将来のリーダーを育成するために用いられようと、海外勤務を不適切に計画し実行するために生じる広範囲で深刻なコストについて明らかにすることは大切である。海外勤務の失敗にかかるコストとは、五つに大別することができる。それは、派遣の失敗、「意欲喪失者《ブラウン・アウツ》」、帰任後の離職、悪循環の進行、および本社における経営幹部能力の失堕である。

派遣の失敗

グローバル勤務において失敗に終わる（すなわち予定より早く帰国してしまう）米国人派遣者の割合は、一〇%から四五%の範囲にわたり、低開発国や発展途上国への勤務者に比較的多い。[*14] つまり海外に派遣された米国人の派遣者のうち、一〇人に一人から五人が海外勤務に失敗しているのである。ヨーロッパ企業や日本企業からの海外勤務者の失敗は、米国人派遣者の半分以下である。（米国とヨーロッパや日本企業の失敗比率の違いと、米国人の失敗比率の要因については第5章でより詳しく考察する。）

直接的な引越し費用

失敗に終わる海外勤務の主要な直接的コストは、物理的な移動に関わるものである。派遣者とその家族、そして家財一式の送付にかかる費用は膨大である。（米国人の派遣者の八五%が既婚である）。[*15] たとえば、米国から東京への派遣というよくある事例では、通常七万五千ドル（転居手当てとして八、三三三ドル、仮住居費用一万九千ドル、不動産業者への支払いに一万四千ドル、日本への片道渡航費用に一万一千ドル、引越し費用として二万ドル、保険料として三千ドル）かかる。[*16] そして、派遣者やその家族を本国に帰国させるためにおよそ六万ドルから七万ドル、加えて後任者を派遣するのに、さらに七万五千ドルの費用が発生する。海外派遣の失敗のために、転居コストだけで、何と二二万ドル以上もかかるのである。

中断コスト

派遣者の出発前の準備期間に、給料の全額をもらっているにも関わらず、遂行すべき職務を十分には果たせない期間がある。また、当然のことながらグローバル勤務の最初の二、三カ月間は、派遣者が新しい文化、環境、そして仕事に順応する期間である。海外派遣が失敗に終わる場合、二重の問題がある。海外勤務で自分を取り戻し、順応し、よい成果を上げることのできる派遣者とは違い、失敗する人というのは中断期間に見合うような長期的利益をもたらすことはない。また派遣者がいったん海外に赴任すると、基本給、海外勤務手当、住宅手当、教育手当、生計費格差、税額調整手当など、通常の少なくとも二倍の報酬手当が発生する。海外派遣に失敗すると、長期的利益が無いために、適応のために実働していなかった期間を考慮すると実に二倍かかってしまうのである。

間接費

先に述べたような計算可能な経済的コストに加え、企業と個人の両方にとって数値化ができない大きな間接費が存在する。企業の場合、海外勤務が失敗することで、現地国の従業員、現地政府の役人、現地の供給業者、顧客、コミュニティーのメンバーなどの重要な関係者に損害を与えかねない。もし、損害が発生すれば、たとえ後任者が最も有能な人であったとしても、損害の修復をしながら、効果的に職務を遂行することは難しいだろう。間接費を計算することは難しい一方、実はときとして最もはっきりとした結果として現れるのである。個人の場合、グローバル勤務が失敗に終わることは、キャリアや自尊心を傷つけられるだろう。実際、われわれが何年もの間、取材してきた多くの派遣者は、早期帰国してしまうことで、かれらのキャリアにマイナスの結果をもたらすのではないかと恐れ、現地にとどまったと語ってくれた。企業にとっては、ビジネスチャンスを逃し、従業員の士気を低下させ、政府の役人たちを怒らせたり、顧客を落胆させたりするようなことは、財務的成果すべてにマイナスに影響しうるのである。

意欲喪失者

「意欲喪失者《ブラウン・アウツ》」とは、予定より早く帰国するわけではないが、効果的に責務を果たしていないマネジャーのことである。調査によると、米国人全派遣者の三〇％から五〇％の人々がこの分類に当てはまるという。[*17]

一九九五年の米国外国貿易協議会（National Foreign Trade Council）による調査では、一回当りの海外勤務で、派遣者が引き起こした失敗に関わるコストは二〇万ドルから一二〇万ドルにおよぶということがわかった。[*18] これらのコストは、報酬、教育、オリエンテーション、研修、解雇、転職のように、直接数字として把握できる費用だけある。さらに損なってしまった仕事上の関係、生産性の低下、現地従業員の離職、ビジネスチャンスの喪失などその失敗に関わる間接費を含めると、その数字は簡単に二倍にはねあがるであろう。海外勤務中の意欲喪失者によって生じるコストを最もよく表している例として、GE社（ゼネラル・エレクトリック社）のケースについて紹介する。[*19]

ケース一：GE社（ゼネラル・エレクトリック社）— Cie Generale de Radiologie

一九八〇年代半ば、GE社は大規模な戦略的再編成を行い、医療技術が同社の中心ビジネスの一つとなった。GE社の掲げた目標は、戦略的ビジネス単位のすべてが世界中の競争相手のなかで一位、または二位になることであった。

医療技術（特に映像技術）のグローバルな戦略的地位を高めるために、一九八八年にGE社はCGR社を子会社にした。CGR社はフランスの国有企業で、行政機関と同じように運営されていた医療器具製造会社であった。GE社は、GE社が所有していたRCA社の家電ビジネスの売却と引き換えに国営のトンプソン社（Thomson S.A.）からCGR社と八百万ドルを現金で獲得した。CGR社の買収は、多くの人からすばらしい戦略的活動であるとみなされ、GE社は最初の一年間の操業で二千五百万ドルの利益を予測していた。しかしながら、戦略立案者が立てた計画通りには事は進まなかった。

GE社がまず最初に取り組んだことは、フランス人マネジャーに対してトレーニング・セミナーを開催することだった。GE社はセミナーの参加者に〝一丸となって突き進もう〟というスローガンが入ったTシャツを配った。フランス人のマネジャーたちはTシャツを着たものの、かれらの多くは気に入らなかった。あるマネジャーは、「制服を着せるなんて、まるでヒトラーが戻ってきたかのようで、屈辱的だ」と述べた。

買収の直後、GE社はCGR社の会計システムを整備するため、米国人の専門家をフランスへ送った。しかし残念ながら、その専門家たちはフランスの会計制度と申告方式についての知識がほとんどなく、フランスの申告方式やCGR社が従来行っていた記帳方式には不適当なGE社のシステムを押し付けようとしたのである。この問題（そして合意に至るまでの作業）は二、三カ月つづき、膨大な直接費と間接費コストの発生につながった。
そしてGE社は、CGR社をミルウォーキーにある医療機器部門に統合させようと試みた。CGR社は計画していた二千五百万ドルの利益のかわりにそれと同額の損失を出していたため、ミルウォーキーの幹部がCGR社を再建すべく派遣された。大量の解雇やCGR社の持つ一二の工場の半分を閉鎖するコスト削減の手段がとられたことは、フランス人従業員に衝撃を与えた。GE社のあくなき利益追求型社風は、国営の非競争的なCGR社の社風とことあるごとに衝突を繰り返した。英語で書かれたポスターをあちこちに貼りめぐらしたり、GE社の旗を掲げたりすることでCGR社をGE社の社風へと融合させようとするGE社の試みは、フランス人従業員から相当な抵抗を受ける破目となった。ある労働組合幹部は、「かれらはここに自慢をするためにやってきたんだ。〝われわれはGE社だ。我こそがナンバーワンであり、常に正しい。〟と言わんばかりにね」とコメントした。フランス人のマネジャーや技術者たちの反発は非常に強く、多くがGE-CGR社を辞めていった。ついには、全体の従業員数は六、五〇〇人から五、〇〇〇人に減った。GE社本部では、GE-CGR社が一九九〇年には利益を計上するだろうと予測していたが、さらに二千五百万ドルの損失を出してしまったのである。

この例の場合、われわれはGE社を名指しで非難しようとしているわけではない。多くの専門家がGE社を成功している多国籍企業だと見ている。しかし、ここでは海外勤務に対し、十分に計画を立て、実行しなかった際に生じたコストについて例証している。グローバル勤務において適切に業務を遂行できないマネジャーは、投資に見合う利益をほとんど生み出さない。そして、金銭と時間を浪費するプログラムやプロジェクトに着手し、修復が難しい大切な関係に損害を与えることもある。また将来必要とされる現地の優秀なマネジャーを追い出してしまうことさえあるかもしれないのである。

帰任後の離職

帰任は最も見過ごされている海外勤務の側面かもしれないし、また潜在的に最もコストがかかる側面でもある。残念ながら、米国の企業にとって、帰任後一年以内に退職するマネジャーの割合は約二〇％である。[*20] 平均的に会社は毎年、海外派遣したマネジャーに全費用（給料、報酬など）として一五万ドルから二五万ドルを費やす。[*21] たとえば、基本給として一〇万ドルを稼ぎ、二人の子供がいる米国人の派遣者を維持するためには、少なくとも一年間に東京では二二〇、三七〇ドル、シンガポールで一八〇、三一二ドル、北京で一五七、七六二ドルかかる。[*22] フィリップ・モリス社は基本給が一〇万ドルの派遣者を東京へ派遣するために、年間八一万六千ドルをも費やしている。（賞与予定額として二万五千ドル、八万六千ドルの生計費手当、五千ドルのハードシップ手当、一七万一千ドルの住宅手当、三万一千ドルの帰国休暇手当、二人の子供に対する九万ドルの教育手当、七万五千ドルの転居手当、これらに、給料の一二万五千ドルを加えて合計八一万六千ドルとなる。）平均的な四年間の海外勤務では、マネジャー一人当たりに対して、企業は百万ドルからおよそ三百五十万ドルを投資する。この投資は、その海外勤務が後継者育成計画や管理職育成計画の一部であるならば、特に重要である。平均して米国企業では、この相当な金額の投資に対して長期的投資効果がまったく得られない確率は二〇％である。米国企業は、後継者を養成するためにこれらの投資を繰り返さなければならず、二重の投資を強いられるだろう。その上、離職した派遣者たちは、競争相手である企業に再就職することがよくあるので、企業は事実上、ライバル企業のグローバル・リーダー育成のために投資していることになる。帰任後の不適応や離職にまつわる要因は第9章で詳しく触れる。ここでの重要なポイントは、帰任者の管理が不十分であれば莫大な費用がかかってしまうということである。

悪循環の進行

これらすべてのコストが積み重なることで悪循環を進行させ、まわりに悪影響をおよぼしかねない。それは企業のグローバルな競争優位性を侵食し、崩壊させかねない。グローバル勤務の失敗、「意欲喪失者」、および帰任者の離職問題といったうわさが広がることで、組織の世界中にいる優秀な人々は、グローバル勤務はキャリアを破滅するものとして捉えてしまう。この悪評判によって、グローバル勤務のための最優秀候補者の採用や派遣が困難になり、より多くの失敗を繰り返す可能性が増加してしまう。候補者とその職務能力の質が下がることは、事態を自ずと悪化させ、あらゆる側面において悪化の勢いを増大させる。企業は海外赴任をさせることをやめてしまい、その結果、情報交換に伴う問題と同様に、調整と統制をより困難なものとしてしまう。きりもみ降下によって空から飛行機が落下するように、いったん事態が悪化し始めると、統制を修復することは難しい。しかしながら、修復は可能である。たとえば、GEメディカルはフランスでの経験から学び、方針や慣習を劇的に変化させ、今や海外勤務の方針や慣習における最も優れた企業の一つとなっているのである。

本社における経営幹部能力の失墜

おそらく最も重要なのは、この悪循環によって、グローバル環境において極めて重要な理解や経験を持つリーダーが減少する恐れがあることだ。結果として、不十分な戦略計画や実行、そしてグローバルな競争社会での立ち場がこれまで以上に悪くなるという事態を引き起こしかねない。マネジメントの失敗は、最終的に経営資源を無くしてしまうことにつながる。これはグローバル化において致命的な欠陥となる。なぜなら海外経験がなければ、経営幹部はグローバル戦略を的確に練り上げ、実行することができないからである。コーンフェリー・インターナショナル社（Korn/Ferry International）の最近の調査によると、未来のＣＥＯにとって、海外勤務の経験はますます必要となるという結果が出た。[*23]

そのようなシナリオはありえないと感じるマネジャーや担当役員も多いかもしれない。しかしこの悪循環は、予想よりも簡単に発生するものであり、まして停止したり逆転させることはさらに困難なのである。グローバル勤務の戦略的役割を達成させるために、あるいは管理不十分な海外勤務が生み出す信じがたいほどのコストをまずは避けるために、組織は効果的な人材の管理と海外勤務の体制を整えるべきである。

人材管理と海外勤務の枠組

海外勤務やそれに携わる人材管理を成功させる方法について述べる前に、議論や提案の基本的な枠組を構築しておく必要がある。この枠組みによって、人材管理の総合的な問題としてグローバル勤務における効果的な人材の異動と管理を最も論理的に組み立てられる。人材管理《ピープル・マネジメント》という言葉の意味について、共通理解があると見なされがちであるが、実は一人ひとりまったく異なる捉え方をしているものである。図表1・2は海外勤務成功のサイクルを概念化したものである。

人材管理の五つの次元

ここで人材管理とは、ある特定の部門（人事部や人材開発部のような）が持つ機能ではなく、企業のあらゆる部門のマネジャーが習得しなければならないものという考え方をとる。人材管理の方法が統合されるにつれ、それぞれの行動は互いにつながりをみせる。単純化すると、人材を管理する方法として一般化できる五つの機能があげられる。[*24]

適切な人材を獲得する（人材の採用／選抜）

最初に、マネジャーは良い人材を見極め、採用し、その人材を組織内の適切な職務に配属しなければならない。この人材の選抜は、既存の社内人材を選んだり、また外部から採用することもある。この人材管理の最初の側面では、特定の職務に将来どのような、また何人の人材が必要となるかを決定し、またそのニーズに見合う人材が社内に存在するかを調査することも含まれる。企業レベルでは「企業のグローバル展開において、必要な技能や経験を兼ね備えたマネジャーが戦略的地位に就いているか」という問題がある。

図表1・2　海外勤務成功サイクル

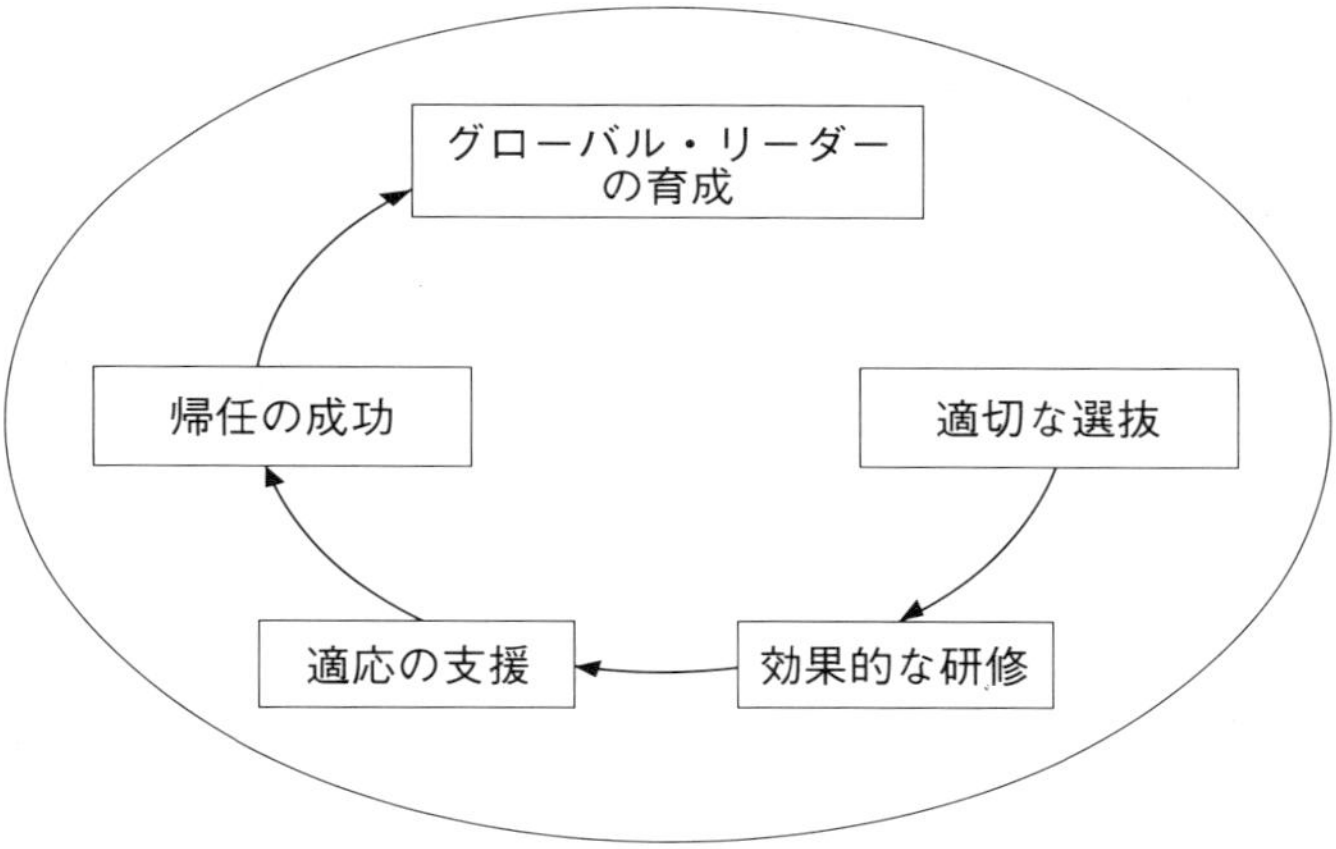

多くの米国の多国籍企業は、国内で築いた業績に基づいて海外勤務派遣者を選ぶ。これは一つの重要な基準ではあるが、海外勤務に成功するかどうかを保証するものではない。海外派遣者を選ぶ際、過去の業績以外の要因を調べることが重要だということが調査で明らかになっている。[*25] 第3章では海外勤務の候補者を選ぶ際に企業が直面する問題について詳しく触れ、共通の選抜方法や成果、そして効果的な実践方法とそうでないものを説明する法則についても議論する。またいかに企業がグローバル勤務に対し、うまく人材を配属・選抜するかについても言及している。

人々が正しく仕事をするための支援（トレーニング）

マネジャーが遂行すべき業務や成果に対する評価基準を決定し、必要なトレーニングを与えなければならない。ここでは、企業のマネジャーが異なる文化や国々の従業員、顧客、供給業者、競争相手などを理解し、うまく仕事ができるように十分に訓練されているかどうかが問われることになる。大多数の米国の多国籍企業では、海外派遣者に対して他の文化的背景を持った人々と共に働くための十分な準備がなされていない。一九九五年に、ウィンドハム・インターナショナル社（Windham International）と米国貿易外国協議会が行った調査によると、企業の六二％が異文化適応のための何らかの準備を提供しているが、海外勤務に就く米国人の七〇％が、海外勤務のためのトレーニングや準備は不十分だったと述べている。[*26][*27] 第4章では、海外派遣研修の一般的なやり方とその成果から、研修の効果を左右する働きや、海外勤務のための効果的な研修の企画、方法について詳しく述べる。

仕事の仕方の測定（評価）

従業員の研修成果を知る上でも、その後のかれらの業績は評価されなければならない。しかしながら、海外に派遣されたマネジャーの仕事の成果を測ることはなかなか困難である。たとえば、伝統的に米国企業が用いる利益、売上、そしてマーケット・シェアなどが数量的な測定基準として利用されるとしたら、現地のビジネス環境（為替レートの変動など）は、業績の評価の中に同様に組み込まれるべき要素なのであろうか。多くの企業は、海外勤務中の異文化適応、組織コミットメント、仕事の成果を測定する上で、どの要因を高く評価し、また過大評価しないようにすべきかについてあまり検討していない。第5章、第6章、第7章では、これらの結果に影響をおよぼす重要な要因とそこに至るプロセスについて詳しく紹介する。そして、これらの章では、適応力、コミットメント、そして仕事の成果を高め、測定する効果的な手段についても言及する。

人々がいい仕事をするよう奨励する（報酬）

個人の仕事の成果の評価に加えて、組織は通常の報酬や利益と同様に、特定の業績に対して報酬を与えるべきである。人材管理におけるこの側面について「どの国で勤務しているかに関わらず、マネジャー全員が同額の手当やボーナスを受けるべきか」という疑問があがる。多くの企業がグローバル勤務のコストの高さについて悩んでおり、コスト削減のために派遣者の全体数を減らしてきた。グローバル・マネジャーに対する報酬システムへの理解や分析が行われていないと、派遣者一人当たりのコストを削減したり、個々のマネジャーの成果を向上させることはほとんど不可能である。第8章では、報酬面での共通の慣習とその成果を詳述し、グローバル・マネジャーを動機づける方法について述べる。また、グローバル勤務中のモチベーションやパフォーマンスを高めるためにはどのように報酬制度を組み立てればよいのかについても言及する。

人々に正しく仕事をさせる（育成）

長期的視野に立つなら、地位、チャンス、責任などはマネジャーの潜在能力を最大限に伸ばすために必要不可欠となるだろう。人材管理におけるこの観点から「海外派遣者を帰任後どのように活用すべきか」という疑問を提起する。多くの米国企業は、組織的なグローバル・マネジャーの育成計画をほとんど持ち合わせていない。[*28] 特に、多くの米国企業は海外勤務経験者の帰任後の配属、そしてかれらを再び社内にどのように統合するかについてはほとんど計画を立てていない。多くの米国人マネジャーは、帰任後の職務と責任に不満を抱いている。そして、現実的に五人に一人が帰任後、一年以内に会社を辞めている。第9章と第10章では、帰任後の適応、コミットメント、そして離職に影響する要因とプロセスを詳述する。また、グローバル

図表1・3　人材管理と海外勤務の基本的な質問項目

配属	●派遣者を選抜する際にどのような特性が考慮されるべきか。 ●なぜ派遣者は海外勤務を受諾、または拒否するのか。 ●海外勤務候補者の幅広い人材プールをどのように発見し、育成すべきか。 ●アンケートや面接は、海外で成功できそうな人材を選定・選抜する際に効果的に活用されるか。
研修	●すべての派遣者は研修を受けるべきか。 ●海外勤務にとって最も効果的な研修方法とは何か。 ●出発前と着任後の研修の組み合せ方と内容はどのようであるべきか。 ●研修のコスト対効果はどのように計算できるのか。
評価	●派遣者の業績は、外貨為替レートのようなビジネス成果に大きく影響を及ぼす外因的要因の観点からどのようにモニターされるべきか。 ●派遣者の仕事の成果を測定する際の量的、質的な測定基準の適切な割合とはなにか。 ●派遣者を評価する際に現地の人がどの程度かかわるべきか。
報酬	●従業員にとって海外勤務を魅力あるものにする報酬パッケージはどの程度までにすべきか。あるいは、単に生計費支出を均等にするべきか。 ●現地と本国の税法の違いを派遣者の報酬にどのように反映するべきか。 ●同じ派遣先国で同レベルの仕事についた場合、異なる派遣先国の派遣者間で報酬の違いをどのように解決するべきか。
育成	●若手マネジャーをキャリアの早い時期に育成するために、短期の海外勤務はどの程度利用されるべきか。 ●海外勤務において、目前の仕事と個人の成長という2つのニーズはどのようにしたら効果的にバランスをとることができるか。 ●海外勤務で成功を収めた従業員をどのように効果的に他の組織部門へ帰任させることができるか。

勤務のこの側面をいかに企業が効果的に管理できるのかについても言及する。第11章は、包括的なシステムとして効果的な人材管理とグローバル勤務の二つの側面を組み合わせ、二〇〇〇年以降のビジネス環境に照らし合わせながら説明する。

図表1・3は多くの企業が直面し、解決すべき人材管理と海外勤務の五つの側面に関する共通質問リストである。

グローバルな状況下の人材管理

多くの原則やベスト・プラクティスは、企業の規模や業種を問わず、すべての企業に当てはまるが、いくつかの重要な微妙な差異を検討することは有益である。現在または将来における企業のグローバル化計画に目を向けるとき、おそらくこのような微妙な差異は最も明白となるだろう。

グローバル化のパターン

人材管理の五つの側面は、海外派遣を行うすべての企業に当てはまるが、企業のグローバル化の段階やパターンの機能面で多少異なる課題が現れる。[*29] グローバル化という言葉を使うときにわれわれが考えるのは、企業がグローバル化されていく特定の一時点ではなく、むしろグローバル化への連続したパターンである。

次の五つのセクションでは、グローバル化の一般的なパターンと、グローバル化の各段階に特有の海外勤務の課題や問題点について述べる。

輸出段階の企業

輸出志向の会社は、多くのバリュー・チェーンの活動を二、三の国々において持っており、グローバルな組織単位としては、ほとんど調整能力を持っていない。[*30] L. L. ビーン社（L.L.Bean）のようなこのタイプの企業は、商品を輸出することが主で、いくつかの国でそれらの商品をマーケティング、販売、分配する。戦略的視点からいうと、輸出販売は国内販売に「付加された」ものである。これを証明するもっとも良い証拠は需要が供給を超えるときに見られる。この状況下では、国内顧客の需要は海外の顧客の需要よりも優先される。その結果、海外の人材管理における活動の焦点は、これら下流の業務にかかわる現地の人々の配置、研修、評価、報酬、育成に置かれる。このため、輸出志向の会社ではマネジャーを海外に派遣することは少ない。その代わり、国内をベースに地域や商品を担当しているマネジャーが、海外の様々な国々や地域を訪れる。国際マネジャーが配置される場合、通常全体の管理や広範囲の地域を担当することになる。多くの海外派遣者は親会社から送られることが多く、海外から親会社に、または第三国のオペレーションに送られることはほとんどない。

海外事業が輸出志向である会社においては、海外勤務や海外派遣者が最優先項目になることはない。ベスト・プラクティス、政策、最良の海外候補者に対する十分な関心も不足している。ある意味ではそのことは理解できるし、また論理的でもある。しかしながら、企業が海外業務により比重を置き始めると問題が生じる。そうなると企業は最も優秀な人材を、現在、戦略的に重要な海外の現場に送りたがるかもしれない。残念ながら、これまでの海外勤務や派遣者に対するこれまでの最小限の関心から、方針変更は難しい。なぜならば、企業がこれまで海外勤務を重視してこなかったために、優秀な人材は企業の関心の薄い「去る者は日々に疎し」的なところへは行きたがらないからである。輸出志向の会社の幹部たちは、当面は、現在のニーズと将来へ向けた基礎づくりとのバランスをとるべきであろう。

マルチドメスティック企業（MDCs）

マルチドメスティック企業とは、海外で複数のオペレーションを行う企業である。しかし海外の子会社は基本的には現地のマーケット、競争相手などに焦点を置いている。結果的に、この状況は複数の国内に焦点を置いたオペレーションの形をとる。カストロール社（Castrol）やクェーカー・ステイト社（Quaker State）のようなマルチドメスティック企業は、一国（または小国から成る小さなグループ）での競争が他国で起こっている競争と関係がなく、お互いに影響をおよぼさないという点で共通している。企業内の地理的に独立した地域単位における競争はその事業単位の所在する国やマーケットに焦点を置いているため、事業単位のバリュー・チェーン活動の専門性や適応力が必要とされる。現地の人々が持つ文化やその国特有の知識は、事業単位の活動を適切に専門化するために重要である。それゆえ、マルチドメスティック企業において海外マネジャーの活用は、輸出志向の企業の場合よりも必要とされるにもかかわらず未だ比較的少ない。その上、海外マネジャーは二種類のタイプ、経営幹部と技術的専門職に分かれる傾向にある。経営幹部は、多くの場合「国際キャリア専門職」グループの出身である。「国際キャリア専門職」とは、多くのキャリアを本社または海外で積んだマネジャーのことである。技術的専門職は、一般的に比較的短期間に（一年から二年間）、特定の理由（たとえば、特定の技術の移転や問題解決）のために海外へ派遣されている。

マルチドメスティック志向の会社は、派遣者の選抜、研修、帰任に対する組織的なポリシーや慣習をもたない。なぜならば、これまで海外勤務に従事した従業員はほんの数％で、これらの従業員は少なくとも本社の政策立案者にとって「去る者は日々に疎し」的な人々であるためである。[*31] その代わりに、マルチドメスティック企業は、適度に有能な国際マネジャーを必要な数だけ確保するために、海外勤務の報酬制度やポリシーに配慮している。しかしながら戦略的視点からは、マルチドメスティック企業は海外勤務のすべての側面に注目すべきである。国際戦略の組み立てや実行は、本来、主として個別の国に限定されており、その国に合った戦略計画が効果的に発揮されるよう、上級幹部たちは、事業単位がビジネス計画で競争する国、文化、そしてマーケットの重要かつ特有な側面をとり込まなければならない。したがって、マルチドメスティック企業ではほんの一握りの国際マネジャーしか必要とされないが、最適な人材を選抜し、研修を行い、迅速で効果的な適応ができるための準備に最善の注意を払わなければならない。そうすることで、かれらは現地マーケットで何を、どのようにすべきなのかについて、最良の決断を下すことが可能になるのである。

グローバル戦略を持つ多国籍企業

マルチドメスティック企業と同様に、グローバル戦略を持つ多国籍企業（以降、多国籍企業と略す）もまた地理的に分散するオペレーションや事業単位を持つ。しかしながら、マルチドメスティック企業とは対照的にゼロックス社（Xerox）やダウ・ケミカル社（Dow Chemical）のような多国籍企業は、異なる地域の事業単位間での大規模な調整を行う。この調整と統制は様々なメカニズムを通して行われる。特に効果的な手段の一つは、世界中の事業所間で共通の組織文化を確立することである。多国籍企業は、より多くの国際的なマネジャーを配置し、本国と第三国籍の両方のマネジャーを登用し、海外事業所内の様々な組織レベルに国際マネジャーを配置する。*[32]

海外勤務に本国の従業員を派遣する共通の方法に加え、多国籍企業はよく海外の従業員を本社に海外勤務させている。本社に外国籍の従業員を配属することは（「逆出向」と呼ばれることもある）、かれらに親会社の経営理念や組織文化を理解させるとともに、親会社が海外子会社やそこで働く現地国マネジャーの考え方を理解する助けとなる。従業員を海外に異動させることは、国境を越えた調整や統制を推進する上で、強力でインフォーマルな手段となるので、この方針を持つ多国籍企業は、おそらく時間をかけて派遣者の選抜、研修、帰任に対する系統的なポリシーや実施要領を構築したのであろう。

インフォーマルな調整における双方向性は、派遣者の帰任に関するいくつかの非常に重要な問題を引き起こす。派遣者は様々な国際マーケット、競争相手、オペレーションを理解するための重要な経験をしており、本社と地域統括会社における国際戦略の構築と実行に効果的に貢献できる立場にある。それゆえ、派遣者の選抜、研修、および海外勤務の支援策の必要に加え、効果的な帰任策が必要である。これらの方策なしに、帰任後の離職率の高さゆえに、企業の競争に必要な国際知識や経験を持つ経営幹部を確保することは難しくなるであろう。*[33]

複数の中枢を持つ多国籍企業《マルチフォーカル・コーポレーション》

国際化の段階が複数の中枢を持つようになった多国籍企業は、コカ・コーラ社(Coca-Cola)やエアバス社(Airbus)のように、一般的に一つの国における企業の地位が他国での自社の競争力によって著しく影響を受ける産業に見られる。グローバルな志向を持つ企業(バートレットやゴーシャルが「トランスナショナル」企業とよんだもの)[*34]の目的は、グローバル規模でのバリュー・チェーン活動を調整し、それによって競争優位性と各国間のつながりを獲得することである。トランスナショナル企業やグローバル企業が政府からの規制を受けずに済むのならば、マネジャーの国籍を考慮することはなくなるだろう。そして企業は、国内の人事異動と同じように個人の競争優位性と必要とされるスキルに基づいて、適切な場所に人材を配属するであろう。これらのバリュー・チェーン活動は、要するに、特定の国に他国と比べて比較優位性を集中することである。たとえば、もし研究開発部門がフランスにあるとするなら、研究開発に貢献できる知識や能力を持つ研究者たちは、国籍に関係なくフランスに異動させられるということである。しかし現実には人の異動という点において「国境のない世界《ボーダレス・ワールド》」はまだ存在しない。国家がビザ発給に関する法律、国内の雇用政策、税制その他国外の人々の自由で無制限の移動を禁止する規則を持っているからである。実際に、グローバル企業は、外国人スタッフの異動を制限されている。

グローバル企業でさえ、海外に従業員を異動させることが完全には自由ではないが、国籍に関係なくグローバル・リーダーとしての能力を持つマネジャーや経営幹部の育成に目を向けなければならない。結果として、これらの企業は産業内または本国だけではなく世界中の優良な企業のベスト・プラクティスや慣習に合わせて海外勤務の基準を設けるべきなのである。

「適合《フィット》」の問題

その企業がどのグローバル段階にあろうとも、海外勤務のポリシーと実施要領はビジネス環境に適合するものでなければならず、相互に一貫性がとれていなければならない。進出先マーケットの実情と海外勤務のポリシーと実施とのバランスが、「外部適合《イクスターナル・フィット》」を生み出す。一方で企業内の人材管理における五つの局面（配置、研修、評価、報酬、育成）のバランスと一貫性が、「内部適合《インターナル・フィット》」を構成する。良い外部適合と内部適合がなければ、企業は効果的に戦略を練り、実行する際に、大きな試練を経験するであろう。この点を理解するために、二つの例を紹介しよう。

ケース二：ウエストコースト銀行

最近、巨大なウエストコースト銀行（企業名は匿名）は、海外勤務にかかる全体支出を削減しようと試みていた。この銀行は多国籍企業段階のグローバル化に位置しており、二〇か国以上で事業を展開し、貸付け、外貨為替、リテイル・バンキングなどのバリュー・チェーン活動を子会社の間で念入りに調整しようと努めていた。またサービスに対する低い利子率と手数料を提供することで競争に勝つよう努めていた。

国際マネジャーを雇用するには、本国の同等の従業員の二、三倍の費用がかかり、現地従業員を雇用するのに比べ、数倍の費用がかかる試算をしていた。海外派遣者に対するこのような高いコストは、他の多くの米国の銀行が経験しており、ウエストコースト銀行は、派遣者にかかる総コストを削減することでコストを下げるよう試みた。この目標はグローバル・マネジャーの人数を半分に減らすことで、二、三年のうちに達成された。また同行は、派遣者にかかる標準パッケージの様々な節約（諸手当削減、税金が低い国への派遣、派遣前研修の削減など）により派遣者一人当たりにかかる平均コストの低減に努めた。

このコスト削減プログラムがもたらす重要なポイントは、**外部適合**の問題に影響がおよぶことである。カギとなる問題はコスト低減の努力が、ある意味で企業の競争優位性を阻害するのか、または助長するのかということである。実際グローバル・マネジャーの総人数の削減は、総コストを削減したが、子会社間および、本社と子会社間の調整と統制がより一層難しくなったのである。派遣前研修を削減したことにより、グローバル・マネジャー一人当たりのコストは削減したが、マネジャーが効果的に働く能力を低下させ、トップレベルのマネジャーたちを海外勤務に引き付けることを困難にさせてしまった。現在、海外の子会社でトップに位置するグローバル・マネジャーはほとんどおらず、効果的な調整を行うために、かれらは本社と現地経営の両方を理解しなければならない。異文化研修が不足したことで、現地の状況を即座に理解し、調整を促進する能力が低下したからである。

このような事態は、経営状態が悪いときに起こったわけではない。ウエストコースト銀行は海外の新しいライバル、特に日本のライバル会社と本国および海外の重要なマーケットで競争していた。ウエストコースト銀行は、海外からの競争相手による統制のとれた攻撃に打ち勝つためにグローバルな調整と統制を必要とした。しかしウエストコースト銀行のとった海外勤務のポリシーや方策では、対応を困難なものにしたといえる。この外部適合の不調は、この銀行の財務成果に深刻な悪影響を与える破目になったのである。

ケース三：インターナショナル・ホテル

インターナショナル・ホテル（International Hotel）は米国のホテル会社で、競争相手をはるかにしのぐ顧客へのサービス（たとえば、ファックス、コンピュータ、コピー機、秘書業務などを完備したビジネスセンターなど）を提供することで差別化を図り、競争優位性を維持しようと努めていた。マルチドメスティック企業のグローバル化のパターンがそうであるように、細かなサービス内容については国によってかなり違うものである。国際マネジャーは地域に特化したこの「上質なサービス」を目指すよう促され、営業成績をもとに評価された。出発前と到着後には十分な研修を受け、それによって詳細に現地マーケットの価値とニーズを迅速に理解し、そのニーズに見合うようなサービスをデザインする能力が育成されていた。

残念ながら、この会社での国際マネジャーの業績に対するボーナスは、企業全体の業績に基づいて決まっていた。研修は、マネジャーに現地マーケットの理解を促進するものであったが、評価や報酬の方法はこれとは逆方向を向いていた。マネジャーたちはコストがかかるサービスを取りやめることなどによってコスト削減ができれば、利益は上がり、ボーナスもあがるということがわかっていたからである。このケースでは、研修、報酬、評価などの**内部適合**が不十分で、かれらが競争している現地マーケットにおいて自社を差別化するために派遣マネジャーの能力を助長したり動機づけたりすることはなかった。

重要な含意その一：形象と背景

写真や絵画を見たことがあればだれでもわかるとおり、絵を見るときにあなたが何に焦点を置くかは、その中の「形象」が何で、「背景」が何かにより決まるものである。もし木が絵の前方で中心にあるとしたら、あなたは木に焦点を置き、じっくりとそれに目を凝らすかもしれない。しかし、木が背景の一部であったとすれば、あなたは木の存在にすら気づかないかもしれない。会社のマネジャーは形象と背景を見つめている観察者である。われわれはこれまで幾度となく海外勤務に派遣する（最優秀とは言わないまでも）優秀なマネジャーをなぜ獲得できないのかについて、企業から助言を求められてきた。海外勤務を受け入れたり拒否する決断には、（第3章で詳しく言及するように）様々な要因が関わり合い影響している一方で、従業員からは以下のような同じ証言を繰り返し耳にする。

「海外勤務についてはいろんな美辞麗句を聞いているが、でも話自体が下らない。もし海外勤務がそんなに重要ならば、なぜ重役たちは海外経験をしないのだろうか。もし、それ程重要ならば、（フレッド、サリー、ジュアンなど誰もが）なぜ、宙ぶらりんにされていたんだい？　かれらは出発するわずか一カ月前に海外勤務をいい渡された。しかも、何の研修も受けていないし、派遣中はすっかり忘れ去られていた。帰任後はかれらをどう扱っていいのか、誰も知る由もなかった。海外勤務中に、かれらの同僚は先に昇進していた。一体誰が、海外勤務を受け入れるだろうか。大いに疑問である」

率直にいって、多くの会社は、従業員が海外勤務に関して何を主体や背景として認知しているかを把握していない。多くの企業が、従業員対象に行った調査や面接の結果に驚かされてきた。しかしながら、海外派遣に対する理解や現実を改善するために、どこに注目すべきかを知るためには、この結果は非常に貴重だといえるだろう。

重要な含意その二：全体像

最良の結果は、全体像を見ることから得られる。従来から報酬は、多くの企業で重要視されてきており、ある意味、これは当然なことではある。結局のところ従業員は給与を支払われ、納税をしなくてはならないからである。しかしながら、優れた企業はより体系的な見解を持っており、海外勤務のすべての局面（選抜、研修、報酬、評価、帰任）は包括的に考慮されなければならないことを認識している。それらは互いに大きな影響を与えうるからである。たとえば、もし人材の選択を間違えば、いくら研修をしたところで意味をなさない。しかし、いい人材を選択しても、研修を与えなければ、成功は保証されないであろう。音楽、スポーツ、ビジネスなどどんなジャンルにおいても、その分野で最も優れた才能を持っている個人でさえ、卓越した能力を発揮するために教育、研修、コーチングを必要とする。そうであればなおのこと、海外勤務の様々な側面を個々に吟味しつつも、全体像を見ることでそれらを一体化し、最もよく理解することが可能になるのである。

重要な含意その三：先見性

たとえ全体像を見て、主体や背景の中から正しいものを見つけたとしても、その画像が現在のものであるとすれば、その先にあるものにもまた目を向けなければならない。グローバル・リーダーシップ・スキルは一朝一夕で身につくようなものではなく、日々の努力により開花するものである。もし海外の競争相手が自国に進出してきたり、主要な顧客が国際的にビジネスを拡大したり、新たな市場にビジネス・チャンスが訪れたら、あなたの会社は直ちに優れたグローバル・リーダーが必要となるだろう。実際、「フォーチュン五〇〇」の中の会社を対象とした最近の調査では、大多数の企業が、必要とするグローバル・リーダーについての質、量共に不足していることがわかった。その主要な原因は多くの企業において、海外勤務のポリシーや実施がビジネスの戦略的必要性に遥かにおよばないからである。グローバル・リーダーの育成にはかなりの時間を要するため、海外勤務のポリシーや実施はビジネスに遅れることなく、むしろ、ビジネスに先行する必要がある。経営陣は五年から一〇年の将来を見据え、必要となるグローバル・リーダーの人数や資質を予想し、今のうちから着手しなければならない。

最初に述べたように、海外勤務はグローバル・リーダーを育成する唯一の手段ではないが、最も効果的な方法である。したがって、海外勤務はあなたの会社のすべての国際的な活動において最良に計画、管理されなければならないが、ほとんどの企業においてそのようになっていない。あなたの企業はどうなのか、自問自答してみるとよい。もし、二〇人の経営幹部に次のような海外活動の重要性を順位づけさせたとしたら、海外勤務はどの位の順位に位置づけるのであろうか。国際戦略、グローバル化に向けた組織設計、国際マーケティング、海外生産、海外提携とジョイントベンチャー、海外勤務。

もし海外勤務がトップに選ばれないのであれば、愛他主義は理由によってではなく、厳正なビジネス上の理由によって、そうすべきである。たとえば、ビジネスの「グローバル化」の度合い（海外売上比率によって示されたもの）と海外経験を持つ経営トップが財務的な成果（ＲＯＡ〈総資産利益率〉）に与える大きな影響との間に相関性があることは、すでに述べてきたことではあるが、何度も繰り返して指摘されてよいことである。グローバル・リーダーは一朝一夕にしてつくられるものではない。将来、あなたの会社がグローバル・リーダーを必要とするのであれば、今日から育成を開始すべきである。そのためには次の二点が最も大切なポイントである。

(1) 最近の海外勤務のポリシーと実施要領に関して経営トップから末端の現場の人間に至るまで再検証すること（特に従業員の生の声を大切にすること）

(2) 全体的な組織体系が優れた外部および内部適合の双方を満たしていることを確かめること

まとめ

本章の初めにおいて、人材こそがグローバル競争のカギであり、グローバル勤務は今日のグローバル市場において人材活用における三つの戦略的な機能を果すことができると述べた。つまりグローバル勤務は、後継者ならびにリーダーシップの育成、海外オペレーションの調整と統制、本社・子会社間および子会社同士の技術と情報の交換などの戦略的役割を果すことができるということである。「当面の問題に対処《ファイヤーファイティング》」する手段としての役割を超えてグローバル勤務をとらえ、企業は戦略的なグローバル勤務に、本国と海外の人々の両方を入れるべきである。さらにまた、グローバル勤務を通して現地の「当面の問題に対処」することやその戦略的役割とは別に、グローバル勤務のずさんな計画や管理は、莫大で時には壊滅的なコストを生じさせることも指摘した。

次に、後の章で詳しく述べる、選抜、研修、異文化適応、成果、評価、報酬、それに派遣者の帰任などの人材管理の一般的な枠組みについて述べた。これらの問題は、輸出型企業から多国籍企業に移行するにつれ、徐々に重要性を増すことについても述べた。したがって、市場での外部適合、グローバル化のパターン、企業の国際マネジメント政策について考察する必要がある。

この本の残りの章では国際的な人材管理のためのベストな発想、実施方法、および科学的証拠をまとめている。また、企業のグローバル化のパターンによって勧告内容にどのような差があるかについてもより詳しく述べる。本研究スタイルとアプローチの方法についていえば、あえて同時に二つの異なる立場を取っているということである。一方では、最新の科学的根拠と調査結果を示している。臨床医のように最新の調査結果があれば、「患者」に対して最高の治療ができると確信しているからである。他方において、それらの情報を身近で読みやすいものにしたいと考えている。本書の内容が情報量が豊富であると同時に興味深いものとなっていることを願って止まない。

注

1 Stroh and Caligiuri, "Increasing Global Competitiveness Through Effective People Management." 1997 Global Leadership Institute Technical Report.

2 Black, Morrison, and Gregersen, *Global Explorers: The Next Generation of Leaders*.

3 Bowman, "Concerns of CEOs."

4 Hamblick, Korn, Frederickson, and Ferry, *21st Century Report*: Stroh and Lautzenhiser, "Benchmarking Global Human

Resources Practices and Procedures."

5 Stroh and Caligiuri, "Strategic Human Resources: A New Source for Competitive Advantage in the Global Arena."

6 Laabs, "How Gillette Grooms Global Talent."

7 Brandt, "Global HR."

8 Dennis and Stroh , "A Little Jeitinho in Brazil: A Case Study on International Management."

9 DeYoung, "The Clash of Cultures at Tylan General, p. 149."

10 Kobrin, "Expatriate Reduction and Strategic Control in American Multinational Corporations."

11 Gupta and Govindarajan, "Knowledge Flows and the Structure of Control Within Multinational Corporations."

12 Moran, Stahl, and Boyer, *International Human Resource Management*.

13 Hall, "How Top Management and the Organization Itself Can Block Effective Executive Succession."

14 Swaak, "Expatriate Failures: Too Many, Too Much Cost, Too Little Planning."

15 Harvey, "Repatriation of Corporate Executives: An Empirical Study."

16 Data provided by the Philip Morris Companies.

17 Copeland and Louis, *Going International*.

18 Swaak, "Expatriate Failures."

19 "GE Culture Turns Sour at French Unit."

20 Adler, "Re-entry: Managing Cross-Cultural Transitions"; Black and Gregersen, "When Yankee Comes Home: Factors Related to Expatriate and Spouse Repatriation Adjustment"; Stroh, "Predicting Turnover Among Repatriates: Can Organizations Affect Retention Rates."

21 Munton, Forster, Altman, and Greenbury, "Job Relocation: People on the Move."

22 Lublin and Smith, "Management: U.S. Companies Struggle with Scarcity of Executives to Run Outposts in

China"; Birdseye and Hill, "Individual, Organizational/Work and Environmental Influences on Expatriate Turnover Tendencies: An Empirical Study."

23 Hamblick, Korn, Frederickson, and Ferry, *21st Century Report*.

24 Baird and Meshoulam, "Managing Two Fits of Strategic Human Resources Management"; Devanna, Fombrun, and Tichy, "A Framework for Strategic Human Resource Management."; Miller, Beechler, Bhatt, and Nath, "Relationship Between Global Strategic Planning Process and the Human Resource Management Function."

25 Mendenhall and Oddou, "The Dimensions of Expatriate Acculturation: A Review"; Miller, "The International Selection Decision: A Study of Managerial Behavior in the Selection Decision Process."

26 Windham International and the National Foreign Trade Council, *Global Relocation Trends 1995 Survey Report*, 1996.

27 Mendenhall and Oddou, "Dimensions of Expatriate Acculturation"; Black and Mendenhall, "Cross-Cultural Training Effectiveness: A Review and Theoretical Framework for Future Research"; Misa and Fabricatore, "Return on Investment of Overseas Personnel"; Moran, Stahl, and Boyer, *International Human Resource Management*.

28 Adler, "Re-entry"; Adler, *International Dimensions of Organizational Behavior*; Black and Gregersen, "When Yankee Comes Home"; Clague and Krupp, "International Personnel: The Repatriation Problem"; Harvey. "The Other Side of Foreign Assignment: Dealing with the Repatriation Problem"; Harvey, "Repatriation of Corporate Executives"; Kendall, "Repatriation: An Ending and a Beginning."

29 Ghadar and Adler, "Management Culture and Accelerated Product Life Cycle."

30 Porter, "Changing Patterns of International Competition."

31 Adler, "Re-entry"; Adler, *International Dimensions of Organizational Behavior*; Black and Gregersen, "When Yankee Comes Home"; Clague and Krupp, "International Personnel"; Harvey, "Repatriation of Corporate Executives."

32 Edstrom and Galbraith, "Transfer of Managers as a Coordination and Control Strategy in Multinational

Organizations"; Jaeger, "Contrasting Control Modes in the Multinational Corporation: Theory, Practice, and Implications."

33 Black and Gregersen, "When Yankee Comes Home"; Adler, "Re-entry."

34 Bartlett and Ghoshal, "Organizing for Worldwide Effectiveness: The Transnational Solution."

第2章　異文化適応へのプロセス

異文化内における生活と仕事への適応が、マネジャーやその家族にとってそれほど困難なものでないとすれば、本章やその後に続くほとんどの章は必要ないだろう。しかしながら、多くの人々が異文化適応に困難を感じていることから、本書の前半部分では多くのページを割いて、離職や仕事業績などの重要な結果に影響を与える適応および文化的側面に焦点を置いて論じる。異文化適応という問題に取り組む前に、**文化**が何を意味しているのかについて明確にしておく必要がある。

文化とはなにか

一般的に人々は、文化を国、地域、企業などが持つ、なにか見えるもの、聞こえるもの、触れ、嗅ぎ、味

図表2・1　文化の見方

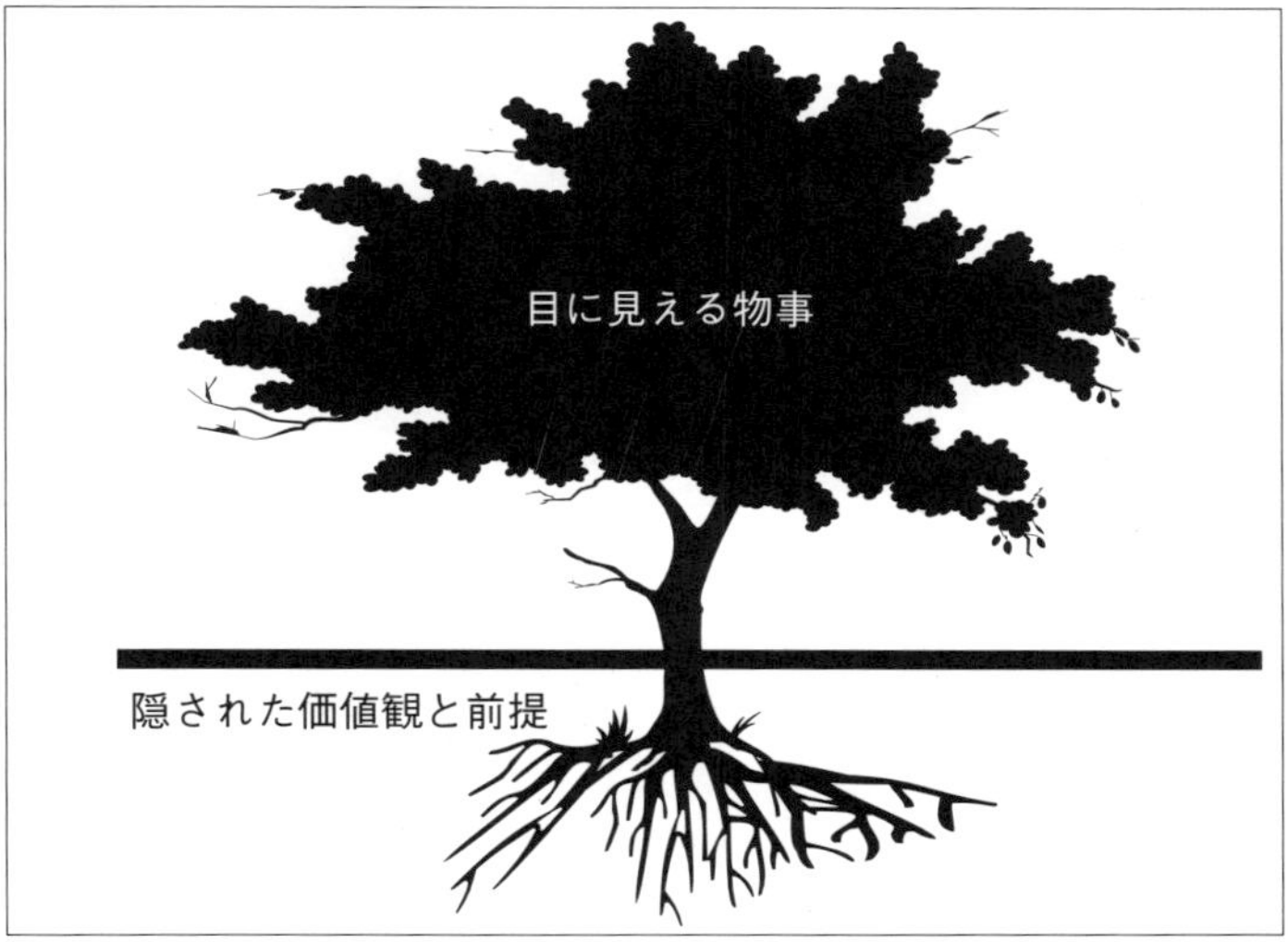

わえることができるものとして捉えがちである。また、行事、衣服、歴史的建造物、美術、食べ物をその国が持つ文化の例としてみなしている。確かにそれらのものは皆、国によって実に様々である。しかし、重要な点はそれはなぜなのかということである。

その答えは、目に見えるものの先にある見えない文化にあるといえる。[*1] たとえば、文化を木としてとらえて描いてみよう。木は、地上の目に見える部分と、地下に張りめぐらす根っこを含む見えない部分から成る。（図表2・1参照）文化の有形部分、つまり、見たり、聞いたり、匂いをかいだり、触ったりすることができる部分は、人の集団が共有する価値観や前提に基づいた**文明の産物**《アーティファクツ》、または具体化された意思なのである。文明の産物は目で見ることができるが、見えるものというのは、実体のほんの一部分なのである。目で見ることができないもの、つまり価値観や前提が文化を支え、文化に命を吹き込んでいるといえる。

文化とは人々が共有する前提、価値観、文明の産物の単なる集合体ではない。文化は、人々の行動に一貫して影響をおよぼす共通の前提と価値観によっても構成されており、それは世代から世代へと受け継がれる。新しい文化にうまく適応するためには、文化の根底にある価値観や、価値観がどのように適切な行動を導き、影響を与えるのかについて海外派遣者は理解する必要がある。[*2] また、文化の明示的側面と、暗示的側面を同時に理解しなければならない。

この理解を進めるにあたり、文化の暗示的な根元がどのように、なぜ現れるのか、また、いかに幅広く共有され、なぜ世代から世代へ受け継がれるかを理解する必要がある。[*3] この質問に対する基本的な答えは簡単である。つまりどんな社会でも意思疎通を行い、人々を教育し、食事をし、衣服をまとい、統治する方法を見出さなければならず、これらの問題を解決するために、社会は様々な方法を試行錯誤する。失敗したものは捨てられ、成功した手段や考え方は、次の世代へと引き継がれる。これらの文化の根本的な要素は人々の頭の中に暗黙的に存在するため、それらは無形のものである。つまり、暗黙的な価値や信条が形式的なものを導出することから、有形よりも無形の文化的要素がその理解のために最も重要である。

視点を変えて、文化の前提や価値観を精神的道しるべや交通信号だと考えてみよう。その道しるべは、重要かつ価値のある目標（重要な目的地）が何であるか、そこへ行く方法を示してくれる。また交通信号は、今、誰が発進することができ、停止すべきかを示してくれる。そして時が経てば、ベテラン運転手のようにこれらの道しるべや交通ルールを無意識に活用することができる。人間が基本的なルールにしたがう場合、ルールの由来や、したがわなければどのような結末になるかなど意識することはない。信号が赤のときにルール違反をするとどんな目に遭うかを知っているため、信号が青に変わるまで待つのである。

しかしながら、これらの道しるべや交通ルールが「現地」では当然のことであっても、外国人にとっては悪夢になることもありうる。東京の高速道路のど真ん中に、道しるべも道路標識もなく、交通ルールなどまったくお構いなしに放置されることを想像してみるとよい。あなたが慣れ親しんでいる道しるべや交通ルールは、ほとんど、いや、まったく使い物にならないことはいうまでもない。結局のところ、イギリス人のように、日本人は米国人が「反対車線だ」というであろう道路の左側を走ることになる。

これと似たようなことが、グローバル勤務において異なる文化圏へ派遣される際にも起こる。海外では突然、これまで指針としてきた社会や人間関係に関するガイドが、ほとんど、あるいはまったく役に立たなくなるのである。そして派遣者は、現地の新しい道しるべやルールを学ぶことを強いられるが、事態を複雑にしてしまうのは、実際の道しるべや交通ルールとは違い、深く根づいた文化の側面は、簡単なマニュアルでは説明することができないことである。

あなたが、意図的ではないとしても文化の交通ルールを違反するとどのような事態になるであろうか。交通ルールを違反した場合、単純な警告や多少の罰金を科されたり、あるいは監獄行きとなることもあるが、文化のルール違反では必ずしも同じような罰を科されるわけではない。文化のルールの重要性やそれらを無視することで引き起こされる深刻な結末を考える上で、二つの次元から文化的価値を概念化することが有用である。その二面とは、文化が集団内でどの程度幅広く共有され、深く根づいているのかという点である。これを概念化したものが、図表2・2である。

幅広く共有され、深く根づいている文化的前提、価値感、ルールは、通常、実質的な報酬もしくは罰をも

図表2・2　文化のマトリックス

（縦軸：深い ↔ 浅い　横軸：狭い ↔ 広い）

	狭い	広い
深い	根強いが，あまり共有されていない サブカルチャー内に核となる価値が存在する	根強く，幅広く共有されている 文化の中心となる価値が存在する
浅い	浅薄であまり共有されていない 文化の一時的な価値が存在する	浅薄だが，幅広く共有されている 文化の表面的な価値が存在する

たらす。たとえば、米国で幅広く共有され、深く根づいているルールとは、絶え間なく大声で独りごとを言わないことである。もし、そのような人を見たとすれば、その人が誰にも身体的脅威を与えていなくても、不安な気持ちに駆りたてられる。このルールに違反するとどうなるのであろうか。おそらくは、精神病施設に送られるであろう。

深く根づいてはいるが、幅広く共有されていない文化のルールの場合はどうだろうか。この場合、報酬や罰は、非公式であることが多い。たとえば、食後にげっぷをすることは深刻なルール違反であるとみなす人も少なからずいるだろう。げっぷをしたことで刑務所に入れられることはないにしても、少なくとも米国の特定の社会的集団の中では仲間はずれにされてしまうかもしれない。だが他の国では、食後にげっぷをしないことでホストの機嫌を損なうこともある。

幅広く共有されているが、深く根づいていないルールの場合、ルールに違反した結果、罰は一律的に受けるが、どちらかというと甘い。まれな違反はほとんど罰せられることはないだろう。たとえば、米国では人の邪魔をしてはいけないと教えられるが、たまに邪魔をしたからといって、罰せられることはないだろう。

▼世の中についての前提の性質◀

異文化を理解するためには、その文化の根元を理解しなければならない。根元とは、その文化の根本的な前提に起因する。これらの前提から、文化的価値感、信条、目に見える文明の産物、行動が生まれる。すべての文化の木が同じ根源を持つというわけではない。したがって、前提の性質や文化ごとに前提がどう変化するのかについて少し議論しておくことが大切である。幸運なことに、これらの様々な前提を探るために、二〇〇か国あるいはそれ以上の国々や文化を調べる必要はない。たとえ、異なる社会が異なる文化的前提に基づいていたとしても、基本的な前提は五つに分類される。[*4] 図表2・3は、これらの前提の一般的な性質をまとめ、マネジメントへの含意とともに、具体的な事例を挙げている。

環境と人間との関係

五つの前提の最初は自然界と人間との関係についてである。たとえば、米国を含めた文化においては、人

図表2・3　基本的な前提とその意味するもの

前提の性質	特定の前提	経営への含意
環境（人間と環境との関係における前提）	・人間が環境を支配する ・人間は環境と調和をとり共存すべき	・企業が属する産業を支配できるよう戦略的計画を練る ・企業は，他企業と共存できるような地位を確立する
人間の性質（人間の性質に関する前提）	・人間は本来怠け者である ・人間にとって仕事とは遊び同様楽しいものである	・行動を監督するシステムを導入し，望ましくない行動に対する明確な処分を行う ・従業員にチャンスと責任を与え，彼らの成長を促す
人間関係（人間がどのように他人と関係すべきかについての前提）	・個人には特定の権利と自由がある ・他人のおかげで人は存在し，他人に対して返すべき義務を負っている	・個人業績を測定し，報酬を与える ・グループへの協力や貢献を評価し，報酬を与える
活動（人間の性質や行動における前提）	・人間は自らの運命を創造し，将来に向けて計画すべき ・人間は今，与えられるものに反応し，楽しむべきだ	・計画性のない人は，必ず失敗する ・将来設計は，今を楽しむことを犠牲にする
真実（真実と現実の性質についての前提）	・真実は客観的に存在する ・真実は社会的に受け入れられているものである	・事実や統計は人を説得し，影響を与える手段である ・オピニオン・リーダーは人々や決定に影響を与える手段である

間が自然を支配し、人間の富や利益のために利用するという前提がある。ある文化においては、人間と自然は調和しながら共存すべきだという考え方を持っている。これらの異なる前提は、明らかに違う意味を含んでいる。米国における前提は、ダム建設、鉱物採取、樹木伐採のために重要な文化的根源となっている。しかしながら、それぞれの前提の先にあるのは、ビジネスにおける戦略的計画や経営実践である。米国の企業がビジネス環境をどのように見据え、それに対しどのように戦略的なアプローチを取るのかを考えてみよう。ビジネス環境とは、人々が甘受し、調和するための努力を要するものとして見なければならないのか。それとも可能ならば、征服し、支配すべきものとして捉えるべきなのか。たとえば、ソフトウェア産業と調和すべきだというマイクロソフトの信念に対して、だれも非難したりはしないだろう。実際、マイクロソフトが司法省と対決しているのは、主としてソフトウェア産業を取り巻く環境を支配しようとする試みに対してである。

人間の性質

異文化は人間の性質についても、異なる前提をつくり上げる。ある文化においては、人間は根本的に勤勉であると考えられているが、他の文化では、人間は本質的に怠けものと考えられていたりする。ダグラス・マクレガー（Douglas McGregor）は、かれの本『企業の人間的側面』（The Human Side of Enterprise）の中で、この前提の相違について紹介した。[*5] マクレガーは、どんなマネジャーも人に関する「理論」や一連の諸前提に基いて行動すると述べている。X理論を前提としているマネジャーは、「平均的な人間は本質的に仕事を嫌い、可能であれば仕事を避けて通るであろう」と主張する。よって、このような見解を信じるマネジャーは、「組織の目標達成に向けて従業員が十分に努力するよう促すために、従業員は強制され、統制され、指示され、罰によって脅かされるべきである」と考える。それとは対照的にY理論では、仕事での身体的、精神的な努力は、本質的に遊びや休養のそれと同じ程度であると主張する。したがって、この見解を持つマネジャーは、「外部的強制や罰を与えることだけが、組織の目標達成への努力を引き起こす手段ではない。人間はコミットした目的を達成するために、自発的な努力やセルフ・コントロールをするものであり、目標へのコミットメントが、業績に伴う報酬の役割を果す」と考えている。

人間関係

この分野の前提に関しては、様々な質問が持ち上がる。それは、人間同士がうまくやるためにはどうすればよいのか。人に対してどの程度の権力や権威を持つべきか。個人の達成目標はどの程度集団社会の達成目標に合わせるべきか。[*6] ゲールト・ホフステッド（Geert Hofstede）による四〇ヵ国での大規模な研究では、これらの質問に対する各国間の回答に明らかな違いが見受けられた。[*7] たとえば、ホフステッドは、権力や権威の差異を受容できる度合いについて国別に比較している。それによると、フィリピン、ベネズエラ、メキシコでは、権力格差を受け入れる度合が高いことがわかった。つまり、これらの国々や、他の「権力の格差が大きい」文化の人々は、高い地位に就く人は低い地位の人よりも強い権力を保持し、決定事項に影響力を持つことができると考える。これとは対照的に、オーストリア、イスラエル、デンマークおよび「権力の格差が小さい」文化に属する人々は、地位が高いからといってより強い権力や影響力を持つことができるとは考えない。むしろ、全員の意見に耳を傾ける傾向がある。ホフステッドはまた、米国、オーストラリア、イギリスの人々は個人志向が最も高い位置づけにあることを示している。「個人主義の強い」文化を持つ人々にとって、個人の自由や権利は最も大切なことである。対照的に、ベネズエラ、コロンビア、パキスタンの人々は、集団主義志向の強い人々として位置づけられる。つまり「個人主義の弱い」文化、または「集団主義の強い」文化を持つ人々にとって、個人単位の関心よりも、集団単位の関心の方が大切なのである。

人間の活動

このカテゴリーの前提は、人々の能動性、受動性、または宿命に関して、文化が何を正しい行動や期待と捉えるかについて述べている。米国では、週に八〇時間以上働くこと、休暇をとらずテレビを見る時間もないこと、コンピュータで一度に複数の仕事をすることなどを自慢する。かれらは、「計画性のない人は失敗するにちがいない」と信じている。しかしベトナムやイエメンなどの文化においては、計画を立てることに没頭すれば、現在を楽しむことを犠牲にしてしまうと信じている。これらの国々では、高度の緊張状態での行動は価値が低く、むしろ、時間とエネルギーの無駄使いだとすら見なされている。

異なる文化の中で暮らす人々の間では、現実と真実の性質や、それがどのように立証されたり、確立されるかについても異なる前提を持っている。たとえば、米国の対立的刑事司法制度（the adversarial criminal justice system）は二つの前提に基づいている。第一は、真実は実在する、第二は、見解は対立し合うことにより最終的に実際に何が起こったのかを「明らかにする」という前提である。日本のような別の文化においては、現実はより主観的であり、人々がその現実をどう考えるのかに依存している。よって、日本では「厳然たる事実」よりもオピニオン・リーダー、あるいは説得力のある話の方が、人々やビジネスでの意思決定に影響を与えがちである。

これら五つの前提の分類について議論する目的は、二つの重要な課題を提示することにある。先に述べたように、前提とは価値観や行動の根源なのである。目に見える文明の産物を理解するためには、目に見えない価値観や前提を理解しなければならない。木の根っこのようにもともとの性質によって形成された根本的な前提は、単に目に見えないだけではなく、一般的に当然のこととしても捉えられるのである。当たり前に理解されている性質であるからこそ、それらの根本的な前提を取り出し、理解することが難しくなっている。なぜならば、多くの場合、前提を意識的には理解していないため、簡単に識別したり、外国人に対して説明したりすることができないのである。人々が無意識に空気中の酸素を取り入れて呼吸しているように、文化的前提がかれらの行動にどう影響しているのかに気づかないのである。呼吸をしたり、文化的規範にしたがうことはごく自然なことであり、ほとんど無意識に行っている。その上、当たり前に理解されている文化的前提ゆえに、なかなか変わることができない。行動は変わるかもしれないが、すでに深く根づいている価値観や前提はそのまま残り、簡単に、あるいは短時間で変わるものではない。たとえば、日本人のビジネスマンは着物を着ることをやめ、西洋の服を着るようになったが、行動としてのこの変化は根本的な価値観の変化を示すものではない。協調性という重要な文化的価値観は相変わらず残っているのである。今日、ほとんどすべての日本人ビジネスマンはダークスーツ、白いワイシャツ、地味なネクタイ、と同じような格好をする。外見は変わっても、中身は変化していないのである。

この観察は、異文化適応がなぜ難しいのかという議論に引き戻す。どの文化も目に見える要素（文明の産物や行動）と目に見えない要素（価値観と前提）を持っているが、目に見えない要素の方がより重要である。なぜなら、それらこそが文化の目に見える側面の根源になっているからである。残念ながら、ほとんどの海外からの滞在者はメンタルマップも暗黙の交通信号への案内も持ち合わせていないので、危機一髪の事態から、致命的な文化的衝突まですべてに遭遇してしまう。ピッツバーグに本拠を置くペンバンク社（PENNBANK）の商用バンク・オペレーションのジェネラル・マネジャーとして、マレーシア・クアラルンプールのオフィスに赴任することになったジェラルド・カールソン（Gerald Carlson）のケースを見てみよう。[*8]

ケース四：ペンバンク・マレーシア—ジェラルド・カールソン（Gerald Carlson）

ジェラルド・カールソンはペンバンク社において、八年間以上にわたり、様々な分野の管理職を経験してきた。その間、ペンバンク社の人材開発の一環として、かれとその家族（妻のスーザン［Susan］、一三歳の娘のキット［Kit］、一〇歳の息子のジョニー［Johnny］、そして愛犬のティッパー［Tipper］）はアメリカ国内の四つの都市に転勤した。かれのもっとも最近の勤務は、ペンバンク・シカゴ支店の広報担当・副支店長への就任であった。妻のスーザンは家族の引越しのため、四つの大学でコースを取り、やっと、現地の高校でソーシャル・ワーカーとして働く資格を得ることができた。

グローバル化が進むペンバンク社

二年前に、ペンバンク社は国際展開に向けて、オペレーションを広げ、特に東南アジア全域において、その存在感を示すようなった。人口一七〇〇万人強（マレーシア半島に一四〇〇万人、残りはボルネオ島のサバやサラワクに住む）のマレーシアは戦略上重要な地域に位置し、ペンバンク社のアジアにおける最初の拠点として、位置づけられた。同社は、ヨーロッパや北アフリカへの進出も検討していたが、まずはマレーシア支店の設立を決定した。マレーシアは錫、パーム油、ゴム、熱帯堅木、そして近年における沖合石油といった産物に恵まれているため、海外投資をひきつける。それゆえ、ペンバンク社は、マレーシアの首都であるクアラルンプールに商業や工業関係のベンチャー企業の資金をサポートする商業銀行として設立させた。マレーシアは新参の外国銀行がそのような立場で経済に参入することに好意的だった。政府は概して、大規模投資を既存のマレーシアの地元銀行との提携にするため、新しい銀行の投資内容に制約を加えていた。マレーシアはマレー人の経営する銀行との共同投資に特に力を入れていたからである。

「ブミプトラ」（Bumiputera）とはしばしば「ブミ」（Bumi）または「ブミス」（Bumis）と省略される。意味としては「土地の息子」であり、一般的に中国系マレーシア人やタミール・インディアン系マレーシア人に対する土着のマレー人を示す。ブミには、中国系またはタミール・インディアン系のマレーシア人でも、マレーシアで三世代以上の世襲を続けた人々はこれに含まれる。さらに、マレー人であればイスラム教に改宗すると、ブミになることができる。ブミはマレーシア人口の五四％～五六％を占めており、歴史的にブミスが経済のわずかな規模を占めていた時代においてさえ、ブミスは政府から銀行界を含め、経済における特別な支援や奨励の恩恵を受けていた。それゆえ、ペンバンク社のような設立したばかりの銀行は、ブミ人口比率を超える（全人口のうちのブミスが占める五四％～五六％以上）人数のマレー人の雇用、および、ブミが経営し、管理するプロジェクトへの財務面での援助が期待された。この要求は多数派のための一種のアファーマティブ・アクション政策である。また、マレーシア政府は、設立したばかりの外国銀行に対して、数年間はフルサービスの銀行業務をさせなかった。資金融資、そして大規模な商業や工業のプロジェクトの資金調達において主要な役割を担うことになったペンバンク社の業務範囲の拡大は、マレーシア政府、マレーシアの銀行のコミュニティー、現地マレー人との良好な関係を築いたおかげであった。

設立二年目になるクアラルンプール支店にジェネラル・マネジャーとして新しく任命されたジェラルドは、東南アジアにおける経験は十分ではなかったが、ペンバンク社の立ち上げの際、数回にわたり、長期出張という形でクアラルンプールに赴いていた。そして、この出張において、ジェラルドは現地の人々とうまく付き合い、いい仕事をしていた。ジェラルドにとって、この派遣は地位、責任、報酬、福利厚生において、非常に大きな昇格であったのである。また、場所、銀行業務の種類、文化の多様性について、この赴任は、職務における十分な挑戦と変化を伴うものであった。

ペンバンク社・クアラルンプール支店に必要な新しいジェネラル・マネジャー

クアラルンプールのペンバンク社の前任者であった初代のジェネラル・マネジャーは、独身男性であったが、イスラム女性に対する〝接近禁止法〟の違反により告発された後、派遣者を解任された。マレーシアにおけるイスラム教の接近禁止法は、男性が未婚女性と夜に公園で手をつないだり、夕方ビーチを一緒に歩いたりなどの過剰な接近を目撃したことが一般市民から通報されると、その男性は、すぐにその女性と結婚するか、さもなくば刑務所送りになる。クアラルンプールでは、それほど厳しくはないが、トレンガヌー(Terengganu)やクランタン(Kelantan)のようなマレーシアの伝統がより残る州では、頻繁に取り締まられ、外国人を監視する方策としても利用されてきた宗教上の戒律である。つまり、地元の人は外国人の不適切な行為を見つけ出し、警察に報告するかもしれないのである。上述のペンバンク社のジェネラル・マネジャーの場合は、結果として、そそくさと国外へ脱れてしまったのである。最終的に、裁判や罪は取り消されたが、ペンバンク社はマレーシアの新聞上で、散々たる酷評をされてしまった。現地マレー人であるアシスタント・ジェネラル・マネジャー代理のAbd Mohamoud bin Malekはジェネラル・マネジャー職の空席を埋めようとしたが、ペンバンク社での経験が十分ではなかった。このため、かれは業績をあげることができなかったが、かといって十分な経験と実力のある他の現地人の後任者は見つからなかった。しかし、ペンバンク社-クアラルンプール支店におけるマレー原理主義を掲げるマレー人従業員たちは以前のジェネラル・マネジャーの行為に対し、怒りを表明しつづけ、現地人のジェネラル・マネジャーを要求した。ピッツバーグのペンバンク本社の役員たちは、現地の人間を活用することを正当化するほど、同支店はマレーシア経済の中においていて、まだ十分に育ってはいないと考えていた。これらの役員たちは、即座に、次のジェネラル・マネジャーを派遣しなければならないと感じたのである。

ジェラルドの大きなチャンス

新しいジェネラル・マネジャーとして選抜された時、ジェラルドは最も短い派遣前研修を受けた。かれは、一日を以前にクアラルンプールを訪れたことのあるペンバンク社の従業員数名と過ごし、二日間をマレーシア産業開発局のシカゴ事務所の人との面会に使い、さらにもう一日をピッツバーグにあるペンバンク社の人事部で仮住まいの手配、渡航スケジュール、諸手当、報酬、福利厚生、繰延所得、マレーシアの国内税などについての打ち合わせに使った。また、背景知識を得るために、マレーシアの首相であるマハティール博士によって書かれた『マレー・ジレンマ』(The Malay Dilemma) という本が渡された。その後、かれは一週間をかけて、ペンバンク社シカゴ支店の後任者との仕事の業務の引継を行った。その一方で、文化、歴史、言語、問題解決、技能形式、その他の準備やトレーニングはジェラルドやかれの家族にはまったく提供されなかったのである。

家族

子供たちにとって幸運だったのは、マレーシアへの移動は夏に行われたので、米国国内での、学校に関するやっかいな問題は発生しなかったことである。しかしながら、かれらがクアラルンプールに着いたとき、現地は六月から始まった学期の真只中であることに気がついた。東京と香港を経由し、三二時間かけて家族がクアラルンプールに着いたとき、定住先が見つかるまでの間、家族には豪華ホテルが予約されていた。妻のスーザンは六週間かけて家を見つけて、（すべて別々の独占的政府系公社が運営している）電気、水道、電話などの許可を得た。またスーザンは、ジェラルドの職位に対応して、住み込みのメイドや料理人を雇うことができることがわかった。クアラルンプールの海外派遣者コミュニティーにおける、ジェラルドの新しい地位のゆえに、スーザンはアメリカン・クラブやカントリー・クラブのメンバーになるよう求められ、しばしば二人は米国大使館主催のレセプションに招待された。

スーザンや子供たちにとって、生活は大きく変化した。マレーシアでは（米国のように）既婚の外国人夫婦のどちらか一人だけにしか労働許可証を発行しないため、スーザンは、最近取得した学校のソーシャル・ワーカーとしての職業に就くことができないことがわかった。また一家は、税関の検疫検査に愛犬のティッパーが合格しないことを知った。イスラム教の教義では犬は汚いものだとみなされており、マレーシアは犬を持ち込むことに対して厳しいルールを持っているためである。結局、ティッパーは「見捨てられた」。そのことは家族全体にとって落胆と精神的外傷を与えるものとなった。

さらに、子供たちは夏休みを満喫する代わりに、新しいカリキュラムと現地語を指導している私立校に通う破目になった。その学校の生徒は、事実上大使館の子弟がほとんどで、クアラルンプールの中のあらゆる大使館から通っており、多様な生徒の集まりであった。その学校はイギリス流の教育を採用しており、子供たちは科目内容も教え方も気に入らなかった。かれらは、必須科目であるマレー語の学習に拒否反応を示し始めた。「いずれにしても誰もが英語を使ってるし、私たちはマレー人ではなく米国人なんだから」とかれらは主張した。

ペンバンク社クアラルンプール支店における問題

しばらくの間、ジェラルドは多くの問題を経験しながらも、フラストレーションや諸問題を意欲的にこなしていた。かれは、すぐに、縁故採用を禁じたペンバンク社の厳格な規則に反して、ジェネラル・マネジャー代理が、かれの親類である数名の現地マレー人を採用していたことに気がついた。また、ジェラルドは、現地人のほとんどが、何か問題があると、直接ジェラルドではなく、かれのアシスタントであるモハメッド（Mahmoud）の所にいくことに困惑した。ジェラルドは同様に、様々な民族、人種、宗教的グループがお互いに抱いている明白な難題についても懸念していた。現地マレー人たちは、もっと多くの仕事に携わるべきだと主張していた。中国系マレーシア人は順調にビジネスを行っているように思えたが、現地マレー人には援助をしたがらなかった。少数派のタミール系（インド系）マレーシア人は、昇進の可能性についてあきらめた態度を示していたし、かれらの仕事を極めて狭い範囲に限定していた。また、ジェラルドは、現地のマネジャーたちは部下管理の責任を負いたがらず、ジェラルドがかれらに行った権限委譲の努力は無に帰すものであった。

希望が持てる面としては、ジェラルドが派遣される前に失ってしまっていた新しい取引先が、ゆっくりではあるが着実に戻りつつあったことである。ジェラルドは個人的にマレーシア銀行協会とのプロジェクト・ローンのとりまとめに参加した。このように、仕事は容易ではなかったが、やりがいのあるものだった。

究極の条件

三カ月目が終わるころ、多くのことが変化した。スーザンにせがまれ、ジェラルドとスーザンは米国への帰国について話し合った。子供たちは転勤の悪影響を受けているように見受けられた。ジョニーは家から出ようとしないし、キットは大使館の手におえない子供たちと付き合うようになった。ジェラルドとスーザンはこの海外勤務が子供たちに与える長期的影響を心配した。ジェラルドは、仕事上の発展を実感してはいたが、新しい地位が当初、聞かされていたよりも魅力的ではないということを認識した。かれは、それほど高度な仕事内容ではないにも関わらず、それに求められる労力レベルの高さにフラストレーションを徐々に感じるようになったが、それでもかれはその仕事を続け、海外勤務を満了させたかった。スーザンは、予想していたよりも仕事をしたいという思いが強くなっていたし、スーザンと子供たちは帰国を望み、いつまでに帰国できるのかはっきりさせたがった。家族からの不満は一層強くなり、度重なる真剣な話し合いの結果、ジェラルドが上司に対し、この海外勤務がかれ自身のみならずかれの家族にとって合わないものであると伝えるべきだという意見に落ち着いた。翌日、ジェラルドは米国にいる上司に否定的な内容のファックスを送った。ジェラルドは上司に、かれがマレーシアへ行きペンバンク社クアラルンプール支店を再建すれば、米国におけるかれの仕事を保証してくれるという約束を再確認した。ジェラルドは以下のような現地での職務における問題点とフラストレーションを報告した。

一・マレーシア政府の銀行業に対する規制

二・縁者びいきが存在している国において、縁故採用を禁ずる規則を守らせることの難しさと、その結果として役立たずの人材を解雇することができないことに対するフラストレーション

三・従業員からの人気を集めているモハメッドとジェラルドとの間の絶え間ない確執。銀行運営に必要とされる正当な権限の入手方法に対する疑問

四・様々な民族や宗教グループ間の絶え間ない葛藤

ファックスには明記されていない、以下のような個人的な理由もあった。

・スーザンは、メイドが一日中ついて回ることにうんざりしており、しかも、そのメイドはいつも隠れて子供たちにお菓子を与えていたこと。

・スーザンはクラブで、退屈なアルコール依存症患者に余分な時間をとられたくなかったこと。

・スーザンは、家の外で働き能力を活用することを許可しない国に住むことが嫌で嫌でたまらなかったこと。

・キットは、マレー語が話せるようになるべきだといわれ、学校から泣いて帰ってきたこと。彼女は、米国人なのになぜマレー語を習得しなければならないのかが理解できなかった。さらに、彼女の周辺に年齢の近い気が合う友達がいなかったこと。

・キットやジョニーは、誰もが英語を話すのに、全員がマレー語を習得しなければならないという要求にフラストレーションを募らせていたこと。

・キットやジョニーは、テレビで放映される映画がほとんどマレー語であり、米国やイギリスの映画はたいてい夜遅くに放映されることに不満を募らせたこと。

・ジョニーはヴィクトリア朝イギリス史のクラスを落第し、一方でなぜ米国の歴史を勉強できないのか理解できなかったこと。

・その週、家の電話が一週間に三回も機能しなかったこと。

異文化適応：そのプロセス

先に述べたようなエピソードは、一般的なものである。多くのグローバル・マネジャーとその家族は、カールソン一家と似たような異文化適応の難しさを経験する。多くの場合、配偶者（ほとんどの場合が妻）が、夫の海外派遣についていくために、仕事、家、友人、家族と遠ざかることを余儀なくされる。海外の文化を受け入れるにあたり、夫よりもむしろ妻の方が苦労するだろう。後の章では、海外勤務における家族関係、とりわけ配偶者の問題について述べていく。さしあたり、異文化適応がなぜ難しいのかについては、個人の慣例を大きく阻害し、自我や自己のイメージに劇的な影響を与えるようなプロセスの変遷を調べることで、より明らかになるだろう。

慣例《ルーティン》

ほとんどの人は、人生において不確かなことを嫌う。実際、ほとんどの人は、適度に高い確実性と予測性を望む。人々が慣例を守ろうとする主な理由はそこにある。マクドナルドが全世界的な成功をとげたのは、人間が求める一定レベルの予測性を備えているからに他ならない。マクドナルドに入るとそこには選べる様々な品目があるが、われわれは、ビック・マックを注文する前にビック・マックがどのような味がするのかを知っている。ビック・マックは、ビック・マックなのである。人間はその商品だけでなく、その商品に対する予測可能性を好むのである。

人々の慣例は、ありふれた普通から重大なことまで、人生のあらゆる局面に影響する。たとえば、朝の慌ただしい時間にも慣例は存在する。目覚し時計を止め、起床し、シャワーを浴び、服を着替えて、朝食をとり、外へ駆け出していくという様に。また、人間関係を築き、発展させ、争いごとに対処し、人間関係に関してより本格的に慣例を確立する。

莫大な数の問題を同時並行的に処理することができないため、慣例を決めるのである。慣例やそこから生じる確実性により、無意識に効率性がもたらされているのである。ビック・マックはどんな味か、起床したらシャワーを浴びるということがわかっているから、いちいちそれについて考えたり、処理する莫大な時間や労力をつぎ込む必要がないのである。考えることに費やす時間や労力は限られているゆえに、慣例が崩れてしまうと、新しい課題に向ける時間や労力が減少してしまうのである。すべての慣例の崩壊が、同等に問題になるわけではない。次の三つの機能が特に重要になる。

範囲《スコープ》

新しく移り住んだ文化的環境において、変更を余儀なくされた慣例の数（または範囲）が大きいほど、その対処はより困難になり、そのためにフラストレーション、怒り、そして不安も大きくなる。朝のシャワーの日課が中断されることと、食事、通勤、仕事が中断されることはまったく別のことである。人に会う際に、握手をやめ、お辞儀に変えなければならないことは、不便かもしれないが、本当に困惑するのは権限を委譲し、意思決定をし、人々に影響をおよぼし、就業日を計画して、予定をたて、さらには部下を動機づけるといった方法の多くを変えなければならない場合である。

規模《マグニチュード》

慣例が繰り返し妨げられることは、些細な変化である場合もあれば、全体的な生活の破綻に至る場合もある。破綻の規模が大きいほど、それに対処するための時間や労力が増え、引き起こされるであろうフラストレーション、怒り、不安もますます大きくなる。シャワーを浴びることが一日の最初のやるべきことである場合、風呂に入ることは、公衆浴場に行かなくてはシャワーも風呂も利用できないことに比べれば、まだましである。ボーナス支給というインセンティブが現金ではなく休日の増加に変更されることは多少腹立たしいことかもしれないが、インセンティブが完全になくなり、労働省の意のままにされるとするならば、それは受け入れがたい不満となるであろう。

重要度《クリティカリティ》

慣例には重大なものもあれば、些細なものもある。破綻した慣例の重要度が高いほど、それに対処する際に必要な時間や労力、引き起こされるフラストレーション、怒り、不安が増す。はっきりとした指揮命令的なリーダーシップのスタイルから、何事においても相談し、コンセンサスを得ていく意思決定スタイルの変更に伴う困惑に比べれば、駐車場所が予約できないことなど、おそらく取るに足らないことであろう。

カルチャー・ショック

カルチャー・ショックとは、新しい外国の文化やそれに伴う好ましからざる結末に対する知識や理解の欠如からもたらされる戸惑いに対して人々が経験する心理的、情緒的反応のことである。カルチャー・ショックの心理的、情緒的な症状には、フラストレーション、不安、怒り、憂鬱が含まれる。これまで提供してきたカルチャー・ショックの主な解釈は

(1) 新しく、不慣れな文化的環境で生活をしたり働いたりすることは、日常生活の規則性を壊すということ

(2) 多くの慣例が崩壊し変質すればするほど、より多くの時間や精神的エネルギーが求められ、さらにはフラストレーション、怒り、不安がさらに増すということである。

以上の点はすべて真実ではあるが、かといって人々がしばしば経験するカルチャー・ショックがすべて深刻であるというわけではない。重要な慣例が破綻することは、たとえそれが深刻であっても人々が経験する憂鬱、不安、怒りのどの程度なのか説明するものではない。

カルチャー・ショックの背後にある力を十分に理解するために、議論の最初に立ち戻る必要がある。最初のうちは、カルチャー・ショックを経験しない人がほとんどである。一般的に、海外勤務の最初の数週間、または数カ月間、ほとんどの人が「ハネムーン気分」の時期を経験する。この期間、たとえ派遣者やその家族がその土地の文化的ルールを守っていなくとも、かれらの行動が現地の人々から否定的に受け取られていることにすら気がつかない。かれらは、その土地の文化に照らし合わせて、どんな過ちを犯しているのかわかるほどその文化について十分に理解していないので、現地の人々からの否定的なシグナルすら見過ごしてしまうのだろう。

さらに、このハネムーン気分の時期や、その後に訪れるカルチャー・ショック時期に対して、より説得力のある説明がある。その説明とは、多くの人間にとって、非常に繊細でもろいもので、時にはそれを必死で守ろうとするもの、つまり自我《エゴ》に基づいている。わたしたちは維持し、守りたい肯定的な自己イメージというものを持っているものである。だれもその肯定的な自己イメージを捨て、愚者だと思われたくはないであろう。海外派遣の早い段階においては、自分たちに向けられる否定的な信号を無視したり、軽視しがちである。しかしながら、しばらくすると、軽くみていた否定的な信号の数が圧倒的になり、否定したり、無視することができなくなる。これがカルチャー・ショックの始まりなのである。*9

どんな作用にも対等の反作用が存在するのであれば、その逆もまたあり得るのだろうか。いかなる反作用にも、対等の反対原因が存在するのであろうか。カルチャー・ショックのケースについても、この考え方があてはまると思われる。

わかりにくいかもしれないが、慣例は自己イメージの大きな拠り所である。あまり気にかけられていないが、慣例はある意味では個人の熟達度を示すものである。しかし、異文化で生活することは、これらの基本的な熟達度に疑問を投げかけ、普段は気にもかけずに行っているレベルから、意識して行うレベルに引き上げるのである。実際、その熟達度が当然とみなされるほど、その熟達度を失うことへの反応は深刻なものとなる。

ジェラルド・カールソンのケースを、念入りに調べてみると、異文化適応の要因間に、密接な相互関係のあることがより明確に見受けられる。クアラルンプールでの派遣後数カ月後、ジェラルドはしばしば、ひどく腹を立て、他人をぶんなぐることによってその怒りをぶちまけることがないよう自分を押さえることも必要であった。時には、かれはひどく憂鬱で、朝、ベッドから起き上がることが苦痛だった。このような感情は周囲からは読み取ることができず、ジェラルドも平静を保つことに大変苦心したのである。ジェラルドや他の人の似たような深刻な事例において、ジェラルドと家族がなぜ荷物をまとめて帰国したのか、またなぜ五人に一人の米国人が早期帰国してしまうのかを説明する、慣例の破綻以上の何かがあるに違いない。

幾度となく顧客との重要なディナーに参加し、そのような状況をスムーズに対処する、見事な能力を見につけたジェラルドにとって、かれのアシスタントであるモハメッドや従業員との人間関係は、かれの自信や自我《エゴ》に大きな精神的打撃を与えた。単なる慣例の破綻ではなく、かれの自尊心を傷つけたことが、ジェラルドに対して相当なカルチャー・ショックを与えたといえる。

文化的不適合が原因で崩壊した慣例が基本的であればあるほど、自我への打撃はより深刻であり、カルチャー・ショックの衝撃もより大きなものとなる。たとえば、ある町ではそこに生活する人々に当然のこととして受け入れられているスキルというものがある。スーザン・カールソンにとって、交通渋滞のひどいピッツバーグ市内を運転することは、朝飯前のことだった。クアラルンプールで道に迷い、自分の家から友達の家に行くことさえできなかったことは、独立心があり有能な人物という彼女の自己イメージに大きな衝撃を与えたのである。スーザンやジェラルドのように、海外勤務は、単純なものから複雑なものまで、自己イメージが試される出来事の一連の流れを含んでいる。派遣者やその家族は、次のようなメッセージを発する状況に、常に直面している。「全然わかっちゃいないね」、「それはやっちゃいけないよ」、「この国では六歳の子供でさえ、そんなこと知ってるよ」「ばかじゃないの」などである。

このような出来事は、時間が経つにつれて数や大きさを増し、人々は弱り果て、もはや無視できなくなってしまう。症状は個人によって様々であり、同じ人間でも、週によっても変動するが、怒りやフラストレーションは共通である。また、かれらの自己イメージが打ちのめされたり、自信が砕け散る時に、不安や憂鬱はここかしこに見受けられる。しばしば本来人間に備わっている自我《エゴ》を守り維持しようとするメカニズムが、他人に対しフラストレーションを向けさせてしまう原因となる。これが、他人を非難するという症状の背後に共通する主な原因である。米国人が集まる場所では、表現の中に辛辣さの混じった次のような会話を耳にするであろう。

・現地の人間は、どうしてこんなにバカなのだろうか。通りの地名は何の意味もないんだよ。
・現地の人間は、自分たちが誰よりも勝っていると思っている。外国人にひどく憤慨していると思うよ。
・現地の人間は、単なる怠け者としかいいようがない。かれらを動機づけするなんて無理だし、会社への忠誠心など感じていない。
・すべては私の夫が悪いのよ。かれは、私が経験していることに対し、何の感謝もしていない。かれは、会社で居心地よく守られてるんだから。

残念ながら、多くの人はカルチャー・ショックから回復することはない。予定より早く帰国してしまう人もいるが、全員がそうとは限らない。回復できない多くの人は、海外勤務を続け、現地に残り、たいてい、早期帰国がもたらすであろう結果を恐れ、状況を時間が解決してくれると祈っているのである。

現地に残る人のほとんどの人はカルチャー・ショックを通じて、最終的にかれらのやり方を見つけ、徐々に海外での生活や仕事に適応する。過ちを犯す苦痛は、カルチャー・ショックの主な原因ではあるが、適応するために役立つものである。一度くらい、文化的過ちを犯すこともあろうが、より重要な点はそれが認識されるということである。派遣者は徐々に同じ過ちを繰り返さなくなっていくであろうし、また、いつまでもそれがフラストレーションや困惑の原因になることはないであろう。人々は、過ちを犯し、それを認識し、異文化の人々がどのように振る舞うのかを観察することで、徐々におこなって良いことと悪いことを知っていくのである。*10

まとめ

本章では異文化適応に関するいくつかの一般的な事柄について詳述した。人々は、生活における予測性を持ち、心理的な効率性を達成するために慣例を確立する。慣例はまた、自我《エゴ》や自己イメージを守り、維持するための重要な手段を与える。新しい文化で生活し働くことは、普通確立されている慣例を破綻させる。その慣例が破綻すればするほど、もともとの慣例は激変せざるをえない。つまり、その慣例が重要であればあるほど、対処するのにより多くの時間や精神的エネルギーが求められ、カルチャー・ショックに関連したフラストレーション、怒り、不安が増大するのである。しかしながら最も重要なのは、破綻した慣例は通常、個人の自信、自我、自尊心に挑戦するような状況を伴うものである。こうした個人の敏感な領域への脅威は、カルチャー・ショックに関連した最も強力な反作用となって現れる。それは、憂鬱、怒り、拒絶、さらには憎しみともなる。原則として、破綻や不確定性を増大させる環境は、異文化適応を阻止する傾向があり、反対に破綻や不確定性を減少させる環境は、異文化適応を促進させる。これまでカルチャー・ショックや文化適応の基本的なプロセスを検討してきたが、次章では海外勤務者の効果的な選抜とマネジャーの育成プロセスに焦点を当てることにしよう。

注

1 Schein, "Coming to a New Awareness of Organizational Culture."
2 Dowling, Schuler and Welch, 1998; Hoecklin, *Managing Cultural Differences: Strategies for Competitive Advantage*; Hofstede, "Cultural constraints in management theories"; Linton, "The Tree of Culture"; Marquardt and Engel, "Global Human Resource Development"; Nemetz & Christensen, "The challenge of cultural diversity: Harnessing a diversity of views to understand multiculturalism"; Trompenaars, "Riding the Waves of Culture"; Welch, "International human resources management approaches and activities: A suggested framework."
3 Kroeber and Kluckhohn, *Culture; A Critical Review of Concepts and Definitions*; Linton, "The Tree of Culture."
4 Schein, "Coming to a New Awareness."
5 McGregor, *The Human Side of Enterprise*.
6 Triandis and Bhawuk, "Culture Theory and the Meaning of Relatedness."
7 Hofstede, *Culture's Consequences: International Differences in Work-Related Values*.
8 Dennis and Stroh, "Take this job and. . ."
9 Janssens, "Intercultural Interaction: A Burden on International Managers?"
10 Ward and Kennedy, "Where's the 'Culture' in Cross-Cultural Transition?"

第Ⅱ部　グローバル勤務以前

第3章：グローバルマネジャーの選抜

事例五：エマノン社（Emanon）

エマノン社環境システム部部長のスー・ハリス（Sue Harris）は電話中である。「あとたった四〇日足らずのうちに誰かをスウェーデンへ派遣してちょうだいって……だけど、誰がいいの？」ビル・ウェブスター（Bill Webster）はニューヨーク本社からそっけなくそれに答える。「スー、誰がいいかは、君自身が私よりよくわかっているはずじゃないか？　とにかく早く誰かを向こうに送って、必ず問題に終止符を打つよう手配してくれ！」

ここ数年、主にプロダクト・エンジニアリングに責任を負うエマノン社のストックホルム子会社では、マーケットをリードする公害制御システムのデザイン変更において重要な期限を何度も守れなかった。デザイン変更はエマノンのグローバルに展開された生産工程において必須であり、これらの遅延による損失は大きかった。本社はストックホルムにおける早急な管理体制の変革を求めてきたのである。現在のデザイン変更をあと三カ月で確実に完了し、ストックホルムの子会社の活動をきちんとした軌道にのせることにより、将来におけるエンジニアリング・プロジェクトの生産ニーズに遅れをとるのではなく、先取りを可能にする変革である。

スーは午前中の残り時間を費やし、誰が公害制御システムのデザイン工程を効果的に管理するためのぴったりの技術的経歴を持っているか考えた。彼女の部における最良の技術者は誰なのかについて知恵を絞った後、三名の優秀なストックホルム勤務候補者を思い当たり、簡単なリストを作成することにした。

スーがリストにざっと目を通しているうちに、マックス・アイゼンハート（Max Eisenhardt）のことが何度も頭をよぎった。マックスは米国で最高の技術者の一人である。おそらくより重要なことは、かれはストックホルムでデザイン変更される公害制御システムを十分に理解していることだ。そのうえ、マックスは無能なマネジャーではなく、過去二年間ニュージャージー工場でのプロダクト・エンジニアリング問題を解決するという素晴らしい業績を達成している。これ以上の熟考はやめて、スーはマックスが適任であるという決定を下しかれに面談のための電話をした。

二日後、マックスはニュージャージーから飛行機でシカゴのスーの事務所へやってきた。面談中、スーはスウェーデンでの仕事は簡単ではないことを説明した。ストックホルム子会社はずっと製品デザインが遅れており、新しいマネジャーはこの状況を好転させなければならない。マックスはニュージャージーでできたのだから、ストックホルムでも同様にできるはずだと自信を持って返答した。スーは本社がストックホルムでの問題を認識しているのだから、このポジションは社内において注目されると付け加えた。このオペレーションを好転させたら誰だって、帰国の際には英雄並みの歓迎を受けるに違いない。マックスはこの海外勤務は自身にとって素晴らしい転勤になると確信した。かれは家へ帰り妻と家族にスウェーデンでの仕事は生涯にまたとない好機であると説得するのが待ちきれなかった。

グローバル勤務に対する技術的アプローチ：失敗は必至

エマノン社のスウェーデンにおける配置問題への対応は、多くの多国籍企業が海外勤務候補者を選抜するアプローチであり、何故このアプローチがしばしば失敗するかを示している。*1 基本的に、海外オペレーションで危機が発生すると、戦略的かつシステマティックに状況を分析する時間は限られてしまう。海外での「火事」をともかく消し止めたいという欲求が、候補者の技術的、経営的資格要因さえ揃えば、短期的問題を解決するための能力があるにちがいないと結論づけてしまうのだ。選択する時間がごく限られていたため、スー・ハリスは人事部がどれだけ候補者選択を助けてくれるかを念頭におかず、ごく限られた範囲、彼女が知っている人間から、候補者を検討してしまったのである。彼女は候補者とかれらの家族の新しい文化的環境に対する適応能力を考慮しなかった。このような技術志向の選択過程は、コストばかりが高くつく任期途中の帰任または派遣期間中の不満足な成果という、まさにスーが避けたい事態を容易に生み出す結果となりうるのだ。振り返ってみると、スーは人事部の人間から他の部のマネジャーまで利用できるすべての人材を使って、完全な候補者リストを作成すべきだった。実際、ウィンドハム・インターナショナル社（Windham International）と国際貿易委員会（the National Foreign Trade Commission）の最近の調査によると、現在、大多数の多国籍企業にとって適切な海外勤務候補者を見出すことは大きな課題となっている。[*2]

時期尚早な帰任または不満足な成果は、企業が急いで技術能力はあるが、海外勤務で良い業績を納めるために必要な異文化間コミュニケーション能力または適応能力を欠く候補者を選抜したことの直接的結果である。ウォルト・ディズニー社（Walt Disney Company）のマネジャーは、このような非システマティックな選抜過程が、ユーロ・ディズニー社で起こった初期の問題を招いた原因の一部であると主張している。[*3]さらに、配偶者や家族の状況を注意深く考慮しないという一般的な慣習が、配偶者や家族が深刻な異文化問題に直面した際に、大失敗を引き起こす結果となる。ある米国の人事担当役員は「私は二〇年の間に、派遣者家族の赴任と帰任を見てきたが、家族が適応できない為に失敗する場合が多かった」と話している。しかしながら、いくつかの失敗は多国籍企業が候補者選定方法の抜本的な見直しをしていれば避けられたはずだったのである。

一般的な選抜慣行

エマノン社のスー・ハリスはストックホルム子会社の業績を確実に変えられる候補者を早急に選抜しなければならないという本社からのプレッシャーを感じた。スーは彼女の部門担当役員としての成功はこの海外勤務者の選抜の成功に大きく左右されるとわかっていた。彼女は当然ながら選抜した候補者が失敗するリスクをできる限り回避したいと思っていた。何故ならその失敗は結局彼女自身の業績に反映されるからである。[*4]

誰もが成功したいのであるから、このアプローチは本質的には間違っていない。間違っていたのは彼女のとった不適当な選抜方法である。不運にも、失敗するリスクを最小限にしようとしたスーの試みは、おそらくリスクを最大化してしまったのである。

最高の技術的スキルを持った人間が必ずしも最高の異文化適応能力を持ち合わせているわけではない。実際、海外勤務の失敗（不満足な成果または任期途中の帰任）は一般に技術的または専門的スキル不足の結果よりは、派遣者とその家族の異文化不適応の結果として生じている。われわれの調査でグローバル勤務の成功は、派遣者と配偶者の異文化適応力に関連が深いことがわかっている。[*5] さらに、グローバル勤務の失敗による法外なツケは、親会社、海外オペレーション、派遣者、ならびに失敗した派遣者を選抜した意思決定者に回ってくることになる。にもかかわらず、企業はグローバル勤務候補者を決定する際に何よりもまず技術的、業務関連スキルに頼るのである。この視野の狭い考え方の故に通常、より重要な基準が見落とされている。[*6] 今日のビジネス環境では、実に全派遣者の約九五％がライン・マネジャーによって技術的スキルを根拠として選抜されている。[*7] このうちの四七％の意思決定は、人事部からのインプットにより妥当なものと確認されている。[*8]

技術的スキルを唯一の選定基準とすることは短絡的な選抜過程を結果として生んでしまう。迅速的に技術的条件を満たす候補者を派遣する意思決定者は、同様の技術的能力があり、しかもより優れた異文化適応能力を持ち合わせる候補者を組織内で探し回ることはあまりしない。グローバル勤務候補者の選抜過程に関する重要な研究で、ミシガン大学のエドウィン・ミラー（Edwin Miller）はマネジャーが選抜の意思決定前に行った活動を調査した。[*9] かれは、意思決定者が高い資格要件（技術的、業務関連能力）を持つ候補者をすぐに特定できない場合、かれらは必要とされるスキルの範囲をより慎重に定義し、派遣中の業績をより正確に測定する方法を決定する。そしてより積極的に国内、国外の関連部署から（同僚マネジャーに問い合わせたり、人事ファイルを吟味するなどして）候補者を探そうとし、さらに人事部からより多くの助けを要請するようになることを発見した。本質的に、多くの米国企業の選抜過程に次のようなパラドックスはつきものである。高い技術的能力と業務関連スキルを持つ候補者を直ちに見つけられない場合、ライン・マネジャーは社内全体に候補者探しを拡大し、高度な専門的能力のみならず優れた異文化適応能力とコミュニケーション能力を有する人材を見つけようとする。しかし、すぐに**一人もしくは若干名**の技術的能力を持つ候補者が注意を引くと、意思決定者は**大抵**それ以上の探索をやめ、その結果、**同等の技術的能力を持ち、しかもより優れた異文化適応能力を持ち合わせる候補者を見落としてしまう**ことになる。

▼日本、ヨーロッパ、スカンジナビアで一般的な選抜慣行▲

米国企業で用いられる選抜過程は日本、西ヨーロッパ、それにスカンジナビアで用いられる過程と類似している。ロザリー・タン（Rosalie Tung）の米国、日本、西ヨーロッパにおける選抜過程に関する研究で、全三地域で海外オペレーションのＣＥＯを選ぶ際「経営手腕」が最も重要な選抜基準の一つであることがわかった。[*10] また、スカンジナビアでは、ライン・マネジャーがグローバル勤務者を選抜する際、何より重要な基準は専門能力である。[*11] 本質的に、世界中の多国籍企業はグローバル勤務者の選抜に際し、高度な専門的能力または経営能力を持つ個人を見出すことに努力を傾ける。

米国の選抜過程と日本、スカンジナビア、西ヨーロッパの過程には類似点が存在すると同時に差違もある。たとえば、面談は米国（九九％）と西ヨーロッパ（一〇〇％）でたいてい行われるが、日本（七一％）とスカンジナビア（七五％）で実施される割合は相対的に小さい。これらの違いは、グローバル勤務者の選抜前にその配偶者がどの程度面談を受けたかを検討するとより明白になる。米国（五二％）と西ヨーロッパ（四一％）で配偶者は面談または事前説明を受けることもあるが、スカンジナビア（一八％）ではまれで、日本ではまったく受けていない。[*12] とはいえこれらの差違は、候補者ならびに配偶者の能力に関して必ずしもどちらが良いまたは悪いというものではない。差違はおそらく文化特有の要因から生じているのであろう。

日本では、たとえば、家族は選抜過程において重要な問題とはなっていない。男性社員が国外への出向を勧められた時、海外勤務による家族への影響は、重要事項として考慮されない。何故なら日本人の意思決定者は妻が夫の意思決定を左右することは実際にはないと思っているからである。たとえ日本人の妻が海外転勤を拒否したとしても、彼女の夫は依然として会社への義務に縛られ、海外勤務を受け入れなければならないのである。[*13] とはいえ、日本的ビジネスの文化的同質性と家父長的慣行は、配偶者と家族を含めて海外勤務が潜在的には難しいかどうかという状況を把握するためのメカニズムを実質的に内包しているということに注意してほしい。

別の文化的理由が、ほとんどのスカンジナビア企業が配偶者を評価の対象としていない理由を説明できる。スカンジナビアでは、個人のプライバシーを強く重んじており、その論理で家庭生活はフォーマルな組織での評価の対象とはならないという暗黙の了解がある。しかしながら、日本と同様にスカンジナビア諸国の小ささとその相対的な同質性が、スカンジナビア企業に広範囲にわたる形式的な評価に頼らずとも海外勤務に困難な配偶者と家族の状況について知る機会を提供している。

また性格やスキル・テストが選抜手段として使用される程度にも差違が見られる。ライン・マネジャーと人事専門家は海外派遣候補者の様々な文化圏の人々とのコミュニケーション能力と関係構築能力が海外勤務で成功するには重要であると同意しているが、ごく少数の企業しか実際にこれらのスキルを正式にはテストしていない。[*14] 具体的には、スカンジナビアの二四％と西ヨーロッパの二一％の企業が正式な試験メカニズムを利用し、候補者が様々な文化圏の人々との関係構築能力を評価している。反対に、米国ではわずか五％しかそのようなスキルを評価するテストを実施していないし、日本企業は実質的にまったく実施していない。[*15]

米国の多国籍企業は、多くの場合、派遣者が配置される国のビジネスと社会文化についてほとんど知識のないライン・マネジャーと人事担当者の提案に頼っている。派遣者が成功するためにもつべき、コアとなる人格特性やコンピテンシー（資質）を見極めている企業は二〇％に満たない。[*16]

要するに、ヨーロッパ、特にスカンジナビア企業は幅広い様々な評価手段を利用し、（技術的能力に加えて）異文化対応スキルにより多くの注意を払っているため、国際人材選抜において多少なりとも戦略的でシステマティックであることだ。明確な結論を引き出すことは難しいが、スカンジナビアとヨーロッパの企業が選抜過程において異文化対応能力評価を重視する姿勢は、派遣者の適応と業績にプラスの影響を与えていると思われる。

選抜過程への戦略の統合

グローバルマーケットで競争的地位を獲得または維持するために、企業は海外勤務において可能な限り高いROI（投資収益率）を求めなければならない。第一のステップは、グローバル社員の選抜過程と戦略を統合することである。企業がよりグローバルな事業を展開し、様々なグローバル化の段階を進むにしたがい、企業はますます重要となってきた派遣者の選抜過程に注意を払わなければならなくなる。たとえば、グローバル化が輸出段階から各種事業を海外で展開する多国籍企業段階へと進んでいる企業は将来に向けて戦略的な計画を立てなければならない。何故なら企業が輸出段階を脱するにつれて優秀な派遣者の存在がますます必要となるからである。このような組織的先見性がなければ、企業が将来グローバルに事業展開を行おうとしたとき、有効な人事配置をする上で適任な人材が不足していることに気づく事態に陥る。適材適所の人選をすることの戦略的重要性は、国際ジョイント・ベンチャーを吟味するとさらに明らかとなる。よく知られた報道機関の推定によると国際ジョイント・ベンチャーは四〇から七〇％の割合で失敗し、これらの失敗の一因は現地ビジネス慣行に適応できない派遣マネジャーによるものであるという。[*17] そのうえ、企業がグローバル勤務に対する戦略的な考え方に立脚しない場合には、当該企業の選抜過程はおそらく技術的スキルを持つ人間だけに限定されてしまうことになるであろう。

第1章では、われわれは海外勤務の三つの主要な戦略的役割、すなわちリーダーシップ開発、調整と統制、情報ならびに技術の交換について述べた。この章の始めに論議されたエマノン社の事例では、マックス・アイゼンハートのストックホルム勤務は、情報ならびに技術の交換を高める重要な戦略的機能を果たせるはずだった。しかしながら、スー・ハリスが慌ててマックスを選択したことで、実質的にこの目的はシステマティックには達成できなくなってしまった。この事例ではマックスがスウェーデン技術者から習得できたかもしれないユニークなエンジニアリング・デザインがあり、それがエマノン社の別の部門に移転していればマーケットの革新を引き起こし、会社全体の売上増加につながっていたかもしれない。しかしながら、この技術移転の機会から学び、またこれを利用するには、エマノン社はマックスではなく、より高い異文化間コミュニケーション・スキルを持った別の誰かを選抜し派遣する必要があった。

もしもスー・ハリスが短期的なプロダクション・デザインの問題を解決する能力とグローバル・リーダーシップ・スキルと先見性の両方を潜在的に兼ね備えた候補者を見出すことができていたら、もう一つの戦略的機能、すなわちエマノン社におけるリーダーシップ開発を強化することができたに違いない。双方の能力を持つ候補者選抜は、エマノン社の世界的オペレーションにおいて重要な経営幹部の地位に就くことのできる、海外勤務経験を持ったゼネラル・マネジャーを育成することにつながったかもしれない。マックスは技術的には有能であったが、将来の経営幹部としてのポジションに必要な総合的な経営者としての資質を持ち合わせてはいなかった。エマノン社の誤り（多くの企業が犯している誤りでもある）は、グローバル勤務の戦略的な理論的根拠を無視し、それによって長期的目的を短期的成果の犠牲にしてしまったことである。企業がよりシステマティックな選抜過程を追求していれば、長期と短期双方の目的を達成することができたはずであった。

海外勤務者に戦略的機能を果たさせるためには、企業はこれらの機能が独特な異文化コンテクストで達成されることを忘れてはならない。それゆえに、成功する国際マネジャーを選抜するには特有な諸要因を考慮しなければならないのだ。

成功する海外勤務者選抜のための諸要因

現役のマネジャーと海外派遣問題研究者は、グローバル勤務候補者を選抜する際に考慮しなければならない重要な諸要因に関するかなり長いリストを作成している。これらのリストを検討する際に、選抜過程の基本的な目的を確認しておく必要があろう。つまり、その目的とは、グローバル勤務の任期を全うし、勤務の戦略的・戦術的な目的を遂行できる個人を選ぶことなのである。意思決定者がグローバル勤務候補者を選抜する際、数種類の派遣者と配偶者に関連する要因を考慮しなければならない。一貫して技術的スキルに注目するのに対して、ヨーロッパ企業は米国、スカンジナビアまたは日本企業と比較して派遣者を選抜する際、配偶者と家族に関連する要因を重要視している。[*18] 言語能力と派遣者の適応性に関しても地域によって差違が存在すると思われる。米国企業はヨーロッパや日本企業に比べて言語スキルをほとんど重要視していない。

派遣者の成功をもたらす選抜要因

意思決定者はグローバル勤務者を選抜する際、多くの潜在的な要因を考慮するが、われわれはそれらのうち海外における成功に不可欠な諸要因に注目し、戦略的機能または職務遂行に関連する諸要因を選定した。

戦略的要因

海外派遣候補者を選抜する前に、海外勤務の重要な戦略的機能を評価しておくことが大切である。これらの戦略的機能を首尾よく達成するには、これらそれぞれの機能に応じて各種の技能、経験、それに人脈が必要となる。たとえば、主な派遣目的が本社・子会社間の統制機能を向上させ、子会社間の調整機能を強化することである場合、候補者は社内における幅広い人脈を含む企業内での豊富な経験が必要となる。もう一つの海外勤務の戦略的目的はおそらく、海外オペレーションと本社での重要な情報の交換である。この情報交換は本社から子会社へだけでなく、子会社から本社への情報の動きが必要となるであろう。[*19] この機能を実行するには、情報は子会社へ伝達されなければならず、子会社から得た重要な情報を本社へも伝えなければならないので、候補者は本社からの必要情報を持つだけでなく優れた異文化間コミュニケーション能力を持ち合わせていることが不可欠である。勤務の戦略的目的が中間管理職または経営者の育成であれば、候補者の社内経験と昇進の素質が重要な選抜基準となる。

もちろん、戦略的機能は互いに相容れないのではなく、一つの機能（たとえば調整）を実行するのに適切な選抜基準機能は、多くの場合、別の機能（たとえば情報交換）を実行する上でも重要である。意思決定者はまずグローバル勤務の戦略的目的を確定することに注意し、次にそれらの目的を達成するために必要なスキル、知識、経験を慎重に測定しなければならない。

専門的スキル

割り当てられた仕事がＣＥＯ、部門長または技術専門職のどれであったとしても、専門的スキル（経営的または技術的）が不可欠である。これらのスキルとは一般に業務の直接的知識や解決されるべき特定問題の把握を含んでいる。たとえば、エマノン社の事例では、マックス・アイゼンハートは経営能力に加え、工学技術と公害の制御知識が必要であった。しかし、技術的能力は必要ではあるが、それらは多くの場合グローバル勤務の成功と企業のＲＯＩ（投資利益率）を最大化することを約束するには十分ではない。

紛争解決スキル

国内および国際的な経営ポジションでは、個人がどのように紛争解決に取り組むかが任務の成功に大きな影響を与える。グローバル勤務の主なストレスの原因は対人関係における衝突であるといえる。[*20] さらに重要なのは、派遣者の紛争解決の方法が、かれらの仕事の出来不出来に大きな影響を与えることである。たとえば、日本人とカナダ人のマネジャーに関する調査では、異文化間の対人的な紛争を協調的に処理できないことは、適応性に関連していることがわかった。[*21] 紛争解決への協調的な取り組みは、相手に自分たちのやり方を強要するのではなく、相手（と文化）を理解することに注目させるという点で重要である。

リーダーシップ・スキル

派遣者マネジャーのリーダーシップ・スタイルもグローバル勤務中のかれらの仕事の成果に大きな影響を与える。これまでの研究では、仕事の達成だけでなく人間性にも注目し、高い関与を求める経営は一般に他の経営スタイルより優れていることが示されている。[*22] 経営方法に関する調査によると、同僚を信頼し、かれらを意思決定過程に関わらせることが結果的に、より優れた意思決定、より大勢から受け入れられる意思決定、さらには国内および国際的な経営情勢における、満足度の高揚につながることがわかっている。[*23*24]

コミュニケーション・スキル

コミュニケーション・スキルは、グローバル勤務における派遣者の成功に極めて重要である。グローバル勤務のほとんどの戦略的な諸機能では、他の文化において効果的にコミュニケーションを行うことが必要とされている。派遣者マネジャーに関連する異文化間コミュニケーション過程のいくつかの重要な側面を示す研究がある。最近の調査では、対人コミュニケーション・スキルは海外勤務の成功を左右する最も重要な要因の一つであることが明らかにされている。[*25] 現地国におけるある程度の言語能力がなければ、未知の文化に属する現地国の人々との本当のコミュニケーションは非常に困難である。言語能力は外国で事業を行う上で非常に大きな利点である。[*26] ある米国人派遣者は「現地国を理解するための『鍵』は言語である。企業がその国の言語を身につけるために何故もっと多くの言語教育を提供しないのかまったく理解に苦しむ！」と語っている。

コミュニケーションへの積極的な気持ちが、グローバル勤務中の適応に不可欠であることも明らかになっている。[*27] この特質は当然であると思われるかもしれないが、実は多くの派遣者は現地国の人々との本当のコミュニケーションを試みようとしないのである。たとえば、かれらは重要な双方向の会話をする代わりに、部下と通訳者に「必要な情報」の伝達を頼っている。そればかりではない。効果的なコミュニケーションなくして、十分な調整、統制、それに情報の伝達は困難であるため、このコミュニケーションに対する消極的な姿勢は、結局、任務の戦略的目的を失敗させることにつながる。

コミュニケーションの重要性は、海外赴任者の配偶者にも関係してくる。なぜなら、配偶者は多くの場合、社会的な関係を率先して築くために大変な努力が求められ、たとえ周囲がかれらとのコミュニケーションを望まなくても、コミュニケーションが必要だからである。たとえば、ある米国人配偶者は「グローバル勤務中、一度も銀行の奥様達から歓迎を受けたり、社会的に支えて頂いた経験はありません。自分で自分の生活を海外で築かなければならないことはわかっていましたが、英国での第一歩は周囲が力を貸してくれるものだと思い込んでいました。私から今後の派遣者の配偶者たちへのアドバイスとしては、第一日目から周りの人々と交流して一生懸命友人関係を育みなさいってことかしら」とわれわれに語ってくれた。

社交スキル

個人の社交性、または有意義な人間関係を築く能力も派遣への適応にプラスの影響がある。[*28] いい換えれば、どんな状況においても人間関係を構築することへの変わらない関心は、海外勤務中に派遣者が業務および業務外の重要な情報を得ることができる。また、当該マネジャーの行動に関するフィードバックを提供してくれる現地国の人々との意味のある社会的関係を築くことを可能にする。

研究者は、これまで国際的なマネジャー選抜過程に関連のありそうな広範囲にわたる個人の特質を評価してきた。しかしながら、われわれの調査と他の調査によって、ある特質がとりわけ異文化適応において重要であることが明らかになった。[*29]

自民族中心主義《エスノセントリシティ》

周りの出来事をどのように解釈するかが海外勤務における適応に大きな影響を与える。われわれは文化の境界線を越えた場合に、人々の行動を誤って解釈し、批判することがしばしばある。[*30] たとえば、日本人マネジャーが年長のフィンランド人マネジャーと交渉しているときに、フィンランド人が口から空気を吸い込みながらたてる音は取引に対して否定的に反応していると思うが、本当は、フィンランド人は同意を伝えているかもしれない。米国人がこれに加わると、日本人とフィンランド人は呼吸に困難でもあるのかと思うかもしれない。事実上すべての日本の多国籍企業はかれらのマネジャーは対人関係スキルがあると主張しているので、十中八九、日本人マネジャーはこの行動を誤って解釈することはないであろう。これらのスキルは米国ではそれほど高くは評価されていない。[*31]

自分自身のルールを行使することはしばしば、他の文化での行動を誤って解釈することにつながる。したがって、あまり独断的ではなく、新しい文化圏の行動をほとんど批判しない派遣者は、新しい環境へそれほど苦労しないで適応できる。[*32] さらに、他人の行動の「正しいこと」と「誤り」とを、あまり厳格に評価しない人間のほうがグローバル勤務で成功する可能性が高い。自分たちのやり方が唯一の「正しい」方法と考える人間を自民族中心主義者と呼ぶ。世界中の派遣者ならびに配偶者が、グローバル勤務に携わる人間には柔軟性とオープンな心が必要不可欠であると報告しているとおり、この特質の重要性は再三繰り返し強調されている。

柔軟性

もう一つの注目すべき海外派遣候補者の重要な特質は、積極的に新しいものごとに取り組もうとする意欲である。[*33] これらのものごととは、新しい食べ物、新しいスポーツ、新しいタイプのレクリエーション、または新しい旅行手段が含まれる。たとえば、米国人が日本を訪ねたときに、はたしてかれらはビッグ・マックやフライド・ポテトの代わりにお寿司や焼そばを進んで試すだろうか。スウェーデン人がマイアミに来たときに、進んでホッケーをハイ・アライ（Jai Alaii　主にスペイン・中南米で行われるスカッシュに似た球技）

で代用するであろうか。新しいことを試す機会が外国の文化では頻繁に発生するので、新しいことを試す冒険好きな人間の方がうまく適応する可能性が高い。家族は食べ慣れた食物を調達することはできないが、しかし新しい食べ物やものごとを見つけることは楽しいかもしれない。新しい文化は本国のものとは違うが、しかし、もし家族がそれで何とか生活できるのであれば、かれらは新しい国の魅力を発見することとなるであろう。

安定性

人は新しい文化に入り込むとき、新しい経験という大波の中で、とてつもなく大きなストレスを感じるものである。巧く対処することが、これらのストレス体験に対する実質的な緩衝物となる。たとえば、ある調査で、上手に適応できた派遣者は、嵐のなかの港のような役割をする精神的な「安定ゾーン」をつくっていることが明らかになった。[*34] これらのゾーンには、趣味、日記をつけること、黙想や礼拝のような活動が含まれる。これらの活動は、マネジャーに現状からの一時的な退避と、新しい文化に対するよりよい見方を得ることを可能にする。マネジャーが新しい文化圏の言語、ビジネス習慣、政治制度、法律、および人々を十分に理解できない場合には、ただでさえ込み入っているビジネスの問題がより一層手におえなくなってしまう。そしてそれを解決しようとするマネジャーを絶え間ないもがきの世界におとしいれることになるのである。「安定ゾーン」は、かれらをこの苦悩から開放することを可能にする。

性別に関する要因

ここまでは、グローバル勤務に就く人間を選抜するとき、技術的、戦略的、コミュニケーション的、そして個人的な要因の重要性について述べてきた。米国企業はさらに、候補者が男性であるか女性であるかに大きな注意を払っている。米国人事ディレクターで、故意に女性候補者より男性候補者を、より多くグローバル勤務に選抜することを公に認めているのは一五％に満たない。しかし現実には九〇％以上がそうしている。[*35] 従業員転勤委員会（The Employee Relocation Council）が最近実施した調査結果（一六二団体が回答）によると、女性は海外勤務者のごく一部しか構成していない。回答者は、平均すると全派遣者の約一〇％が女性であると答えている。約九〇％の団体は、女性は海外転勤者の二五％以下であると回答しているが、およそ四分の一の団体では女性派遣者の存在はないとしている。[*36] この偏りは日本とフィンランドの選抜慣習（女性が海外派遣者の二五％以下である企業の比率はそれぞれ九九％と九一％）でも同様である。

米国企業が性別に基づく選抜基準を採用する背景には二つの理由がある。第一が、外国人の女性マネジャーに対する偏見であり、第二が、夫婦共働き世帯が直面する、乗り越えがたい問題である。[*37] どちらも理論的根拠のあるものではない。われわれの米国、日本そしてフィンランドにおける調査、ならびに他の人たちの調査において、女性はグローバル勤務中も帰任後も男性と同様にきちんと仕事ができるという、一貫とした証拠がある。[*38] この結果は、日本や韓国のように伝統的に男性優勢な社会における女性の派遣者についても当てはまる。たとえば、日本人はIBM社の米国本社から派遣された女性経営者を、第一に会社の代表者として、第二に外国人として、そして第三に女性として見ている。最初の二つの要因が、候補者の性別は多くの日本人ビジネスパーソンにとって重要ではないことを表している。

たとえ、外国人が職場に女性がいることに不慣れであったとしても、この文化的偏見が必ずしも女性派遣者の業績に問題を生じさせるわけではない。さらに、われわれの米国派遣者ならびに配偶者に関する調査は、夫婦共働き世帯の派遣者も、夫または妻だけが就業している世帯と同様に、グローバル勤務の任期を満了し、帰国後も効果的に仕事を行うことができることを明らかにしている。[*39]

米国企業は、女性派遣者が利益に与えるプラスの影響を軽視すべきではない。企業がグローバル化を目指すには、社内のより広範囲にわたる選抜網から、最精鋭の男女から成る候補者を選抜すべきである。グローバル化の競争がより熾烈になるにつれて、企業は根拠のない偏見を捨て、海外選抜に関する意思決定をする際には女性候補者の潜在能力をより真剣に評価する必要性が高まっている。

成功を高めるための選抜要因の評価

企業が、どの選抜基準がグローバル勤務にとって適切であるかを決定した後には、それらの基準に基づいてどのように候補者を効果的に評価するかを決めなければならない。マネジャーは候補者を評価する様々な手段を持っている。これらの各手段には、それぞれ長所も短所もある。このことは、「当該手段の信頼性あるいは妥当性や如何?」という質問への答えとして、次のように要約されている。[*40]

誰が実施しようが、いつ実施しようが類似した結果がでる場合、その選抜手段は、信頼性があるといえる。たとえば、もし人事部とライン・マネジャーの両者が、あるグローバル勤務候補者を面談し、当該候補者がコミュニケーション能力に優れているということで意見が一致した場合、その方法は信頼できるとみられる。候補者が異なる日程で行われた異文化スキルのテストを受験し、その結果がそれぞれまったく違った場合、そのテストを**信頼することは不可能だ**。

選抜手段の妥当性は、常に特定の選抜要因がグローバル勤務中の成功を、どの程度予測できるかという点にかかっている。たとえば、ある特定のグローバル勤務にとって言語能力が重要とされた場合、候補者は標準言語テストによって評価されるであろう。たとえこのテストが、候補者の言語能力に対して信頼性のある、または一貫性のある結果を出したにしても、妥当性があるとは考えられない。そのテストの得点の変動がグローバル勤務の成功の変動を予測できる場合にのみ、そのテストに妥当性があると考えられるのである。

選抜方法

米国企業は限られた選抜手段にたよる傾向がみられるが、しかし実際は様々な手段がある。略歴データ、標準化されたテスト、ワーク・サンプル、それに評価《アセスメント》センターが有効な手段の一例である。選抜のためのインタビューならびに個人に対する推薦状や照会などの手段は広く使われているが、あまり有効ではない。以下でこれらの手段のそれぞれについて述べ、海外勤務の候補者を選抜する際、これらの各手段がどの程度の信頼性と妥当性があるかを考察する。

略歴データと経歴データ

この選抜手段は、候補者の個人的な経歴と職歴に関する参考資料から成り立っている。たとえば、専門的・技術的スキルは重要な選抜基準である。これらのスキルは候補者の経歴を吟味することによって信頼に足る評価ができる。エマノン社の事例で、スー・ハリスがマックス・アイゼンハートを選抜したのは、かれがスウェーデン子会社での問題に直結した、公害制御システムにかなりの実務経験があることを示した経歴データに幾分基づいていた。技術的経験の欠乏は失敗の要因となりうるが、一般に、略歴データ（たとえば年齢、性別、人種、および業務経験）ならびに経歴（たとえば過去の仕事や役職）は海外勤務の成功の有力な予測要因とはならない。

標準化されたテスト

標準化されたテストは信頼性と妥当性とを兼ね備えた、海外勤務候補者の選考手段となりえる。たとえば、技術者はそのキャリアを通して、州や国によって異なる資格取得のための標準化テストを受けることをしばしば要求される。これらのテストは技術者の知識を測るうえで通常、比較的信頼性と妥当性がある。

科学的研究では、特定の個人特性が海外勤務の成功に関連していることが主張されている。紛争解決のスタイルや進んでコミュニケーションをとろうとする姿勢といった要因は、標準化された心理テストによって信頼性のある、妥当な評価ができるであろう。あいにく、ヨーロッパ企業と違い、米国企業では標準化テストを使ってこのような選抜基準を評価することはめったにない。[*41]

われわれは、多国籍企業の協力で行った調査を通じて、グローバル勤務のいくつかの重要な選抜基準を評価するための標準テストを開発した。G-A-P-S（グローバル勤務準備度調査《グローバル・アサインメント・プリペアドネス・サーベイ》）は候補者を六つの重要な基準、すなわち①文化的柔軟性、②コミュニケーション意欲、③社会的関係の構築能力、④知覚能力、⑤紛争解決のスタイル、そして⑥リーダーシップのスタイルで評価する。われわれの調査でG-A-P-Sの結果は、派遣者の仕事および仕事以外の適応、仕事の成果、満足度、それに、コミットメントおよび忠誠心の程度を含む様々な結果に関連していることが明らかになった。[*42]

G-A-P-Sを利用している多くの企業は、作成された個人のフィードバック・レポートが「自己選抜」に対して、極めて有益であることを発見している。G-A-P-Sの結果を、個人を選抜する、しないということに利用するよりも、企業はフィードバック・レポートを個人に送っている。レポートは量的、質的フィードバックから成り立ち、個人に対して海外勤務に関するかれらの長所と弱点が何であるか、総合的にどの程度強いのか、あるいは劣っているかに関する優れた判断基準を提供している。間違った動機（たとえば、お金または本国でキャリアの将来性がないなど）で海外へ行くことを選択したり、海外勤務に不向きな人にとって、G-A-P-Sのフィードバック・レポートは、しばしば、海外へ行くことは間違った考えだと悟らせる手助けとなる。成功の可能性の高い特性を備え持つ他の人々にとっては、包括的なこの調査ならびにフィードバック・レポートは、改善の必要な領域を中心に、海外派遣のための準備をする手助けとなる。いくつかの企業では、配偶者にもG-A-P-Sの修正版に記入させ、配偶者の異文化に対する長所と短所を自己評価させる手助けとしている。どの企業にしてもわれわれ著者一同にしても、G-A-P-Sを唯一の選抜方法として利用することを勧める訳ではないが、全体的な選抜過程を構成する一部としては信頼性と妥当性があるといえる。いくつかの企業、特にアジアでは、G-A-P-Sを利用し、大勢の若手マネジャーに調査を記入させ、初期段階に海外勤務候補者として見込みのある人材がどの程度いるのかという予測に利用している。したがって、海外勤務の見込みのある従業員は、数週間または数カ月ではなく、数年かけて異文化に対する弱点を克服し、強みをより伸ばす時間が与えられる。

ワーク・サンプル

この選抜手段は、予定されている仕事の「断片」を取り出して、ある職場環境に海外派遣候補者を置いてみるというものである。たとえば、エマノン社ストックホルム子会社のディレクターが持つ機能の一つは、会議や委員会の議長を務めることである。マックスが子会社のポジションに最適な候補者であるかどうかを決定するには、スウェーデンからマネジャーまたは技術者を米国に呼びスウェーデンのビジネス会議のシミュレーションを行うか、またはマックスをスウェーデンに送り、スウェーデンの会議を指揮させてみることが役に立ったかもしれない。コストは高くつくが、この種の手段は信頼性が高く、妥当であろう。たとえば、マックスはこのような会議では困難を感じたかもしれない。マックスはニュージャージーの従業員と極めて直接的なコミュニケーション・スタイルで働くことに慣れていた。このアプローチは、スウェーデンの専門家たちにうまく作用しなかったかもしれない。というのも、スカンジナビアにおいて、かれらは、一つの会議で、多数の問題を話し合い、そして、微妙で間接的なコミュニケーションによって意思決定をすることで知られているためである。不慣れな外国人は、すでに意思決定がなされたことさえ気づかないかもしれない。この仕事状況におけるマックスのパフォーマンスは、スーにかれのストックホルムにおける実際の経営能力に関して信頼性と妥当性のある情報を提供できたはずである。

インタビュー

すべての選抜手段の中で、インタビューは、米国、日本、西ヨーロッパ、それにスカンジナビアの多国籍企業で最も利用されている。[*43] 残念ながら、体系立っていないインタビュー調査は、選抜基準を効果的に評価する上で、高い信頼性と妥当性に**欠ける**手段である。[*44] インタビューを妥当にするためには、あらかじめ体系立てて、行動に焦点をあてる必要がある。いい換えれば、評価される側面はあらかじめ決められて、定められていなければならない。さらに、インタビューは定められた特性の有無に関する証拠を提供できる過去の行動に、焦点をあてる必要がある。たとえば、単に候補者に「あなたは柔軟性がありますか?」と尋ねるのではなく、面談者は過去の行動に関する質問をしなければならない。質問者は「綿密に計画したプロジェクトが申し分なく進んでいたが、その後、あなたの管理領域外の重要な要因が予期しない方向へ進んでしまった。最近の事例をもとに、あなたのとった行動について説明して下さい」と問うことができるかもしれない。センダント・インターカルチュラル社（Cendant Intercultural）のような企業は、十分に吟味された行動に関するインタビュー技術を持っており、ゼネラル・モーターズ社（General Motors）のような企業は派遣マネジャー選抜にそれを利用して大きな成功をおさめている。

評価者

意思決定者は選抜基準と手段だけでなく、誰が評価を行うのかにも注意を払わなければならない。大部分の米国企業では、限られた数人の意思決定者たちがグローバル勤務候補者を選抜している。他の人々（たとえば、任務が中位から上位のマネジャー職の場合は国際部門の代表者数人）も選抜過程に加わる場合もあるが、国際部門全体の責任者であるライン・マネジャーが一人で意思決定をしている場合がほとんどである。人事部は多くの場合十分に利用されず、通常、移動の手はずや報酬の手続きのような、事後処理的な役割を務めている。企業が選抜過程をより戦略的にするには、人事部の知識を本国と現地国のライン・マネジャーにも共有させなければならない。実際、人事部は、複数の選抜基準の提案、各種の選抜手段の利用、候補者の任期満了に対する考慮などの面で、間違いなく意思決定の中枢を務めることができる。

評価対象者

誰がグローバル勤務の評価対象者かを決定するのは、一般に考えられているほど容易ではない。世界中の派遣者の四分の三以上は既婚者であり、多くの選抜の意思決定には、派遣候補者本人だけでなく、派遣候補者の配偶者と子供も含まれる。一方で、家族の事柄について質問をするかどうかはデリケートな問題である。しかし他方で、後に詳述するが、任務を受け入れようという家族の積極的な意志と任期を首尾よく満了できる能力が、派遣者の好業績と任務達成に大きく影響する。この理由から、企業は家族の状況について一定の正確な情報を得る必要がある。企業はグローバル勤務の光と陰の両面について、カクテルを片手にした懇親の席ではなく、インタビューまたは説明会を通じて率直に伝えなければならない。このような会合は配偶者により詳しい情報に基づいた意思決定をする機会を与える。われわれの研究は、企業がグローバル勤務に対する配偶者の意見を積極的かつ率直に求めた場合、配偶者は現地国の人々との交流や新しい文化での生活に適応する可能性が大きく高まることを明らかにしている。[*45]

候補者が派遣要請を受諾または拒否する理由

これまで企業の選抜過程へのアプローチに焦点を当ててきたが、候補者側の見通しも同様に大切である。

候補者がグローバル勤務を受諾あるいは拒否する際、どのような要因が影響を与えているのだろうか？

グローバル勤務を要請された場合、候補者はキャリアに関する二つの根本的な点に関して自問する。第一に、この任務により、自分はビジネスにおける戦略的な役割を担うことになるのか、第二に、この任務は自分に昇進をもたらすのか、平均的なグローバル・マネジャーは親会社で一四年以上の勤務経験があるもので、海外勤務によって「去る者は日々に疎し」とならない確証をほしがる。グローバル・マネジャーが忘れ去られないことを示すには、任務の戦略的な重要性についての企業の明確なビジョンを示し、その成功が目に見える形での結果をもたらし、その結果、マネジャーが上層部から目にとまることをはっきりと伝える必要がある。しかしながら、企業がグローバル勤務に対して「当面の課題に対処するだけの短期的」アプローチをとると、候補者に海外勤務が長期的なキャリアにおいて利益をもたらすと納得させるのは難しくなる。

選抜の意思決定がされる前に、任務を戦略的なものと明確に定めていると、グローバル勤務は組織内での昇進につながるはずである。いい換えると、任務が企業の成功に戦略的に重要であれば、派遣者は帰任後に昇進する可能性が大きくなる。われわれの調査によると、ほとんどの派遣者は昇進を期待していたにもかかわらず、グローバル勤務が帰任後の昇進につながるのはごくわずかであった。[*46] 米国人のわずか一一%、日本人の一〇%、そしてフィンランド人の二五%のみが、二年以上のグローバル勤務を満了して、昇進を得ている。さらに、米国人の七七%、日本人の四三%、そしてフィンランド人の五四%は、帰国後に降格（海外でのポジションより低い職位が与えられた）されている。

経営幹部（最近のウォール・ストリート・ジャーナル（Wall Street Journal）の記事で紹介されたような人たち）[*47]のなかには、今日の多国籍企業にとってグローバル経験は大変重要な意味を持つことを、ビジネス界に納得させようと試みてはいるが、他の調査も前の段落にあるわれわれの研究結果を裏付けている。「フォーチュン五〇〇」の企業に対する調査は、経営幹部でグローバル経験を、昇格の重要基準の一つとみているのはわずか四％から七％であることを明らかにしている。[*48] コンファレンス・ボード社（Conference Board）の最近のリサーチは、被調査である帰任者の八〇％は、かれらの海外経験が現在勤めている企業から評価されていないと考えていることを示している。この調査は参加企業の四九％だけしか、派遣に先立ち派遣者と昇進についての話し合いすらしていないと伝えている。さらに、回答企業の八七％は大部分の帰任者が帰任時に昇進しているわけではないという。これらの惨澹たる結果から、帰任者の二五％から五〇％が海外勤務から帰任後に、会社を辞めていることは驚くに当たらない。[*49]

概していうと、これらの統計は、将来の派遣者たちの厳しい現実を描くと同時に、選抜過程で極めて重要である。なぜなら、次のグローバル勤務候補者たちは帰任者が昇進しなかったり、降格されるのを知るからである。このことがまぎれもない事実であれば、選抜過程でベストの候補者を配置することはなくなるであろう。また、最優秀の候補者は、かれらのキャリアを、五〇％以上の確率で降格につながる異動によって危険にさらしたくはないであろう。企業は、グローバル勤務が文字通り戦略的であり、極めて重要であることを、言葉と行動でもってどのようにようまく伝えるかに配慮しなければならない。

金銭的誘因はグローバル勤務に人々を引きつける上で重要な役割を果たしている。候補者はグローバル勤務がかれらの生活全般にどのような影響を与えるかに興味を持っているからである。[*50] たとえばフィンランドでは新車が極めて割高であるため、輸入税を避けて新車を本国に持ち帰れることが、多くの人々にとって海外勤務の誘因となっている。かつては、グローバル勤務は王族のような生活が数年間できる機会と思われていた。企業がグローバル勤務の金銭的報酬面を強調していたため、次の派遣者へ贅沢な待遇の権利があるという過度な期待を抱かせてしまった。しかし、グローバルビジネスの競争が激しくなり、世界の多くの企業はこれらの金銭的誘因を減らすことを余儀なくされている。この報酬減少の傾向は、企業に対しグローバル勤務の非金銭的な利点について考慮することの必要性を強めている。たとえば、企業の戦略的に重要な使命を果たしているのだというやり甲斐を与えることなどである。

最後に、多くの候補者はグローバル勤務を受諾する際に、学習面を重要な要素として考慮している。[*51] 実際に、MBA（経営管理学修士）を持つ候補者は、海外勤務を引き受ける第一の理由として、個人の成長と異文化経験をあげている。

選抜と成功に与える家族の影響力

多国籍企業でグローバル事業を拡大していくことの重要さが認識され始めると同時に、失望されられるような場面があちこちで演じられるようになってきた。経営幹部がすばらしい海外勤務を社内でベストの候補者に要請したとしても、帯同予定の配偶者がグローバル勤務派遣によるキャリアの中断が不可能であったり、それを望まず、拒絶されることがある。[*52] 企業に何ができるのだろうか。一方で、当該マネジャーは国際舞台の競争に加わる必要性を認めている。しかし他方で、当該マネジャーは転勤が家族に与えるストレスと混乱も理解している。

このような状況が今日発生している以上に、将来にはそれがより頻繁に発生することが予測できる。調査予測では、二〇〇〇年までには全夫婦の八〇%が夫婦共働き世帯となることを示している。[*53] 明らかに、ますます拡大するグローバル市場で企業がそのオペレーションを展開しようとするにつれて、家庭内の衝突はすでに企業の悩みの種になっている。たとえば、世界の多国籍企業一〇〇社のうち、六〇社の人事担当役員に対する調査によると、企業がグローバル舞台で競争できない理由の上位三つが家族にかかわる問題である。[*54]

本章の以下ではグローバル化を家族制度の観点から考察し、マネジャーが海外転勤の要請を受諾するか、拒否するかの意思決定に影響を与えるいくつかの問題点を明らかにする。同時に、企業が家族にとって転勤をより魅力的な選択肢にするために開発した、いくつかの独創的な転勤援助プログラム《リロケーション・アシスタンス・プログラム》についても述べる。

▼家族へのシステム的アプローチ▲

調査ならびに経験によると、グローバル勤務の成功は、転勤が要請された際のマネジャーの家族の姿勢と、グローバル勤務中の家族の適応能力とに大きく左右されることが明らかである。競争の激しいグローバルな舞台における成功の機会をより確実にするために、組織はグローバル勤務候補者の経営スキルならびに経験を超える側面についても評価する必要がある。次の三つの点から、家族全体の役割を認識する必要がある。一、当該マネジャーが要請を受諾するかどうか。二、当該マネジャーが外国での生活と仕事にきちんと適応できるかどうか。三、当該マネジャーが任務を達成できるかどうか。家族を不可欠の要素として考慮し、システム的観点から候補者を評価することでこの目的を達成できる。

システム的な見方では、個人の行動は、他の家族構成員ならびに過去の自分自身の行動と相互に影響をおよぼし合っていることがわかる。[*55] この考え方から見ると、国際マネジャーの候補者は家族のサブシステムであると見られ、特に配偶者の海外転勤に対する意向と家族の外国での適応能力から影響を受ける。[*56] 配偶者たちは相互扶助を可能とする各種の相互作用のパターンを築いている。これらのパターンは相互に便宜を図り合い影響を与え合う過程の中で形成される。海外勤務の機会はこの過程を取り除くものではない。したがって、仕事と家庭生活を切り離して考えたり、意思決定と海外勤務の成功に対する配偶者の役割と影響を軽視するのは、賢明なこととはいえないのである。

配偶者の意見が反映される割合

いくつかの調査は、マネジャーがグローバル勤務の要請を積極的に受諾するかどうかを予測する際、最も重要な要因は海外転勤に対する配偶者の姿勢であることを明らかにしている。この問題についての研究者の中に、ジーン・ブレット（Jeanne Brett）とリンダ・ストロー（Linda Stroh）が含まれる。二人はこの問題について、米国に本拠地を置く二〇の多国籍企業における五一八人の男女マネジャーとその配偶者に対して調査を行った。マネジャー自身の転勤に対する意向が、海外転勤の要請を受諾するか拒否するかに強い影響力を持つが、配偶者の選択もまた、意思決定にかなりの影響力がある。いい換えると、マネジャーの配偶者が転勤を好まなければ、マネジャーもまた転勤したくないと考えることになる。[*57]

配偶者は通常、自分のキャリアを中断すると将来の昇進の機会を危うくすると感じている。そして配偶者がそのような不安を表明するため、多くのマネジャーはグローバル勤務の要請を拒否することになる。マネジャーがそれらの要請を断るときにあげる第一の理由は、転勤が配偶者のキャリアに与えるマイナスの影響であることがある調査で明らかにされている。[*58]

同時に、経営幹部は、あるマネジャーの配偶者がキャリアを持っているかいないかというような人口統計学的情報をもとに、海外勤務要員の候補者リストにその人を除外するか否かを決定すべきではない。夫婦共働き世帯のマネジャーは海外勤務を拒否するか成功しないものだと仮定し、短絡的に海外転勤に関する意思決定をするのは、少なくとも次の二つの理由から賢明な策ではない。第一に、企業は最優秀の人材に海外経験をさせる必要があり、八〇％の既婚社員を検討から取り除く余裕はないはずである（そう遠くはない将来、およそ八〇％の既婚者は夫婦共働き世帯になることを思い起こしてほしい）。第二に、夫婦共働き世帯の従業員は海外勤務を断る可能性が高いが、**全員**が拒否するわけではない。さらに、夫婦共働き世帯で海外へ行くことに同意したものは、夫または妻だけが就業している世帯と同様に海外勤務で成功を収めるはずである。

共働き世帯問題はすべての多国籍企業にとって問題となっているわけではない。米国のような西欧諸国と比較すると、日本では、配偶者の転勤に対する意向が意思決定に与える影響は少ない。その理由として、日本では夫婦共働き世帯が比較的少なく、仕事と家族に関する意思決定や役割がより分離されていることがある。一家の稼ぎ手（通常は男性）が仕事に関する意思決定をし、配偶者（通常は女性）が家、子供の教育、それに投資を含むその他の諸問題についての意思決定をする。しかし、日本人家族の性別特有の習性（男性＝仕事、女性＝家庭と子供）は、夫婦共働き世帯が増加するにつれ、崩れはじめている。

所得に関する不安

二つの収入源に依存する家族は、海外転勤が生活水準に与える影響にも関心を持つであろう。一般に、派遣マネジャーの配偶者が派遣先の国でワーキング・ビザを取得することは困難である。したがって配偶者は多くの場合、海外滞在中にキャリアの中断を強いられるだけでなく、収入がなくなることも、家族の総合的な将来の収入に深刻な意味を持つと思われる。

家族に関わるその他の考慮事項

マネジャーは、海外環境において子供の教育と安全を保障することの難しさを予期し、海外転勤の要請を受諾することをためらうことがある。特別な教育を受けていたり、または健康上の問題をかかえている子供を持つマネジャーは、海外転勤を完全に無視するかもしれない。[*59]

ある調査で、配偶者のキャリア問題の次に、マネジャーが転勤の要請を拒否したり、名前を海外派遣候補者の対象から外してもらう主な理由は、家族特有のニーズ（たとえば教育的、医療的、または社会的ニーズ）に応える必要性と、身内の高齢者介護に関する不安であることがわかった。[*60] これらの発見を裏付けることになるが、別の調査は、候補者が海外勤務を受けたがらない場合の八一％が家族の問題に関連していることを明らかにしている。[*61]

家族の不安に対する会社の対応策

進歩的な企業は、マネジャーとその家族の「生活を良くする」ことはマネジャーが海外転勤の要請を受諾する可能性を大きくする上で、有効な手段であることを認識しはじめている。それにより、企業が国際舞台でより有利に競争することが可能になる。[*62]次のセクションでは、六社の転勤援助プログラムを紹介する。

事例六：イーストマン・ケミカル社（Eastman Chemical Company）

イーストマン・ケミカル社は、海外転勤前に雇用されていて赴任後に失業した配偶者に対し、失業期間中、最長三年間の帯同手当を支給することにより補償している。初年度の支給は、配偶者の転勤前年収の三三％、最高一万ドルまでとなっている。配偶者が二年目も失業している場合は当初額の六七％、三年目は同三三％となる。最初の手当は海外勤務のはじめに支払われ、その後の手当は転勤記念日ごとに支払われる。しかし、イーストマン・ケミカル社のような対策はまだまれである。多国籍企業の八八％はこのような手当を支給しておらず、二一％が同様の施策を実施しており、さらに一〇％は、個別にその都度交渉する調整を行っている。

事例七：サラ・リー社（Sara Lee Corporation）

しかし、少数の企業はイーストマン・ケミカル社の例に倣ったり、それをより改善させたりしている。サラ・リー社は「仕事と生活様式の支援」と「仕事と生活様式の補足的支援」と呼ばれる施策を打ち出している。サラ・リー社では、人事部が海外事務所のある国の現地経営者との提携関係を確立している。同社はこれらの現地法人に、派遣者の配偶者の職探しを手助けしてもらうために連絡をとっている。現地のスタッフもまたサラ・リー社内部での雇用機会があるか探っている。このプログラムの一部として、配偶者は海外勤務期間中の雇用を得るためにかかった費用は、一回の勤務期間に対して五千ドルまで補償される。

事例八：クエーカー・オーツ社（Quaker Oats）

クエーカー・オーツ社も同様の施策を持っており、一回の勤務期間に配偶者が職探しに必要な費用を五千ドルまで補償している。しかし、この施策は配偶者が失業していなければならないとは明言していない。職探しにかかる費用は含まれるが、これだけに限定されていない。たとえば

(1) ビザまたは就業許可証を得るためにかかる費用
(2) 履歴書作成および所管の職業紹介所への同書類の提出に関する支援
(3) キャリア指導と相談
(4) 教育活動の継続、なども対象となる。

さらに、両社は、独身社員、片親家族、それに高齢者または身体障害者を扶養している派遣者などの各ニーズを満たすことを目的とした施策を持っている。

事例九：コルゲート・パルモリブ社（Colgate-Palmolive）

コルゲート・パルモリブ社の施策はサラ・リー社とクエーカー・オーツ社の施策と同様で、海外勤務社員の配偶者に次の費用を、勤務期間中に七千五百ドルまで補償している。

(1) 職探しへの支援
(2) キャリア・カウンセリング
(3) ビジネス仲介者と会うための帰国費
(4) ビジネス起業資金。

(4)の資金はコンピュータ、プリンタ、ファックスのような備品の購入にも利用できる。キャリア関連であるかないかにかかわらず、講習授業料にもまた費用の補償が行われる。

事例一〇：モンサント社（Monsanto）

モンサント社の施策は、イーストマン・ケミカル社とサラ・リー社双方の施策にいくつかの点で類似している。モンサント社は配偶者の帯同手当として、六カ月前の所得の三三％を海外勤務の三カ月後に支給している。配偶者が現地で就職できなかった場合、五千ドルが配偶者のキャリア・アップを目的とした費用としてあらかじめ認められている。帰任後、金銭的支援として一千ドルが配偶者の職探し関連費用として補償されている。外国で就職できない配偶者のみが補償を受ける資格がある。配偶者が海外勤務から三カ月以内に就職できた場合、かれらはその給付を受けられない。

事例一一：モトローラ社（Motorola）

モトローラ社は海外勤務社員の配偶者に、一回の海外勤務に対してではなく、一二カ月ごとに最高七千五百ドルまでのキャリア関連スキルの維持とその上達にかかる費用、または新たな地で就職の可能性を増大するための費用を補償している。施策の目的は、失われた所得を代替することではなく、転勤の成功への配偶者の貢献を評価し、資金援助により新たな地での適応をさらに促進することにある。

モトローラ社は、三年または勤務期間のどちらかより短い方の期間に対して資金を提供する。この施策のもと、配偶者は次のものに対して補償が受けられる。

(1) 職能団体への入会費
(2) 授業料、書籍購入費、専門学校または大学レベルのコースの受講料
(3) 宿泊、食事、国内または本国への交通費、それにセミナー費用などを含むキャリア・アップ・セミナー参加に関わる費用
(4) 就業許可証取得に関わる費用
(5) 職業紹介所にかかる費用、などである。派遣期日以前ならびに帰任後六カ月間に発生する費用も含まれる。

モトローラ社は、配偶者援助施策の開発という点での先駆者である。同社の理念は、ビジネスで業界の最先端をいくのであれば、人事方針もまた最先端のものでなければならないというものである。モトローラ社は、配偶者援助施策を提案した最初の組織であるだけでなく、最初にそれらの有効性を評価した会社でもあ

る。

驚いたことに、最近までに前述のプログラムを利用したのはごくわずかの社員に過ぎなかった。中国、香港、シンガポール、日本、英国、それに米国における配偶者援助プログラムに関する調査は、その施策および利便性に関する情報の不十分性が、利用の少なさの一因となったことを明らかにしている。この調査以来、すべての配偶者に対し、当該プログラムとその給付内容について周知させるべく大変革が行われた。

モトローラ社のような配偶者援助プログラムは、会社がマネジャーの配偶者が抱える外国生活への困難な適応を支援するための優れた手段である。配偶者の海外転勤への適応は、社員の適応に正に相関しているので、このようなプログラムを設けることは、生産力を高め、社員がグローバル勤務を満了する可能性が大きくなることにつながる。モトローラ社の配偶者援助プログラムを利用した配偶者の六一％は、プログラムが適応を容易にするのに役立ったと述べている。さらに、七五％はプログラムが派遣者本人の適応の成功にも貢献したと主張している。[*63]

配偶者援助プログラムへの参加は、配偶者の帰国時にも良い結果をもたらす。モトローラ社の配偶者援助プログラムを利用した配偶者の七九％は、帰国時に仕事をする十分な心構えができていたと述べている。ある配偶者は「私は仕事から四年間離れていた。しかし私が何か建設的なことをしていたということは、雇用者に好印象を与えると思う」と述べている。[*64]

モトローラ社の経験は、配偶者援助プログラムを監視することの重要性を明確に示している。評価がなければ、モトローラ社の経営幹部は、配偶者は当該プログラムに興味がないと思っていたであろう。しかし評価の結果、経営陣は多くの配偶者が同プログラムに関する情報を受け取っていないことに気づいた。その後

図表3・1　グローバル勤務の戦略的分析

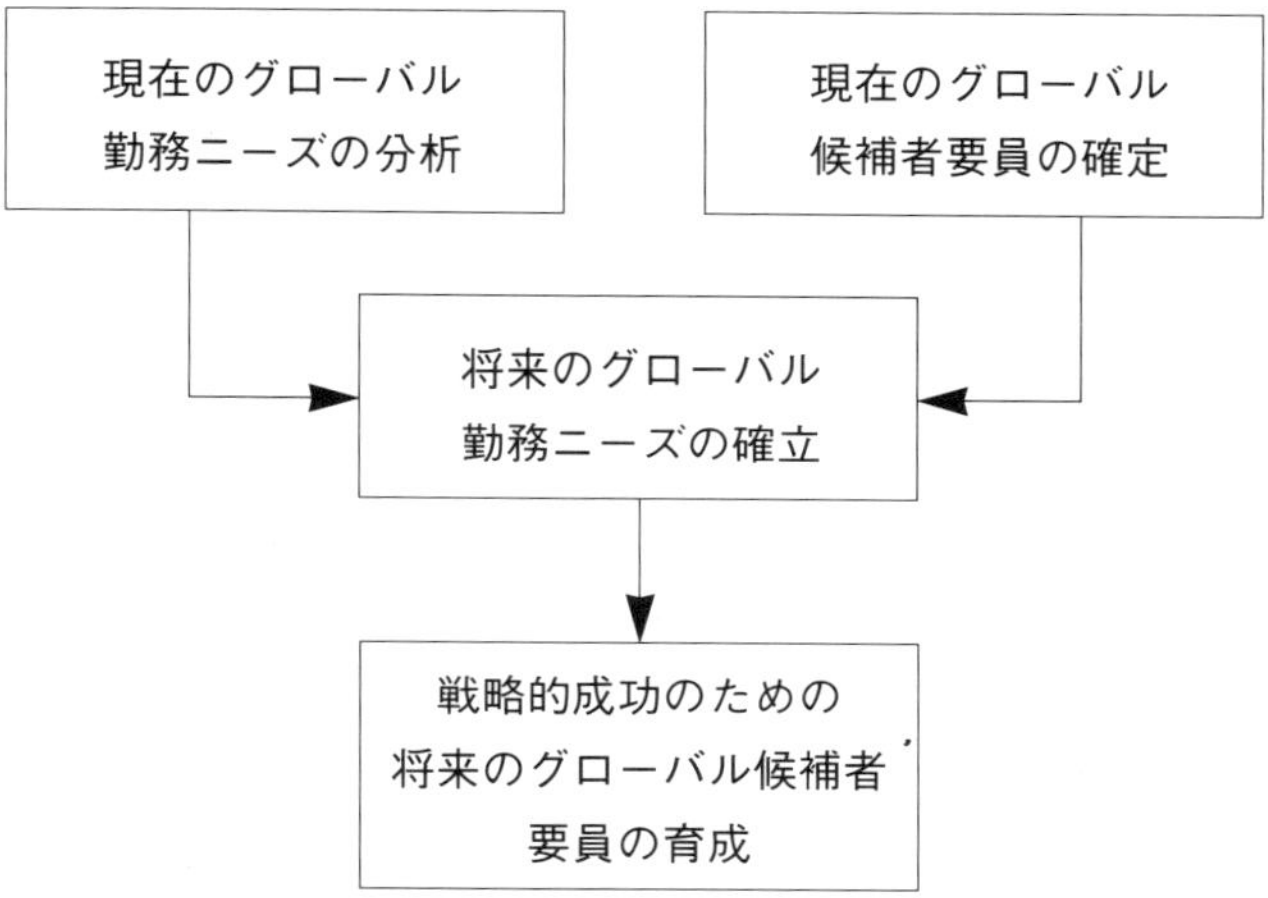

の施策手引き書の改訂版には、人事スタッフに対し、グローバル・マネジャーの配偶者に関するすべての資料は、社員経由ではなく、配偶者に直接郵送するよう付け加えられている。*65

▼適材獲得への包括的アプローチ▲

このセクションでは、多国籍企業のグローバル勤務の選抜過程にどのような戦略的アプローチがあるかを提示する。この過程の第一段階を図表3・1に要約している。

海外勤務の戦略的分析

グローバル勤務を本当に戦略的にするには、将来における会社全体のグローバル勤務のニーズを注意深く分析し、現在のグローバル候補者要員を確定する。

そして最も重要なことであるが、その候補者要員だけで将来の即戦力となるグローバル・マネジャーのニーズを十分に満たすことができるかどうかを評価できるような洞察力が求められる。

現在のニーズの分析

現在のニーズを分析するには、いくつかの重要な要因を考慮しなければならない。企業がグローバル化のどの段階にあるかにより事情は異なる。輸出段階の企業は、多国籍的に調整される段階の企業と比べると国際要員の必要性が極めて少ない。グローバル勤務のニーズを評価する上で、もう一つの考慮しなければならない重要なことは、その任務が果たすべき戦略的機能は何かということである。企業は調整と統制を目的に人材を本社から送る必要があるのか。企業は本社と子会社間、または子会社間のコミュニケーション・レベルを上げる必要があるのか。企業は、グローバル勤務を経験させることによって、多くの将来の経営幹部を育成する必要があるのか。これらの質問に対する答えが、現在の本当のニーズが何であるか、企業が戦略的に意思決定をするのに役立つ。

候補者要員の確定

多国籍企業は、現在のグローバル・マネジャー候補者要員の構成を知る必要がある。多くの企業にとってこの要員は「ブラック・ボックス」となっている。というのも、必要なスキルを有する候補者に関する情報の収集とその更新、また、これらの人間と将来のニーズをつなぐ役割を果たせる中央集権的な情報センターが存在しないからである。しかし、大手フィンランド石油ガス会社のネステ・オイ社のようないくつかの企業は、マネジャーの現在の仕事、技術的資格要件、これまでのグローバル経験、異文化スキル、社内でのマネジャーとしての将来性などを詳述にした包括的なデータベースを開発している。このようなデータベースは明らかに時間と資源の初期投資が必要である。しかし、特定のグローバル・ポジションに配置する技術的および異文化スキルを兼ね備えたベストの候補者を探すためには非常に貴重なものとなろう。

将来ニーズの評価

企業は将来のグローバル勤務のニーズがどのようなものとなるかを確定した後に、将来計画をたてなければならない。繰り返すことになるが、これらのニーズは、企業の将来のグローバル化段階と、それに対応してグローバルな競争の優位性を維持する上で必要になる戦略的機能とにより想定されるであろう。ある企業が、現在は二、三か国でそれぞれ独自に事業展開をしているマルチドメスティック段階にあるが、もっと多くの国で統制のとれた事業展開をする計画であれば、そのような多国籍企業ではグローバル勤務のポジションは激増するであろう。

グローバル化段階のみならず企業は、将来のニーズを正確に評価するためには、カギとなる将来の戦略的機能が何であるかについても考慮しなければならない。たとえば、企業が新たな技術的シナジー（相乗効果）を生み出すべく、世界中でいくつかの重要な戦略的買収を意図するのであれば、技術ならびに情報をオペレーションからオペレーションへ、あるいは海外から本社へと移動させなければならない。確実に情報を移動させるためには、より多くのグローバル勤務が必要であろう。

戦略的成功のための候補者要員の育成

将来へ向けた準備の最終戦略的ステップは、企業の候補者要員の育成である。十分な数のグローバル勤務候補者を育成するには、企業は社員の経営スキルと異文化スキルの定期的な評価を実施しなければならない。伝統的な後継者育成計画メカニズムを通じてマネジャーとしての将来性を吟味するのに加えて、企業は定期的に、グローバル勤務の成功に関連する様々なスキルと社員の特質とを評価する必要がある。それらスキルや特質にはコミュニケーション・スキル、紛争解決スキル、リーダーシップ・スタイル、外国語能力、ストレスを下げる能力、文化的柔軟性などが含まれる。これらの重要な異文化スキルの分析は、伝統的な評価センター・プログラム、または経営トレーニング過程に組み入れることが可能であるし、またG-A-P-Sのような調査によっても評価できる。[*66]

定期的に経営スキルと異文化スキルを評価することに加えて、企業は多くの社員が苦手とするスキルを組織的に開発するための戦略と計画を創造しなければならない。たとえば、中規模の米国民間メーカーであるロード社（Lord Corporation）は、フランスに工場を設立する準備をしており、興味のある従業員に対して就業時間中に無料でフランス語の講習を実施している。同社はまた、本社において「フランス・デー」を一週間に一回設けている。フランス・デーには、これまで未知であった美食の品々を社員が試せるように社員食堂でフランスの食べ物が出される。この極めて単純であるが、戦略的に考え抜かれた慣例は、多くの社員の異文化的柔軟性を高め、フランス語会話力の上達に寄与した。これらの活動はささいなことのように見えるが、他のプログラムと結びつけることにより、グローバル対応能力の本当の重要性を社員に伝達することに寄与し、社員に海外勤務を満了するために必要なスキルを開発する機会を提供する。

図表3・2　グローバル勤務の選抜過程

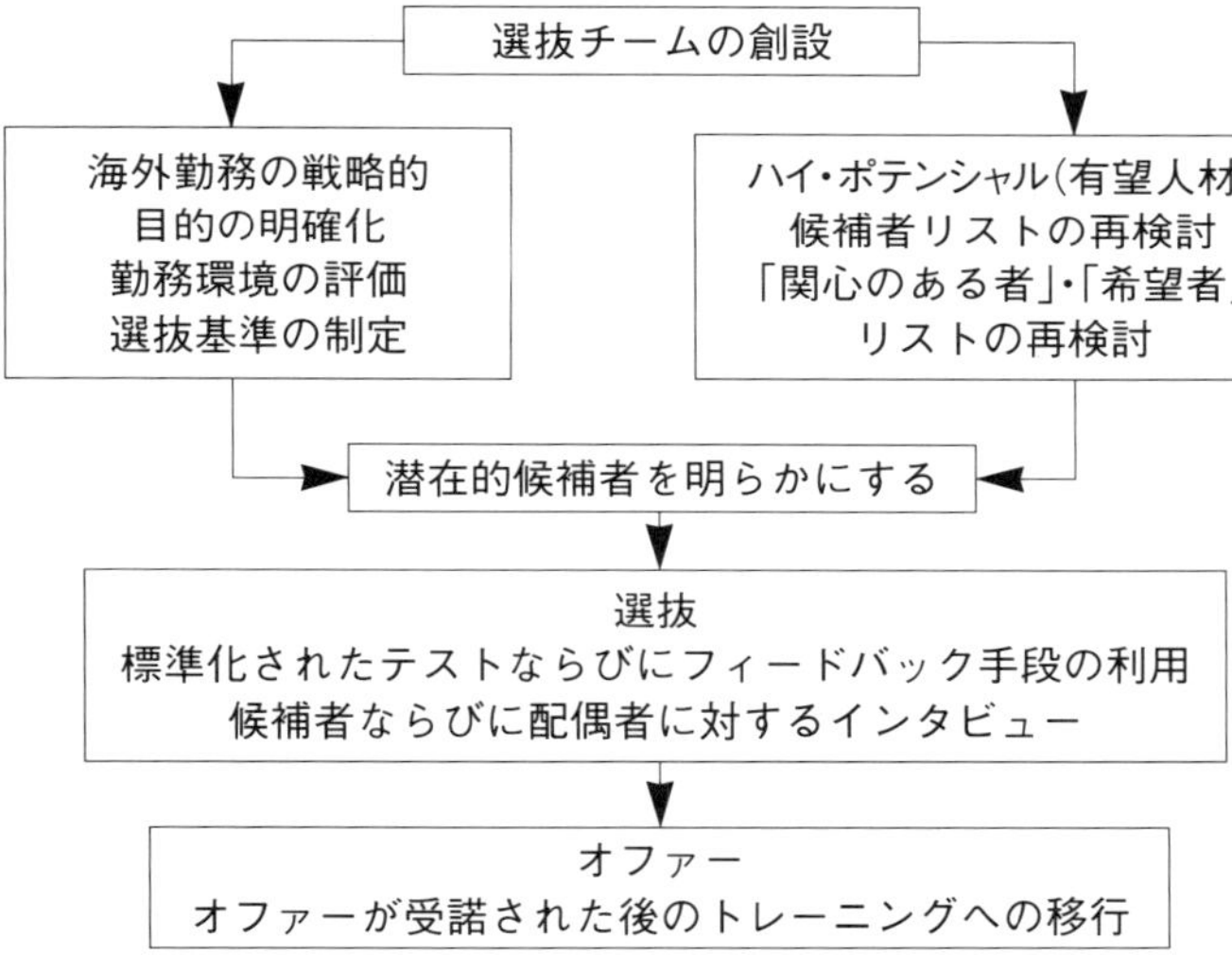

特定のグローバル勤務における選抜過程

企業内のグローバル勤務の戦略的分析を行った後、マネジャーは特定のグローバル勤務の適任者を選抜する現実と向き合わなければならない。マネジャーのこの意思決定過程を支援するために、より戦略的で好結果につながるカギとなる活動のフロー・チャートが図表3・2に示されている。

選抜チームの創設

選抜過程の第一ステップは、選抜チームをつくることである。このチームは、少なくとも、本国のマネジャー、現地国のマネジャー、それに人事部の代表者の三人を含まなければならない。本国ならびに現地国のマネジャーは、本社ならびに子会社双方が選抜過程に確実に組み込まれていることを示すことになる。さらに、本国のマネジャーは、派遣者に対するグローバル勤務の「後見人《スポンサー》」

に指名されるかもしれない。人事部の代表者は選抜チームに、一連の選抜基準が利用されているかどうかをチェックしたり、当該ポジションに対して幅広い候補者名簿を示す等、いくつかの大切な機能を提供できる。

グローバル勤務の戦略的目的の明確化

次のステップは、選抜チームがグローバル勤務の戦略的目的を決めることである。現在、大部分の勤務は短期の問題解決型の経験となっているため、企業は派遣を実施する前に、その派遣の戦略的機能をよく考えた上で決定する必要がある。

勤務環境の検証

海外勤務の文化的コンテクスト（脈絡）はどのようなものであろうか。勤務が現地国の人々との広範囲にわたる相互コミュニケーションを必要とする場合、異文化間コミュニケーションと言語能力は重要になるだろう。現地国の一般文化が独特で、それ故に候補者により大きな努力を必要とする場合、このコンテクストという要因は選抜の基準ならびに意思決定に重大な影響を与えるであろう。

選抜基準の制定

選抜チームは、職務の技術的ニーズ、勤務の戦略的機能、ポジションの異文化的コンテクストにふさわしい基準を定めなければならない。たとえば、特殊な技術的知識が必要かもしれないし、また、もし当該勤務が育成的なものである場合、マネジャーとしての昇進の可能性が極めて重要な基準となるであろう。現地国の人々との広範囲にわたる相互コミュニケーションも必要とされる場合には、選抜チームは異文化間コミュニケーション・スキルに、より注意を払わなければならない。最後に、外国の文化全般が困難であればあるだけ、選抜チームは柔軟性や自民族中心主義のような点により注目しなければならない。

要員の再検討

あるマネジャーが海外勤務要員として選抜されたのは選抜担当者がたまたまその個人を知っていたからということがないように、多くの先進企業では、ハイ・ポテンシャル（有望人材）候補者リストを作成している。また、それらの企業は、二、三年毎に、どの社員が海外勤務に関心を持ち、また実際に行けるかを調査している。コルゲート・パルモリブ社のようなグローバル企業では、ハイ・ポテンシャル人材リストと海外勤務希望者リストはほぼ一致している。しかし、時と場合によっては、ハイ・ポテンシャルで海外勤務希望のある人材の全員が、今すぐ積極的に海外に行けるとは限らない。この情報によりコルゲート社は、今引き受けられない候補者に対する検討と派遣要請を行わずに済むこのアプローチにより、海外勤務を断るであろう候補者への否定的な影響をも回避することができる。

候補者要員の明確化

いったん適切な選抜基準が開発された後は、最多数の潜在的候補者を特定の勤務に一致させるべく、企業は、個人キャリアの照会、社内人材公募、（もし入手可能であれば）グローバル候補者要員データ・ベースを利用することが可能となる。

標準化されたテストならびにフィードバック手段の利用

候補者リストを明確にした後、選抜チームの中の人事部メンバーは様々な選抜手段の利用を促進できる。海外勤務は高価でリスクの高いものであるため、G‐A‐P‐Sのような標準化されたフィードバック手段を利用し、選抜過程を確実な根拠のあるものにするための費用は、単なる当座しのぎの出費というよりは将来への投資なのである。多くの意思決定者は、根拠が薄弱で説得力のない（たとえば一対一のインタビューのような）選抜手段を利用する傾向があるが、選抜チームはどの手段が最も効果的に、ある特定の勤務にふさわしい選抜基準となるかを決める必要がある。

候補者ならびに配偶者とのインタビュー

この段階で、選抜チームは、願わくばグローバル勤務のための技術的資格要件と異文化適応能力の双方を持ち合わせている潜在的候補者を一人か二人に絞れているであろう。勤務の戦略的目的やそれの社内における候補者のキャリア・パスとの関連を示し、また外国での生活に対する率直な評価を含むような念入りなインタビューは、現実的なイメージを前もって候補者に提供することができる。さらに、配偶者とのインタビューまたは説明会は、かれらに外国での生活の現実を予見させ、共働き世帯と家族の特有なニーズについての理解を深めることによって、グローバル勤務の成功可能性を著しく高めることができる。仕事と海外生活の現実的なイメージを提供することの重要性は強調しすぎるということはない。インタビューは会社の代表者と候補者とが、率直にいろいろな観点から仕事内容と外国への考え方を共有できる状況で行わなければならない。

海外勤務のオファー

選抜チームが、複数の選抜手段を利用し候補者ならびに配偶者にインタビューを行った後に候補者を承認し、さらに、現実的なイメージを得た後に候補者ならびに配偶者が勤務に対して肯定的な場合にはじめて企業はオファーすることができる。この意思決定は、多くの企業が現在、グローバル勤務者を選抜するために利用している情報に比べると、より適切で事実に基づいた広範囲な情報に基づいている。

トレーニングと準備のための移行期間

選抜過程の最終段階は、勤務の受諾からその準備への移行を伴う。一般に、選抜過程が戦術的でなく戦略的である場合、派遣の決定は、あらかじめ十分余裕を持って適切なトレーニングと準備がはじめられるように行われる。

選抜の意思決定：将来における成功のための秘訣

グローバル勤務の選抜過程について二つの重要なポイントに注目する必要がある。第一に、選抜過程は企業のグローバル化過程よりも進んでいなければならない。いいかえると、企業がグローバルな事業展開を進める場合（たとえば、初期の輸出段階からグローバル企業へ）には、グローバル展開を維持するための十分な国際人材要員、または成功する潜在能力の高い国際マネジャーを事前に蓄積しておく必要がある。第二に、戦略的に行動することは、常にグローバル化過程に先行するカギである。ニーズの戦略的評価を行い、有力な候補者要員を育成することにより、企業のグローバル競争力と個人の成功可能性を高めることが可能になる。そうでない場合には、意思決定者は、技術的要件を唯一の選抜基準として利用したり、または唯一の選抜手段としてインタビューに依存するというような、効果的でない選抜慣習に容易に陥ることになる。選抜過程の各段階で戦略的志向を維持することによって、企業は高価な投資からプラスの収益を得る可能性を高めることができる。なぜなら、企業は、必要な技術的スキルと異文化適応スキルを兼ね備え、短期的諸問題を解決し、長期的な戦略的目的を達成してくれる派遣者を選抜するからである。

注

1 Miller, “The International Selections Decision: A Study of Managerial Behavior in the Selection Decision Process”; Nicholson and Ayako, “The Adjustment of Japanese Expatriate to Living and Working in Japan”; Katz and Seifer, “It's a Different World Out There”; Deller, “Expatriate Selection: Possibilities and Limitations of Using Personality Scales”; Ones and Viswesvaran, “Personality Determinants in the Prediction of Aspects of Expatriate Job Success.”

2 Windham International & the National Foreign Trade Council, Global Relocation Trends 1995 Survey Report.

3 Black and Stephens, “Expatriate Adjustment and Intent to Stay in Pacific Rim Overseas Assignments”; Gregersen and Black, “A Multifaceted Approach to Expatriate Retention in International Assignments”; Ioannou, “Unnatural Selection.”

4 Miller, “The International Selections Decision.”

5 Black and Stephens, “Expatriate Adjustment”; Gregersen and Black, “A Multifaceted Approach to Expatriate Retention”; Deller, “Expatriate Selection: Possibilities and Limitations of Using Personality Scales”; Mount and Barrick, “The Big Five

Personality Dimensions: Implications for Research and Practice in Personnel and Human Resources Management."

6 Miller, "The International Selections Decision"; Ioannou, "Unnatural Selection."

7 Windham International and the National Foregn Trade Council, Global Relocation Trends, 1995 Survey Report.

8 Ibid.

9 Miller, "The International Selection Decision."

10 Tung, "The New Expatriates"; Nicholson and Ayako, "The Adjustment of Japanese Expatriate to Living and Working in Japan."

11 Bjorkman and Gertsen, "Selecting and Training Scandinavian Expatriates: Determinants of Corporate Practice"; Gersten, "Expatriate Training and Selection"; Kainulainen, "Selection and Training of Personnel for Foreign Assignment."

12 Bjorkman and Gertsen, "Selecting and Training Scandinavian Expatriates: Determinants of Corporate Practice"; Nicholson and Ayako, "The Adjustment of Japanese Expatriate to Living and Working in Japan"; Katz and Seifer, "It's a Different World Out There: Planning for Expatriate Success Though Selection, Pre-Departure Training and On-Site Socialization."

13 White, *Japanese Overseas*.

14 Deller, "Expatriate Selection: Possibilities and Limitations of Using Personality Scales"; Ones and Viswesvaran, "Personality Determinants in the Prediction of Aspects of Expatriate Job Success", Zeira and Banai, "Selection of Managers for Foreign Posts."

15 Bjorkman and Gertsen, "Selecting and Training Scandinavian Expatriates: Determinants of Corporate Practice."

16 Ioannou, "Unnatural Selection."

17 Schell and Solomon, *Capitalizing on the Global Workforce: A Strategic Guide to Expatriate Management*.

18 Nicholson and Ayako, "The Adjustment of Japanese Expatriate to Living and Working in Japan"; Tung, "The New Expatriates."

19 Gupta and Govindarajan, "Knowledge Flows and the Structure of Control Within Multinational Corporations."

20 Clarke and Hamer, "Predictors of Japanese and American Job Success, Personal Adjustment, and Intercultural Interaction Effectiveness"; Hammer, Gudykunst, and Wiseman, "Dimensions of Intercultural Effectiveness: An Exploratory Study"; Hammer, "Behavioral Dimensions of Intercultural Effectiveness"; Mendenhall and Oddou, "The Dimensions of Expatriate Acculturation."

21 Abe and Wiseman, "A Cross-Cultural Confirmations of Intercultural Effectiveness"; Black, "Personal Dimensions and Work Role Transitions: A Study of Japanese Expatriate Managers in America": Hawes and Kealey, "An Empirical Study of Canadian technical Assistance."

22 Blake and Mouton, *The Managerial Grid*; Clarke and Hamer, Predictors of Japanese and American Job Success, Personal Adjustment, and Intercultural Interaction Effectiveness."

23 Cotton, Vollrath, Froggatt, Kengnick-Hall, and Jennings, "Employee Participation: Diverse Forms and Different Outcomes."

24 Negandi, Eshghi, and Yuen, "The Managerial Practices of Japanese Subsidiaries Overseas."

25 Clarke and Hamer, "Predictors of Japanese and American Job Success, Personal Adjustment and Intercultural Interaction Effectiveness."

26 Bjorkman and Gertsen, "Selecting and Training Scandinavian Expatriates: Determinants of Corporate Practice"; Brewster, *The Management of Expatriates*; Kainulainen, "Selection and Training of Personnel for Foreign Assignments."

27 Black, "Personal Dimensions and Work Role Transitions"; Church, "Sojourner Adjustment"; Clarke and Hamer, "Predictors of Japanese and American Job Success, Personal Adjustment, and Intercultural Interaction Effectiveness"; Mendenhall and Oddou, "Dimensions of Expatriate Acculturation."

28 Black, "Personal Dimensions and Work Role Transitions"; Church, "Sojourner Adjustment"; Clarke and Hamer, Predictors of Japanese and American Job Success, Personal Adjustment, and Intercultural Interaction Effectiveness"; Hammer

,Gudykunst,and Wiseman,"Dimensions of Intercultural Effectiveness";Hawes and Kealey,"An Empirical Study of Canadian Technical Assistance";Mendenhall and Oddou,"Dimensions of Expatriate Acculturation."

29 Mendenhall and Oddou,"Dimensions of Expatriate Acculturation."

30 Gibson,"Do You Hear What I Hear? A Framework for Reconciling Intercultural Communication Difficulties Arising from Cognitive Styles and Cultural Values";Lin,"Ambiguity with a Purpose:The Shadow of Power in Communication." Oddou and Mendenhall,"Person Perception in Cross-Cultural Settings:A Review of Cross-Cultural and Related Literature",Triandis,Vassilou,and Nassiakou,"Three Cross-Cultural Studies of Subjective Culture."

31 Ioannou"Unnatural Selection."

32 Black,"Personal Dimensions and Work Role Transitions";Ruben and Kealey,"Behavioral Assessment of Communication Competency and the Prediction of Cross-Cultural Adaptation."

33 Black,"Relationship of Personal Characteristics with Adjustment";Mendenhall and Oddou," Dimensions of Expatriate Acculturation."

34 Mendenhall and Oddou," Dimensions of Expatriate Acculturation",Hawes and Kealy,"An Empirical Study of Canadian Technical Assistance."

35 Adler,"International Dimensions of Organizational Behavior";Adler,"Women in International Management:Where Are They?";Adler,"Expecting International Success:Female Managers Overseas";Black,"Work Role Transitions:A Study of American Expatriate Managers in Japan";Black and Gregersen,"When Yankee Comes Home";Gregersen and Black,"A Multifaceted Approach to Expatriate Retention."

36 ERC,"International Relocation Issues."

37 Adler,"Do MBAs Want International Careers?";Adler,"Women Do Not Want International Careers:And Other Myths About International Management";Brett and Stroh,"Managers Willingness to Relocation Internationally."

38 Adler, "Pacific Basin Managers: A Gaijin, Not a Woman"; Adler and Izraeli, *Women in Management Worldwide*; Black and Gregersen, "When Yankee Comes Home"; Jelenik and Adler, "Women World-Class Managers for Global Competition", Adler, "International Dimensions of Organizational Behavior."

39 Brett and Stroh, "Managers Willingness to Relocate Internationally"; Stephens an Black, "The Impact of the Spouse's Career Orientation on Managers During International Transfers."

40 Hall and Goodale, *Human Resource Management*.

41 Bjorkman and Gertsen, "Selecting and Training Scandinavian Expatriates"; Tung, *The New Expatriates*; Katz and Seifer. "It' s a Different World Out There."

42 Global Leadership Institute, "1997 Technical Report."

43 Bjorkman and Gertsen, "Selecting and Training Scandinavian Expatriates"; Katz and Seifer. "It' s a Different World Out There"; Tung, *The New Expatriates*; Dowling Schuler, and Welch, "International Dimensions of Human Resource Management."

44 Hall and Goodale, *Human Resource Management*; Katz and Seifer, "It' s a Different World Out There."

45 Adler, *International Dimensions of Organizational Behavior*; Black and Gregersen, "The Other Half of the Picture: Antecedents of Spouse Cross-Cultural Adjustment"; Black and Gregersen, Antecedents to Cross-Cultural Adjustment for Expatriates in Pacific Rim Assignments"; Black and Stephens, "Expatriate Adjustment"; Stephens and Black, "The Impact of the Spouse's Career Orientation"; Stroh, Dennis, & Cramar "Predictors of Expatriate Adjustment."

46 Black and Gregersen, "When Yankee Comes Home"; Stroh, "Predicting Turnover Among Repatriates"; Stroh, Dennis, and Cramar, "Predictors of Expatriate Adjustment."

47 Bennett, "Going Global."

48 Global Leadership Institute, 1997 Technical Report.

49 Gates, "Management Expatriates' Return: A Research Report"; A Research Report"; Stroh, "Predicting Turnover Among Repatriates"; Stroh and Lautzenhiser, "Benchmarking Global Human Resource Practices and Procedures."

50 Black and Gregersen, "The Other Half of the Picture"; Black and Gregersen, "When Yankee Comes Home."

51 Adler, "Do MBAs Want International Careers?"

52 Harvey, "The Impact of the Dual-Career Expatriate on International Human Resource Management"; Swaak"Today's Expatriate Family: Dual Career and Other Obstacles."

53 U.S. Bureau of the Census, "Household and Family Characteristics"; Harvey, "Impact of the Dual-Career Expatriate."

54 Stroh and Caligiali, "Increasing Global Competitiveness Through Effective People Management."

55 Kanter, *Work and Family in the United States*; S. Minuchin, *Families and Family Therapy*; Brett and Stroh, "Willingness to Relocate Internationally."

56 Brett and Stroh, "Willingness to Relocate Internationally."

57 Ibid.

58 Swaak, "Today's Expatriate Family."

59 Brett and Stroh, "Willingness to Relocate Internationally."

60 Swaak, "Today's Expatriate Family."

61 Windham International and National Foreign Trade Council, "International Relocation Trends Survey."

62 Pellico and Stroh, "Spousal Assistance Programs."

63 Pellico and Stroh, "Spousal Assistance Programs: An Intregal Component of the International Assignment."

64 Pellico and Stroh, "Spousal Assistance Programs."

65 Ibid.

66 Global Leadership Institute, 1997 Technical Report.

第4章　トレーニング：従業員の適切な職務遂行への教育的支援

事例一二：レカー・エンジニアリング社（Recor Engineering）

いつもなら、メル（Mel）はどんなに複雑な問題でも、会社から帰宅途中の車の中で考えを巡らせているうちに、ポイントをつかむことができた。「これは私の手には負えないな」とメルは思った。レカー・エンジニアリング社に来てから、人事担当の副社長として、数多くの難題に直面してきたが、これほど執拗に悩まされた問題はなかった。

サンフランシスコを本拠とするレカー・エンジニアリング社は、米国国内建設業界の大手で、日本の大手建設会社であるデンツー・ホウゲン株式会社（Dentsu Hogen）との間の合弁事業協定に調印したばかりだった。そして大規模な米国人専門家チームを大阪に派遣して、デンツー・ホウゲン社の最優秀のエンジニア・グループと共同で作業することに合意していた。米国人は日本人とチームを組み、大阪空港の滑走路拡張プロジェクトと、それに関連した事業に入札することになっていた。この協定で二つの問題を解決することになる。デンツー・ホウゲン社にとっては、拡張工事入札の過程に米国建設企業を参加させようとする日本政府の圧力を緩和させることができる。レカー社にとっては、自社の従業員の中に日本の建設業界での勤務経験を持つ者がいることになり、本社の経営陣が将来日本のマーケットに進出するかどうか決定する際に役立たせることができよう。

プロジェクト・マネジャーとして、レカー社はラリー・ラノルフソン（Larry Runolfsson）を選抜していた。ラリーは、建設業界のあらゆる面に豊富な経験があり、米国内で四つのプロジェクトを、構想・入札段階から完成まで監督したことがある。

レカー社のエンジニア―総勢一八人―は全員、三年間の勤務により家族の経済的状況や生活水準が不利を被ることはないとの保証を受けた上で、日本への勤務に同意していた。エンジニア―ほとんどが結婚していた―の中に、配偶者の側が勤務に乗り気でないとほのめかしたものはいなかった。ところが、メルの秘書―社内での隠されたメルの耳―は三週間前、かれに対して、子供の教育の中断や転勤で気が進まないという配偶者が、少なくとも八人はいるらしいと話した。さらにその中の五人は、たとえ海外勤務の報酬がよくても、自分の仕事を辞めて海外に転勤せざるをえないことを喜んでいないとほのめかしていた。それに対してはメルは、自社の報酬が、日本にいる派遣者に支給している他社全般の報酬に比べて遜色ないものになるように気をつけていた。

メルがすぐに気付いたのは、部下によい報酬を保証することは、その次の仕事―どの程度でどのような派遣前トレーニングを部下に受けさせるか判断すること―に比べればはるかに簡単であるということだった。かれは同僚に電話してみたが、答えは様々だった。ある者はトレーニングは必要ないと感じ、ある者は「地域説明（エリア・ブリーフィング）」を少しばかりすれば十分だと思っていた。さらに別の何人かは広範囲のトレーニングを一括して提供するコンサルティング会社があることを聞いたことがあったが、そのプログラムが本当に役立つのか、費用効果の高いものなのかは誰も知らなかった。

「細かいこと全部に答えを見つけるには時間が足りない─出発は三カ月後だ」と、メルは部下のトレーニング・マネジャーのマリア（Maria）に話していた。「どんなトレーニングが必要なのか、それともトレーニングは必要ないのか調査してくれ」。かれは同マネジャーに報告書を一週間以内に提出するよう指示した。

同マネジャーの報告書には、西海岸にある複数のコンサルティング会社から受け取ったトレーニング費用の見積もりが含まれていた。しかし、トレーニングを提供すると四半期のトレーニング予算の上限を押し上げることになる、とマリアは付け加えた。彼女は日本にマネジャーのいる様々な企業の人たちとも話をした。徹底した派遣前トレーニングをしている企業は皆無だった。マリアは次のような結論を出した。レカー社は、他の企業の先例に習い、十分に高い報酬を提供して、それ以上のことはする必要がない。

メルはモーツァルト（Mozart）のディスクをはずして、カーラジオをニュース放送局に合わせた。かれはニュースを聞きながら何とかリラックスしようと努めたが、レカー社はもっとあのチームにすべきではないのかとしつこく悩ますあの気分は、去ろうとしなかった。かれは思った。「私たちはあの人たちを奇妙で、まったく不慣れな文化の中に送りこもうとしているのだ。まあ、少なくとも私には奇妙に見える。かれらに心構えをさせるために何かしてやるべきじゃないのか。他の企業は、大した事はしていない、もしやっているにしてもだ。しかし、もしこの合弁事業が頓挫してしまったら、私は進退きわまる。とはいえ、派遣予定者たちは皆ここで成功している。特にラリー・ラノルフソンは。皆うまくやっていくはずだ。それに、もしかれらが会社の支払う金額に見合う価値があるなら、どんな問題が持ち上がろうとそれを解決していけるはずだ」。メルは考えを中断して、天気予報に注意を向けた。

メルがレカー社のマネジャーたちにトレーニングが必要ではないかと心配するのは果たしてもっとなことだろうか。グローバル勤務に派遣されるマネジャーたちはどの程度のトレーニングを普通受けているのだろうか。マネジメントに関する調査の結果、産業全般にわたって次のようなことがわかった。

一・米国企業の六二%が何らかの形の異文化対応の事前準備を提供している。六二%という数字はかなり大きいが、しかし、それは、米国企業の三八%が自社の「軍隊」を何の「軍事教練」も行わずに派遣していることを意味する。[*1]

二・平均すると、トレーニングを受ける者のトレーニングの長さは一日未満である。

三・異文化対応トレーニングを提供している企業のうち、三二%は家族全員にプログラムを提供し、二七%は派遣者と配偶者にのみ、三%は派遣者にのみである。[*2] 映画、読書、派遣先の国に住んでいた人たちとの談話が、このトレーニングに最もよく見られる活動である。徹底した、密度の濃い、スキル中心の異文化トレーニングを提供している企業はほとんどない。[*3]

四・異文化トレーニングを提供している企業の五七%が、トレーニングを受ける資格のある将来の派遣者たちのほとんどが参加することを明らかにした。[*4]

五・経験的な評価研究によると、異文化対応トレーニングによって、グローバル・マネジャーの仕事の成果、新しい文化への適応、それに異文化対応マネジメント・スキルなどが促進されることがわかっている。[*5]

これほど多くの従業員や家族がまったく、あるいは必要に満たないトレーニングしか受けることがないのであるから、多くのグローバル・マネジャーが海外勤務で苦労するのも不思議なことではない。問題は、企業は果たして時間と資源を自社のグローバル・マネジャーのために割くべきかどうかということではなく、むしろ、企業が自社のグローバル・マネジャーのニーズに合ったものになるようにトレーニングを組み立てるべきかである。私たちは「決まりきった」プログラムの採用を勧めない。それよりも、トレーニングにおいて重要な様々な点に企業が思慮深く対応することによって、提供するトレーニングの性格を決めていくべきである。

人々がどのように新しい文化を学び、それに適応するのかを理解する

個人がどのように新しいビジネス文化や社会文化を学びそれに適応していくかを理解することは、効果的な異文化対応トレーニングを開発する上で欠かせない。これについては多くの研究が考察の対象にしており、第2章と第5章で詳しく扱っている。新しい文化への適応の過程には、学習上の原則がいくつか関わっており、異文化対応トレーニングを設計する際には考慮に入れておく必要がある。[*6]

学習過程の三段階

これらの原則を、一連の学習段階として提示する。各ステップに関連して、ニュージーランドで大規模な牧場事業を担当した派遣マネジャーのアール・マーカム（Earl Markum）の経験を例示する。

ステップ一：観察《アテンション》

マネジャーが行動様式を変え、現地国の文化の規範に順応するには、まず現地国の人たちがどのように行動するかをよく見て、注意を払い、そして理解することが先決である。普通、人は、行動を観察し考えてみた上で、自らもやってみるかどうか判断するものである。

たとえば、牧場のポリネシア人従業員は週末に定期的にパーティーを開いた。この集いに欠かせないのがハンギ（hangi）であった。これは基本的には、地面に掘った穴の中の白熱した石の上での料理である。加熱した石の上にアマの葉を置き、次にそのアマの上に肉を置き、次にその肉の上にアマの葉を置く。この工程を今度は様々な野菜で繰り返す。最後に、その上に穴が埋まるまで土をかける。暫くして料理ができ上がると、「オーブン」を掘り起こして皆に料理が分配される。ポリネシア人マネジャー、監督、作業員たちはこの集いを文化的に非常に重要なものとみなしていた。歌い、踊り、物語を語り、家族や地域の絆を新たにすることが盛んに行われた。皆が一緒にいることと、一つの社会集団の一部であるという熱い思いが重要なのだった。だから、パーティーに来なかったり、気を緩めて歌を歌ったりダンスをしたりすることに乗り気でない人たちは、冷たく、よそよそしく、信用できないとみなされた。米国人マネジャーのアール・マーカムはそのことすべてを感じ取り、集いの後援者になるだけでなく集いに参加することは、効果的に仕事をある上で重要であると察知した。

ステップ二：記憶《リテンション》

第二段階においては、マネジャーは一般に、かれらの新しい国での文化的に適切な行動に関して、何を学び、見聞きしたかについて考える。何を見てきたかを考えればそれだけ、行動に関する「認知マップ」が発達する。それは、特定の行動をとるのはいつが良いか、どのような条件下でその行動が許され、また、許されないか、外国人がその行動を取ってもよいのかどうか、その行動を取らない場合の制裁は何かなどに関するものである。問題にしている行動の実例は記憶に固定され、行動を理解し再生する際の基準になる。

記憶過程の初期の段階では、重要な新しい行動やそれを取り巻く規範をはっきり意識しなければならない。やがて、その新しい行動やその規範がさらに完全に理解されると、その知識は記憶に収まり、それによって社交あるいは取引の場面で、無意識のうちに自然な反応が起こるようになる。この過程は、不案内の都会での運転に似ている。地図なしでは簡単に迷ってしまう。それを避けるためには、地図を頻繁に眺めて、運転中は近くに置いておく。徐々に、時間が経つにつれて、通りの場所、最短の出勤コースなどを覚えていき、ついには、その地図は要らなくなる。心の中に地図ができあがったからだ。同様に、外国文化の中では、努力によって、しばらくすると文化に馴染み、行動も予想しやすくなる。それは「文化の認識マップ」が発達して、何を発言し、どう行動すべきかを教えてくれるからである。

ニュージーランドの事例では、アール・マーカムは部下の従業員とその親族が主催するパーティーに参加し続け、慎重にハンギの過程を観察した。ポリネシア人が参加を促した時だけ、その過程に加わった。大概は、その集団に混じって進行中のすべての事柄を慎重に観察し、規則やその目的、参加者に求められる行動についての理解を深めた。観察の結果、重要な会話がハンギの各段階で交わされ、料理は社会的規範の重要な刺激剤で、その規範によって、職場の仲間、その拡大家族および友人同士の間に団結が生まれるということがわかった。ダンス、歌、会話はすべて、かまどつくり、料理の下ごしらえ、料理ができあがるまでの時間、そしてその後の食事の間中進行した。かまどの掃除さえ、男性志願者が一緒に過ごす「くつろいだ時間」を提供した。

ステップ三：新しい行動の試み

基本的には、国際的な行動を観察し、その行動に結び付く諸規則を頭の中で理解できたなら、マネジャーはその行動をとってみるかみないかを決断しなければならない。マネジャーが新しい行動を実験する時には、その行動に熟練するまで自分の成果を自分の「認知マップ」と比較して点検する。もし、試みた結果、恥ずかしい思いをしたり、現地の人々の否定的な反応に会うと、マネジャーはその行動を二度と試みようとせず、したがって新しい文化に決して適応することがなくなる危険を冒すかもしれない。マネジャーの認知マップが当該文化を正しく反映すればするほど、自らの新しい行動をうまく再現することができるようになるであろう。

ついにハンギを主催する心得ができたと判断して、アール・マーカムは地域のポリネシア人全員を自宅に招いた。かれらが来てみると、地面から煙が上がっていた。お祭り騒ぎが始まり、皆楽しく時を過ごしていた。ハンギを地中から取り出す準備が整った時、ポリネシア人たちは互いに、誰が自分たちの米国人上司がパーティーを主催するのを手伝ったのかと確認し始めた。暫くすると、誰も手伝わなかったことがはっきりしてきた。すべての目がアールに集中した。アールはただ微笑んで叫んだ。「ハエレ・マイ・キタ・カイ！（ようこそ、さあ食べてください！）」。部下に対するかれの影響力と指導能力は劇的に高まった—文字通り一夜にして。なぜなら、ハンギを催そうなどとした米国人はこれまでいなかったのだから。

トレーニングと三段階学習過程

前述の事例は、グローバル・マネジャーのためのトレーニングで重点的に取り扱うべき三つの領域を明瞭に示している。つまり、マネジャーに

(1) 文化によって行動が異なることや、このような文化的差異を慎重に観察することの重要性に気付かせる

(2) 文化に関する認知マップを構築させ、なぜ現地の人々はある行動に価値を置くのか、そしてどのようにしたらこのような行動を適切に再現できるのかを理解できるようにする

(3) 海外勤務を効果的に遂行する上で再現することが必要となる行動を練習させる

トレーニングなしでも、独自に三段階の学習過程をうまくこなしていくグローバル・マネジャーもいることはいるが、そうはいかない人がほとんどである。適切なトレーニングをすれば、新しい文化を学習する上

で非常に役立つだろう。[*7]

異文化対応トレーニングの設計

調査によると、異文化対応トレーニングを成功させる上で重要な要因として「密度」がある——密度とは、トレーニングを受ける者が必要とされる概念を習得するために、トレーニングをする側と受ける側が費やさなければならない精神的関与と努力の程度のことである。企業に適切な密度の程度を判定できる能力があるかどうかが、有効な異文化対応トレーニングを設計する上での鍵である。[*8]

密度の低いトレーニングには、映画を見る、講義や地域説明を聞く、本を読む等の活動がある。対照的に、密度の高いトレーニングでは、トレーニングを受ける者はスキルを受動的に学習し、さらにそのスキルを練習することも要求される。さらに密度の高いトレーニングでは、ロール・モデリング、ビデオを使ってスキル獲得の成功例を示す授業、語学トレーニングが含まれるだろう。最も密度の高いアプローチでは、トレーニングを受ける側の参加の程度が高まり、アセスメント・センター、対話式語学訓練、それに高度な異文化対応シミュレーションを利用する。図表4・1は、トレーニングの密度と参加者の関与との間の密接な関係を示している。

密度はトレーニングに費やす時間の長短からも考えることができる。参加に要する時間が五日間で二五時間のトレーニングは、三週間で総計一〇〇時間におよぶトレーニングよりも密度が低いといえるだろう。確

図表4・1　トレーニングの密度

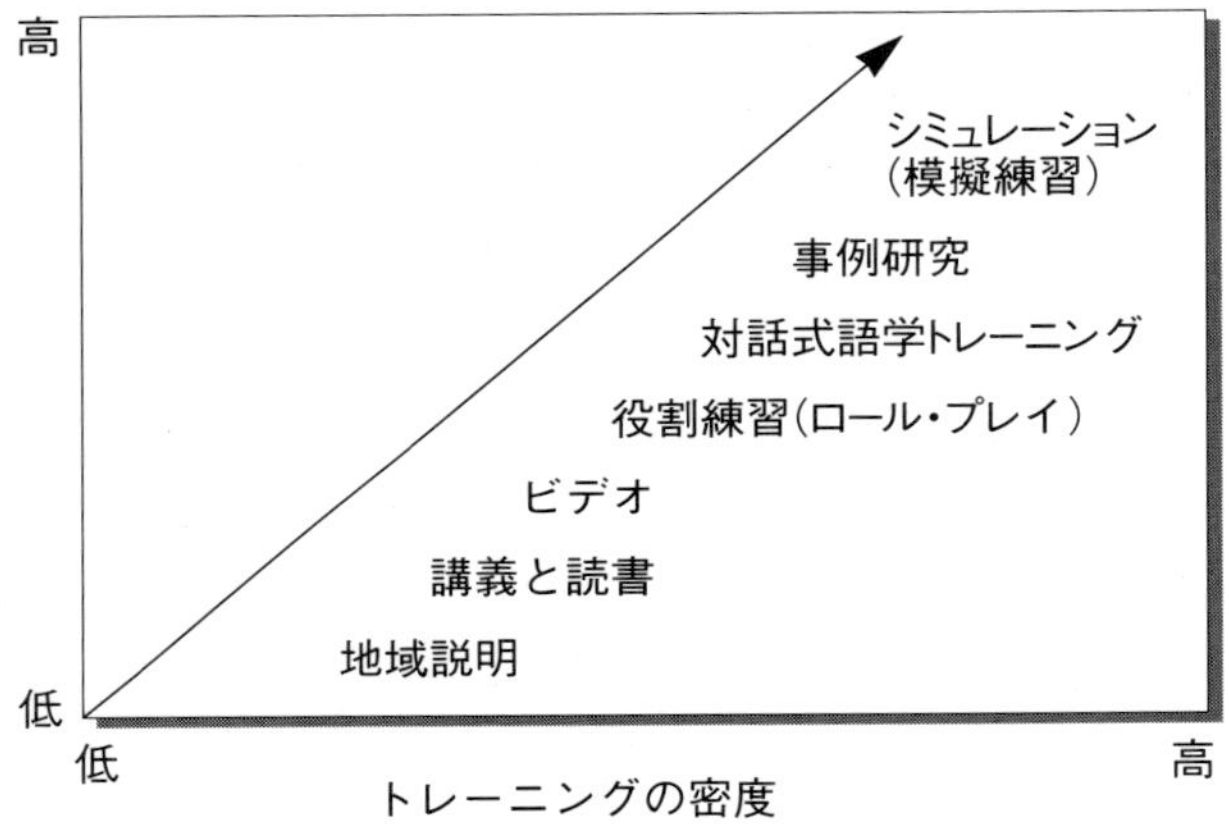

かにトレーニングにかかる時間と経費は一般的にトレーニングの密度の高まりとともに増えるが、同様に、学習量と、記憶の程度も増す。たとえば、一般的に人は、講義で聞いたことの約一七％しか覚えられない。対照的に、シミュレーションのようなもっと密度の高いトレーニング方法による記憶は八五％を超えることが多い。このような理由から、重要なのは、グローバル・マネジャーに「安上がりの」プログラムを提供してお茶を濁してはいけないということである。同様に重要なのは、プログラムを提供したからといってそれが効果的であると考えてはいけないということである。トレーニングを投資としてではなく出費とみなすと、不十分で不適切なトレーニングになることが多い。海外派遣者とその家族のためのトレーニングは投資であり、その見返りが最も高くなるのは、トレーニングの密度が勤務の性格とその要件に合致したときである。

主たる意思決定者たちがグローバル・マネジャーに密度の高いトレーニングを提供する必要性を理解した場合

の、その次に重要な問題はそのトレーニングをどの程度の密度にするかということである。この問題に企業が対応するのに役立つように、最善の調査研究結果に基づく枠組みを提供しよう。[*9] 基本的には、三つの側面を考慮して、トレーニングの設計に含める方法を決定しなければならない。三つの側面とは、マネジャーが海外で対処することを求められる、「文化的困難度」、「コミュニケーション上の困難度」、および「仕事の困難度」のそれぞれの程度である。これら三つの側面を慎重に分析することが、有効なトレーニングを設計する前提になる。そうしないと、不適切なトレーニングを実施してしまうことになる。

文化的困難度

ある文化は他の文化よりも適応が難しく困難である。取引方法を決定する前提となる価値観は、ある国の方が別の国よりも米国の規範との差異が大きい。日本に行くマネジャーは、オーストラリアに行くマネジャーよりも、苦労するし、習熟曲線も長くなる。どちらの派遣者も異文化対応の問題に直面するだろうが、日本にいるマネジャーの直面する困難の方がより厳しいであろう。新しい文化が適応困難なものであればあるだけ、グローバル・マネジャーは、適応し効果的であるために、密度の高いトレーニングによる支援をより多く必要とする。

どの文化が最も困難かをどう判断するのか。調査が示すところでは、世界における地域を、米国人が適応するのが困難な順番に並べると以下の通りである。[*10]

一・アフリカ

二・中東
三・極東
四・南米
五・東欧／ロシア
六・西欧／北欧
七・オーストラリア／ニュージーランド

地域内でも国によって文化的困難度に差異はあり、また、国内でもその差異はあるが、調査結果をこのように単純化することで、勤務地域ごとのトレーニングの必要性と、量と、密度についてかなり明確に把握することができる。

文化的困難度を左右する次の要因は、特定の海外勤務候補者の過去の海外経験である。候補者が勤務先となる特定の文化に経験があればそれだけ、たとえそれがかなり以前だったとしても、その新しい文化での困難によりうまく対処できると期待していいだろう。ナイロビですでに三年間勤務し、帰国後五年して再び勤務を命じられた人は、ナイロビで今まで一度も勤務または生活をしたことのない人よりもトレーニングの密度は低くてよいであろう。

マネジャーの過去の海外経験の長さと、その深さあるいは質とが、トレーニングの必要性に影響する。以前にインドネシアに住んだことのある派遣者は、住んだことのない候補者よりも、その文化を困難だとは思わないだろう。同様に、三年滞在している間に、インドネシア人と頻繁に深く交流していた派遣者は、同じ三年の勤務期間でも、インドネシア人との交流が少なく表面的であった派遣者が感じるほど、後の滞在中に文化的困難度を障害とは感じないだろう。表面的でも経験さえあれば肯定的結果につながるとみなすのは危険であるので、候補者の経験の量および質の両方を吟味してから、必要なトレーニングを決定する必要がある。この点は当然だと思われるかもしれないが、以下のような事例はあまりに多く見られる。

最近、米国の大手電気通信会社と日本企業との間の在日合弁会社の責任者が選ばれた。その選抜は、米国海軍司令官としての日本での三年間の経験に一部基づいていた。残念なことに、この人がその期間、ほとんど日本人と直接関わることなく基地の中で暮らしていた事実には慎重な考慮が払われなかった。このマネジャーの過去の限られた経験では、合弁事業経営での異文化マネジメントの込み入った事情万端にかれを準備させるにはほとんど役立たなかった。かれは何のトレーニングもなしに派遣された。会社の首脳陣はこの人の過去の経験の質については考慮してもいなかったので、かれが異文化適応およびマネジメント上で相当な困難に直面したと知り、驚いてしまった。

コミュニケーション上の困難度

トレーニングの密度を決定する際に考慮すべき別の問題は、当該グローバル・マネジャーがどの程度現地国の人々と相互に交流することを期待されているかである。[*11] 相互にやり取りすることを多く求められればそれだけ、コミュニケーション上の困難度は高くなる。たとえば、石油掘削の専門家がサウジアラビアに派遣されても、サウジアラビア人と話さなければならないことは、仕事上でもそれ以外でもほとんど稀だろう。それに対して、ペルーのマーケティング・マネジャーは現地国の顧客、広告代理店、マスコミ機関の人々と常に接触しているだろう。明らかに、前者の状況に置かれたマネジャーには、後者の状況に置かれたマネジャーが必要とする程の密度の高い異文化対応トレーニングは必要ない。

グローバル勤務におけるコミュニケーション上の困難度の程度は、海外での仕事において現地国の人々とどの程度のコミュニケーションが求められるかを吟味すれば判断できる。下記の質問に回答することによって、そのような交流が必要とされる程度を理解することができよう。[*12]

コミュニケーション上の困難度についての質問

一・コミュニケーション上の規則や規範は本国のものと非常に違いますか、それともかなり似たものですか。

二・マネジャーは、現地国の従業員とコミュニケーションをする必要が頻繁にありますか、それともめったにないですか。

三・候補者は現地国の言語を話せますか。現地国の人々は候補者の母国語を話せますか。もし話せないのであれば、その外国語はどのくらい習得が困難ですか。

四・マネジャーがしなければならないコミュニケーションは主に一方向のみですか（たとえば、命令する、委任する、プレゼンテーションをするなど）、それとも仕事の性質上高度な双方向コミュニケーション（たとえば、コンサルテーション、パーティー、商談）が現地国の人々との間に必要ですか。

五・現地国の人々とのコミュニケーションの主たる方法は何ですか―直接コミュニケーション（親密で日常的な部下との議論）ですか、技術的なコミュニケーション（メモ、メールなど）ですか。

六・マネジャーの勤務期間は、六カ月ですか、一年ですか、それとも三年ですか。

七・主な相互作用のタイプは何ですか―フォーマルなタイプ（部下と距離を置く尊大なタイプ、組織代表者としての名誉職的地位による権威主義的タイプ、命令口調の権威主義的タイプ）ですか、インフォーマルなタイプ（顧客との個人的結びつき、役人との関係など）ですか。

交流の度合いが増すにつれ、トレーニングにおける密度の高さの必要性もそれに比例して増す。たとえば、もしコミュニケーションが、頻繁で、双方向で、直接で、インフォーマルなものなら、それと正反対の場合よりもトレーニングはより高い密度のものとなる。

コミュニケーション上の困難度を評価する際に心得ておくべきことは、たとえ派遣者が仕事の上では高いレベルの交流がなくとも、職場を出れば現地国の人々との高いレベルのコミュニケーションを持つ必要があるということである。たとえば、韓国（コミュニケーション上の困難度が高い文化として知られる）にいるマネジャーは、現地の人々との毎日の交流は多くないかも知れないが、個人的に不可欠な生活上の物事を遣り繰りする時には程度の高いコミュニケーションが必要かも知れない。マネジャーとその家族を韓国の生活に確実に適応させるためには、派遣前トレーニングでは、ビジネスと生活の両面のコミュニケーションに目配りすべきである。

仕事の困難度

グローバル・マネジャーの多くは、海外に派遣される時に昇進する。昇進は仕事の上での挑戦を意味することが多い。というのも、マネジャーにとって海外派遣は勤務地域の変更、そしてより重い職責、より高い自律性、それに新しい課題を意味しているからである。新しい仕事での任務が困難であればそれだけ、密度の高い派遣前トレーニングによる支援がマネジャーにはいっそう必要となる。仕事の困難度の要素は、下記の質問に回答することで識別できる。[*13]

仕事の困難度についての質問

一・成果の基準は同じですか。
二・職場での個人的な関与の度合いは同じですか。
三・仕事は同じですか、かなり違いますか。
四・官僚的な手続きは似ていますか。
五・資源上の制約は同じですか。
六・法律的な制限は似ていますか。
七・技術的な制約はありふれていますか。
八・仕事の遂行方法を決定する自由度は同じですか。
九・どの仕事を委譲するかについての選択肢は似ていますか。
一〇・誰にどの仕事を担当させるかを決定する自由度は同じですか。

以上の質問に対する答えを吟味することにより、海外勤務の仕事の困難度に関して、大まかな推定ができる。もし仕事の困難度が中程度または高ければ、マネジャーは、勤務国での仕事を達成する方法や人々がどのように管理されるかについて、仕事特有のトレーニングに加え、文化対応トレーニングが必要である。仕事に対する要求が本国でのマネジャーの仕事とかなり違う場合や、制約が大きい場合や、自由度が低い場合には、仕事の困難度はより大きく、それに応じてトレーニングの密度も高くなる。

▼原理の応用▲

レカー社のマネジャーのメルに話を戻そう。かれのように苦しい選択に迫られることは、業種や企業の大小によらず、よく見られることである。思い出して欲しい。メルは日本に派遣される一八人のエンジニアのためのトレーニング・プログラムをまとめ上げようとしていた。その状況を調べ、本章で検討した原理を応用し、効果的な異文化対応トレーニング・プログラムを設計してみよう。

分析と適用

そのために、トレーニングの密度を決定する主要な要因―文化的困難度、コミュニケーション上の困難度、仕事の困難度―の各々を調べることにする。

文化的困難度

七地域のリストを見て、商慣行と文化の両面で、西洋人の適応にとって極東は三番目に困難な地域だとメルはすぐ判断した。地元の大学教授たちや、日本人と取引をしたことのある地元の経営者たちと話をし、さらに勧められた何冊かの本に当たってみて初めて、メルは、日本人が組織内の権力の差異を認め、米国人よりも階層や地位といった事情に左右されやすいことを知った。さらに、日本人は米国人よりも、リスクを避ける傾向があり、集団で仕事をすることに居心地の良さを覚え、伝統的な男女の役割の違いを受け入れ、さらに米国人よりも強い労働倫理を有することを知った。日本語は習得が難しく、英語を流暢に話す日本人はほとんどいない。

メルの部下の多くは一度や二度は海外（主に欧州とカリブ海）で休暇を過ごしたことはあったが、海外や日本で勤務生活を送ったものは皆無だった。したがって、かれらの過去の経験が、文化的困難度や密度の高い異文化対応トレーニングの必要性を減じることはないだろう。メルは、部下たちが日本に到着した際に重大なカルチャー・ショックを経験し、そこでの生活や仕事に適応するまでには時間がかかるだろうと予想した。

コミュニケーション上の困難度

当初メルは、プロジェクト・マネジャーのラリー・ラノルフソン（Larry Runolfsson）を除けば、部下たちの現地国の人々との交流は、かなり低い程度のものだろうと思った。しかしよく考えてみて、メルは、日本の組織の集団志向性と集団による意思決定の慣行から、レカー社の従業員全員が職場で日本人と頻繁に相互に交流する可能性が高くなるだろうと気付いた。そこでメルは、ラリーは他の従業員よりも高いレベルの交流が必要になるだろうが、他の従業員についてもそれは相当高いだろうと判断した。メルは次のように推測した。部下のエンジニア・チームは異なるコミュニケーションの規則を持つビジネス文化の中で働くことになり、日本人と頻繁にやり取りをする必要や、難しい外国語を話す人々とコミュニケーションを取る必要があり、しかも、双方向の、直接的な、インフォーマルなコミュニケーションを必要とする仕事を遂行することを期待されるだろう。コミュニケーション上の困難度は高いだろう。

仕事の困難度

対照的に、表面的には、日本での仕事の困難度は高いように見えた。ラリー・ラノルフソンはすでに四つのプロジェクトを管理してきたし、エンジニアは全員、専門家としての経験がかなりあった。だから新しい技術的スキルを覚える必要は少しもなかった。それでも、成果の基準、トレーニングや日本人との共同作業を伴う仕事、意思決定の方法、それに、したがわなくてはならない官僚的な手続き、これらすべてに何らかの違いがあるだろう。仕事に関しての様々な面を詳しく吟味した結果、仕事の困難度はおそらく低いというより中程度であろうということになった。

ここまでのメルの分析は、エンジニアに焦点を当てていた。かれらの家族はどうだろうか。何人かがメルに、家族の問題を軽視してはいけないと強く主張していた。というのは、海外勤務が頻繁に中断されてしまうのは、配偶者や子供が新しい文化に適応できないからである。一般に、家族はマネジャーと同程度に文化的困難度に反応するので、家族にも派遣前トレーニングが必要である。一二歳以下の子供は、一三歳以上のティーンエイジャーに比べ新しい文化への適応にそれ程困難を感じないようであるが、理想的には、ティーンエイジャーと配偶者が受ける異文化対応トレーニングは、マネジャーが受けるトレーニングと同じ密度の高さであるべきである。職を持たない配偶者は、コミュニケーション上の困難度が高い文化に適応することが特に困難だと感じる。そしてコミュニケーションを言語でもそれ以外でも取ることができないことで、憂鬱、疎外感、さらには孤独につながることもある。「しっかりしなさい」というだけではまったく不十分である。メルは、トレーニング設計について決める前に、これらすべての問題をしっかり頭に入れなければならない。かれの予算には限度があるだろうが、もし何とかして可能ならば、マネジャーの配偶者と他の関係する家族がトレーニング・プログラムに含まれるようにする必要がある。

メルの結論

かれのチームが働くことになる文化に関する以上の分析の結果から、メルはどんな結論に達することができるだろうか。分析の結果は以下の通りである。

一・文化的困難度＝高い
二・コミュニケーション上の困難度＝高い
三・仕事の困難度＝中程度

異文化対応トレーニング開発のための枠組み

図表4・2　異文化対応トレーニングの密度の判断

低い密度の トレーニング （期間＝4～20時間）	中程度の密度の トレーニング （期間＝20～60時間）	高い密度の トレーニング （期間＝60～120時間）
講義 映画 読書 地域説明	左欄の方法に加え， 役割練習 （ロール・プレイ） 事例 文化的理解 サバイバル・レベル （必要最小限）の語学	左欄の方法に加え， 評価センター シミュレーション （模擬練習） 現地視察 徹底した語学

図表4・2に、トレーニングプログラム選択のための枠組みを示す。[*14] その裏にある論理は単純である。文化的困難度、コミュニケーション上の困難度、仕事の困難度が高ければ高いだけ、密度の高い異文化対応トレーニングが必要になる。しかしながら、これらの側面のそれぞれで適応の困難さが等しいわけではない。調査によると、新しい文化への適応ならびに、現地国の人々との交流への適応は、新しい仕事への適応に比べてより困難である。

メルは、このグループは少なくとも「中程度」の中でも高い方のトレーニングを必要とすることを認識した。社内に専門家はおらず、チームの人員をトレーニングのために集合させられるのは三～五日間だけであった。各種のコンサルティング会社から提示されたプログラムをいくつか吟味した結果、メルから見て、密度の高いプログラムはただ一つだけであった。メルは、配偶者もプログラムに参加するように勧め、二人を除いて全員が参加した。

メルとコンサルティング会社の担当者たちは、トレーニングの重点を異文化における相互交流スキルに置くことで一致

図表4・3　異文化対応トレーニング：内容と時機

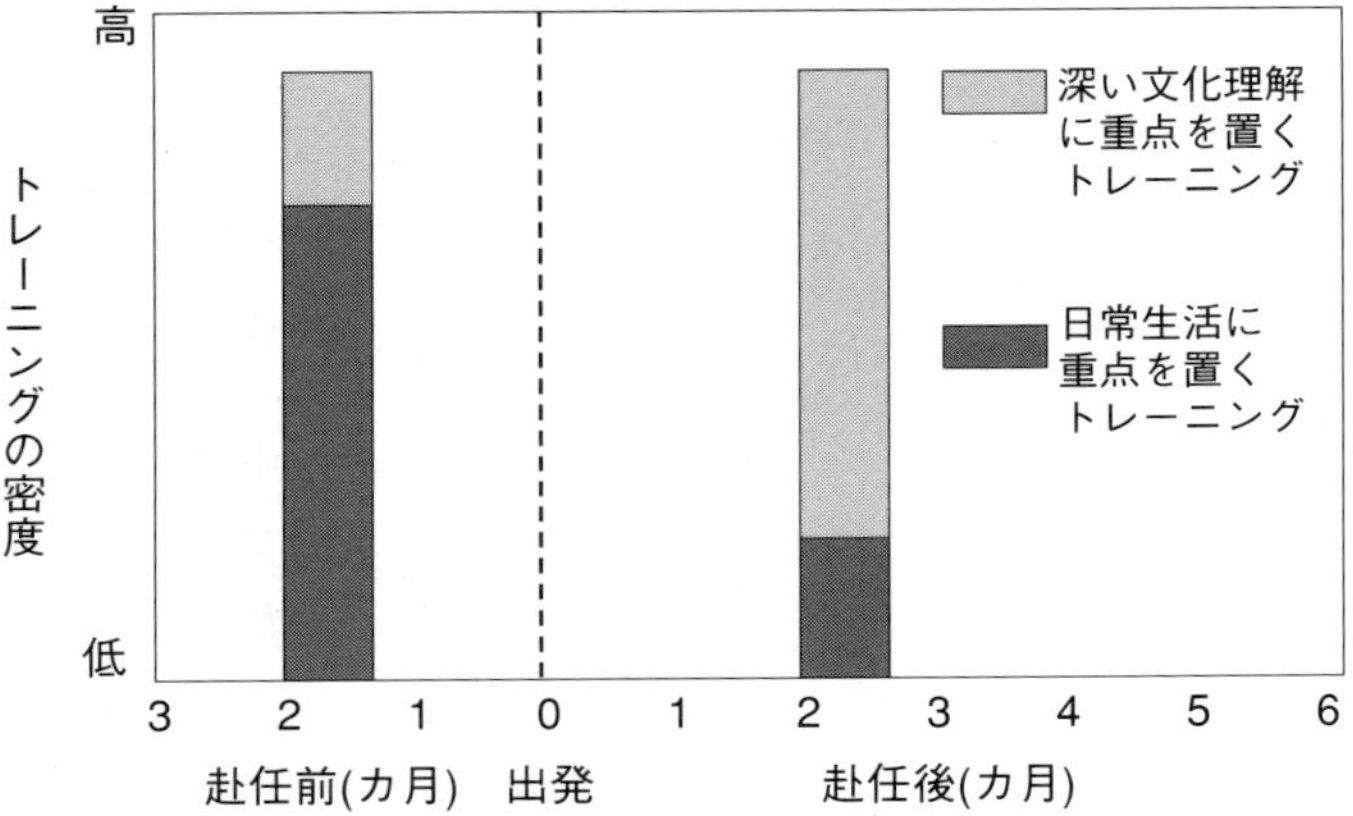

した。採用した具体的な方法には、役割練習、短い模擬訓練、文化的理解、事例研究などがあった。メルは、エンジニアとその家族が日本到着後に日本語のレッスンを受けられるように取り計らった。加えて、メルは日本文化に関する本のリストをかれらに与えた。このリストは、地元の大学の日本研究者にかれのアシスタントが相談してから編集したものだった。

メルは、エンジニアたちが日本に落ち着いてから、フォローアップトレーニングをするのが役立つだろうと感じた。しばらくしたら、このトレーニングを実施するためのコンサルティング会社として、米国の会社を雇うか、日本の会社を雇うかを決めなければならない。かれはまた次のように考えた。コストを削減するために、大学で知り合った教授を一人か二人派遣して、部下に最新情報を常に提供し、適応上、何らかの問題があればその手助けをすることもできる。

メルのアイデアは、異文化トレーニングをするコンサルティング会社のほぼ全部に見落とされている考慮すべき重要な事柄を提起している。新しい文化について学ぶことはグローバル勤務に出発する前にも有用ではあるが、真に効果的なトレーニングにするためには、密度の高い、徹底した、異文化対応トレーニングをグローバル・マネジャーが「受け入れ国」に着任してからすることが必要である（図表4・3参照）。

なぜそうなのかを理解するために、メルのエンジニア集団の日本到着前後について考えて欲しい。本国を出発する前に、かれらがトレーニング担当者の言わんとすることを想像することは着任後よりも難しい。たとえば、日本の部下が、「はい、あなたが私に何をして欲しいのか理解しました」といったきり、実は理解していなかったので何もしない、ということを想像するのと、そういう相互のやり取りを実際に経験してから、その行為の裏にある文化的な理由を学ぶのとでは、まったく違う。受け入れ国でのトレーニングには次のように、有利な点がいくつかある。

(1) トレーニングを受ける側のモチベーションの程度が高くなっている
(2) 現地国の文化に対する経験のレベルが高いので、より深い文化的価値観、規範、観念を学ぶ基礎がある
(3) トレーニングを受ける側は、学んだことを直ちに応用できる
(4) 環境そのものがトレーニングの内容に真実味を与える

派遣前トレーニングでは主として、基本的で、日常的な、生活上、必要最小限の事柄に重点を置くべきである。これらのことは、勤務者とその家族が飛行機から降りるとすぐに遭遇するものである。派遣前トレーニングにも文化の比較的深い側面をいくつか含めるべきだが、最も深いレベルにあるすべての部分を扱おうなどと企てるべきではない。すでに触れた理由に加え、文化での実際の経験が多少はないと、マネジャーの

多くは、「物事が本当にそんなに違うとは」まず信じられない。

徹底した文化対応トレーニングの大半は、勤務者がその国に来てから少なくとも一カ月が経ち、しかしまだ六カ月を経過しない時期に行うべきである。少なくとも一カ月待つべき理由は単純である。着任後の最初の一カ月の間は、勤務者とその家族は引越し作業のあれこれに没頭しているので、徹底した文化対応トレーニングを吸収するために貴重なエネルギーや知的能力を割く余地はほとんどない。六カ月が過ぎるまで待たない根拠も同様に単純である。その国に何カ月かいると、勤務者も家族もその文化についての意見や判断を形成し始める—規範は何か、人々をやる気にさせるのは何か、など。たとえ間違っていても、この時点でかれらの考えを変えるのは、まず困難であり、最悪の場合には不可能である。

現地国に到着後、グローバル・マネジャーとその家族は、日々を何とか生き抜くという課題に重点を置く必要が少なくなっていく。派遣前トレーニングが適切であれば、基本的な事柄は、すぐに習得してしまう。しかしながら、難しい文化的な概念に精通することは、自動的にできるものではないので、着任後トレーニングが必要になる。文化的スキルを身につけるのに理想的な場所は、現地国の文化の中にある。

企業の方針とトレーニングとのリンク

第1章では、「グローバル化しつつある」企業にとって、グローバル化の段階、競争戦略、それに人材管理の間の適合性を維持することが重要であることを論じた。人材管理（ピープル・マネジメント）の五つの機能のそれぞれ（ここではトレーニング機能）は、他の諸機能を支援するものでなければならず、それらを損なうものであってはならない。

内部適合性《インターナル・フィット》

多大な時間と経費を費やして、慎重に特定国向けの重要な派遣人材を選定しても、企業が、無効で、一般的で、効果のないトレーニング・プログラムを採用すれば、無駄な投資となりかねない。同様に、まったくトレーニングを実施しないと、確実に選抜過程を無意味なものにする。したがって、トレーニング機能は、内部適合性を確立する過程での、適切な選抜とマネジメント人材開発との間の重要なリンクである。

全社的な、「決まりきった」異文化対応トレーニング・プログラムも、マネジメント人材開発機能を支援することにはならないだろう。一面的なプログラムを海外勤務者全員に押し付け、現在の強さや弱さ、海外でかれらが置かれることになる独特の状況、あるいは習得しなければならないスキルの種類などに何の考慮も払わないと、海外赴任中のグローバル・マネジャー自身の側にフラストレーション、期待はずれ、それに、マネジメントのまずさを招来するであろう。

外部適合性《エクスターナル・フィット》

異文化対応トレーニングは、従業員管理の他のすべての機能と同様に、企業のグローバル化の段階を考慮

図表4・4　グローバル化の段階とトレーニング設計のポイント

輸出段階	マルチ・ドメスティック段階
密度：低〜中程度 内容：重点は対人関係スキル，現地国の文化，顧客の価値観，およびビジネス行動に置く。 現地国籍従業員：現地従業員に低〜中程度のトレーニングをして，親会社の製品と方針を理解させる。	密度：中程度〜高レベル 内容：重点は対人関係スキル，現地国の文化，技術移転，ストレス管理，および商慣行，商法に置く。 現地国籍従業員：現地従業員に低〜中程度のトレーニングをする。主に生産ならびにサービス手続きに重点を置く。
多国籍段階	**グローバル段階**
密度：中程度の上〜高レベル 内容：重点は対人関係スキル，双方向技術移転，企業の価値観の移転，国際戦略，ストレス管理，現地国の文化，および商慣行に置く。 現地国籍従業員：現地従業員に技術分野，製品ならびにサービス体制，および企業文化について中程度から高レベルのトレーニングをする。	密度：高いレベル 内容：重点は，グローバルな事業運営ならびに体制，企業文化の移転，顧客，世界の競合他社，および国際戦略に置く。 現地国籍従業員：現地従業員にグローバル組織の生産ならびに効率体制，企業文化，ビジネス体制，およびグローバルな行動指針について高レベルのトレーニングをする。

して設計されなければならない。二人のグローバル・マネジャーが、どちらもナイジェリアに勤務を命じられたとしよう。一方はグローバル化の中の輸出段階にある企業で働き、他方は多国籍企業で働いている。文化的困難度、コミュニケーション上の困難度、それに仕事の困難度では、どちらの仕事も似たように見えても、それぞれの企業のグローバル化の段階も同様に、トレーニングをどう設計するかに影響をおよぼすはずである。これらの関係を図表4・4に示す。

図表4・4のマトリックスは、ここまで検討してきた事柄を網羅している。このマトリックスは、文化的困難度、コミュニケーション上の困難度、それに仕事の困難度が、どの場合も同一であると仮定して作成した。こうすることにより、グローバル化の段階が異文化トレーニングの設計にどのように影響すべきかを明瞭に示すことができる。一般的には、企業がグローバル化の輸出段階から進歩すればそれだけ、トレーニングの密度は高くなるべきである。内容の幅も、企業が輸出段階からグローバル段階に進むにつれて広がる。つまり言葉を変えれば、さらに高い密度のトレーニングが必要になる。企業が輸出段階やマルチドメスティック段階から前進すると、現地国のマネジャーをその企業の企業文化に適応させる能力もグローバル・マネジャーには必要になる。この管理職の責任にも、密度の高いトレーニングが必要である。

事例一三：ネスレ社（Nestle）

一例として、トレーニングに関する問題のいくつかを吟味してみよう。これは、グローバル化の方針の結果としてネスレ社のような企業で提起される問題である。ネスレ社は、現地国のマーケットにうまく対応している企業で、国境を越えた活動を調整する程度は相対的に低い。この企業は自らを国際企業とみなしており、高収益で、進取の気概に富む。したがって、多くの点から、ネスレ社をマルチ・ドメスティック組織に分類していいだろう。生産と製品革新は、様々な国で行われる。したがって、企業が存在するそれぞれの地域の文化やマーケットについての徹底した知識が非常に重要である。現地国の人々は派遣者よりも現地国の文化やマーケットの細かい点について精通しているであろうが、これらの事業所を統制するのはネスレ社のグローバル・マネジャーである。それゆえ、ネスレ社が海外に派遣するグローバル・マネジャーの数は、仮にネスレ社が単に輸出しているとした場合と比べ多くなる。

このような状況では、ネスレ社が配置するグローバル・マネジャーに提供するトレーニングの密度は、中程度から高度の範囲にある（図表4・1参照）。このレベルのトレーニングになる主な理由は、グローバル・マネジャーには効果的であるために、対象とする外国マーケットと文化に特有の知識がなければならないからである。したがってトレーニングでは、現地国の商慣行と異文化対応トレーニング、ストレス管理などに関連するスキルに重点を置く必要がある。　現地国の人々をネスレ社の理念に適応させる戦略、世界に広がる企業体制の実施、それに、その他の企業均質化の慣行などを含むトレーニングは、それほど有用ではないだろう。というのは、そのような慣行は、企業のグローバル化の方針に全体として合致しないからである。

企業におけるグローバル化の型が、世界に配置するマネジャーの数を多く必要とするか少なくていいかに関わらず、マネジャーに勤務の状況に応じたトレーニングを受けさせることが必要である。外部適合性を維持するためには、トレーニング機能を十分柔軟なものにし、グローバル化の型に由来する潜在的状況のすべてに対応できるようにしなければならない。柔軟性のない機械的なトレーニング哲学は、グローバル・マネジャーに最大限の利益をもたらすことはない。本章で提示した枠組みに沿えば、組織や環境に制約はあっても、トレーニングに関して賢明な意思決定をすることができる。

注

1 Windham International and National Foreign Trade Council, *Global Relocation Trends 1995 Survey Report* 1996.
2 Ibid.
3 Oddou and Mendenhall, "Succession Planning in the 21st Century."
4 Windham International and National Foreign Trade Council, *Global Relocation Trends 1995 Survey Report* 1996.
5 Black and Mendenhall, "Cross-Cultural Training Effectiveness: A Review and Theoretical Framework for Future Research."
6 Bandura, *Social Learning Theory*; Black and Mendenhall, "Cross-Cultural Training Effectiveness"; Manz and Sims "Vicarious Leaning: The Influence of Modeling on Organizational Behavior."
7 Black and Mendenhall, "Cross-Cultural Training Effectiveness."
8 Black and Mendenhall, "Selecting Cross-Cultural Training Methods: A Practical Yet Theory-Based Model"; Mendenhall and Oddou, "Acculturation Profiles of Expatriate Managers: Implications for Cross-Cultural Training Programs"; Mendenhall, Dunber, and Oddou, "Expatriate Selection, Training, and Career-Pathing."
9 Mendenhall and Oddou, "The Dimensions of Expatriate Acculturation."
10 Torbiörn, "Living Abroad"; Hofstede, "Culture's Consequences: International Differences in Work-Related Values."
11 Mendenhall and Oddou, "Acculturation Profiles of Expatriate Managers."
12 Black and Mendenhall, "Selecting Cross-Cultural Training Methods."
13 Ibid.
14 Ibid.

第Ⅲ部　グローバル勤務中

第5章　適応：新しいメンタル・マップの開発と行動

第2章では、文化の問題、そして人々が海外勤務に就いたときどう適応したかについて論じた。第3章と第4章では、誰を選抜し、海外ポストにつく人材をどう研修するかについて述べた。本章では、海外派遣者の異文化適応を促進する、あるいは阻害する若干の追加的要因について考察する。

第2章において、文化の重要な側面の一つは、共通のルール、価値観、考え方であると指摘したことを思い起こしてほしい。これらのルール、価値観、考え方は世代間に引き継がれ、人々の行動やその他の状況に影響を与える。また、文化に対するこの見方は二つの重要な意味を持つことを指摘した。第一に、文化の最も重要な構成要素は、目に見えるものよりも見えないものだということである。それゆえ、外国文化の最も重要な側面は、認識し理解し適応することが難しい。第二に、新しい文化に浸ることは、慣れ親しみ、確立した慣例が破壊され、自己イメージが脅かされることを意味する。その結果は、通常、自我防衛対策、怒りの感情、フラストレーション、そして不安といった形で現れる。早期帰任は、これらの感情とそれらを引き起こしている状況から逃れる最も安易な手段である。しかしながら、多くの場合、人々は恐怖のためか、決意が固いためか、あるいはその双方の理由により、海外の生活と職務を継続し、適応しようと努力するのである。

異文化適応の過程は、二つの相互に関連する構成要素によって構成されている。第一の構成要素は、精神的な意味におけるメンタル・マップや、交通ルールの教本といった「事前の制御《プレディクティブ・コントロール》」である。[*1] これらのメンタル・マップやルールを通して、人々は特定の状況でどういった行動が期待されているか、どのように現地の人々は反応するか、どのような行動が不適切かなどを予見することができるようになる。派遣者がいろいろな状況で何をするかを予測できれば、外国文化という新しい環境においてどう振る舞うべきかの感触を得ることができるのである。

第二の異文化適応の構成要素は、新しい行動、すなわち、「行動的統制《ビヘイビオラル・コントロール》」の習得ということが含まれる。[*2] たとえば、中国人は、米国人と比較して、より間接的なコミュニケーション・スタイルをとることがわかっているからといって、米国人が、中国人と接するとき、直接的なコミュニケーションからより間接的なコミュニケーションにすぐさま転換できるかというとそうはいかない。一方、中国人が米国に赴任したときその間接的なスタイルをより直接的なスタイルに変えることは同様に困難である。異文化適応の問題は、外国文化の中の新たな因果関係を理解し、また、望んだ通りの結果を引き出し、痛い目に遭わないための行動をマスターすることを含んでいる。

しかしながら、重要なことは、適応とは完全かつ永続的な変革を必ずしも意味しないということである。現地におけるすべての考え方、価値観、行動を全面的に受け入れられなくても、効果的に外国文化に適応することはできる。異文化適応のカギは、自分自身の出身国の文化を否定することなく、赴任した土地の文化に対して感謝と敬意を表明する能力である。国際ビジネス・コミュニティーで最も尊敬される派遣者は二つの文化を理解している人物である。かれらはその土地の言語を話し、現地の文化と海外派遣者のコミュニティー双方によく溶け込み、自国の文化同様に赴任先の文化を理解している。

どのような要因が異文化適応に影響を与えるのか？

異文化適応に関する多くの研究が米国人の海外勤務に焦点を当てている。[*3] しかし、最近では、海外勤務をしている日本人マネジャーや海外ポストについたヨーロッパ人のマネジャーに関する研究もなされている。その結果、われわれが語ろうとしている異文化適応に影響を与える大きな要因は、米国人マネジャーの海外体験に基づいているが、これらの要因は他の国の派遣者にも同様に当てはまることを見ていきたい。

異文化適応の諸次元

研究者が海外派遣者の適応について研究を開始した当初、新しい文化の中で、より目に見える諸側面、たとえば食べ物、交通システム、日常の慣習などに対する適応に焦点を当ててきた。最近の、筆者らの研究チームは異文化適応の三つの関連し、かつ独立した側面を発見した。それらは、仕事への適応、現地の人々と

図表5・1　異文化適応の領域

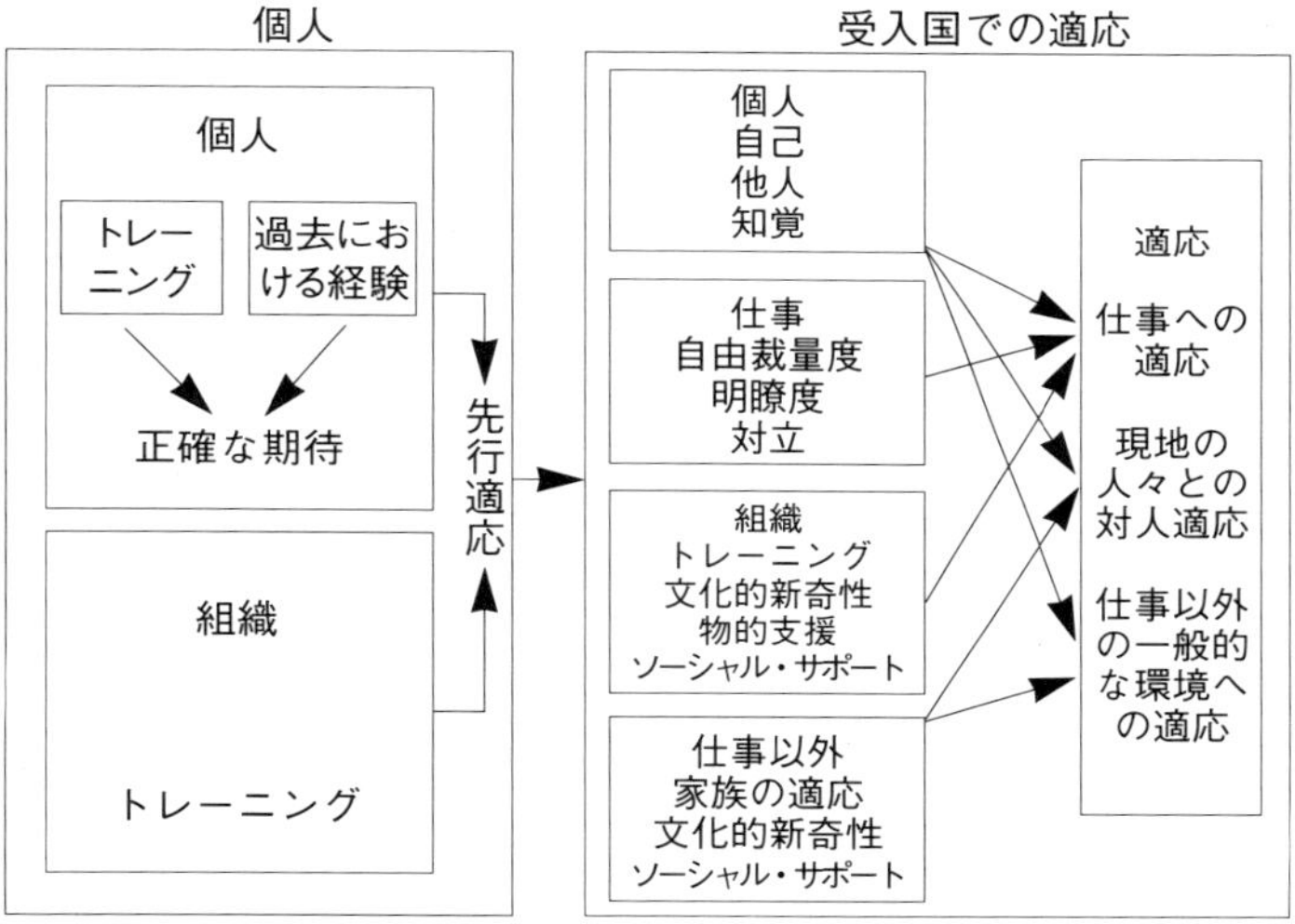

の対人適応、そして仕事以外の一般的な環境への適応である。興味深いことに、この研究は、この三つの次元が外国へ派遣された米国人以外のマネジャーにも当てはまるということを実証的に確認したのである。[*4] これらの三つの次元は図表5・1の右端の囲まれたボックスに示されている。

仕事への適応

一般的に、仕事への適応は海外派遣されるマネジャーにとって三つの適応次元の中で最も容易なものである。なぜなら仕事への適応は、海外でのオペレーションおよび自国内でのオペレーションにおける手続き、方針、仕事に求められる資格条件に関する類似性によって促進されるからである。仕事への適応は、他の適応次元と比較すれば最も易しくはあるが、しかしそれは必ずしも容易なことではない。

自国の文化同様、海外オペレーションの企業文化の特徴は、しばしば本国とは大きく異なり、マネジャーの仕事と責任に影響を与えるのである。その結果、ニューヨークから来たマネジャーは香港において基本的に同じ業務をこなすことを期待されているが、外国におけるオペレーションおよび赴任国の文化の諸要素によって、同等の業績と成功をおさめるためには、程度の差はあるにせよ異なるやり方で仕事を行う必要がある。[*5] たとえば、英国において、システム・エンジニアは導入予定のコンピュータ・プログラムについて、従業員のニーズや望ましい使用方法について聞き取りをすることができるかもしれない。しかし、インドにおいては、従業員は新しいプログラムの使い方を指示してもらいたいだけであり、意見を求められたら困惑するかもしれない。英国人派遣者は、インド人の従業員にかれらがどのようにプログラムを使うのかを聞いたとしても不完全で不確かな情報しか返ってこないことに気づくかもしれない。仕事への適応は、受入国における性別役割分業や差別のあり方、報酬レベル、それに、仕事の促進可能性によっても左右される。[*6]

現地の人々との対人適応

海外派遣マネジャーの国籍にかかわらず、現地の人々との対人適応が三つの適応領域において最も困難な問題である。その理由は主として、メンタル・マップやルールの違いが現地の人々との交流において表出するからである。海外勤務に着任する前の海外派遣経験者と接した時間や、新しい文化に対する関心がこの次元の適応に影響する。[*7]

仕事以外の一般的な環境への適応

この次元は異文化適応の研究者の多くが研究対象としているもので、現地の食事、交通手段、エンターテイメント、健康管理等の諸問題が含まれる。一般的に海外派遣者にとって、現地の人々との対人適応よりも一般的な環境への適応の方が容易であり、仕事への適応に比べると一般的な環境への適応の方がより困難である。[*8] これまでの海外経験、他の派遣者と接した時間、新しい文化への関心の度合いなどが一般環境への適応に影響を与える。[*9]

事例一四：フレッド・ベイレー（Fred Bailey）：理解に苦しむ海外体験

適応の三つの次元を理解するための最も易しい方法の一つは、海外派遣マネジャーの実際の（しかし変形されている）事例を検証することである。フレッド・ベイレーとかれの家族は、ボストンにある米国コンサルティング会社の東京事務所に最近着任した。[*10]

フレッド・ベイレーは、騒々しい東京の中心に位置する皇居の静かな景観を、二四階にある彼のオフィスの窓越しからじっと眺めていた。フレッドが妻と二人の子供と共に、三年任期のクレン・アソシエイツ社（Kline & Associates）東京事務所所長として着任してからまだ半年しか経っていなかった（クレン・アソシエイツ社は、一九か国にオフィスを持つボストンにある大きな多国籍コンサルティング会社である）。

フレッドは、荷物を取りまとめ、東京を去ることを本社へ伝えるべきか、あるいは、何とかして日本にとどまり任務を全うすることを妻（そして自分自身）に説得すべきか、途方に暮れていた。フレッド一家はみんな、当初は日本に行くことに興奮していたのに、事態がこのようなことになろうとは、まったく予想だにしていなかった。この間に起こった様々な出来事を思いながら、特にフラストレーションをつのらせるある出来事を思い出した。

かれが日本に到着して間もない頃、大きな取引となる可能性のある案件について、ある日本の一流多国籍企業の代表者たちとミーティングを持った。それらの会合にはフレッド以外に、新規顧客担当の米国人首席コンサルタントのラルフ・ウエブスター（Ralph Webster）、日本人のシニア・アソシエイト・コンサルタントの一人で、完璧な英語をしゃべる黒川健一が同席した。先方の日本人チームは、四名であった。事業担当副社長、国際人事役員および二名の担当スペシャリストであった。ぎこちない握手とおじぎの後、フレッドは、忙しい日本人ビジネスマンの時間を無駄にしては申し訳ないので、早速、本題に入りたいと述べ、ラルフ・ウエブスターに、そのプロジェクトに関する同社の企画書の概要とコストを説明させた。プレゼンテーションの後、フレッドは、日本人チームに、その提案に対する意見を求めた。日本人チームからは、すぐに反応がなかったので、フレッドは、日本語への通訳が不完全だったのかなと思いながらも、その提案の締めくくりをした。もう一度、フレッドはいくつかの直接的な質問をしたが、日本人チームは、ただあいまいな返答をしただけであった。

その後、五カ月経っても、その企業との契約は締結されないままであった。フレッドは思わず「日本人から直接的な回答は得られないかも」と嘆いた。

フレッドは、プロジェクトがほとんど進捗しないのは、かれとそのグループが、クライアントに対してまだ知識が足らず、クライアントにアピールする提案ができていないと結論づけた。かれは、ラルフ・ウエブスターに電話をかけ、クライアントに関するレポートをつくり、提案書は必要に応じて、見直し変更するよう指示をした。同時に、フレッドとラルフは、有望な若手日本人のリサーチ・アソシエイトの一人である渡辺俊郎がこのレポートを主導する最良の人材と判断した。渡辺にこの仕事の重要性とかれから感じられる潜在能力をクライアントに理解してもらうため、渡辺がクライアントと面談する機会を持たせることにした。そのミーティングで、フレッドはラルフにその仕事の性質と重要性を説明させた。フレッドは、自分の椅子から身を乗り出していった。「この仕事の重要さを理解できるね。われわれは君がそれを立派にやりとげてくれるものと大いに期待しているんだ。来週のこの時間までにレポートが必要なんだ。そうしたら私たちが君のレポートを修正してクライアントに再提出する。やってくれるよね？」

しばらくの間があった後、渡辺は、いいにくそうに応えた。「どうお応えしたらいいかわかりません」。その時フレッドは笑みを浮かべ、椅子から立ちあがり、その若い日本人の同僚の傍まで歩き、手を差し伸べ語った。「さあ、何も言わなくていいよ。私たちは君に合う仕事を提供しているに過ぎないからね」。

レポート提出期限の前日、フレッドはラルフに進捗状況を訊ねてみた。ラルフは渡辺から何も聞いていないので、予定どおり進んでいると思うが、ダブルチェックをしてみると返答した。ラルフは、その後、米国人リサーチ・アソシエイツの一人であるジョン・メイナード（John Maynard）に会った。ラルフは、ジョンが日本語が堪能なので採用され、他の米国人従業員と違い、渡辺を含めた日本人のリサーチ・アソシエイツたちと仕事の後、しょっちゅう一杯飲みに行っていることを知っていた。ラルフはジョンに渡辺のレポートの進み具合を知っているか訊ねてみた。

ジョンは、昨晩オフィスで渡辺が米国人はレポートの期限に遅れた従業員を解雇するかを訊ねてきたことを思い出した。ジョンは、その質問を怪訝に思って、渡辺になぜそのようなことを知りたいのか訊ねてみた。渡辺はすぐには応えなかった。すでにそのとき午後八時三〇分だったので、ジョンは一杯飲みに行こうと渡辺を誘った。最初、渡辺は躊躇したが、ジョンは近くのバーで軽く一杯やって、すぐ帰ろうと説得した。バーで、ジョンは渡辺に問いただした。

渡辺は作成を依頼されているレポートの内容について説明した。たとえ毎晩遅くまでそのレポートに取り組んでも、一週間で完成させることなど不可能であり、はじめからそんなに早く完成させることなどできる訳がないと思っていたと話を続けた。さらに、渡辺より四年先輩にあたる黒川建一が最初はこのプロジェクトに関わっていたはずなのに、渡辺の今回の業務に関して黒川はまったく何も告げられていないとのことだった。

この段階で、ラルフはジョンを問いただした。「一体じゃあなぜ、最初から渡辺はそう言わなかったのか」ラルフはジョンの答えを待とうともせず、一目散に渡辺のデスクへ向かった。

事態はさらに悪化した。ラルフは、渡辺を叱責すると、その足でフレッドのところへ向い、レポートは用意されておらず、渡辺は最初から期限どおり提出できるはずはないと考えていたことを説明した。

「なぜ渡辺は何も言わなかったのか」フレッドは訊ねた。誰もその問いに対する答えを持ち合わせてはいなかった。そしてすべての人間に不信感と不快感だけを残した。

この問題は、異なったコミュニケーション・スタイルと前提によるものである。フレッドの仕事に対する前提は、もしも他人に自分の考え方や意見等を理解させたいのなら、はっきりと明確にいうべきであり、それは聞き手ではなく話し手の責任であるということである。日本においては、コミュニケーションに関する文化的前提はまったく異なるものである。渡辺は、聞き手（この場合はフレッド）は、渡辺の無言の意味を理解する大きな責任があると考えていた。渡辺は、たとえ明示的ではなく暗示的であっても渡辺の懸念をフレッドは理解するであろうと考えていた。レポートを期日に提出できる実現可能性に対して、なぜその場で懸念をはっきり声を出して言わなかったのかと問われたとき、渡辺は「そうしたつもりです」と答えた。それはそのことをはっきり表明することなく懸念を示したという意味であった。よい日本人のマネジャーならこうした暗黙の声には出さない懸念を理解してくれたであろう。実際、そのようにすることが日本人マネジャーの責任であったのである。

フレッドは、日本人の顧客と同僚との交流において自分自身いらいらしていることに気がついた。なぜなら、二つの文化は、コミュニケーションに関してまったく異なる考え方を持っているからである。一般に、米国人は明示的なコミュニケーションを期待し、話し手にその大部分の責任を負わせる。対照的に、日本人は、暗黙のコミュニケーションを尊重し、効果的なコミュニケーションのために話し手と聞き手の双方に責任を負わせる。

ベイレー一家がある日本のリゾートで遭遇した経験は一般的な環境に適応することの潜在的な難しさを物語っている。日本に赴任した数カ月後、ベイレー一家は長い週末の休暇を楽しみにしていた。職場の誰もが、フレッドに東京の北にある有名な温泉に滞在することを勧めた。フレッド、ジェニー（Jenny）、そして子供たちは、そこに到着し、チェックインのためにフロントデスクに向かったそのとき、年老いた日本人の男性（旅館の番頭）が、手振りでジェスチャーを示し、早い日本語で何やらしゃべり始めた。フレッドとジェニーはいったん、立ち止まったが、二人の娘たちはその男性がスリッパを持ってくる前に靴のまま床の上に上がってしまっていた。娘たちがカラフルなスリッパを履いたとたんに、靴はロッカーにしまわれて、ベイレー一家はチェックインを促された。

その後、二人の年長の日本人女性たちは、ベイレー一家をかれらの部屋に案内した。長いホールを歩いた後、その女性たちは、木製ドアの前で立ち止まりドアを開け、ベイレー一家が部屋の中に入るのを待った。ホールのドアを開けると小さな玄関があった。三フィート（約九〇センチメートル）の幅と五フィート（約一五〇センチメートル）の高さくらいであった。その女性たちはスリッパをそこで脱ぐように促した。そこでも、娘たちはすでにドアを開け、スリッパのまま居間に上がっていた。スリッパを脱いだ後、フレッドとジェニーは、大きな空室に仰天した。そこにはベッドも家具もなかったのである。その女性たちは、ベイレー一家に、布団や寝具用マットレス、毛布がしまわれている押し入れを示した。そして日本語でいくつかの説明をした。その女性たちが部屋を去ろうとしたとき、フレッドは彼女たちにチップを渡そうとした。二人の女性は口を手で押さえ、右手を顔の前で振ってみせた。

その後、フレッドは温泉に入ろうとした。かれはロッカールームのある下の階にいき、服を脱いだ。二つのドアがロッカールームから続き、そのドアには日本語で書かれた標識があった。フレッドは右側のドアを開けることに決め、大きな部屋に入った。その部屋の右側には、短い木製の桶と小さなバケツ（洗面器）があり、蛇口の前に一列に並んでいた。蛇口の一つに、日本人の男性が座っており、乱暴に髪の毛を洗っていた。部屋の中央には、スイミングプールのような大きさの大きな湯舟があった。ほぼ同時に湯舟の左側に入っている三人の若い女性がくすくす笑っているのに気がついた。フレッドは、温泉の「混浴」セクションに入ったことに気づき愕然とした。かれはすぐに風呂から出て、衣服を着て、そそくさと部屋に戻った。

遅い晩方になって、フレッドとその家族は、新鮮な魚料理の夕食をとることを決めた。二、三の風変わりな前菜の後、大きな魚が大皿にのって運ばれてきた。魚がベイレー一家の目の前に置かれたとき、フレッドはその魚が動いていることに気がついた。フレッドが近づいてみると、魚は息も絶え絶えになりながら、ゆっくりえらを開けたり閉めたりしているのが見られた。魚の体は、見事に小さな切り身になり、胴体の形に並べられていた。クリスティーン（Christine）は叫んだ。「パパ、この魚は、まだ生きてるよ。切り刻まれて、それでもまだ生きてる」。その瞬間、家族の誰もが食欲を失った。

ベイレー一家は、瞬く間に内臓を取り除かれ、刺し身にされ、えらを動かしていることで新鮮そのものであることを示すという独特の演出を楽しむことができなかったのである。これは、並のリゾート地ではめったに見ることのできない高い技と良いサービスであったのである。

影響要因の分類化

異文化適応における三つの次元を区別している最も重要な理由の一つは、すべての重要な要因が適応の三つの次元に同等に関係しておらず、それどころかまったく関連しないものもあるからである。たとえば、ある要因は、対人適応より、仕事の適応により影響するかもしれないし、あるいは、一般的な仕事以外の適応にはまったく影響しないかもしれない。これらの要因を議論する際、筆者らは、それらを二つのカテゴリー、すなわち出発前の適応に影響する要因と、赴任後に影響する要因とに分類している。これらの二カテゴリーの要因は、図表5・1に二つの別々のボックスによって分類されている。

赴任後の適応に影響する要因は更に四つの別々のカテゴリーに分類される。すなわち、個人、仕事、組織、そして仕事以外の問題に関連した要因である。次のセクションでは、各セクションの分類に対して、研究者が発見した重要な要因について議論し、それらの要因が強い影響を与える傾向のある適応の諸側面について詳述する。図表5・1は、様々な関係を描写している。[*11]

出発前の適応に影響する要因

異文化適応を理解するうえで、最も重要な事前準備の一つは、実際に海外赴任をする以前に適応はすでにはじまっているという認識である。海外派遣者は、たとえ気持ちのうえだけでも、あるいは使命感という意味だけでも実際に海外で勤務することを希望するべきなのである。高いレベルの情熱と意欲を持っている候補者のみが、必要な犠牲を甘受し、赴任国における諸条件を実際理解し受け入れることができる。海外勤務をまったく望んでいない海外派遣者は、派遣に先立つ適応、つまり先行適応をしない可能性が高く、結局は海外での適応が難しい人々である。[*12]

先行適応の過程は、主として心理的な要素が強い。すなわち、人々は、メンタル・マップと規則(先行期待《アンティシパトリ・アジャストメント》)に適応をしはじめるのである。たとえば、個人が日本では車は左側を走行するということを予め知っていれば、実際、日本に旅行する前に、精神的な適応ができる。同様に、スイス人は、他人の家での夕食に招待されたとき、花かチョコレートを持って行くことを知っていれば、招待を受ける以前に精神的な適応が可能となる。一般的には、次の先行適応の三つの側面が実際、赴任国での適応に役立つ。

(1) 事前に大きな精神的適応をする
(2) 新しい文化の重要な側面に対する先行適応の過程に焦点を当てる
(3) 先行適応を洗練させることにより適応を正確なものとする

国内では、将来の仕事と配属に関する現実的な予見と適応への影響に関する重要な調査がなされてきた。[*13]

個人的な要因

二つの特定要因が正確な予測と精神的な適応の形成を促進することが研究結果として明らかにされている。最初の要因は、すでに詳細に述べてきた異文化研修である（特に研修の内容と要求水準に関する問題は、第4章で検討した）。個人は派遣前研修を自分自身でできるし、また、企業を通しても受講できるので、研修は、個人あるいは組織の要因として分類されるであろう。

現地で何が起こるかを正確に予測するのに役立つ第二の個人的な要因は、過去における海外経験である。多くの研究者が推測しているように、外国生活の経験は、他の外国で起こることについて正しい予見を形成するうえで役に立つ。フランスでどのように生活し仕事をするかを学ぶことは、マレーシアにおける同様の知識を学ぶことに応用できると思われる。しかしながら、過去の海外経験は、すべての三つの適応にプラスに関連するが、誰かがある国に住んでいたからといって他の国にも適応できると考えるのは、短絡的すぎることを調査結果は示している。[*14][*15]以前の海外経験は、先行適応へプラスのインパクトを持っている。しかしながら、ある外国での生活や仕事をするうえでの様々な諸側面は、常に他国に当てはまるとはいえず、プラスの影響があろうと考えるくらいが、妥当であろう。

過去の海外経験の影響は、最後の海外経験が比較的最近であればあるほど、また現地国の人々との交流の度合いおよび外国文化への溶け込みが高いほど、強いものとなる。たとえば、赴任先のアフリカで、その赴任が決まる以前に二年間アフリカで生活体験のあるフランス人マネジャーの場合を考えてみよう。かれのアフリカにおける以前の勤務は一五年前のことであった。そのとき、かれはフランス人外交官の家族たちによって占められている地域で生活をしていた。その時かれは、まったくといっていいほど現地の人々や文化と接触する必要がなかった。一方、かれの現在の勤務は、政府機関とかれの派遣元企業とのジョイント・ベンチャーを経営することであり、現地の人々ばかりが住んでいる地域に居住を予定している。このような状況下では、かれの以前の経験は、正確な赴任前予測を形成するのに大した役には**立たない**。そのため、過去の経験は、適応を成功させたり、業績を向上させることにはならない。なぜなら、何年か前の海外の職務経験は、差し迫っている海外勤務を成功させる正確な指針とはならないからである。

組織的要因

研修は、海外赴任前に個人が正確な予測を得るためのより重要な組織的要因の一つである。[*16] しかし、第4章で述べたように、海外出発前の多くのマネジャーは基本的な移動に関する問題で頭が一杯になっている。かれらの多くは派遣先国における過去の駐在経験がなく、赴任直前は、文化的情報に関する深い理解に対するやる気と能力はしばしば理想とはかけ離れている。したがって、赴任前異文化研修は、異文化スキル、適応、および仕事パフォーマンスにプラスの影響を与えるということが研究結果から示唆されてはいるが、現地に深く根ざした異文化研修の（ほとんどではないにせよ）一部は派遣国に着任してから一カ月くらいは行われるべきである。また調査によると、研修とは別に、海外派遣者が企業から補助や援助を受けたかどうかがかれらの適応を予見するうえでプラスの要因となる。[*17] 企業が海外派遣者やその家族のことを心から気遣ったとき、新しい文化に適応できる可能性が格段に高まる。[*18]

到着後の適応に影響を与える要因

このセクションでは、外国勤務に着任した後、適応に影響を与える要因（「到着後または現地国内要因」）について述べてみたい。これらの要因の多くは組織から受ける影響であるが、従業員が海外へ派遣される以前に企業の組織的な計画と企画が必要である（組織が異文化適応を成功裡に促進するためのステップについては、本章の終わりに詳しく述べられている）。

個人的な要因

異文化適応に影響を与える個人的な要因は、第3章で述べられている。それらは、三つの広いカテゴリーで要約できる。[*19]

最初のカテゴリーは「自己志向的因子《セルフ・オリエンティド・ファクター》」である。これらの個人的特性は、自分自身を信じ、外国人や新しい環境を効果的に処理する能力に関する自信である。以前述べたとおり、慣例の変更は、自我や自己イメージに強い打撃を与える。傲慢さや肥大した自己イメージは、異文化適応プロセスの役には立たないが、強い自信がある人々は、誤りに直面しても、自ら犯した誤りを問い、誤りから学び、同じ誤りを繰り返すことはない。[*20] したがって、強固で健全な自己イメージを持っている個人は、たとえ、それらの適応が完璧ではなく、思わしくない結果を生むにしても、自分の行動を適応させようとねばり強く取り組む傾向がある。新しい行動を身につけようとすればするほど、かれらの行動が効果的になるまで善くも悪しくも、フィードバックを受けるため、洗練された行動を身に付けるチャンスが増えるのである。

個人的な要因の第二のカテゴリーは、「他者志向的因子《アザー・オリエンティド・ファクター》」あるいは「関係性因子《リレーショナル・ファクター》」である。これらの特徴は、新しく人々と出会い、交流し、共感できる能力に関連している。現地の人々こそその国でどのようにやっていくかを外国人に教えてくれる最善の情報源であることから、関係を築いていくという志向は、力強いものである。

個人的要因の第三のグループは、「知覚志向的因子《パーセプチュアル・オリエンティド・ファクター》」である。つまり、文化の目に見えない地図とルールを理解する個人的な能力である。この能力において人々は同等ではない。たとえば、ある人々は目に見えない要素を理解できない。別の人々は他者の行動の目に見えない微妙な要素を味わい、そして理解できる。

特定の個人的な要因に関する人間関係の強みに関して数多の研究がなされているが、筆者らの研究では、異文化適応に関する三つの全次元にプラスの影響を与える特徴を測定するためにG-A-P-Sが有効な方法であることを提案する。[*21]

仕事の要因

仕事の要因は、仕事の適応に最も影響を与え、対人関係や一般的な仕事以外の適応に関してほとんど周囲への影響がない。

仕事の適応にもっとも影響を与える仕事の要因は、個人が仕事において持っている自由の程度、つまり、「仕事上の裁量度《ジョブ・ディスクリーション》」である。仕事上の大きな裁量度を持っている人は、何の仕事をするか、いつどのようにするか、誰を巻き込むかを決定するうえで柔軟性を持っている。より多くの裁量度を持っている人は、自分の仕事を組み立てていくことができるので、過去の成功体験やアプローチの仕方をより上手に使い、結果として、仕事の適応と成果が促進される。[*22]

仕事の適応を向上させるのに役立つ別の仕事の要因は、個人に期待されているものが明確か、曖昧か、つまり「仕事の明確性《ジョブ・クラリティ》」の程度である。不明確あるいは曖昧な事柄に対して適応するのは、困難なことである。結果として、仕事の曖昧性は一般的に仕事の適応と成果を妨げ、仕事の明確性は両方によい影響を与える。[*23]

一方、仕事の適応に影響を与える別の仕事の要因は、相反する要求と期待が従業員に課せられる度合いである。これを「役割葛藤《ロール・コンフリクト》」と呼び、これは仕事の曖昧性と混同されるべきではない。仕事が曖昧である場合は、期待されていることが不明確である。役割葛藤の場合、期待されていることは明確であるが、異なった人々が、マネジャーに対して相反する期待を持っている。役割葛藤は、一般的に仕事の適応を阻害する。[*24]

組織的要因

四つの特定の組織的要因が、海外勤務における適応に大きな影響をおよぼす。これらの要因は、対人関係や仕事外の一般的な適応よりむしろ仕事の適応に最も強く関連している。

これらの組織的要因の第一は、着任後の異文化研修である。研修の内容が仕事、現地の人々と効果的な対人適応、一般的な環境に焦点を当てているなら、研修はすべての三つの要因に影響を与える。[*25] 研修は、個人が必要なメンタル・マップを得ることと文化的ルールを理解するために役立ち、外国文化の中で効果的に事業を進めるのに必要な行動やスキルを練習し開発するためにも役に立つ。あまりにも頻繁に、企業は研修を単に情報伝達の手段として使う。文化的ルールを理解することは必要ではあるが、異文化適応や能力を開発する過程においては不十分なステップといえる。また人々は、適切に行動できるようになる必要がある（第4章で述べたように、これらのスキルや行動を開発するためにはより密度の濃い研修が必要となる）。

仕事の適応に影響を与える第二の組織的要因は、外国での事業展開における組織文化が自国とどの程度違うかの度合いである。その違いの度合いが大きければ大きいほど、適応は困難となり、結局、適応のために費やす時間は長くなる。[*26] ある国から別の国へ異動を命じられた派遣者が証言するように、異文化適応に伴い、移動に伴いやらなくてはならないことは膨大であり、とりわけ家族に対する負担は大きい。したがって、適応に影響をおよぼす第三の組織的要因は、組織が移動に伴う支援をどの程度しているかの度合いである。この支援により、企業が、家探し、子供の学校問題といったことに関連する従業員の不確定要素を著しく軽減することができる。この種の仕事以外の支援が充実すると、仕事の適応以上に仕事外の一般的な適応への効果が発揮される。[*27]

第四番目の組織的要因は、海外オペレーションに携わっているメンバーが、新しく赴任してきた人にどの程度、社会的な支援をするかの度合いである。新しい赴任者がコツをつかもうとしている傍らにいる協力的な同僚の存在は、現地の組織でうまくやっていくための情報と精神的なサポートとして有益である。同僚からの支援がより高いレベルで得られる海外派遣者は、そのような支援がない海外派遣者に比べ、役割の曖昧性や役割葛藤が低く、より高い仕事への適応力を持っている。[*28]

仕事以外の要因

海外勤務に派遣されたマネジャーに対する調査は、適応に役立つ三つの他の重要な要因を同様に示している。家族の適応（主として配偶者）を明らかな例外として、これらの要因は、一般的な仕事以外の環境に大きく関連する傾向にある。

最初の仕事以外の要因は配偶者である。研究結果によると、マネジャーの適応とかれらの配偶者の適応には継続的かつ強い関係があることを示している。[*29] 現段階において、従業員の適応とその配偶者の適応にはっきりとした因果関係を定めることは不可能であるが、その関連性は、おそらく間違いなく相互的であり、従業員とその配偶者の適応はお互いにそれぞれに影響を与えているのである。

組織文化の違いと同様に、出身国と赴任国における一般的な仕事以外の違いは、どう適切に振る舞ったらよいのかに関する海外赴任者の不安を増大させ、適応を困難なものにさせている。これらの違いが、仕事の適応以上に現地での交流と仕事以外の適応を妨げている。[*30] これらの違いは、多くの著者によって、**文化的新奇性**、**文化的困難度**、および**文化的距離**として言及されてきた。

文化的新奇性は、二つの理由によって、対人適応と一般的な仕事以外の適応にネガティブな影響を与える。一番目の理由は、二つの文化の違いが大きいほど、人々は新しい文化で何とか生活し仕事をしようとする中で、より多くの誤りを犯してしまうことである。意気消沈した人が誤りを犯せば犯すほど、しばしば現地の人々をトラブルの原因とみなしがちで、防衛的になったり、より敵愾心を燃やしたりするのである。文化的新奇性が適応にネガティブな影響を持っている二番目の理由は、違いが発見され、学習される方法、誤りが認識される方法、あるいは誤ったことに対し謝罪をする方法**さえもまた違うかもしれない**ということである。

たとえば、日米の文化的な違いは、学術的にも一般的にも注目されているところである。業績給制と年功給制、個人による意思決定と集団による意思決定といったビジネス上の違いは、いくつかの人気を博した書籍で論じられてきた。多くの学術的また一般的な報道では、日米の文化的違いは、あまりにも多く、幅広いので、一緒に何かをしようとしたとき衝突は避けられないとしてきた。しかしながら、日本における日本人同士の衝突、米国における米国人同士の衝突だって起こっているのである。日本人と米国人が一緒に働くうえでもし衝突が起こるとするなら、一体何によるものなのか。問題は、日本人と米国人が物事を違った方法で進め、その結果対立が起こるということだけではなく、違った方法で対立を解決することが、すなわち、どちらの側もどのように解決するかについて合意を取り付けていないことが、対立を生むことになる。

異文化適応に関連する、仕事以外の重要な要因の最後は、海外派遣者が職場以外の場で現地の人々からどのくらいソーシャル・サポートを受けるかの度合いである。新任者が異文化適応のコツを掴みつつある中で、そのようなサポートは、その土地の文化でいかにうまくやっていくかという情報と精神的な支援を提供してくれる。[*31]

どんな要因が配偶者の異文化適応に影響を与えるか

従業員について知られていることと比較すると、その配偶者の異文化適応へ影響をおよぼす特定の要因についてはほとんど知られていない。にもかかわらず、組織と仕事という枠の中に組み込まれている派遣者と異なり、一般的に配偶者は、一人取り残されて、新しい環境と文化の中でどうやって生存し、どうやって成功したらよいかもがき、しばしば孤独感を味わう。しかし、一般的には、ソーシャル・サポートを受けるうえで配偶者がいる方がいないよりも有利である場合が多いようである。一方、配偶者がうまく適応できないことが、海外派遣者が早期に海外勤務を切り上げる最大の原因の一つとなっている。[*32]

筆者らは、配偶者の異文化適応に関する多くの要因とその影響を体系的に検証する調査を実施した。[*33] その結果マネジャーは、しばしば海外勤務による将来のキャリア・アップに興奮を覚えるが、その配偶者はおそらくそうではないことを見出した。配偶者にとって、海外への異動は、単に、かれらのキャリアあるいは長期にわたり築いた社会的関係の中断を意味するだけかもしれないのである。驚くまでもなく、配偶者が海外への転勤を賛成すればするほど、かれら（彼女ら）は赴任予定の国、およびその文化を学ぶようになるのである。一方、この自発的な派遣前研修は、配偶者の現地における対人適応にポジティブな関係が見られた。更に、派遣前に企業の人材開発専門家から面接を受けた配偶者は、最高レベルの適応を示した。この相関性は、（派遣予定の）配偶者が自分の夫（あるいは妻）から受けたもの以上に、企業との面接において海外勤務と派遣される国に関して、より徹底した説明を受けたという事実によるのかもしれない。

異文化への異動が自我に対しバッシング（あるいは少なくとも傷つける）効果があるとするなら、配偶者がソーシャル・サポートを受けているかどうかがかれらの異文化適応において重要な要因になるであろう。筆者らの研究では、家族の支援と現地の人々からの支援が、配偶者の現地での対人適応の役に立つことが明らかになった。現地の人々からの支援はとりわけ役に立つ。なぜなら、かれらは、文化に関する情報を与えてくれて、配偶者が現地でどうすれば、どうやり方を変えればその文化でよりうまくできるかのフィードバックをしてくれるからである。

また、調査の結果、配偶者の仕事外の一般的な適応に大きく関連する他の二つの要因が明らかになった。一つは、文化新奇性である。派遣者と同様に、出身国と赴任した国の文化的違いが大きければ大きいほど、配偶者が一般的な環境に適応することがより困難になるということである。

二番目の要因は、配偶者自身の状況に関する要因である。海外へ転勤になる前、フルタイムで仕事をしていた多くの配偶者でさえ、海外勤務中は仕事をしないのである。[*34] その結果、多くの配偶者は、四六時中、家庭内の家事のこまごました雑事をすることになる。出身国より同等またはよい生活環境が、配偶者の一般的な適応にプラスになることは、おそらく驚くほどのことではないであろう。

成功する適応のチャンスを最大化する

人材の海外異動に対して責任のある企業幹部にとっての重要な質問は、どんなステップが海外赴任の成功を最大化し、失敗を最小化するかというものである。この質問はとりわけ重要である。なぜなら、異文化適応に影響するいくつかの要因（たとえば、誰のコントロール下でもない組織もしくは文化の新奇性の度合い）は、上級管理者のコントロール範囲外だからである。それでは、どんな効果的なステップがとられるのか。図表5・2はこれらの行動をまとめたものである。

図表5・2　成功する適応のための効果的なステップ

活動分類	活動
選抜	●標準モデルを通して従業員と配偶者の双方に自らの異文化適応に関する長所と短所をフィードバックする ●配偶者に，海外赴任に対するモチベーションの高さを探るためのインタビューを実施する ●海外赴任が本国と大きく異なる文化，出身国から遠く離れた場所，生活環境が本国より厳しい場所である場合，海外派遣者およびその配偶者を選出するうえでことのほか注意を払う
研修	●コミュニケーション，仕事，文化的に厳しい環境のレベルに応じて，より密度の濃い研修を提供する ●可能であるならいつでも，派遣前・赴任後の双方の研修を提供する。赴任後研修は，より複雑な文化的側面に焦点をあてる ●全研修を従業員および配偶者双方に対して実施する
職務設計	●可能な範囲まで，派遣者に仕事をするうえで相応の裁量権と自由を与える ●可能な範囲まで，仕事に対する期待，責任，目的を明確にする ●可能なときはいつでも海外派遣者と現職者との任期をダブらせる ●仕事，目的，業績成果の基準に関する相反する期待については，理解し，調整する
物的支援	●一流の物的支援を提供することで，従業員と配偶者の双方が効果的に海外で生活し仕事をするというチャレンジングで重要な側面に焦点を当てることができる ●物的支援プログラムをモニターし，外部の納入業者について派遣者にフィードバックを与えること
社会的支援	●可能な範囲まで，現地従業員に新しい海外派遣者とその家族を支援するよう奨励する ●人々との出会い，社会的な支援ネットワークを築くための機会をつくる様々な社会的，地域的，信条的団体に関するわかりやすい情報を提供する

人選

第3章では、いかに企業は海外勤務者を効果的に選抜できるかを詳しく述べてきたが、三つのポイントを強調することができる。第一に、標準化された方法を通して、赴任者とその配偶者に対してかれらの異文化適応に関する長所と短所についてフィードバックをすることである。自らの長所と短所を知ることは、派遣者とその配偶者が、企業によって提供される、また自分自身で行う準備プログラムの有効性を最大化するのに役立つといえる。加えて、フィードバックは、それらの教育および準備の努力に対する重要な触媒であり、動機づけとなる。第二に、全員とは言わないまでも、ほとんどの海外派遣者が既婚者である。配偶者の意見が、自発的な派遣前研修と赴任国における適応に大きな影響を与えるのである。しかしながら、ほんの三〇％程度の米国企業しか海外赴任に対する配偶者の考えや疑問を聞き出す機会を提供していない。[*35] 派遣者候補と配偶者は、海外勤務を同等には受け入れてはいないであろう。したがって、配偶者の意向についてその夫（あるいは妻）からの報告に頼っているのは賢明なやり方とはいえない。第三に、経営幹部は、海外派遣者が赴任先で体験する組織および文化の新奇性の程度を統制することはできないにせよ、海外派遣者を選定するプロセスにそれを組み入れるよう考慮することはできる。文化的新奇性が高ければ高いほど、人選にはより慎重であることが必要といえる。

研修

研修については、第4章および本章において、詳しく述べてきたが、コミュニケーション、仕事、文化的頑強さのレベルが高まるにつれて、より密度の濃い研修が提供されるべきである。実現可能ならいつでも、派遣前および赴任後の研修が必要である。どちらも可能であるならば、派遣前研修では、新しい国の日常生活の側面について焦点を当てるべきであり、赴任後研修では、文化のより複雑な側面に焦点を当てるべきである。もし、派遣前研修のみ提供されるのであるなら、日常生活と文化の両方について取り組むべきである。最後に、どのような研修が提供されようと、それは派遣者本人とその配偶者の両方が対象となるべきである。多くの研修機関が現在、子供たちにとって素晴らしいプログラムを持っており、これらは、可能ならいつでも受講できるにこしたことはない。

職務設計

調査結果から、仕事上の裁量権や明確性があるほど、また、役割葛藤が少ないほど仕事への適応は促進される。仕事の裁量権を与え、役割に対する期待を明確にし、そして相反する要求を取り除くことが、上級役員が海外派遣を計画する際、考慮すべき簡単な三つのステップのように思われる。しかし、このことを実行することは、現実的には極めて複雑である。

役割の明確化の問題について考えてみたい。役割を明確にするうえで、簡単であるがあまり利用されない技法の一つは、仕事を一緒にする機会をつくることである。すなわち、新しい海外派遣者と現職のスタッフが数日間あるいは数週間、海外派遣者の新しい仕事を一緒にする機会をつくることである。この期間に、現職者は、新しく赴任してきた人を教育する。仕事がより複雑で新しい赴任者の経験が浅いほど、仕事を一緒にする期間を長くすべきである。論理的には、現職者はその仕事のすべての点を明確に説明できるはずである。インタビュー調査の結果、何人かの海外赴任者は、このやり方が適応と効率性を促進するうえで比較的コストが低く済む手段であると言及していた。日本、韓国、シンガポール、サウジアラビアといった国における米国人派遣者は、前任者と一緒にいる時間が、顧客、供給者、ビジネス・パートナー、政府の役人にきちんと紹介してもらうために必要であると一様に述べている。

上級役員はまた、役割葛藤を減らすことによって海外勤務のROI（投資利益率）を高めることができる。海外派遣者にとっての役割葛藤の主要な原因は、親会社と現地子会社との間の異なる期待である。興味深いことに、仕事を明確にすることへの努力とは、以前から隠されていた役割葛藤を明らかにすることである。したがって、企業は仕事を明確にすることと、役割葛藤を減らすことを同時に満たす必要がある。これを実行するためには、親会社と海外の現地子会社が海外赴任マネジャーに何を期待しているのかについての明確な理解が必要であり、その結果、海外派遣者はその期待に沿って仕事をすることになる。

たとえ企業が最善の努力をしても役割の曖昧さと葛藤は取り除けないかもしれない。おそらくこのことは、仕事の裁量権が仕事への適応に影響を与える唯一最強の要因となる原因である。たとえ仕事の曖昧さや役割葛藤が存在しても、どんな仕事をするのか、どうするのか、いつするのか、誰に託すべきなのかを決定する適度の妥当な自由裁量権があれば、曖昧さや葛藤を効果的に扱うための海外派遣マネジャーの能力は促進される。したがって、これらすべての問題を解決するための一つの方法は、単に、海外赴任マネジャーに多くの裁量権と自由を与えることである。残念ながら、このことはそれほど容易ではない。明確な目的なしにあまりにも多くの裁量権を与えると、マネジャーは親会社の利益にならないか、現地の利益にならないか、あるいはどちらの利益にもならない目標を選択しかねない。それゆえに、企業は派遣者がおこなう仕事に関するすべての三つの要素を同時に配慮しなくてはならない。

仕事の明確化、役割葛藤、仕事の裁量権が仕事の適応に重要ではあることは調査から明らかであるが、海外派遣者の仕事のこれらの側面を操作の対象としてではなく、広範な方策や戦略的過程の結果として考えるのが最良であろう。企業が、海外派遣者の仕事において重要で長期に渡り効果的な変革をしたいならば、次のような問題を注意深く検証することで達成できる。

一・なぜこの特定の海外派遣者がこの特定のポストに送られたのか（その仕事を実行するだけの能力のある人材が現地では調達できないためか。海外派遣者に必要な成長のための経験を積ますためか）。

二・仕事における成功の基準は、どう測られるのか。この特定のポジションに実際望まれる人材とは誰か。

三・親会社と海外子会社の目的や目標は整合的であるか。海外子会社と個人が働いている特定の部署の目的や目標は整合的であるか。

四・親会社と海外子会社間での調整と統制はどの程度必要なのか。海外の事業単位にどの程度の由と自律性が付与されてしかるべきか。仕事の裁量権と、調整ニーズは、整合的であるか。

これらの戦略的問題を評価しないならば、企業は、全体的な戦略と親会社・海外子会社間の関係の双方に対して機能しないやり方で、期待を調整するかもしれない。たとえば企業は、親会社と海外子会社間の根深く深刻な期待のズレを単に広げることになるように、派遣者と現職者が一緒に仕事をする時間を与えているかもしれないし、より多くの調整と統制が必要であるとき、企業は海外派遣マネジャーに多くの自由裁量権を与えすぎているかもしれない。幅広い競争戦略なしに単独で行われた適応は、短期的にはよい結果をもたらすかもしれないが、長期的には最悪の結果をもたらしかねない。対照的に、幅広い競争ビジネス戦略と脈絡でもって事業を分析していくなら、海外派遣マネジャーの仕事への適切な適応に関する理解は深まり、職場における適応を成功させる可能性を高めることになる。

物的支援

多くの企業が物的支援をよくやっていると自ら思うほど、派遣者やその家族の評価は寛大ではない。肝に銘じておくべきことは、優れた物的支援とは、一般的にいってお金を十分かけてあげることであり、そのことで派遣者や配偶者が他の適応に向かって集中しやすくなるからである。集中の方向は、仕事、および現地の人々との交流といったもので、もしもそれがうまくいかない場合は、より大きなマイナスの影響をおよぼす一方、うまくいったときは大きなプラスを与える。

社会的サポート

社会的支援は、派遣者とその配偶者の異文化適応を促進することが一貫して実証されている。対人適応に関する現地の人々からの社会的支援に関しては、特に顕著であることが明らかである。企業は、とりわけ従業員とその家族がどのくらい支援を受けるのかを直接統制できる訳ではないが、援助を受ける可能性を高めることはできる。いくつかの企業では、現地の従業員や家族によって、海外派遣者やその家族がうまく現地に溶け込めるようサポートするプログラムを実施している。一般的にこのサポートは、住居、学校、買い物といった物的問題に焦点を当てている。友情は強要できるものではないが、いくつかの企業では明確に派遣家族（とりわけ配偶者）が社会的、文化的活動に参加することを手助けすることを奨励している。他の企業は、派遣者とその家族に対し、より間接的な働きかけしかしない。それらの企業は、海外派遣マネジャーと家族が参加できる現地の社会的、文化的活動とグループ活動に関する情報をただ洪水のように与えているに過ぎない。

まとめ

本章と第2章は、文化の定義、適応の過程、そして人材を世界中へ成功裡に移動させることの複雑さを理解するための最初の枠組みに関する一連の要因について概説した。筆者らは、目には見えない文化の側面と適応の過程で見え隠れする要因とを理解し、またそれらに適応することの難しさと重要性を強調してきた。組織的あるいは文化的新奇性といった要因は、企業の直接的統制下にはないが、企業の統制下にある決定（たとえば採用や研修）では少なくとも一要素として組み入れられることになる。第6章、第7章、第8章は、海外派遣者のコミットメント、業績、および赴任中の手当てや報酬に焦点を当てている。海外勤務の諸側面は別々に述べられているが、これらの諸問題は、相互関連性が非常に強い。人々を海外勤務に派遣し大きな成功を収めている企業は、これらの諸問題すべてを効果的に取り扱っているといえる。

注

1 Belle and Staw, “People as Sculptors Versus People as Sculpture: The Roles of Personality and Personal Control in Organizations”; Greenberger and Strasser, “Development and Application of a Model of Personal Control in Organizations.”

2 Belle and Staw, “People as Sculptors.”

3 Aycan, “Expatriate Management: Theory & Research”, Black, Mendenhall, and Oddou, “Toward a Comprehensive Model of International Adjustment: An Integration of Multiple Theoretical Perspectives”; Osland, “The Adventure of Working Abroad.”

4 Black, “Work Role Transitions: A Study of American Expatriate Managers in Japan”; Black, “Factors Related to the Adjustment of Japanese Expatriate Managers in America”, Black and Gregersen, “Antecedents to Cross-Cultural Adjustment for Expatriates in Pacific Rim Assignment.”

5 Black and Porter, “Managerial Behaviors and Job Performance: A Successful Manager in Los Angels May Not Succeed in Hong Kong”; House, Wright, and Aditya, “Cross-Cultural Research on Organizational Leadership: A Critical Analysis and a Proposed Theory.”

6 Aycan, *Expatriate Management*: Theory and Research; Parker and McEvoy, “Initial Examination of a Model of Intercultural Adjustment.”

7 Parker and McEvoy, “Initial Examination of a Model of Intercultural Adjustment”; Stroh, Dennis, and Cramer, “Predictors of Expatriate Adjustment.”

8 Black, “Factors Related to the Adjustment of Japanese Expatriate Managers”; Black and Gregersen, “Antecedents to Cross-Cultural Adjustment.”

9 Aycan, "Acculturation of Expatriate Managers: A Process Model of Adjustment and Performance", Parker and McEvoy "Initial Examination of a Model of Intercultural Adjustment."

10 Black, "Fred Bailey: An Innocent Abroad."

11 Black, Mendenhall, and Oddou "Toward a Comprehensive Model of International Adjustment."

12 Brett and Stroh, "Willingness to Relocate Internationally"; Osland, "Working Abroad: A Hero's Adventure."

13 Wanous, *Organizational Entry*.

14 Osland, "Working Abroad: A Hero's Adventure."

15 Black, "Work Role Transitions", Black and Gregersen, "Antecedents to Cross-Cultural Adjustment"; Brett and Stroh, "Willingness to Relocate Internationally."

16 Aycan, "Acculturation of Expatriate Managers: A Process Model of Adjustment and Performance"; Black and Mendenhall, "Cross-Cultural Training Effectiveness: A Review and Theoretical Framework for Future Research"; Chao and Sun, "Training Needs For Expatriate Adjustment in the People's Republic China."

17 Osland, "Working Abroad: A Hero's Adventure."

18 Stroh, Dennis, and Cramer, "Predictors of Expatriate Adjustment"; Stroh, "The Family's Role in International Assignment."

19 Mendenhall and Oddou, "The Dimensions of Expatriate Acculturation: A Review."

20 Aycan, "Acculturation of Expatriate Managers: A Process Model of Adjustment and Performance"; Bandura, *Social Learning Theory*; Graen, Hui, Wakabayashi, and Wang "Cross-Cultural Research Alliances in Organizational Research: Cross-Cultural Partnership-Making in Action."

21 Aycan, *Expatriate Management: Theory and Practice*; Black, "Personal Dimensions and Work Role Transitions: A Study

of Japanese Expatriate Managers in America"; O'Hara-Devereaux and Johansen, *Global Work: Bridging Distance, Culture & Time*; Earley and Erez, *New Perspectives on International Industrial/Organizational Psychology*.

22 Black, "Work Role Transitions"; Black and Gregersen, "Antecedents to Cross-Cultural Adjustment"; Black, "Factors Related to the Adjustment of Japanese Expatriate Managers."

23 Ibid.

24 Black, "Work Role Transitions"; Black and Gregersen, "Antecedents to Cross-Cultural Adjustment"; Stroh, Dennis, and Cramer, "Predictors of Expatriate Adjustment."

25 Black and Mendenhall, "Cross-Cultural Training Effectiveness."

26 Black, Mendenhall, and Oddou, "Toward a Comprehensive Model of International Adjustment"; Chao and Sun, "Training Needs for Expatriate Adjustment in the People's Republic of China", Stroh, Dennis, and Cramer, "Predictors of Expatriate Adjustment."

27 Black, Mendenhall, and Oddou, "Toward a Comprehensive Model of International Adjustment."

28 Black, "Locus of Control, Social Support, Stress, and Adjustment to International Transfers."

29 Black and Gregersen, "The Other Half of the Picture: Antecedents of Spouse Cross-Cultural Adjustment"; Black and Stephens, "Expatriate Adjustment and Intent to Stay in Pacific Rim Overseas Assignment"; Pellico and Stroh, "Spousal Assistance Programs"; Brett and Stroh, "Willingness to Relocate Internationally"; Arthur & Bennett, "The International Assignee: The relative importance of factors perceived to contribute to success."

30 Black, "Work Role Transitions"; Black and Gregersen, "Antecedents to Cross-Cultural Adjustment"; Black and Stephens, "Expatriate Adjustment."

31 Black, "Locus of Control."

32 Aycan, "Acculturation of Expatriate Managers"; Feldman and Thompson, "Expatriation, Repatriation, and Domestic

Geographical Relocation: An Empirical Investigation of Adjustment to New Job Assignments"; Pellico and Stroh, "Spousal Assistance Programs."

33 Black and Gregersen, "The Other Half of the Picture."

34 Stephens and Black, "The Impact of the Spouse's Career Orientation on Managers During International Transfers."

35 Black and Gregersen, "The Other Half of the Picture"; Pellico and Stroh, "Spousal Assistance Programs"; Brett and Stroh, "Willingness to Relocate Internationally."

第6章　統合：二重帰属のバランス

毎年、世界中で何十万というマネジャーが、親会社への忠誠心と海外事業所への忠誠心との間で板ばさみになる経験をする。この緊張状態を理解するために、次のような状況を考えてみよう。

消費者向製品を扱う多国籍企業に勤めるあるオランダ人マネジャーは、ブランド・イメージの世界戦略の一環として派遣先の国（開発途上にある大国）に自社製品を導入したいと考えている親会社に直面する一方で、派遣先の政府からは商品を単に店に並べるだけではなく、ハイテク技術の移転が望まれている。市場調査の結果では、地元の消費者は中核製品の一部には関心を持っているもののすべてにではなく、また、関心を持っている製品の中には現在親会社が中核製品と位置付けていないものがある。親会社では、参加型意思決定を奨励する経営哲学と制度があるが、地元の従業員たちはマネジャーがすべてを判断して部下にそのような負担をかけないことを当てにしている。

二君に仕える状況に直面した派遣マネジャーの中には、過度の忠誠心をいずれか一方に向けてしまい、自分自身と組織双方に深刻な犠牲と結果を引き起こす者も多い。もし派遣者が現地事業所へのコミットメントに偏ると、本社によるかれらとの調整が困難になる。あるホンダの専務が語ったところによると、新型ホンダ・アコードの世界戦略を調整しようとした際、何人かのマネジャーの中に勤務先国の現地の状態にあまりにも傾注し過ぎたため、「看過できない」コストが生じたということである。他方で、親会社へのコミットメントに偏る派遣者は、本社の方針や手続きを不適切に実施し、現地で相当の抵抗や遅延を経験する。今日の多国籍企業に必要なマネジャーとは、親会社と海外事業所の双方に対する忠誠心が強く、双方の組織の要求や目的の統合に心がけ、統合できる者であるといえる。

残念なことに、海外勤務中の二重帰属に伴う問題についての調査はほとんど行われてこなかった。この問題に取り組んだ数少ない研究のうちの一つは、本書の二人の執筆者によって最近行われたものであり、八か国に滞在する三〇〇名以上のマネジャーが対象となった。[*1] その中で喜ばしく思われる点は、国際マネジャーの二重帰属をさらに効果的に管理していく上で重要な役割を果たす要因や、基本となる力学、企業にできる対策について、よく理解できるようになったことである。残念な点は、派遣マネジャーのうち、二重帰属の程度が高い者は稀であるらしいということである。

本章では、派遣者の二重帰属に関し、その類型、原因、影響について述べる。まず、コミットメントの四つの一般的類型、すなわち忠誠心について見ることにしよう。派遣マネジャーは、忠誠心の四つの類型のうちのいずれかに分類される。親会社へのあるいは現地事業所へのコミットメントに偏る者、両組織へのコミットメントが高い者と低い者の四類型である。この四つの基本類型を図表6・1に示している。

しかし、二重帰属の類型よりもはるかに重要なのは、類型形成の要因であり、類型ごとの組織および個人

図表6・1　忠誠心のパターン

海外事業所への忠誠心 ＼ 現会社への忠誠心	低	高
低	フリー・エージェント型派遣者	本社志向型派遣者
高	現地志向型派遣者	二重帰属市民型派遣者

への影響である。本章では、原因と影響について図表6・1のマトリックスの各セルと関連づけて述べ、数多くのインタビューと調査（マネジャーのほとんどが氏名と会社名を伏すよう求めた）を通じてもたらされた実例をもとに説明する。さらに、派遣者の二重帰属の管理をより効果的に行うため、現在、企業が行っていること、および将来企業に何ができるかについて吟味する。

▼フリー・エージェント型派遣者▲

ポール・ジャクソン（Paul Jackson）は、米国西岸のある大手銀行の日本子会社副社長兼総支配人だった。これは、かれが修士号を収得してからの一〇年間で四度目の職であり会社であった。ポールは学部時代、アジア研究を専攻していた。大学卒業時には中国語の読み書きにかなり精通していた。学部当時、二年間日本に留学したこともある。その時に、日本語を話し聞く能力はプロフェッショナルのレベル近くに達した。大学院卒業の後、米国東海岸の大手銀行に就職した。その二年後、三年間の香港勤務を命じられた。

ポールとその家族が受けた報酬パッケージによって、香港での生活は快適であったが、ポールは親会社にも香港の現地事業所にも忠誠心をほとんど感じていなかった。ポールは自分のキャリアをまず第一に考えていた。進取の意欲が盛んだったため、銀行はかなりの時間と金額をかれの語学や技術のトレーニングに投資していた。かれはよく働いたが、常によりよい就職口やより高い報酬に目を光らせていた。香港に勤務して二年後、別の会社にいい職を見つけ、転職した。そこに勤務して四年後、今とは別の米国銀行の台湾事業所に就職した。さらに四年後、現在の日本の仕事に就いた。

自分の職歴を語ったインタビューで、ポールは次のように述べている。「どちらの組織に私が忠誠心を持っているかというあなたの質問の意図が実はよくわかりません。私は職務を果たしていますし、しかもうまくやっています。チームが必要とし欲している役割を果たしています。私は野球でのフリー・エージェントとか昔の西部の雇われ用心棒のようなものです。もし報酬と仕事が十分によければ参ります。『当方海外経験豊か、旅します』といったところですね」。

雇われ用心棒型のフリー・エージェント

ポールは、私たちが見つけた環太平洋地域の雇われ用心棒型フリー・エージェントのネットワークに属していた。このネットワークは約一〇人のマネジャーによって構成され、すべて（現地人としてではなく）派遣者として雇われ、二か国語あるいは三か国語を話し、プロフェッショナル・キャリアの半分以上を極東地域（日本、中国、香港、台湾、シンガポール、韓国、マレーシア、およびインドネシア）で過ごしていた。これらのフリー・エージェントたちは、経験のある派遣マネジャーを極東地域の事業所に採用したいと考えているいろいろな企業の情報を伝え合い、互いに助け合っていた。

このタイプの派遣者たちは親会社現地事業所に対して低いコミットメント・レベルに留まっていた。これらのフリー・エージェントは自分のキャリアに最大のコミットメントを保持している。このアプローチが自分の長期的なキャリアにどう影響するかを尋ねられると、これらの派遣者のほとんどは、自分たちが「帰国して」出世の階段を上るのはどのような企業にせよ難しいだろうと答えた。しかしこの状況が不利だとは考えていなかった。というのも、いくつかの理由から帰国を希望しないと答えた派遣者がほとんどだからだ。第一に、自分たちの子供が私立学校と生活一般双方から受けている経験は、本国にいるよりもはるかに優れていると感じていた。第二に、もし帰国して派遣者パッケージによる特別報酬を手放すことになれば金銭的な損失になるだろうということだった。第三に、帰国しても海外で保持していた地位、自由、重要さを伴う職を与えられないだろうと確信していた。多くのこれら雇われ用心棒たちは、自らの生活やフリー・エージェントとしての海外でのキャリアに満足しているようであった。

企業はこのような派遣者に対し相反した見方をしている。一方では、これら雇われ用心棒が特別な報酬パッケージを受けてはいても、本国から派遣者を送るよりも企業の出費は幾分少なくて済むことが多い。加えてこれらの派遣者は、グローバルな環境で成功できることを実績で示しており、また、企業内部のマネジャーや経営幹部にはないであろう専門的な能力（たとえば語学など）がある。このことは米国企業にとっては特に重要であろう。たとえば、ケンタッキーフライドチキンが中国に最初のレストランを設立したとき、北京語を話す従業員は三人しかおらず、しかも新規事業を先導するのに必要なビジネス経験といえるほどの経験のある者はその中に一人しかいなかった。

他方で、フリー・エージェント型の派遣者は、ほとんど何の予告もなしに離職することが多い。後任を見つけることは費用がかさみしかも困難で、親会社と現地事業所双方にマイナスの影響が出ることもある。時として、自分自身のキャリアを重視するあまり、短期的なキャリア目標のために、長期的観点からは現地事業所や本社にとって最善でない行動をとることもある。進んで帰任しようとする者はほとんどいないので、かれらの一般的な海外経験や地域に関する特定の知識を企業がグローバル戦略を立てていく過程に統合することはほとんど不可能に近い。

キャリアが高止まりしたフリー・エージェント

親会社にも海外事業所に対してもコミットメントが低い派遣者には別のタイプがあることもわかった。このタイプは、国際的な専門家ではなく本国の従業員である場合が多い。このタイプの人間は、一般的に海外勤務の前から親会社に対するコミットメントがなく、現地事業所に対しても勤務中にコミットメントを発展させることがない。親会社に対するコミットメントの欠如は、本人のキャリアが海外勤務以前に「高止まり」した事実に起因することが多い。こういうマネジャーがグローバル勤務を受ける理由は、本社での行き場がなく、グローバルな任期が状況を変えるのではないかという期待、あるいは単に提示された金銭的なパッケージに魅力を感じたことによる。残念ながら、派遣以前に本社に対してのコミットメントを低くしたのと同じ要因により、現地事業所に対しても勤務中のコミットメントが低いという結果になる。このようなマネジャーを「キャリアが高止まりしたフリー・エージェント」と名付けた。

このタイプの派遣者が生まれる要因はいくつかある。企業が海外勤務の候補者を自選に委ねれば、高止まりしたマネジャーが自薦をする機会を与えてしまう。ある派遣者が次のようにいう通りである。「ノース・カロライナでの仕事では先がないし、海外勤務を狙ってみるのもいいだろう、ジャカルタでは中間管理職でさえもハイ・スタンダードな生活をしていると聞いていたので、特にそう考えました」。この引用が示すように、海外勤務に出ることを望む者の中には、適切な動機や個人的性格を持っていない者がいる。不適格な人物が自選や自薦をする危険は、企業が標準化した手段によって自己評価のフィードバックを与えない限り増加する。もし厳格でない選抜過程がグローバル事業に対する企業内での比較的低い評価と組み合わさると、高止まりしたマネジャーが海外勤務に応募する可能性が高まる。同時に、有望なマネジャーが応募する可能性は低くなる。[*2] 有望なマネジャーは、グローバル事業が低い評価を受けている故に、海外が自分たちの出世の場所でないことを知っているからである。派遣前異文化トレーニングがないことも、親会社や現地事業所への低いコミットメントをさらに助長する。**四〇%から五〇%の米国人派遣者が派遣前異文化トレーニングを受けておらず**、米国企業はこの要因の影響を特に受けやすいだろう。その結果として、「会社が私のことを気にかけないのだから、私が会社を気にかけなければならない理由はない」という態度になる。トレーニングの欠如は、派遣者が外国文化や人々を理解することを妨げ、現地事業所へのコミットメントによくない効果をおよぼす。

雇われ用心棒型のフリー・エージェントとは異なり、キャリアが高止まりしたフリー・エージェントの多くが海外勤務において不満であった。コミットメントが低いので、現地の事業所や文化に適応する努力をほとんどしないことが多い。はなはだしい場合には、この努力と適応の欠如が勤務挫折につながり、損失も付随する。一般的に、海外勤務の挫折は昇進を促進するものではなく、本人のアイデンティティや自尊心を深く傷つける。企業にとっても甚大な損害になる。問題の従業員と家族を帰国させ後任を派遣するための一〇万ドル以外に、派遣者の海外における適応不足や成果不足によって、顧客や供給業者との関係を損ねるという損害も被る。引継ぎの際によく起こるリーダーシップのギャップも内部的、外部的な関係を損ね、挫折した海外勤務によって、国際ポストがキャリアにとって死の接吻であるという噂が生まれることになりかねない。

仮にこのコミットメントの二重欠如が、勤務挫折という結果に至らないにしても、個人にも企業にも高くつくことがある。国際的航空機メーカ大手に勤める台湾駐在のマネジャーとのインタビューは、もっと不思議かつ重要な、個人および組織にとっての損失のいくつかを明らかにした。ボブ・ブラウン（Bob Brown）はキャリアが高止まりしたマネジャーの典型で、三年前に海外に派遣された。ボブは台湾に住むことを嬉しいとは思ってはおらず、家族も同様だった。妻も娘も繰返し帰国を求めた。ボブは帰国しても自分には実際のところ仕事がないことを指摘した。娘は台湾での生活にひどく打ちひしがれるようになり、学校での成績が極度に悪くなった。このことや他の重圧によって、ボブと妻との関係にひびが入った。ボブはこの状況を、家庭生活は修羅場で、仕事は給料のためだけ、と要約した。もしかすると親会社や現地事業所はボブから給料に見合うものを得ているのかもしれないし、もしかすると企業は、ドルに見合うもの、円に見合うもの、ポンドに見合う利潤をボブのようなタイプの派遣者から得ていないとも限らないが、疑わしい。

▶現地志向型《ゴー・ネイティブ》派遣者◀

別の忠誠心の類型は、現地事業所に対し強い忠誠心をもちながら、親会社に対しての忠誠心は弱い派遣マネジャーに見出される。現地事業はその国や文化、言語、商慣習、価値観の中に組み込まれているので、この型の派遣者はより広い文化的コンテクスト（脈絡）に強い共感や愛着を形成することが多い。その結果、これらの派遣者は「現地指向型」と称されることが多い。

ゲーリー・オグデン（Gary Ogden）は、コンピュータ関連の大企業に一五年間勤めていて、パリは三度目のグローバル勤務であった。フランスの計測器部門担当地域マネジャーとして、一八カ月そこに住んでいた。親会社に一五年勤務したうちの半分近くを海外で過ごした。これが家族そろっての三回目の海外勤務であったので、ゲーリーや妻、三人の娘たちが落ち着くまでに長くはかからなかった。ゲーリーのフランス語は完璧ではなかったものの恥ずかしくはないものだった。ところが娘たちの言語の力量は驚異的であった。娘たちはパリに越してきた時に地元のフランスの学校に入学したが、今は自分たちの年齢に見合った流暢さで話した。オグデン一家は美術館や近くの市や村、その他の名所に頻繁に足を運んだ。事実、オグデン一家はフランスを大変気に入っていたため、契約ではあと六カ月だけ滞在すればよかったのだが、延長をすでに求めていた。親会社と現地事業所に対するコミットメントについて説明を求められると、かれは次のように返答した。「私の第一のコミットメントはここの事業所に対してです。実際、私は本社を援助してくれる優しい親としてではなく、半分は戦わなくてはならない競争相手と感じています」。

私たちの調査の結果、ゲーリー・オグデンのように海外で何年も過ごしかつ異国文化に適応する能力がある人は、「現地志向型」になりやすい人たちで、現地事業所に強い忠誠心を持つ反面、親会社への忠誠心は比較的弱い。この傾向を一部説明するものとして、マネジャーが親会社と本国の事業所から遠ざかって過ごす時間が長くなると、自分のアイデンティティが親会社と結びついているという感覚が希薄になることが挙げられる。[*3]この文字通りの隔たりや心理的な隔たりは、外国の文化や人々に順応し理解する能力とあいまって、これらの派遣者が親会社を犠牲にして現地事業所に強い一体感を見出す要因となりやすい。世話人（スポンサー――海外勤務中の特定の派遣者と連絡を取り合うよう命じられた人）などの機構を利用した本社との公式の意思伝達がないことも、このコミットメントの類型を助長する。国際部門があり、国外ポストを次々と渡り歩く国際キャリア専門職層を持つ企業は、特にこの偏ったコミットメントの類型に影響されやすいかも知れない。

派遣者の忠誠心という観点からは「現地志向型」になるとどのような影響が出るだろうか。この質問に答える一番簡単な方法は、先に述べた実例に戻ることである。ゲリー・オグデンは親会社を戦わなくてはならない競争相手と感じることが多かった。どんなグローバル勤務も一時的なものであり、自分のキャリアがある程度本社での評価に左右されると知っていたので、親会社との戦いは巧妙にする必要があった。かれは次のように述べている。「かれらの通達が、私たちの事業所に不適切であったり無関係であったりしたときには単純に無視することもあった。もしそれが本当に重要なものであれば、そのうち地域本部や本社から誰か来て私をせっつくので、私は対応しなければならなくなる。それがさほど重要なものでないか、私がかれらの望むものを実施したとかれらが思ったときには、かれらは単に私をほっておく。全般的な結果さえよければ、このアプローチで大きな損があるようには見えない」。ゲーリーは、ときにはより公然と戦わなければならなかったときがあったことも指摘した。そのことで本社での評価は下がったかも知れないが、戦うことや、特にこういう戦いに勝利することは、フランス人従業員の信望と忠誠心を勝ち取るのに役立った。かれらの忠誠心が強くなったことで、ゲーリーはより効果的になり得ることができた。効果的であることから、業績が上がり、本社に寛容さが生まれた。

ゲーリーは、過去二回の海外勤務から帰国したとき、いずれも会社を辞めようと思ったそうである。海外勤務をしていた頃と比べると、本社では任されている責任が小さく、評価されることもなく、グローバルな知識や経験を帰国後に活かすこともなく不満であった。親会社に対してコミットメントが低いのは、こういった要因からで、辞めてしまう原因にもなりかねなかった。他の海外勤務が認められたことで、退職を思いとどまったとゲーリーは語った。

「現地志向型派遣者」のマイナス面

親会社の視点からすると、現地志向型派遣者に関連して問題となるのは、海外事業所に会社の方針や計画を実行させることが困難になることである。海外事業所に対する過度なコミットメントによって、このような派遣者は、自分たちが適切と考える流儀で適切と考えるものは実施し、その他のものは無視するか抵抗することが多い。このアプローチは非常に高くつき、グローバルなブランド管理やグローバルな品質管理との一貫性など、グローバルな目的のために親会社が様々な国での活動を綿密に調整するときには特にそうである。

親会社に対するコミットメントが低いことが帰任後の離職の要因になるという点で、親会社は、このようなマネジャーの知識と経験をグローバル戦略に組み入れたり、かれらの一部を後継者育成計画に参加させる機会も逃す。興味深いことに、私たちの調査の結果、大多数の派遣者が、コミットメントの類型とは無関係に、海外で得たグローバルな知識と経験が企業によって評価されていないと感じていることがわかった。この発見は、すでに相当な額を投資している貴重な資源を、一般に企業は活用していないということを示唆している。

「現地志向型派遣者」のプラス面

現地志向型派遣者には様々なマイナス面があるにも関わらず、企業幹部にはこのような派遣者には強みもあることを認めている者が多い。海外事業所に対する忠誠心が強いことにより、一般的にこのような派遣者は現地国の従業員や顧客、供給業者、そしてかれらの気持ちや価値観に共感し理解する傾向がある。これにより、新製品やサービスあるいは現地向けに合わせた製品やサービスが、現地市場をよく捉え、管理上のアプローチが現地国の従業員に適したものになる。現地国の従業員に適した管理上のアプローチの重要性を見過ごしてはならない。パリで優秀なマネジャーは東京でも香港でもうまくやるだろうし、国内の業績を主な基準として派遣者を選抜する企業は多い。しかしすでに指摘した通り、本国でよい業績を挙げた管理者の資質は、外国でよい業績を上げる管理者の性格と必ずしも一致しない。[*4]

別の観点から、海外事業所に対して比較的強い忠誠心を持つ派遣者は、特に有益でありうる。たとえばマルチドメスティック企業の場合、各海外事業所はそれぞれ特定の国内あるいは地域市場で競争に勝ち抜こうとしており、他の国の他の事業所とは独立している。このような場合、情報は本社との間、あるいは別の海外子会社との間ではなく主に現地事業所内で流れる。グローバル化のこの段階での重点は、現地市場と現地国の人々と文化の理解に置かれる。現地志向型派遣者は、現地の事業や文化、市場を重視し、手続きや製品、管理上のアプローチを現地の状況に応じて実施あるいは採用することができる。しかしながら、これらのマネジャーが本国に帰ることは稀であり、かれらの「現地（ローカル）」の知識が、さらに広い地域やグローバルな戦略計画に貢献することは少ない。

▼本社志向型《ハート・アト・ホーム》派遣者▲

別のタイプの派遣マネジャーは、親会社への強い忠誠心がある反面、海外事業所への忠誠心はほとんどない。このような派遣者を本社志向型派遣者と呼ぶ。このグループは、海外事業所や、その国、文化、言語、商習慣に対してより、親会社に対してはるかに強い一体感を持つ。

アール・マーカス（Earl Markus）は、大手建築製品関連企業の「日曜大工」小売部門のヨーロッパ事業本部の事業所長だった。これはアールが会社に勤めて二一年目で初めてのグローバル勤務だった。かれは結婚しており、二人の子供がいた。子供は二人とも大学に通っており、両親と一緒にベルギーに越しては**こな**

かった。アールは店長から南西地域マネジャーへと出世の階段を上り、ついに財務担当副社長にまでなった。

ヨーロッパ事業所は比較的新しく、アールは小売店の数を拡大し、現在ベルギーにある九店舗から三年のうちに西ヨーロッパ一帯に五〇店舗にするのが自分の使命であると見ていた。親会社はフランク・ジョンソン（Frank Johnson）を世話人に任命し、アールの三年の勤務中、緊密に協力するよう命じた。

勤務して一年間に、アールは計画を順調に進め、三か国に一五の新店舗を開いたが、それでも非常に不満が積もっていた。かれは過去一年間、荷物をまとめて帰国しようと一度ならず真剣に考えたと語った。ヨーロッパ人は怠惰で、指示にすぐ応えないと、かれは主張した。忠誠心やコミットメントの気持ちについて尋ねたところ、論を待たないとかれはいい、本社へのコミットメントが第一であり、ここでの勤務が完了したら、本社にすぐ帰るつもりだと答えた。どんな具合に物事が進んだかの例として、アールは棚卸システム導入について述べた。

勤務して約八カ月が経った時、フランク・ジョンソンがアールに、全米の販売代理店に段階的導入が始まったコンピュータ管理の棚卸システムを導入してはどうかと持ち掛けた。フランクは新しいシステムで費用削減と盗難削減ができる点が大いに気に入っていて、ヨーロッパでの利用に大きい期待をかけた。システムを適正に運用するためには、販売を毎日記録し、週に一度特定の商品について無作為に実地の棚卸をする必要があった。これらの報告書は四八時間以内に中央オフィスに転送する必要があり、ここで全体および各店舗毎の報告書や評価を作成することができた。フォームと手順マニュアルが印刷され、ヨーロッパのすべての店長と、事業所長、かれのスタッフを対象に二日間の講習会が開かれた。二カ月後、部下のマネジャーたちにシステムの運用状況を尋ねて、それが運用されていないことを知った。部下のマネジャーたちから返ってきたのはなぜシステムが、特にベルギーでは機能しないかの「下手な言い訳」だけだったとかれはいった。

この例は、派遣者の忠誠心が親会社に強く偏っている理由とその影響を端的に物語っている。私たちの調査の結果、本国の親会社に長く勤めることは、派遣者の心が本国にあることと強く関係していることが判明した。時間、汗、頭を悩ませるといった投資のすべてが親会社に対してのものだった。親会社への高いコミットメントは、その投資に対するリターンを受けることへの期待に一部はよるものであるといえる。そのような投資をしていくことで、長い年月の間に、マネジャーのアイデンティティは親会社に織り込まれて行く。自然の成り行きとして、親会社に対しての忠誠心が強くなる。[*5]

私たちの調査はまた、このパターンの忠誠心を生む別の二つの要因を発見した。第一に、現地国とその文化への不十分な適応（これはある部分国内の業績を主に考慮した選抜によって助長されている）が重要な要因となっている。これらのマネジャーは現地国のより広い文化や人々と共感できないため、現地事業所への強い忠誠心を感じることが困難である。第二に、本社に世話人がいることで公式のつながりができ、親会社での長年の経験がつくり上げたつながりとあいまって、親会社へ関心と忠誠心が向き、現地事務所からは離れるのである。[*6]

個人や組織にはこのパターンによってどのような影響が出るのだろうか。アール・マーカスは最初の一年間に何度か辞めようと思い、そうしなかったのは基本的には自分のキャリアにマイナスの影響が出るのを恐れたからであった。本社志向型派遣者は、一時的に海外事業所や、現地国、現地国の従業員、顧客、供給業者に対して、かれらの価値観と一体感を持つことができない。その結果、不適切な制度を実施、強要しようとしたり、従業員や、顧客、供給業者の感情を害するやり方で実施してしまう。アール・マーカスの棚卸システム導入の企てはその例である。かれの導入への取組みは、従業員の反感を買い、敵対関係を生んで、後にかれが始めようとした変更や制度は思うように実行できなかった。

しかしながら、本社志向であることで悪い影響ばかりが出るのではない。私たちの調査の結果、グローバル勤務の間に、親会社へのコミットメントが高かった米国人派遣者は、帰任後も会社に留まることを望むことが多かった。したがって、本社志向の程度に応じて派遣者がグローバル勤務中に得る貴重な経験、知識、スキルは、帰任後も親会社に留まる強い意思により、人的資源へのかなりの投資をした企業にとって、将来のリターンを得る重要な機会を提供する。しかし残念なことに、現地事業所へのコミットメントが低いということは、これらの投資の正味のリターンを減少させることである。なぜなら、忠誠心が弱いことが、外国市場や供給業者、ビジネスパートナー、競合他社、政府役人、規制プロセス、その他に関して学ぶことを妨げるからである。

それでも、本社志向型派遣者によって、本社が子会社の活動を調整することが楽になることが多い。アールの「本社に顔が向いている」傾向のおかげで、ヨーロッパ事業所のために、会社の購買代理店が本社の中央管理型の購買活動による購買力を活用することが非常に容易だった。この調整によって、ヨーロッパ事業所が独自で得られる価格に比べ、相当の節約になった。

本社と容易に調整できる能力は、グローバル化が輸出段階にある企業にとってとりわけ有益でありえる。この段階の企業の重点目標は、本国で開発、生産された製品を外国市場で販売することであることが多く、情報の主な流れは、親会社から海外事業所に向かうものである。したがって、本社と容易に協力できることは、輸出段階の企業にとってとりわけ有益でありうる。なぜなら、本国での事業が主要であり、本社が果たすカギとなる調整機能が大切であるからである。親会社に対し比較的高いコミットメントを持つ派遣者は、低いコミットメントの派遣者よりも、本社の調整の取組みを拒否することは少なくなる。

要約すると、親会社に対して強く、現地事業所に対して弱い忠誠心は、個人と親会社の双方にとって、肯定、否定の両側面がある。本社志向型派遣者は、本社にとって協力を取り付ける上で比較的容易で、購買、マーケティング、その他の戦略的活動を調整する上で非常に価値のあるものになりうる。かれらは帰任後企業に留まる可能性も強く、グローバル戦略計画作成や後継者育成計画において、貴重な資源になりうる。しかしながらマイナスの影響も出る。現地事務所へのコミットメントが低いことから、現地国の文化に適応するために多くの場合必要とされる努力をしない可能性がある。これらの派遣者が、任期途中で帰っても自分のキャリアにマイナスの影響が出ることを避ける方法を思いつけば、海外勤務を早めに切り上げてしまうかも知れない。この行動によって、親会社は直接的、間接的に甚大な損失を数多く被ることになる。最後に、これらの派遣者は本社の方針を現地の従業員や、顧客、供給業者などの感情を害するやり方で実施したり、現地事業所には不適切な方針を実施する可能性もある。関係の悪化により、今度は現地海外事務所と親会社の双方に甚大な短期的、長期的なマイナスの影響も出る。

▼二重帰属市民型《デュアル・シチズン》派遣者▲

最後のカテゴリーは親会社と海外事業所の双方に忠誠心の強い派遣マネジャーから構成されている。これらのマネジャーを二重帰属市民型派遣者と評する。**市民**という言葉を使ったのは、このグループが見せる積極的な行動、態度、感情などを反映しているように思われるからである。これらのマネジャーは、自らを外国と本国双方の市民であり、また、海外事業所と親会社双方の従業員であるとみなしている。二重帰属市民であることから、双方の組織の利益に役立とうとする義務を感じている。

ジョン・ベッケンリッジ（John Beckenridge）は、超一流の米国コンサルティング会社の日本事務所の所長だった。これはジョンが会社に勤めて一三年で二度目のグローバル勤務だった。かれの最初の海外勤務は七年前の任期一年のシンガポールでの特別プロジェクトだった。ジョンは日本勤務の選考対象になった三人の内の一人で、過去の実績ばかりではなく、かれの個人的性格と日本での仕事での必要条件を査定した外部コンサルタントによるインタビューおよび評価の結果を基に選抜された。よく知られていない文化での仕事であり、現地国の人々と交渉も頻繁にあることから、日本へ出発する五カ月前に内示を受けた。ジョンは、この期間中約六〇時間の異文化適応トレーニングを受けた。さらにジョンの妻は派遣前に約一〇時間のサバイバル講習を受けた。日本に来ておよそ四カ月後、ジョンはさらに四〇時間の文化、商習慣、等々といった特に日本に関連した異文化適応トレーニングを受けた。かれはさらに親会社が費用を持つ語学トレーニングも日本に来てから受講した。

ジョンには明確な日本における勤務の目的があった。このコンサルティング会社が日本事務所を開設した理由は、米国の顧客の日本子会社に利用してもらうためだったが、米国顧客企業の展開のスピードが遅くなったことで日本事務所の成長も制限されていた。ジョンは二つの目的のために日本の顧客を開拓する仕事を与えられた。それらは、

(1) 日本事務所の成長の可能性を増加し、日本企業の米国子会社を顧客として確保することを容易にする

(2) 米国大企業の国内事業の成長を増進する

ということである。

ジョンは親会社と現地事務所がかれに期待するものに比較的矛盾がないことを知った。おそらく最も重要な一致は、日本において効果的なコネと人間関係を深めるために必要な時間と費用の必要性について、関係者全員が認識していることだった。ジョンにとっては、日本での接待費に会社の経費を出し渋る「経理担当者（ビーン・カウンター）」と、常に「コネ作りの機会」を提案する現地のスタッフとの間に緊張はなかった。さらに、この日本での勤務がかれのキャリアパスにどう適合するか、そしてかれの帰任がどう扱われるかがはっきりしていた。帰任後に特定の仕事や地位を与えられる保証はなかったものの、帰任の過程に何が関わるか、日本にいる間にかれの目的を、もしうまく処理したらどんな通常の機会があるかをジョンは知っていた。

おそらく一番重要なことは、設定された目的を達成するためにジョンには大きな裁量度と自律性が与えられたことである。ジョンによると、この仕事上の裁量度によって、親会社と現地事務所との間の避けられない対立や、仕事をしていて持ち上がるいろいろな曖昧さに柔軟に対処できた。親会社や日本事務所に対する

かれのコミットメントや忠誠心について尋ねられると、次のように説明した。「私は両方に強い忠誠心を感じます。時々二つは異なった目的をもちますが、できるときには両方を満足させるように試みます」。二つの組織の間で目的や期待に対立があるときには、単にどちらか一方にしたがうようなことはせず、ジョンは対立を解くように努力するよう心がけた。

ジョンの二君に忠誠心を持つ方針は、個人的にも組織としても主としてプラスの影響をもたらす。個人レベルでは、二つの方向に引き裂かれる思いには時々不満が募るけれども、かれの目的が明確なことと、目的を達成するための許容度があること、対立の頻度と規模が小さいことで、両方の組織のために働くことが非常にやりがいのある、満足できるものになっている、とジョンは指摘した。ジョンは日本での五年の勤務をよくこなし、帰任後かなりの昇進が認められ、そのポジションでかれが得た知識の一部が会社の国内および国際事業の拡張計画に活用された。組織のレベルでは、ジョンの二君に忠誠心を持つ方針によって、日本の顧客や政府の役人との確固たる関係が促進し、また、本社が日本の顧客の米国子会社と契約を成立する際の一助となった。ジョンは、かれの二重焦点によって他の成果も得られたと思っていた。競合他社が苦労している質の高い日本人従業員を採用する能力が非常に上がったこともその一つである。

私たちの調査によれば、調査対象の米国人派遣マネジャーのおよそ四分の一が海外事業所と親会社に高いコミットメントを持っている。これらの派遣者の中に、任期半ばで本国に帰ったものや、帰任後退職した者、グローバル勤務中に適応や業績の問題のあった者が一人もいないというなら正確ではない。それでも、強い二重帰属により、マネジャーが期待された期間、海外勤務に留まる確率、マネジャーが帰任後企業に留まる確率、マネジャーが海外在住中うまく適応できる確率を高めた。これらの派遣マネジャーたちは、海外事業所と親会社双方のニーズ、目的、制約、機会を完全に理解することに関心を持っていた。かれらは両方の組織を満足させ、両方に有益な回答を得るために自分たちの理解を活用しようと試みたと語った。このアプローチにより二つの可能性が生まれる。

(1) 海外事業所に本社の方針を効果的に導入する

(2) 情報や方針を海外事業所から本社に伝える―この情報により企業の海外事業所のすべてにおいて、より効果的な戦略や方針作成を形成することが可能になる

見てきたように、役割葛藤は、派遣マネジャーが親会社と海外事業所双方に対してもつコミットメントが高いか低いかを決める重要な要因である。役割葛藤が高くなれば、マネジャーの両組織に対するコミットメントはそれだけ低くなり、[*7] 役割葛藤が低くなれば、マネジャーの両組織に対するコミットメントはそれだけ高くなる。二重帰属市民型派遣マネジャーに対するインタビューが指摘したことは、役割葛藤に最も共通する原因は唯一つ、親会社と海外事業所の間に矛盾する期待や要求、目的があることだった。いい換えれば、派遣者に期待されているものは明確だが、二つの組織の期待が異なっている。この矛盾が大きければそれだけ、マネジャーは結果に対して責任を感じなくなり、またどちらかの組織に対するコミットメントが低くなる。ある派遣者は次のように表現している。「二つの方向に引き裂かれている時に、その結果起こることに責任を感じることは困難です」。二つの組織の間の要求や期待、目的に一貫性があればあるほど、派遣マネジャーは何が起こるかについて責任を感じ、両方の組織に対するコミットメントを感じるといえる。

同様の力学は役割の曖昧性にも当てはまる。[*8] 役割葛藤は矛盾する明確な期待が関わっている。役割の曖昧性は両組織からの期待が関わっているが、期待がまったくもって明確でない。派遣マネジャーとのインタビ

ューによって、親会社と海外事業所との間の調整不足が役割の曖昧性によく見られる原因であることが明らかになった。ある派遣マネジャーに仕事で起こる出来事についてどれほど責任を感じるかを聞くと、かれは次のように答えた。「私が何をすればいいのか、何が私に期待されているかさえ実際よく知らないのに、どうやって責任を感じることができますか？」。役割の明確性が大きければ、職場で何が起こるかについて派遣マネジャーは責任をそれだけ感じ、親会社と海外事業所双方に対するコミットメントをそれだけ強く感じる。

親会社と海外事業所双方に対する強い忠誠心に関係する別の要因は、帰任プログラムの明確性である。残念ながら、米国企業の六〇％以上には、組織的あるいは正式な帰任プログラムがない。[*9] しかし、その種のプログラムが存在すると、プログラムによる明確な意思疎通により、親会社と海外事業所双方への高いコミットメントを促進する。明確な帰任プログラムによって、派遣者は帰国についての不安から開放され、自分の仕事に集中できるようである。[*10] このアプローチは、明確で矛盾しない仕事上の期待とあいまって、海外事業所への忠誠心を促進する。同時に、明確な帰任プログラムによって、親会社がかれらの本国への再適応を気遣い、帰任の問題を検討していることが派遣者に伝わるようである。このメッセージによって、今度は派遣者に親会社に対するさらに強いコミットメントと義務感を生む。

私たちは、二重帰属を生む上で最も強力な仕事上の要因が役割裁量度であることを知った。[*11] これは単純に、何をなすべきか、どのようになすべきか、いつなすべきか、誰がなすべきかを決める上でマネジャーがもつ自由度のことである。マネジャーがもつ裁量度が多ければそれだけ、仕事上で何が起こるかに対し責任を感じ、現地事業所に対するコミットメントを感じる。また、かれらは一般に自分たちが享受している自由度の程度は、親会社が最終的な責任を持つとみなしているので、このことは親会社に対する義務感とコミット

図表6・2　忠誠心の各類型の長所と短所

忠誠心の類型	長所	短所
フリーエージェント	●優れて発揮されている国際能力（例：言語，交渉，マネジメント） ●伝統的な海外派遣者に比べて，ややコストがかからないことが多い	●多くの場合，将来のための忠告を残さない ●後任者を配属するためのコストが甚大 ●会社の利害より自分の利害を優先させる
現地志向型派遣者	●現地の文化や環境に上手くかつ素早く適応できる ●たいてい現地の環境（従業員，顧客，供給業者，政府関係者との関係を含めて）において成果を挙げることができる	●グローバルな方針と対立する ●本社の方針を実施するのが遅い ●帰任後，退職する可能性が高い
本社志向型海外派遣者	●グローバルな方針の調整を促進する ●本社の方針を素早く実施する ●帰任後も会社にとどまる可能性が高い	●典型的な現地の文化および環境にうまく適応できないタイプ ●現地の従業員，顧客，供給業者，政府関係者との関係においてしばしば成果を発揮できない ●本社の方針を適切に実施できない
二重帰属市民型	●現地の文化や環境に上手くかつ素早く適応できる ●たいてい現地の環境（従業員，顧客，供給業者，政府関係者との関係を含めて）において成果を挙げることができる ●グローバルな方針の調整を促進する ●本社からの指示に素早く反応する ●帰任後も会社にとどまる可能性が高い	●彼らを育成するためには企業の真摯さとコミットメントが必要とされる ●稀少価値的存在のため他社からスカウトされるリスクがある

メントも強くする。裁量度が一貫して最も強力な要因である理由の一端は、派遣マネジャーのほとんどが何らかのレベルの役割葛藤や役割曖昧性を経験していることにある。役割裁量度が大きければ、マネジャーに、何が期待されているかをさらに明確に定義し、矛盾している期待を解決しようとする上での柔軟性と自由度を与えることができる。

二重帰属市民型派遣マネジャーは、グローバル化のどのような段階のどのような企業にも望ましいが、調整化された多国籍段階にある企業にとっては最も重要である。この段階の企業では、情報が本社と海外事業所の間、および海外事業所間を双方向に流れる必要がある。派遣企業は、親会社の人たちと海外事業所の人たちの両方と一体感を持つマネジャーが必要である。派遣企業は両方の組織のニーズを統合しニーズを満たそうと努めるマネジャーが必要である。派遣企業は帰任後離職しない者で、かれらの海外経験や、知識、スキルを本社のグローバル戦略や方針策定における財産として活用できる派遣マネジャーが必要である。親会社と海外事業所双方に高いコミットメントを持つ派遣マネジャーはこのニーズを満たすために必須である。図表6・2は四つの忠誠心の各類型のプラス面とマイナス面をまとめたものである。

二重帰属を効果的に管理するためのガイドライン

多国籍企業やその幹部のほとんどが派遣者の二重帰属に関する問題に気づいてはいる。しかしながら、私たちの調査によって明らかになったのは、二重帰属市民型派遣者に関する異なる類型が生じる因果関係につ

図表6・3　情報フロー

	低情報流入	高情報流入
低情報流出	孤島型《アイランド》	導入型《インプリメンター》
高情報流出	革新型《イノベーター》	統合型《インテグレーター》

いての明確な理解や、そうした派遣者を育成していく系統だった手段を有している企業がほとんどないことである。その代わり、企業の多くは、一方の組織へのコミットメントが強くなり過ぎる派遣者の傾向を埋め合わせる方法を見つけたようである。「不均衡な」忠誠心を埋め合わせるために企業に何ができるかに焦点を当て、そして二重帰属市民型派遣マネジャーを育成するために企業が採れるステップについて提案する前に、四つの忠誠心の各類型のマイナスの側面を低減しつつプラスの側面を利用することのできる「戦略的提携」について吟味する。

戦略　一：子会社と派遣者のマッチング

この戦略的提携の主眼は、派遣者の忠誠心の特定の類型と外国子会社の特定の戦略的指向を組み合わせることで、四つの各類型に関係するマイナス面の多くを避けながらプラス面の多くを利用できることにある。

第1章で私たちが、特定の外国子会社には情報の流れに関

図表6・4　戦略と忠誠心の提携

情報の流れ

	低情報流入	高情報流入	海外事業所への忠誠心
低情報流出	孤島型 フリー・エージェント型 派遣者	導入型 本社志向型 派遣者	低
高情報流出	革新型 現地志向型 派遣者	統合型 二重帰属市民型 派遣者	高
	低	高	

親会社への忠誠心

する特定の戦略的機能がありうるという考えを紹介したのを思い出して欲しい。記憶を新たにするために第1章で提示した図を図表6・3に再掲示する。

孤島型子会社とは、国内市場に力点を置く戦略的機能を持つ子会社である。情報、知識、技術、その他は、外へも内へも大量には流れない。導入型子会社とは、親組織から送られる情報、知識、技術、製品、その他を導入することで国内市場に力点を置く戦略的機能を持つ子会社である。革新型子会社とは、国内市場を担当する戦略的機能を持ちながら、他方で、情報、知識、技術、製品を生成し、これらの革新を親会社や他の外国子会社に送ることにより世界市場に力点を置く戦略的機能を持つ子会社である。統合型子会社とは、親組織から送られてくる情報、知識、技術、製品、その他を導入し、また、情報、知識、技術、製品を生成し、親組織や他の外国子会社に送ることによって国内市場と世界市場の両方に力点を置く戦略的機能を持つ子会社である。

図表6・4に、戦略的子会社の役割の四つの各類型がどのように派遣者の忠誠心の四つの各類型と適合するかを図示してい

る。(訳注：本文に合うように、派遣者の現地志向型と本社志向型とを入れかえ、また忠誠心の縦軸と横軸を入れかえた。)

孤島型子会社ではその戦略的機能の性格上、情報や知識は外へも内へも大量に流れる必要がないので、フリー・エージェント型派遣者が組織全体へのつながりや忠誠心がないことによる影響はほとんど出ない。国内市場に力点を置く必要のある孤島型子会社のニーズは、フリー・エージェントの証明済みの言語能力、異文化処理能力、その他のスキルによくマッチする。企業にはフリー・エージェントたちを使わないと決めるところもあることは理解できるが、かれらにとっての戦略的なベストフィットは孤島型子会社である。

導入型子会社には、導入すべき情報、知識、技術、製品、等々の発信源に通じていて、またそうした志向がある者が必要である。本社志向型派遣者が、この必要を満たすのに最適なことがある。逆に、フリー・エージェントや現地志向型派遣者はこの状況にはまったく不適任だろう。

革新型子会社では、現地のコンテクスト(脈略)から引き出して、情報、知識、技術、製品、革新を生成し、親組織や他の海外子会社に送り出す。この取り合わせは、科学者の優れた人材プールがある現地の環境や、あるいは革新に寄与する一般的な環境(たとえばシリコンバレーがこれにあたるという人もいる)の結果であることもある。現地志向型派遣者は、この戦略的状況に非常に適している。現地の環境に対するかれら本来の親近感や知識は、現地の人材供給源(タレント・プール)へのネットワーク作りや利用のための処方箋である。

統合型子会社間の情報、知識、技術、製品の双方向の流れには、二重帰属市民型派遣者が必要である。統合型子会社では、中心となる派遣者がこれらの大量に出入りする流れの一方向に目を向け他方を無視することはできず、現地志向型派遣者や本社志向型派遣者のようではいけない。二重帰属市民型派遣者は、四つの戦略的子会社の類型のどれでも効果的に機能するかも知れないが、二重帰属市民以外に、統合型子会社内で同等に効果的に機能する者はいない。

この戦略的提携の観点から、いくつかの重要な結論が導かれる。たとえば、すべての企業に同じ比率の二重帰属市民と他の忠誠心の類型の人材が必要なわけではない。マルチドメスティック戦略指向の企業には、統合化グローバル戦略の段階にかなり入った企業に比べ、二重帰属市民は少なくてよいだろう。実際、統合化グローバル戦略の途上にある企業は、その必要性に比べて二重帰属市民の数は少なく、育成が必要であるといえる。さらに、一つの企業の複数の外国子会社のほとんどが、ある特定の戦略指向を持つにしても、すべての子会社が同一ということはない。したがって、特定の忠誠心のプロファイルに属するマネジャーを、適切な勤務と子会社にマッチさせるという避けて通れない問題が出てくる。

戦略二：現地人化傾向の埋め合わせ

企業が可能な限り派遣者を適切な勤務や子会社にマッチさせたとしても、社内に現地人化の傾向のあるマネジャーが多すぎることがわかることもある。そのため、企業はかれらの現地の人になる傾向を埋め合わせるような、「再バランス」を図る必要がある。

マネジャーのうち、現地の人になりやすく、また、海外事業所に対して強い忠誠心をもちながら親会社への忠誠心が弱い者は、過去の海外経験をもち、仕事以外の一般的な外国文化の環境に適応できた者が最も多い。皮肉なことに、これらのマネジャーは、勤務挫折や任期途中の帰任のリスクや損失を低くするという観点からは、海外ポストに向く人たちである。[*12]

この傾向を埋め合わせるためにホンダが採った対策の一つは、派遣者を再び海外に派遣する前に数年間日本に帰国させることだった。この実践によって、派遣者個人と親会社との結び付きが再び強くなり、海外事業所に対する過剰コミットメントの傾向を埋め合わせた。ホンダの考えでは、次々に海外勤務をしていく国際キャリア専門職に親会社への高いコミットメントを期待するのは論理的ではないということであった。

企業は、親会社での在職期間が比較的長い派遣マネジャーを派遣することによっても、この傾向を埋め合わせできることができる。親会社に長くいたらそれだけ、そこに多く投資をしており、一体感が大きく、コミットメントも高い。しかしながら、ゼネラルエレクトリック社（GE）、ゼネラルモーターズ社（GM）、フォード社などでは、グローバル勤務を比較的若いハイ・ポテンシャル（有望人材）マネジャーを育成する上での経験として活用することが多くなってきており、このような企業にこれを勧めるのは問題がある。

その結果、GMでは、同社の世話人制度を通して現地の人になる傾向を埋め合わせる、より幅の広いアプローチを採用している。GEのいくつかの部門では、このアプローチには派遣マネジャーを特定のポジションに戻すという事前の約束を伴うこともある。大半の場合に、世話人任命制度に関わるものとして、派遣者のキャリア目標の評価や、快く世話人を務める上級マネジャー（派遣社員が戻るだろう職場にいることが多い）の選定、世話人と派遣者間の連絡の維持（面談を含む）、勤務期間中の派遣者の業績評価、帰任に先立つキャリア目標と能力の明確化、マネジャーの帰任に先立つキャリア・アドバイスの提供および次のポジションを見つける援助がある。

世話人制度を設けているいくつかの企業の経営幹部との会話の中で、かれらはアドバイスを追加してくれた。全般的に、世話人制度を組織的にすることを勧めた。第一に、組織に対する広い視点を提供するために、世話人は派遣者よりも十分に上級職であること。第二に、世話人には派遣者と連絡を保つ上での明確なガイドライン（たとえば、接触の形式、内容、頻度など）を与えること。残念ながら、世話人が単に任命されただけで終わることは非常に多い。世話人が率先して責任を果たすならば、ことはうまく行くし、そうでなければ、世話人は任命されても名前だけの存在になる。第三に、派遣マネジャーの帰任に備えた計画作成や適切なポジションを見つける責任を世話人にだけ負わすのではなく、企業のキャリアシステムに組み入れなければならない。

密度の高いよく計画された異文化適応トレーニングを、派遣者のグローバル勤務到着の前後に提供している米国企業はほとんどないが、私たちの調査によると、そのようなトレーニングは現地の人になる派遣者の傾向を埋め合わせる効果的なメカニズムである。直感的には、派遣前や着任後のトレーニングによって、派遣マネジャーが現地国の文化に共感することを助長するだけだと考えるかもしれない。確かにトレーニングが良いものであれば、派遣マネジャーはより良く適応し、業績も上がるが、[*13] このトレーニングは、費用を出した親会社に対するさらに強力な義務感とコミットメントの認識を与える。トレーニングは、企業が派遣者を気遣い心配していることを明確に表す。

要約すると、企業が現地の人になる派遣者の傾向を埋め合わせるためにできることは、海外に再び派遣する前にマネジャーを数年帰国させること、親会社での在職期間の比較的長いマネジャーを選抜すること、組織的な世話人制度を制定すること、派遣前や着任後に異文化適応トレーニングをマネジャーに提供することなどである。これらの埋め合わせ処置がひとたび実施されれば、海外事業所と親会社双方に対する高いコミットメントを促進する方針を実施することができる。

戦略 三：本社志向傾向の埋め合わせ

経営幹部の多くは、本社志向傾向を埋め合わせることに関心がないように見える。しかしながら、そのマイナスの影響は深刻である。心を本国に最も残しやすいのは、親会社での在職期間が長く、海外経験がほとんどないマネジャーである。したがって、GE、GM、コルゲート・パーモリブ社、フォード社など比較的若いマネジャーをキャリア開発の一環として海外に派遣することが多くなっている企業は、おそらく意図せずにマネジャーの本社志向傾向の埋め合わせをしている。

派遣マネジャーが仕事以外の一般の環境に適応するのを援助することは、別の強力な埋め合わせの力である。皮肉なことに、上級派遣幹部に与えられる役得（会社が給与する車と運転手、社宅、等々）の多くが、かれらを孤立させ、適応を妨げる。派遣者が一般の環境に適応する上で関係するもう一つの重要な要因は、家族の適応である。[*14] 家族（特に配偶者）は、企業構造によって隔離してもらうことがないため、より直接的に一般の生活環境にさらされることが多い。したがって、家族（特に配偶者）の一般の生活環境への適応を促進する会社の取り組みは、派遣マネジャーの適応にプラスの効果があり、派遣者の心が本国にある傾向の埋め合わせをする。

企業はどのようにして家族が一般の生活環境に適応するのを促進することができるだろうか。家族を助ける一つの要因は現地国の人々と接触することであり、それは派遣者にも役立つことになる。現地の人々は自分たち自身の文化についての一番の情報源であるので、家族がかれらと普段から接触すればそれだけ、そして派遣マネジャーが会社以外でかれらと接触すればそれだけ、外国の一般環境に派遣者が適応する度合いは大きくなる。[*15]

フォードは、派遣者の家族（特に配偶者）にトレーニングと準備を提供する努力を一貫して行っている数少ない米国企業の一つである。フォードの経営幹部たちは、本社志向傾向の埋め合わせを提供するためにこうすることを決めたわけではないが、私たちの調査によれば、この実践はそのように機能している。

準備プログラムは、現地国の人々と到着間もない派遣マネジャーとその家族との間の接触を促進することはできるが、それを保証するものではない。企業にできる追加のステップとしては、現地国の従業員とその家族に依頼して、特定の派遣者とその家族を到着後の数カ月の間援助してもらうことがある。当然のこととして、世話をすることになる現地国の家族の性格と、派遣者家族の性格がマッチするように気を配る必要がある。たとえば、日本の自動車会社のいくつかは、日本語が話せる米国人を雇って、日本人派遣マネジャーとその家族が米国での生活に適応する援助をさせている。

戦略 四：二重帰属市民の創造

企業が取るステップで最も重要なものは、二重帰属を創造するために強い影響力のある二重帰属市民型派遣者を育成するステップである。仕事の環境が二重帰属市民を育む上での最も強力な要因である。最初は一つ一つのステップは自明で当然なことと見えるかも知れないが、ほとんどの企業にとってそれらはおそらくもっと込み入ったものである。役割の明確性が大きいこと、仕事上の裁量度が大きいこと、葛藤が低いことが、高い二重帰属に関して最も重要な要因である。

第5章で検討したように、仕事の明確性の向上、役割葛藤の低減、そして裁量度や自由度の適切なレベルの決定は、考えているほど簡単ではない。それでも、二重帰属市民を育む上で、これほど強力なものは他にない。しかしながら、心に留めておかなければならないのは、第5章でも検討したように、これらの三つの「ダイヤル」をそれぞれ別々に効果的に回そうとすることはできない。そうではなく、三つのすべての要因を同時に考慮する必要がある。

派遣者の仕事の評価や設計には、技術的側面ばかりでなく戦略的次元も計算に入れなければならない。戦略的次元を評価しないと、企業は意図せず逆機能的な職務要件を設計してしまうかもしれない。対照的に、より広範囲の戦略とコンテクスト（脈絡）から始まる分析は、自然と派遣マネジャーの仕事についての理解と適切な設計、そして二重帰属の高い可能性へと通じる。

読者の中には次のように思っている人がいるかも知れない。「私たちはグローバル企業で、二重帰属市民ばかりでなく、世界市民でいられる能力のあるマネジャーが必要だ。私たちにはグローバル・マネジャーが必要なのだ」。明らかに、多くの企業がこの方向に動いている。しかしながら、世界市民が魅力的だと受け取られているにもかかわらず、派遣マネジャーのほとんどが、実際には高い二重帰属のレベルに達するために奮闘している。したがって、グローバル企業あるいはグローバル・マネジャーへの最初の実践的なステップは、少なくとも二重帰属でいられるマネジャーを育成することである。この計画はグローバル化が調整化された多国籍段階に達しているか、あるいは到達に向けて努力している企業において特に重要であろう。この場合、二重帰属市民型派遣者を上手に育成するには、

(1) 慎重な選抜プロセス

(2) 派遣前および着任後の異文化適応トレーニング・プログラム

(3) 仕事に対する明確で矛盾のない仕事に要求される期待と適切なレベルの自由度と裁量度のある、キャリアシステムに直結したよく計画された戦略

(4) 派遣者を再統合し効果的にかれらの知識、スキル、経験を活用する帰任プログラム

が必要となる。これらのステップは、企業が二重帰属をより効果的に管理するのに役立ち、また、派遣者がよりうまく二君に仕えるのに役立つであろう。

注

1 Gregersen and Black, "Antecedents to Commitment to a Parent Company and a Foreign Operation."

2 Black, "Repatriation: A Comparison of Japanese and American Practice and Results"; Clague and Krupp, "International Personnel: The Repatriation Problem"; Harvey, "Repatriation of Corporate Executives: An Empirical Study"; Kendall "Repatriation: An Ending and a Beginning."

3 Mowday, Porter, and Steers, *Employee–Organization Linkages: Psychology of Commitment, Absenteeism, and Turnover.*

4 Black and Porter, "Managerial Behaviors and Job Performance: A Successful Manager in Los Angels May Not Succeed in Hong Kong"; Miller, "The International Selection Decision: A Study of Managerial Behavior in the Selection Decision Process."

5 Glisson and Durrick, "Predictors of Job Satisfaction and Organizational Commitment in Human Service Organizations"; Mowday, Porter, and Steers, Employee-Organizational Linkages; O'Reilly and Chatman, "Organizational Commitment and Psychological Attachment: The Effects of Compliance, Identification, and Internalization of Prosocial Behavior."

6 Mowday, Porter, and Steers, *Employee-Organization Linkages*.

7 Glisson and Durrick, "Predictors of Job Satisfaction and Organizational Commitment."

8 Jackson and Schuler, "A Meta-analysis and Conceptual Critique of Research on Role Ambiguity and Role Conflict in Work Settings."

9 Harvey, "Repatriation of Corporate Executives."

10 Gomez-Mejia and Balkin, "Determinants of Managerial Satisfaction with the Expatriation and Repatriation Process."

11 Glisson and Durrick, "Predictors of Job Satisfaction and Organizational Commitment."

12 Black, "Work Role Transitions: A Study of American Expatriate Managers in Japan."

13 Black and Mendenhall, "Cross-Cultural Training Effectiveness: A Review and Theoretical Framework for Future Research."

14 Black, "Work Role Transitions"; Black and Stephens, "Expatriate Adjustment and Intent to Stay in Pacific Rim Overseas Assignment."

15 Black, "Work Role Transitions."

第7章　評価：従業員の行動が適正であるかどうかの判定

業績評価に関しては、ほとんどの企業が海外勤務の他の側面と比べて意外にうまくいっていないと報告している。具体的にいうと、五三％の企業が、派遣マネジャーの業績の効果的な評価については平均かあるいはそれ以下であると報告している。[*1] しかし、国内勤務についてはほとんどの企業はもっとうまく行えているという。本章では、グローバルな視点から効果的な業績評価を行う場合の巧い取り組みやこれらの問題を検討し、国際キャリアを積むマネジャーに対する有効な業績評価システムの開発には、どのような特有な問題があるかについて検討する。そして、国際的な業績評価制度を構築する上で、有効なアプローチを企業に提示する。

人事管理について経験豊かな研究者であるウェイン・カシオ（Wayne Casio）氏は業績評価システム問題の本質を次のように要約する。「業績評価は多面性を持つ。それは観察や判断行為であり、フィードバックの過程であり、組織的な干渉であり、さらには非常に感情的な過程であると共に、測定過程である。とりわけ、不正確で人間的な過程である」[*2]

業績評価の目的

組織が業績評価をするのには二つの大きな理由、すなわち評価と育成がある。悪いことに、この二つの目的はしばしば矛盾する場合があり、組織内で摩擦を起こす。業績評価システムの評価目的は次のとおりである。[*3]

一．マネジャーにフィードバックし、自分の立場を確認させること
二．給与と昇進の決定に関する確かなデータを作成し、これらの決定の伝達手段を提供すること
三．マネジャーに対して解雇したり、定着させるという経営側の意思決定を手助けし、業績不振を部下に警告する方法を提供すること

業績評価システムの育成目的は次のとおりである。[*4]

一．マネジャーが自分の業績を高め、将来の可能性を拓くことができるようにすること
二．キャリア・アップの機会やキャリアの将来計画についてマネジャーと話し合い、企業へのコミットメントを育成すること
三．マネジャーの努力を認めて、やる気を起こさせること

図表7・1　業績評価の矛盾

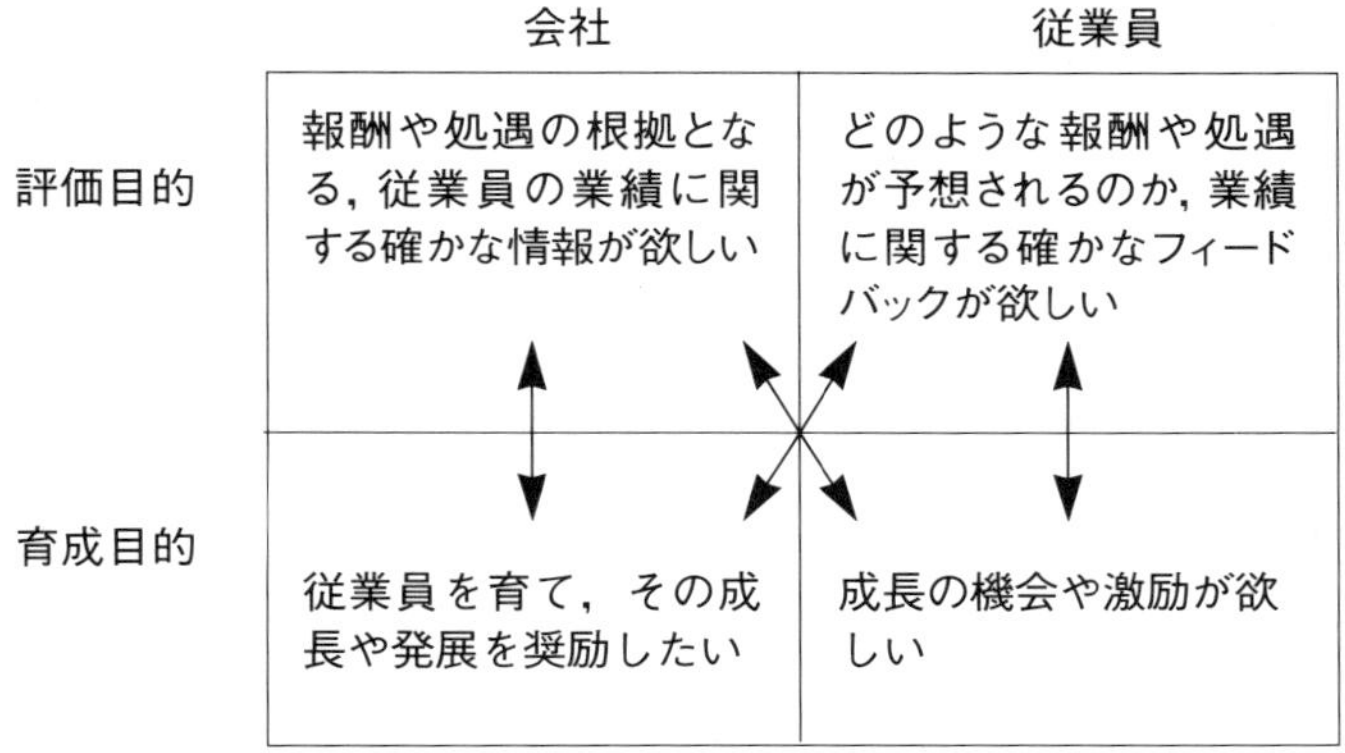

	会社	従業員
評価目的	報酬や処遇の根拠となる、従業員の業績に関する確かな情報が欲しい	どのような報酬や処遇が予想されるのか、業績に関する確かなフィードバックが欲しい
育成目的	従業員を育て、その成長や発展を奨励したい	成長の機会や激励が欲しい

四．従業員個人の問題と組織全体の問題とを診断すること

図表７・１のように、二つの目的は往々にして矛盾する。評価目的で業績評価を行う場合、業績評価システムは、マネジャーが部下の将来に関わるような難しい判断を下す場合の手段となる。このような役割は、敵対関係と信頼の低下とをもたらすことがあり、そのために業績評価の指導目的や育成目的とは相反する作用をする。[*5]

図表７・１はまた、評価される従業員同士の衝突をも示唆する。従業員は組織内の立場に対する不確かさを払拭するために、業績評価のフィードバックを望む。しかし、逆に、かれらは自分の業績について良い話が聞きたいだけである。この心理的葛藤は、悩みやストレスの惹起、それに、業績の内容より外見、質より量にする関心の故に、業績不振を助長させる恐れがある。組織内で目的達成を競争したり、従業員同士で欲しいものを争ったりするストレスや緊張は、業績評価システムを計画、実施するときに遭遇する複雑なジレンマや問題の原因の一部となり、それを悪化させる。

▼有効な評価システム計画への取り組み▲

業績評価のすべての問題を論じようとすると一冊の本になるので、ここでは「問題となる側面」にのみ焦点を当てることにする。各側面には業績評価システムがうまく機能しなくなるような特有の問題が数多くある。「問題となる側面」というのは、組織を機能不全にするいろいろな行動を網羅する「包括的な」考え方である。経験豊富なマネジャーは、これらの「問題となる側面」を組織内で完全に無くすことが、ほぼ不可能であることを知っている。組織が取れる最善の方法は、これらの「問題となる側面」が組織全体や従業員個人の成長や業績におよぶ被害を最小限に押しとどめることである。

有効ではない業績評価基準

企業が従業員を評価するのに、実際には組織の目標達成に無関係な行動を判断することはよくある。たとえば、ソフトウエアのデザイナーやコマーシャル・アーティストの仕事を評価するための業績評価基準として、仕事場への時間厳守を重視することは論理的ではない。しかし、この基準はいくつかの企業で使われる評価基準フォームの中に含まれている。企業内のすべてのマネジャーに適用できる成功のカギを取り出すことは、見かけほど簡単ではない。仕事が複雑になればなるほど、従業員が優れた方法で仕事をこなすためのポイントになる行動を分離することはますます困難になる。

評価者の能力

評価者は、従業員の行動を正確に評価できるだけの専門的な知識と経験が必要である。評価者が評価対象者との接触が限られていると、往々にして不正確な評価がなされる。評価者が現実の複雑な職場環境をきちんと念頭に入れておかない場合も同様である。たとえば、売上実績しかわかっていないマネジャーに、後輩を育て、顧客と共同でシステムを計画し、さらにマーケティング・リサーチを行うセールスマンを効果的に評価することを期待することなど無謀なことであろう。往々にして、複雑な仕事をやりとげるためには、「細事」から成る面倒なシステムをうまく機能させなくてはいけない。仕事の複雑さを誤解すると、不正確な評価を引き起こしかねない。

評価者によるバイアス

評価者の価値観、考え方や偏見が組織の標準となり、それが評価基準となると、評価者によるバイアスが起きる。このバイアスはいろいろな形をとり、たとえば、優秀な部下が評価者の部門から昇進や異動をしないように、マネジャーが実際の能力より低い評価をつけて、その部下を「庇護」することがある。あるいは、仕事のできる従業員が洋服のセンス、話し方、社内での振る舞いのために、低い評価が下されることがある。このように、個人的な好みが業績基準に勝ることがある。さらに、評価者は、ある程度まで、部下の業績に基づき評価されるので、「平均以上」の部下を抱えることが最大の関心事である。この場合、従業員全体が不当なプラス評価を受けるかもしれない。他にも、最近の出来事（プラス、またはマイナス）が過去の業績に比べて強調され、評価者のバイアスが起こる場合がある。評価の間隔が長ければ長いほど、「最近へのバイアス」の効果が強くなる。要するに、評価者によるバイアスはその評価者の個人的なニーズによっていろいろな形を取ることが考えられる。

異文化状況での有効な評価システムへの取り組み

上記で簡単に述べた評価基準の問題は、国内の状況だけでなく海外の舞台にも存在する。ただし、これに関しては、海外勤務では問題の表れ方が国内と異なるか、あるいはもっと厳しい場合がある。この疑問に応えるには、各評価基準問題の国際的な側面を検討する必要がある。

本書の著者のうち二人が、約七〇社の多国籍企業の協力を得て、これまでにあまり例のない業績評価と海外勤務についての研究を行った。以下の各節に記載される統計は、この研究に基づくものである。

実効性のない業績評価基準

業績評価システムが機能するためには、仕事上の成功要因と、評価者の評価基準とが明確に結びついていなくてはいけない。本国での成功要因が外国では意味をなさないことが頻繁にある。

マネジャーが本国で評価される場合、通常の業績基準は、損益、投下資本利益率（ＲＯＩ）、キャッシュ・フロー、効率性（投入産出比率）、マーケット・シェア、規則の遵守、売上規模などである。表面的には、派遣マネジャーについても評価は、測定が簡単で、業績基準が明確な同一基準によって評価されるべきであろう。結局、企業は、マネジャーが世界のどこにいようが関係なく、同じ目標を達成することを望んでいる。われわれの研究では、三七％の企業がこのような「ハード」の業績基準を重視していた。それでもやはり、本国と海外で同じ基準を適用することが問題を引き起こしかねないのである。

これらの基準に基づき、つまり国内の業績基準にあわせてグローバル・マネジャーを評価するのは不公平である。それは、外的要因が海外勤務者の担当分野である財務や組織業績にしばしば影響するからである。次の環境要因は、本社が事前に見通せないような形で、財務や他の業績基準観を歪める可能性がある。

・為替レートの急速な変動
・価格統制
・資産再評価の統制
・原価償却引当金
・親会社や他の関連会社が海外の子会社に対して査定した費用（たとえば、材料価格、一般間接費）
・現地での借り入れによる資金調達
・国外運用資産の現地通貨による評価

資産や投資の整理から現在の損益を査定する場合、本社の評価者がグローバル・マネジャーに対して不当な業績評価を行う原因となる。[*6] 数カ月または数年続く厳しいインフレーションがあり、また、現地通貨の切り下げがない場合、子会社は高収益を得ることになるが、この収益は良好な経営状態よりもインフレ率によるところが大きい。逆に、現地通貨が自国通貨に対して切り下げられる場合には、子会社が現地通貨では経営状態も良く、収益を上げているにもかかわらず、所定の会計年度で自国通貨に換算すると、損益計算書で損失を出すことがある。チリに派遣されたグローバル・マネジャーの経験はこの問題を例示している。[*7]

かれはチリで、事業所が何カ月も完全閉鎖されかねなかったストライキをほとんど独力で阻止した。ストライキが珍しくもない土地で、とりわけ米国人によって、ストライキがこのように収拾されたことは画期的なことであった。しかし、南米の主要取引相手国との為替レートが変動したために、グローバル・マネジャーの滞在期間に、鉱石の需要は一時的に三〇％減少した。本社の当該派遣者に対する評価は、ストライキ阻止にかけたこの海外勤務の幹部の努力を誉めたたえ、かれが見せた卓越した交渉術を認めたものというより、普通よりちょっとはましぐらいのものであった。

このグローバル・マネジャーの本社は、チリでの売上に影響を与えた背景には理解を示さず、売上高を重要視した。その結果、マネジャーが行った他のすべての実績は軽く見られた。悪いことに、このような背景を積極的に評価に取り入れる企業は調査対象の一〇％にすぎない。

海外子会社は古い基準で評価されることがあるが、いくつかの理由で本社が業績基準の達成を妨害しているかもしれない。たとえば、本社からの決定事項の連絡の遅延、本社が子会社に課す面倒な報告手続き、または外国の子会社による成功の可能性を高める変革提案に対する完全な無視などである。移転価格操作によって、いくつかの子会社は、自分たちで稼いでいない、割り当てられた収益を出すことがある。そして実際に収益を上げた子会社のグローバル・マネジャーは、本来より低く評価される。これは、とりわけ、地域統括会社のスタッフが本社から移転価格操作があったという情報を受けずに評価する場合などに起こる。

業績評価の目的は社内で本当に優秀な従業員をはっきりと把握し、その努力に対して報酬を与えることである。これが行われないときは、情報が空回りし、グローバル・マネジャーは数字をもて遊び始め、本当に必要なことをせずに本社に良い顔ばかり見せようとする。外国で成功する本当のカギは、時として以下のように特有なものである。

- 現地政府職員との関係
- 組合リーダーとの関係
- 現地における企業イメージ
- 現地におけるマーケット・シェア
- 従業員のモラールと職務満足
- 対人交渉スキル
- 異文化対応スキル
- コミュニティーへの参加

グローバル・マネジャーの仕事が持つこれらの重要な側面の多くは簡単に数量化したり、測定したりすることができない。しかし、それらが測定も評価もされないとなると、マネジャーたちはこれらの側面に傾注することは得にならないと、ほどなく悟ることになる。

評価者の能力

国内のマネジャーは、身近で、すでにかなりの付き合いのある人々に評価される。グローバル・マネジャーの場合、状況はいくらか違ってくる。グローバル・マネジャーは直接的な接触のほとんどない地域または本社の役員に評価されることがある。さらに、評価者は国際経験がほとんどないことがあり、グローバル・マネジャーの仕事状況の全体像が理解できないかもしれない。われわれの調査によると、企業の経営幹部の二五%は海外経験があるが、海外経験のある人事担当者は一一%にすぎない。二一%の企業では海外経験のある経営幹部はゼロであり、五九%の企業では海外経験のある人事担当役員はまったくいない。しかし、これらの役員は海外勤務者の評価が完璧にできると考えている。[*8]

チリに赴任した前述のグローバル・マネジャーの例がこの問題を浮き彫りにしている。かれは、チリの仕事状況を理解しなかった本社幹部に評価された。大手半導体企業から日本に送られてきたある将来有望なマネジャーは次のような経験をした。[*9]

日本の市場に割り込むことはほとんど不可能に近かったために、かれはかろうじて赤字を出さない状態を保った。米国に帰国するとき、これまでの戦いで、心身ともに疲れきっていた。かれはもっと楽な仕事を求め、経営幹部はかれの潜在能力を過大評価していたとしてこれを認めた。事実、経営幹部は、この海外勤務者が日本市場で直面した現実を理解しようとはしなかった。

グローバル・マネジャーは、本社が自分たちを「去る者は日々に疎し」という扱いをしており、しかも自分たちが海外でどういうことに遭遇したかを理解しないとしばしば述べている。一九八一年のコーン・フェリー・レポートでは、[*10] 調査したグローバル・マネジャーの六九％が国内事業所や本社幹部から疎外されていると感じている。最近の調査でも同様の結果が出ている。[*11]

現実の事業環境を理解する有能な評価者は、間違った評価に結びつきやすい業績評価システムの欠点を補うことができるが、不備のある評価システムと、被評価者の事業環境を理解しない評価者の組み合わせでは、不正確な業績評価が出るのはほぼ避けられない。経営幹部が海外の事業環境の現実を理解しない場合は、フォーマルまたはインフォーマルな形で不正確な業績評価が出やすくなる。

評価者のバイアス

異なる文化圏から来た人々はお互いの行動を誤解しがちである。たとえば、イギリス、日本、および米国から赴任してきたグローバル・マネジャーと、受入国であるシンガポールの従業員が互いを如何に感じたかを調査したのが次の内容である。[*12]

一　米国と日本のグローバル・マネジャーは自分自身のことを、イギリスとシンガポールの人々が思うより技術的に優秀であると考えていた。

二　イギリスのグローバル・マネジャーは自分自身のことを、他の人々が思うより技術的に優秀であると考えていた。

三　米国のグローバル・マネジャーは自分自身のことを、イギリスや日本の人々が思うより対人関係が外向的であると思い、事実、他の人々から、より外向的であると見られた。

四　イギリスのグローバル・マネジャーは、対人関係が自ら思うより、他の人々から、ずっと内向的であると見られた。

五　日本のグローバル・マネジャーは、自ら対人関係がわずかだけ内向的であると思っているが、日本人マネジャーのために働いてくれたシンガポールの人々（かれらは日本人が少しだけ内向的であると感じた）を除いた人々からは非常に内向的だと思われた。

このような結果に驚くような者はいないが、確かな業績評価を行う場合は、異なる文化圏から来た人々の間でわかるような知覚的バイアスは、もはや談笑や知的好奇心の題材ではなく、むしろ業績やキャリアを脅かす恐れがある深刻な問題となる。米国人のグローバル・マネジャーがフランスで経験した次のような「危機一髪的体験」を見てみよう。[*13]

フランスでは、女性は六カ月の産休が法的に認められている。その間の給与は支払われるが、仕事に関連したことは何もしないことになっている。この海外勤務者は三人の秘書たちのうち、二人の秘書に産休を取らせた。米国人のかれは、秘書たちに在宅で仕事をするように頼んだが、自分の依頼が合法かどうか本当に知らなかった。フランスの女性たちは在宅で仕事をすることで、首になることがある。一人の秘書は申し訳ないと思い、かれに同意して在宅で仕事をした。かれのフランス人の上司は二人の秘書のうち一人が在宅で仕事をしていると知ると、非常に怒り、その行動を許すことができなかった。そのことが原因で、この米国人はそうでない場合より低い評価を受けるだろうと考えた。

状況を思い浮かべてほしい。一人の秘書は在宅で仕事をしなかったので、米国人上司に気に入られない。もう一人は、米国人上司には気に入られたものの、法律に違反したことでフランス人の上司には気に入られない。米国人はフランス人の上司に気に入られないが、最初はどうしてなのかわからない。理由がわかっても、フランス人の上司に自分の考えを理解してもらうことはできない。フランス人のマネジャーは米国人が鈍感で多分、能力がないのではないかと考える。

その後どうなったか。米国人は同国人である昔の上司にフランス人の上司にとりなしてくれるように頼んだ。しばらくして、フランス人の上司は米国人がなぜそういう行動をしたのか理解するようになり、かれに対する業績評価を妥当な線に修正した（秘書に何が起きたかは記録されていない）。大切な点は、フランス人のマネジャーは、米国人のマネジャーが産休を定めているフランスの法律をすでに知っていたはずだと信じ切っていたことである。この想定が関係者全員に対して問題を引き起こす結果となった。このような「争い事」はすべてのグローバル・マネジャーに共通しており、キャリアの一部である。しかし、大切なことは、異文化間の誤解が解決されないままでいたら、業績評価がマイナスの影響を受けかねないということである。

グローバル環境における評価ジレンマの解決法

企業は、誤った業績評価が海外事業所で行われる可能性を減らすためのいくつかの手立てを講じることができる。われわれは、企業や業界全体に適用できるだけ一般的で、なおかつ評価者の仕事に直接役に立つ十分細かい、グローバル・マネジャー評価法を作成した。

何を評価すべきか

海外勤務で成功するカギを見つけるのは容易ではなく、近道はない。注意深い分析のみがこれらのカギを探し当てることを可能にする。企業が利益またはＲＯＩを求めるものであるという仮定は単純であるが、外部環境がこれらの数値に影響を与えることがある。つまり、為替レートが大幅に変動するとき、移転価格が収益を歪めて見せるとき、さらには会計手続きの相違点が財務報告に影響を与えるとき、グローバル・マネジャーがいかによくやっているかを評価することは難しい。企業は、チリ、日本、中国、イギリス、またはナイジェリアで成功と考えられるものは何であるかを明らかにする必要がある。

明らかに、事業戦略は、特定の国でグローバル・マネジャーに期待されるものを示している。たとえば中国では、グローバル・マネジャーの成功の基準として収益に重点を置くのは愚かなことであろう。企業が短期間でたくさん儲けるために中国に参入したとしたら、トップ経営者をイライラさせることになるであろう。おそらく企業は中国でのプレゼンスを築き、いつかは（何年か何十年か後に）中国の急成長する市場を開拓する位置に就くことを願い、中国に参入した。したがって、問題は、グローバル・マネジャーが企業戦略を進めるためには、北京で何をすべきかということになる。自国の見解と同様のものを押しつけることは逆効果となるであろう。中国での成功のカギは、政府のキーパーソンと緊密な人間関係を築き、長期間にわたって中国人労働者をトレーニングすることである。その結果、政府が課したビジネス上の規制が解除される場合に、企業は成功への入り口に立つことができる。そこで、解決しなくてはならない重要な課題は、中国での企業戦略が意味を持つかどうかである。意味をもたない場合は、グローバル・マネジャーは、企業の要求に応えざるをえないと感じると同時に、現実的にかれらが問題と思うことにエネルギーを費やしつつ、苦境に陥ることになる。

企業戦略が意味を持ち、しかも評価基準がだれにでもわかりやすいものであるとしても、赴任先国で基準を満たす方法は、本国のそれとは違いがあって当然かもしれない。たとえば、生産高が重要な基準である場合、チリで高い生産高を確保するもっとも良い方法は、グローバル・マネジャーが労使関係にほとんどの時間を費やすことである。チリでは、目標生産高を保つ一番のカギは、供給コストや在庫管理に傾注することではなく、単にストライキを回避し、労働者を時間どおりに働かせることである。労働力の安定的供給が当たり前でない土地柄では、労働組合のリーダーと人的な関係を築くのに時間をかけることによって、グローバル・マネジャーの在任期間中、一二回のストライキを二回に減らすことができる。

企業は、どのようにして業績評価基準を特定の土地向けに調整することができるか。事実を把握するのに、時間を費やさなくてはいけない。役員は視察すべき国に出かけ、多くの質問をし、現在赴任しているグローバル・マネジャーの考えを聞かなくてはいけない。本社では、大学、コンサルティング会社、政府機関といった外部の専門家とともに、当該国で働いた経験のある人々などを参加させ、徹底的に質問し、当該国での成功のカギを引き出せるような情報を集めるべきである。

理想としては、海外から帰国したマネジャーは海外勤務の業績基準を改訂するチームの永続メンバーとするのが良い。基準や優先順位の設定を定期的に再評価していくと、業績評価基準は確実に海外の現状に即した最新のものとなる。*14 海外勤務から帰国したグローバル・マネジャーを三カ月から六カ月に一回、元の赴任地に出張させることには意味がある。かれらは、現在のマネジャーの仕事振りを見て、その国のビジネスを取り巻く環境、当該国の企業が直面する問題、戦略的または運営上の見通しから必要となる変革などを明らかにするために現在のマネジャーと面談する。このように、グローバル・マネジャーの評価基準はビジネスを取り巻く環境によって変化し、流動的となることがある。

評価は誰がしたらよいのか

誰がグローバル・マネジャーを評価するかについての見解は、企業によってかなり異なる。図表7・2は、本章の最初に述べた研究の結果である。

平均すると、企業は海外勤務者一人につきに三人の評価者を充てている。評価者数は、約一二%の企業が一人、四三%が二人、二〇%が三人、一五%が四人以上となる。興味深いことに、これらの企業は、国内では一人の従業員の業績評価に六人の評価者を充てている。

図表7・2　派遣者の業績に対する評価者

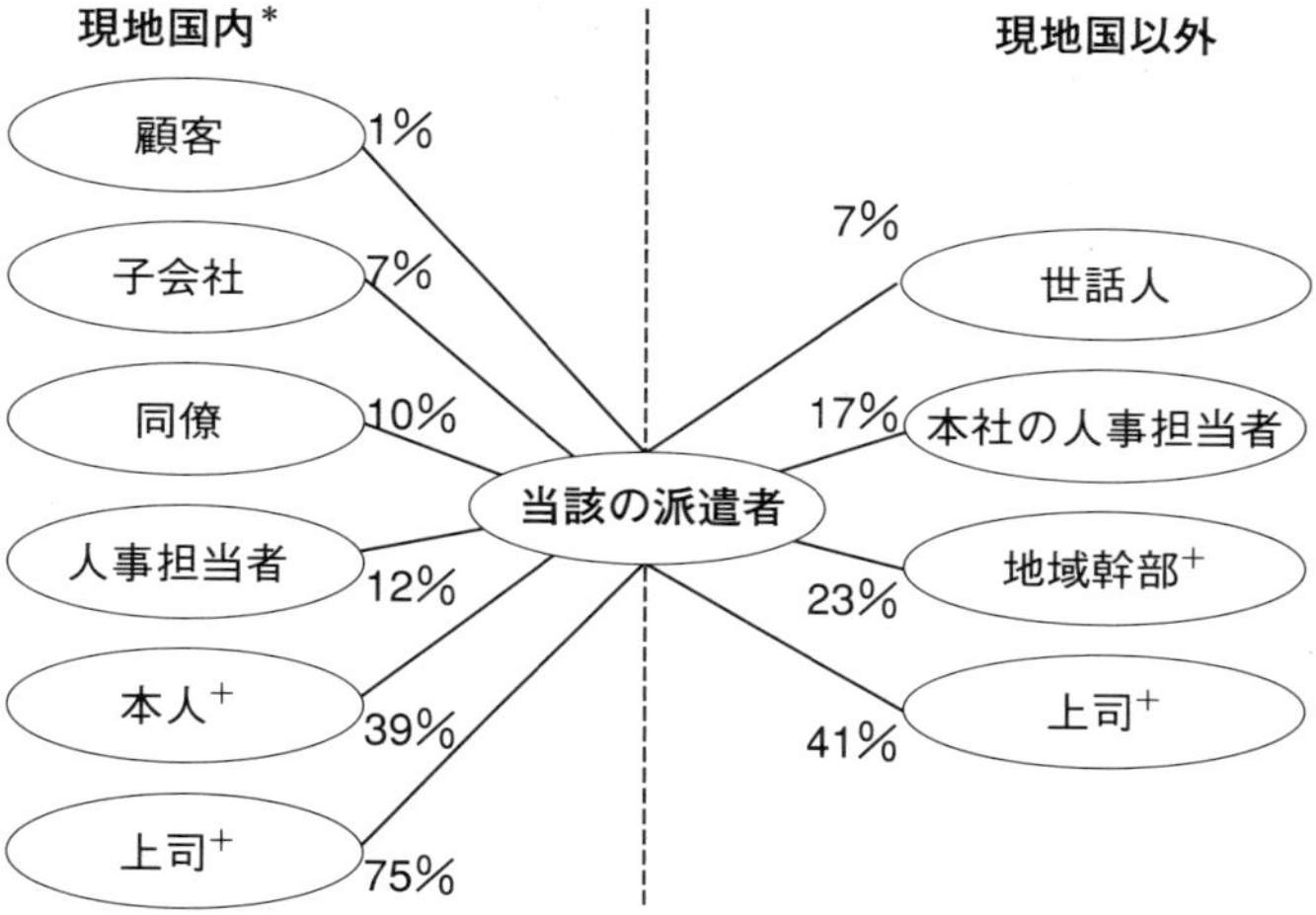

＊国内の評価者は，33％がその国の人々である。
＋評価の正確さと正の相関があることを示す。

注：パーセント(%)は、各タイプの評価がサンプル企業での評価に含まれる平均的な割合を指す。

図表7・2は、ブラッセルで働く米国企業の海外勤務者が、本社、地域統括会社、および人事担当役員から評価されるであろうことを示している。ある調査によると、米国の海外派遣者は本社幹部に評価されることがもっとも多いということがわかった。最新のわれわれの調査によると、大多数の評価者は現地国以外にいる人たちではなく、当該国内にいる人たちであることがわかった。[*15] これが傾向であるならば、おそらく良いことであろう。

われわれの研究における先進の企業群は、チームでの業績評価方法を取っている。このチーム評価による方法は、目に見える効果や業績評価の公平さとかなりの相関関係があった。企業により差異はあるが、次にこの先端的な方法を説明しよう。

チームのメンバーはチーム・コーディネーターの指導の下、グローバル・マネジャーの

図表7・3　グローバル・マネジャーの評価の輪

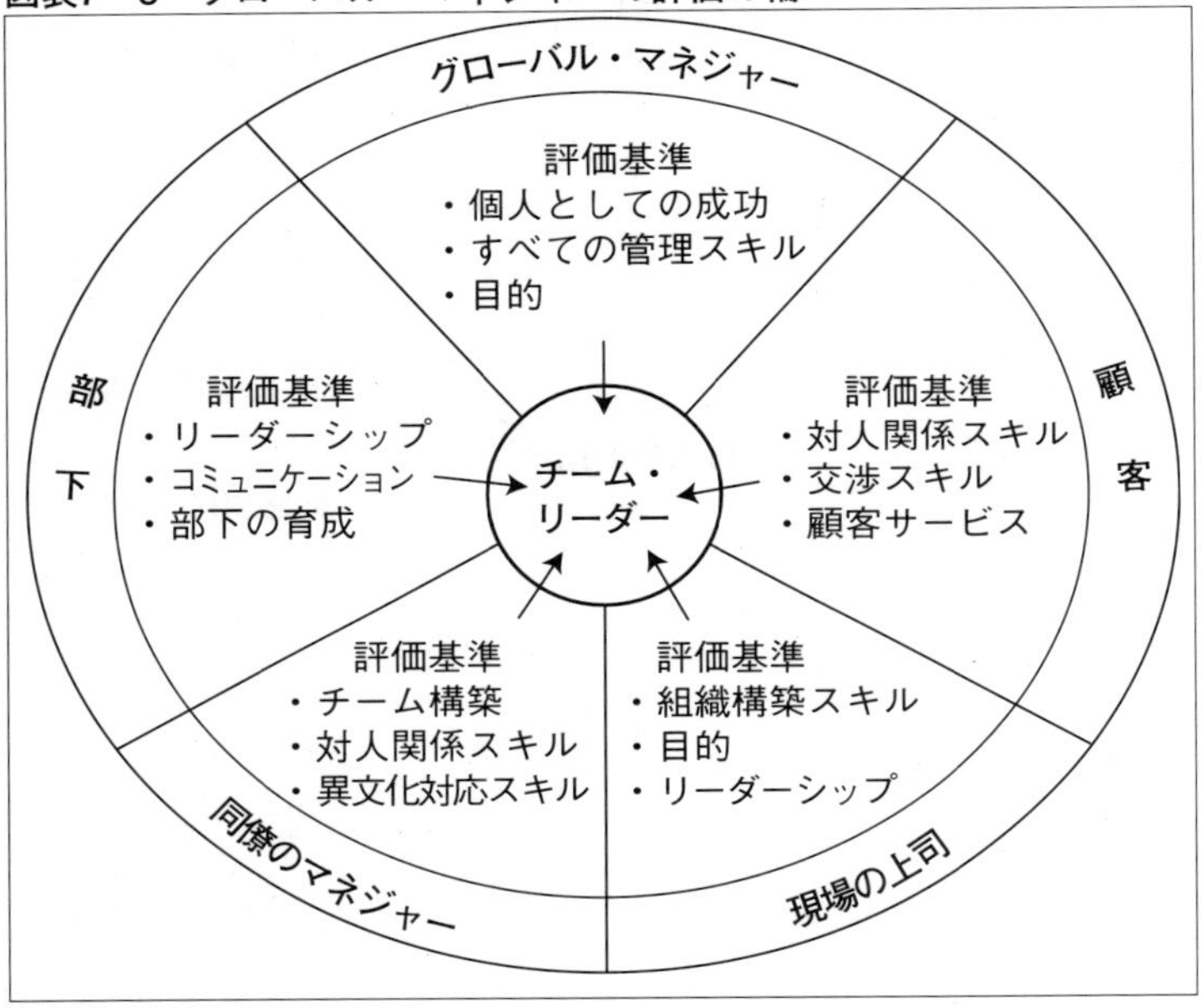

業績評価のために構成される。チーム・コーディネーターは主に人事担当役員であるが、多面的な評価プロセスの「中軸（ハブ）」として働いた。この役員の仕事は、集計、分析、およびチーム・メンバーからの回答をもとに「グローバル・マネジャーの評価報告書」をまとめることであった。そして、この報告書はグローバル・マネジャーの直属の上司とそれより上の役員に送付され、本社の人事部門にファイルされた。「ハブ・マネジャー」は、グローバル・マネジャーの現地の上司（グローバル・マネジャーが海外オペレーションのヘッドでない場合）、同マネジャーの同僚、同マネジャーの部下、同マネジャーの顧客（重要である場合）、同マネジャー本人などからの回答の集計を整理した。

チーム・メンバーとその関係を図表7・

3に示す。グローバル・マネジャーの勤務での異文化の複雑さを考えると、評価者を数多く充てることが必要である。これらの評価者はグローバル・マネジャーの異なる側面の能力評価を反映できることが望ましい。本社の人員はチームの中で少数派にしかすぎない。研究結果が示すように、業績評価を行うために前もって必要な、もっとも基本的なことは、評価者が「理にかなった期間（たとえば六カ月）をかけて被評価者の仕事振りを観察するのに十分なチャンス」を得ることである。[*16] 当然ながら本社の幹部にはその資格がありそうにない。したがって、本社は、海外勤務のマネジャーを観察するのに十分なチャンスを持った人から、このマネジャーの実績の質に関する情報を得ることが必要である。

異文化問題による評価者のバイアスがあることを考えると、一人だけの評価者が行うグローバル・マネジャーの評価に頼るのは危険である。たとえば、グローバル・マネジャーの直属の上司が同じ国籍ならば、この上司はマネジャーがよく仕事をしていると感じるかもしれない。しかし、現実は、両者が現地の文化、ビジネス環境、交渉のやり方などになじんでおらず、両者とも良い仕事をしているとはいえないということもありうる。したがって、保証のない「ハロー効果」や過大評価が起きることがある。逆に、フランスに赴任したグローバル・マネジャーの例でみるように、現地国の国籍を持つ直属の上司は、異文化間の誤解のためにグローバル・マネジャーに不公平に、きつくあたることがあるかもしれない。したがって、**一人の**評価にのみ頼るのはグローバル・マネジャーの仕事振りの評価を不明確にしてしまう。図表7・3の業績評価の輪《ホイール》は、グローバル・マネジャーの業績についての意見を包括的に把握するアプローチを示している。

現地の上司

この人たちは、グローバル・マネジャーの業務とその国の事業目標や目的との関係について報告し、かつ重要な仕事、プロジェクト、組織的な問題に関してマネジャーの仕事振りを観察する上でもっとも良い立場にいる。

同僚のマネジャー

いろいろな国籍の人々が同僚としてその職場にいる場合、その同僚のマネジャーからの意見があると、グローバル・マネジャーがいかに他の人々と共に働き、組織の目的を達成するように努めているかをある程度把握できる。これらのマネジャーの回答はまた、グローバル・マネジャーの管理スキル、対人関係スキル、異文化対応スキル、多文化のチーム構築スキルなどのレベルも反映するであろう。

部下

グローバル・マネジャーの部下、特にかれらがほとんど現地国の人たちの場合、その人たちから出される評価は、派遣者と同じ国籍を持つ直属の上司による「ハロー効果」を相殺する。部下からの回答によって、異文化の管理スキル、コミュニケーション・スキル、リーダーシップ能力、およびグローバル・マネジャーが違う文化を持った人々の中でいかに効率よく仕事ができるかということがわかる。

顧客

グローバル・マネジャーの仕事の中味には、通常、企業イメージを高めるために外部に対して企業を代表すること、新たな事業を興すこと、企業やその業界に関係する政府の決定事項に影響を与えること、提携を進めること、およびより広範囲のコミュニティから支持を得ることなどである。この分野での海外勤務者の成功を確かめる唯一の方法は、海外事業の顧客に、グローバル・マネジャーについて質問することである。顧客は、社内の管理スキルを見通すことはできないが、かれらからは、交渉、「表看板」としての義務、対人関係スキル、販売スキル、提携関係を構築するスキルなどのグローバル・マネジャーの専門能力について有用な回答が得られる。

本人

自己評価には評価者のバイアスが現れる一方で、海外勤務者は前回の評価が行われた後の自分の業績、不満、進歩や努力目標を述べるチャンスが与えられるべきである。個人としての観点は業績評価を行う上での重要な要素である。グローバル・マネジャーは、情報を提供しても評価「ネットワーク」の一部にしかならないとわかっているので、業績をあまり誇張しすぎない報告書を書く。

評価の時期

この問題について多くの調査が行われ、結論としてはかなりはっきりしてきた。カシオ氏によると、「過去二〇年間にわたる調査によると、年間一回や二回の評価ではあまりにも少なすぎる。過去六カ月や一年間、何名かの従業員の仕事ぶりがどうであったかと聞かれると、評価者は困惑してしまう。……人は観察したことの細部はよく忘れるし、今頭の中にあるカテゴリーに基づき細かいことを再構成してしまう」[*17]。マネジャーは、全評価期間を通してではなく、最近の六週間に起きたことによって六カ月を評価しがちである。

ジレンマは、本来なら収益を上げる活動にエネルギーを注ぐことができるマネジャーが、時宜を得た一貫した業績評価のために疲れきってしまうことである。結局、入念な業績評価を行うために、組織が存在するのではない。時宜を得た評価の必要性と、より課業達成的活動に向けて組織的な時間を使う必要性とのバランスを保つべきである。

チーム・リーダーは六カ月ごとにグローバル・マネジャーに関する報告書を作成する。しかし、このことは、年二回様々なチームメンバーからすべての情報を集めるべきであるということではない。グローバル・マネジャーに対する業績評価は、次に述べるタイムフレームと情報源に応じて行うべきである。

現地の上司

グローバル・マネジャーの評価は、先に時期を決めるやり方でなく、重要なプロジェクト、仕事、または他の組織的活動が完了したときに行うべきである。この方法をとると、上司は曖昧で、「形態的な《ゲシュタルト》」脈絡ではなく、特定の仕事の脈絡の中でマネジャーを評価することに集中できる。この定期的な評価はチーム・リーダーに送られ、ファイルされ、チーム・リーダーが「グローバル・マネジャーの評価報告」を正式に書く時に活用される。

同僚のマネジャー

同僚のマネジャーは六カ月ごとにグローバル・マネジャーの評価を求められている。本来、両者の付き合いは散発的（ときには深く、ときには浅く）なので、かれらが評価をしなければならないときに報告に書けるだけのデータ・ベースを頭の中につくるには、六カ月の期間が必要である。

部下

部下は、現地の上司が評価するのと同時に、すなわち、大きなプロジェクトが完了した後に、グローバル・マネジャーの活動を評価するように依頼されることがある。このアプローチをとると、部下はグローバル・マネジャーについての一般的な印象よりも、仕事を忠とした評価をする必要がある。

顧客

この調査は年一回行われるべきである。顧客は多忙な人たちなので、三カ月ごとに調査票に記入する煩雑さに惑わされたくないのである。顧客に近づき、評価過程に参加してもらえるように依頼する適切なアプローチとはどういうものであろうか。グローバル・マネジャー、現地の上司、地域の幹部、または本社の役員は、接触できた顧客リストを作成するように求められる。これらの顧客の意見は、公式に（電話でのインタービューや調査などで）または非公式に（会食の場などで）集められる。それらは、顧客の人柄や文化的な好みの観点から見て意味のある情報である。顧客と個人的に接触する行為があまりにも押し付けがましいと思えるなら、第三者を使って、グローバル・マネジャーと顧客とのやりとりを評価することもできる。これらの第三者としては、社内のマネジャー、大学教授やコンサルタントが考えられる。

グローバル化のパターンと評価の戦略志向とのリンク

われわれは、企業はそのグローバル化の段階、競争戦略、および人事管理にぴったりと合う評価基準を探す必要があることを再度強調したい。さらに、五つの人事管理機能は、各機能がうまくいけば、お互いに支えあい、補強し合うはずである。たとえば、グローバル・マネジャーの入念な業績評価システムを注意深く構築しておきながら、勤務完了後、かれらが開発したスキルを無駄にするような地位にかれらを据えるとすれば、長期的な利益は生まれない。評価機能によって、良い管理者開発やキャリアの将来計画が出てくる。これは人事管理プロセス機能間における重要な結びつきである。

本章を通して、われわれはグローバル・マネジャーの評価システムの効果を上げる考えに焦点を絞った。しかし、企業は様々な異なる戦略を持ち、またグローバル化の段階も異なる。したがって、この点を考慮に入れて評価機能を簡単に論じよう。業績評価に関して、次の一般原則が適用される。

一．**企業の競争戦略が差別化の方向に向かえば向かうほど、業績評価システムはもっと包括的で複雑にならなくてはならない。**輸出段階にあるグローバル化においてさえ、企業が差別化志向の戦略を取るならば、グローバル・マネジャーは平均以上の有効な異文化対応スキルが求められる。製品やサービスが顧客の好みと一致するように設計されるので、かれらは外国文化を理解する必要がある。

二．**企業のグローバル化の段階が輸出段階から統合段階（多国籍企業とグローバル企業）に近づけば近づくほど、業績評価システムはもっと包括的で複雑にならなくてはならない。**企業がよりグローバルに統合されるにしたがい、グローバル・マネジャーは、組織の「ハード」な業績目標（たとえば、利益、ＲＯＩ、マーケット・シェアなど）に対して責任があるだけでなく、組織の「ソフト」な業績目標（たとえば、外国人マネジャーを社風になじませること、本社や子会社の問題を調整し、バランスを保つこと、外部の利益関係者に対して企業の代表を務めることなど）に対しても責任があると自覚する。したがって、グローバル・マネジャーの成功の基準は、数の上でも規模の上でも大きくなり、チームによる業績評価アプローチが必要になる。

まとめ

いかに企業が大勢のグローバル・マネジャーを海外に抱えていても、かれらはそれぞれの海外状況、海外事業部門の企業戦略、および企業のグローバル化の段階で理にかなった方法で評価されるべきである。肝に銘じておくべき何よりも大切な原則は、いかなる状況でも、グローバル・マネジャーは海外で成功するために真に重要な基準で評価されるべきであり、成功への付随的な基準で評価されてはいけないということである。国際的業績評価でこのハードルを超えることは難しいが、それに挑戦すれば、もっと良い結果を生み、成功するグローバル・マネジャーを輩出させることにつながるであろう。

注

1 Gregersen, Black, and Hite, "Expatriate Performance Appraisal: Principles, Practices, and Challenges"; Gregersen, Hite, and Black, "Expatriate Performance Appraisal in U.S. Multinational Firms."

2 Casio, *Managing Human Resources*.

3 Beer, "Performance Appraisal: Dilemmas and Possibilities"; Casio, *Managing Human Resources*.

4 Casio, *Managing Human Resources*.

5 Beer, "Performance Appraisal"pp. 25 - 26.

6 Robinson, *International Business Management: A Guide to Decision Making*.

7 Oddou and Mendenhall, "Expatriate Performance Appraisal: Problems and Solutions.

8 Gregersen, Black, and Hite, "Expatriate Performance Appraisal: Principles, Practices, and Challenges"; Tung, "Career Issues in International Assignments."

9 Oddou and Mendenhall, "Expatriate Performance Appraisal."

10 Korn-Ferry International, *A Study of the Repatriation of the American International Executive*.

11 .Gregersen, Black, and Hite, "Expatriate Performance Appraisal: Principles, Practices, and Challenges."

12 Stening, Everett, and Longton, "Mutual Perception of Managerial Performance and Style in Multinational Subsidiaries."

13 Oddou and Mendenhall, "Expatriate Performance Appraisal."

14 Ibid.

15 Stening, Everett, and Longton, "Mutual Perception of Managerial Performance and Style."

16 Casio, *Managing Human Resources*.

17 Op cit, pp. 302 - 303

第8章　報酬：従業員の正しい仕事に対する認知

多くのビジネスマンやビジネスウーマンは、良い仕事をしたときには、ドル、円、ポンドまたはそれに匹敵する何らかのシンボルによって報いられることを期待する。そのシンボルがお金であれ何であれ、企業も海外勤務をしているマネジャーもその計算をすることができるし、実際計算をするであろう。われわれは、給料が多すぎると感じている海外勤務者にも、支払いが少なすぎると思っている企業にも会ったことがない。海外派遣者に対する報酬や手当は、企業が伝統的に大いに関心を寄せてきたものである。これらの課題には本章でも多くのページを割いているが、より広範囲な文脈の中で論じることにする。報酬が重要である一方、報酬システム全体の構造は、グローバル勤務に対する他の形態の報酬と同様に、従業員が正しく仕事を行うよう促すのに役立つ。このため、本章ではまず、既存の報酬システムの基本原理を略述した後で、海外勤務者に対するより包括的で統合された報酬システムを提示する。

▼Bを期待するのに、Aに対して報酬を与える問題◀

海外勤務者の報酬に共通する問題の一つが、各種の手当（これに関しては、本章の後半で記述）が通常「Bを期待するのに、Aに対して報酬を与えること」といわれる問題をもたらすことである。[*1] この言葉は基本的に、ある人が具体的に一つの行動を示すことを期待しながら、他の行動に対して報酬を与えるという問題を指している。たとえば、教授は教材を勉強し理解を深めることを学生に期待するが、暗記した事実や数値を反復する学生の能力のみを評価することがよくある。ビジネスの場合、上司は部下に率先して問題解決を図ることを期待するが、単に命令にしたがい「標準操作手順」に忠実であるというだけで部下に報酬を与えることがよく指摘されている。これは非常にありふれた問題で、その例にはこと欠かない。この一般的な問題には二つの理由がある。

(1) 目標が明確でない、または明確に理解されていないためである

(2) 最初は目標がはっきりと理解されていても、結局、目標を達成する手段の方が元の目標と入れ替わって目標そのものになるためである。海外勤務の報酬システムには、いくつかの弱点があるが、この現象に対しても対応しきれていないところがある。

Bに期待するのに、Aに対して報酬を与えるという罠に陥らないためには、グローバル勤務の報酬システムの重要な二つの目的と、従業員が世界中を移動する際に発生する特殊な問題とを考察することが大切である。

優秀な従業員を引き付け確保すること

報酬システムの第一の目的は、グローバル勤務に適した優秀な従業員を引き付け、確保することである。異なる国や文化圏での生活には、前向きで魅力的な面があるものの、同時に不確実性やマイナスの結果も数多く見られる。家族、友人、慣れ親しんだ快適な生活環境、教育施設や医療施設、娯楽やレクリエーションの機会、好きな食べ物、それに商店街などから離れることを、ほとんどの人は望まない。その結果、国に置いてきたものを「金で解決する」手段として、あるいは海外滞在中に購入したり、代金を払って一緒に持っていく手段として、しばしばお金が使われる。ジャカルタに駐在するあるマネジャーが指摘するように、「現地の一般の普通の食料品店さんにはウイーティーズ（小麦でできた朝食用シリアル）はないが、お金をたくさん持っていれば手に入る」。

企業は優秀な従業員が海外勤務に魅力を感じ、また外国の文化にうまく適合することを期待するかもしれないが、派遣者とその家族は、海外勤務を受け入れることに対する金銭的な報酬の多さのおかげで、本国と同じようなライフスタイルを持ち込んだり、手に入れたりして、外国の文化や国になじむのにほとんど苦労しないで済んでいる。この現実がBを期待するのに、Aに対して報酬を与えるということである。

公平感の高揚

海外の報酬システムは、「公平感《イクイティ》」を高めるように設計されている。公平感は、「平等意識《イコーリティ》」とは明らかに異なるものである。ほとんどの組織は平等原則に基づいて構築されているわけで**はない**。企業には複数の階層があり、階層を上っていくにつれ、ほとんどの場合、金銭的な報酬も増える。公平とは、貢献したものに対する受け取るものの「割合」についての比較を意味する。組織内の階層の異なる従業員は、同一の金銭的な報酬を期待しない。しかし、同じ組織内階層で同じくらいの業績であった従業員は、同じような報酬を期待する。

海外の場合、この原則は、異なる国から赴任して同じ職場に配属され、同じような仕事を同じようにうまくこなす派遣者の間で、あるいは異なる職場で同じ仕事を同じようにうまくこなす派遣者の間で、著しい給与格差があってはいけないということを意味する。たとえば、経験豊かな人事担当者は、およそ同じ「ランク」のイギリスとドイツから来た海外勤務者を第三国（たとえば、日本）に赴任させるということになると、これはひどい頭痛の種になることを知っている。同じ組織の同じランクのイギリス人とドイツ人は、本国での給料に大きな違いがある。「本国」で仕事をしている分には、その格差はたいして気にならない。しかし、海外勤務となって他の国で机を並べて働くということになると、これらの格差は問題関心の中心となってくる。米国大手多国籍企業の日本の子会社の社長にまで内部昇進したある人は、「私より二ランク下のドイツ人派遣者がいるが、すべて込みの給与では私と同じであり、かれより一ランク上のイギリス人の二倍である」と述べている。

優秀な従業員を海外勤務に引き付けるために通常支払われる金銭的なインセンティブは、往々にして強い「不公平感」をもたらす。派遣者より一ランク下の現地国の従業員は、**かれらが**貢献して受け取るものと、派遣者が貢献して受け取るものとの間に大きな溝を感じることが多い。派遣者が受け取る報酬には使わないと無くなってしまうものが多いので、派遣者は使わないで無くすより使う方を選択することになる。これが、現地の人々と派遣マネジャーの間の不公平感を増大させる。企業は公平を期待しているかもしれないが、その報酬システムの多くは最大の不公平を助長している。米国人派遣者の配偶者は次のような考慮に値するコメントをしている。

「私たちの銀行は従業員や家族のことを実際に考えてもいないし、考えるべきだと思っていないのではないでしょうか。すべて『安上がり』に済ませるから、知らない国に慣れるのが一層大変になるし、他方で従業員はストレスで疲れ切ってしまいます。私たちの海外勤務とニューヨークの他の大手銀行の海外勤務とを比べると、私たちの手当は標準よりずっと低くびっくりするくらいです。たとえば、知り合った多くの人々の住宅手当は私たちより二五％多かったのです。帰国休暇用の航空券は、私たちの銀行はエコノミークラスで、他の企業はビジネスクラスでした。他の企業ではずっと高いボーナスが支給されていました。私たちの銀行は、優秀な従業員を数多く失ってきましたが、かれらにこのような冷遇を続けるなら、これからもずっと失っていくでしょう。ところで、私の夫は帰任してから以上のような理由で銀行を辞めました」。

報酬に関する基本的なアプローチ

派遣者がいる限り、組織内のみならず組織外との報酬体系の比較は不可避であろう。これらの報酬体系

表8・1　バランス・シート

おおよそ同等の全体的な生活水準

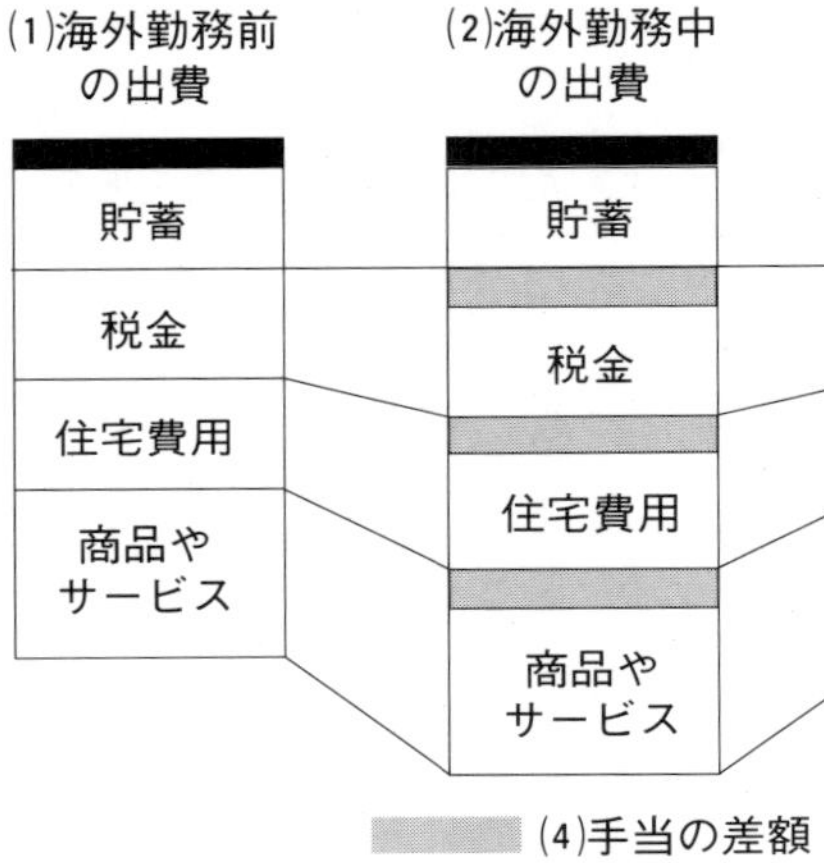

は、個々の諸手当を超えており、金銭的および非金銭的な総合的報酬体系から成り立っている。実効性のある報酬システムの両面を考える前の最終的な予備段階として、個々の手当を一般的な金銭的報酬システムに適合させるための基本的なアプローチを検討したい。

バランス・シート

バランス・シートは、ほぼ間違いなく米国における中心的なアプローチである。このアプローチの基本的な目的は、従業員が本国と同じ程度の生活水準を勤務国でも維持できることを保障することである。このシステムは、海外勤務サイクルの最初から最後まで生活水準の変化から受ける衝撃を和らげる働きがある。図表8・1は、このアプローチがいかに設計されているかを示している。

このアプローチは、条件が正しいときにうまく作動する。海外勤務の前、その期間中、およびその後でも生活水準が一定になるようにすることが目的なので、バランス・シートは従業員が勤務を全うして帰国することを想定している。この条件は多くの企業ではその通り成り立つが、企業の中には、国際キャリア専門のマネジャーが一つの海外勤務から他の海外勤務へ移動するシステムを持つ企業もある。この場合、従業員の本国ならびに、任意に選べる本国の生活水準と海外での水準を同じにするための理由付けを決めることは難しくなってくる。

企業の派遣者のほとんどが同じ国から来ているときは、バランス・シートはもっとうまく機能する。異なる生活水準を持つ異なる国出身の派遣者同士が同じ勤務地で一緒に仕事をする場合、バランス・シートは、これらの各人が享受する（または、被る）不均衡あるいは不平等な生活水準を浮き立たせる。結局、同等の責任を有する派遣者は、主として出生の偶然によって不平等となった報酬体系をなかなか受け入れられないであろう。

この方法は、もしも生活水準を計算し比較するための信頼に足る詳細な数値が得られる場合にもっとも有効となる。ソルト・レイク・シティーに本社があり、スイスのジュネーブに地域本社があるバイオ企業の場合を例にとる。同社は最近、二人の子供を持つ優秀なマネジャーをロスアンゼルスからスイスに赴任させた。本社の人事部員が、ジュネーブで三つのベッドルームがある一軒家かアパートの年間賃貸料がどのくらいか調べたところ、推定で約二五、〇〇〇ドルという答えが返ってきた。人事部長は、ソルト・レイク・シティーでは同じ規模の一軒家の年間賃貸料は約一三、五〇〇ドルであると知っていたので、この従業員のために一一、五〇〇ドルの住宅手当の調整を行った。人事部長は、バランスを保つために必要な住宅手当を査定するのに、これらの数値を使わずに、スイスと米国の国内平均を参考にする方が楽であったかもしれない。生活水準（およびそれに伴う出費）は、国ごとだけでなく、地域、都市、近隣によっても異なる。この派遣者の年間住宅費は、ロスアンゼルスの三つのベッドルーム付きの住宅では一六、五〇〇ドルであった。スイスの三つのベッドルーム付きのアパートの平均の年間賃貸料は大体二一、〇〇〇ドルで、ジュネーブより四、〇〇〇ドル少ない。したがって、利用可能な数値、算出方法、および、どの数値が使われたかということにより、生活水準を「バランスさせる」のに必要な金額で大きな違いが出ることになる。

悪いことに、バランス・シートを利用する企業は、従業員が帰国に際して報酬額の著しい変化を経験するような状況をつくってしまう傾向がある。ある米国人派遣者の次のようなコメントは考慮すべきである。

帰国したとき、私の基本給は、規定では最大一〇％となっているにもかかわらず、一六・七％減らされました。この一二年間、私は常に優れた業績評価を受けていたのです。これらの評価は、三人の上級副社長以下八人のマネジャーにより行われたものです。最後の三年間は、業績インセンティブ計画の下で手にできる最大のボーナスを受け取っていました。

私は、ニューヨークより生活費が少なくて済むトロントに生活した後で、米国に帰国するのは、全体的にまったく嬉しくはありませんでした。結果的に、昇給や二台目のリース・カーという追加的利益を得られたとはいっても、今は可処分所得が（税金や住宅費の負担が増えたため）ずっと減りました。しかも実際には、私は一台もリース・カーを持つことができません。何と、駐車するスペースが持てないからです。ずっとお金のかかる都市に戻ったため、私は経済的に苦しくなりましたが、私の会社にはそれに対処する術がないのです。特に癪に障るのは、私が海外勤務によって経済的に豊かになったと感じていたことです。

バランス・シートは現在、もっとも一般的なアプローチである。グローバル勤務を考えているほとんどの従業員はそれを合理的で公平であると見ている。したがって、バランス・シートは、優秀な従業員をグローバル勤務に引き付ける効果的な方法といえる。従業員が勤務を終えた後、母国に帰る場合、ほとんどの派遣者が同じ国の出身者である場合、さらに、両国の生活水準に関する正しい特定のデータがある場合、バランス・シートはもっともよく機能する。

本国との同等性

このアプローチは、多くの意味で非常に単純で明快なものである。すべての派遣者（または、あるレベル以上のすべての派遣者）の報酬は、親会社の所在国の市場価格を基にしている。たとえば、ある米国の化学業種の多国籍企業は、出身国の如何にかかわらず、すべての派遣者に米国の従業員と同額の給料と手当を支給する。この報酬計画によると、いろいろな国から来て同じ職場で働く派遣者が他のアプローチでよく感じる不公平感が小さくなる。

このアプローチの実効性も、いくつかの重要な条件に依存している。この方法は、親会社のある本国で比較的高い賃金とかなり高い生活水準が実現されている場合はうまくいく。それは、かれらが国内にいれば得られたであろうよりも良い（少なくとも低くない）給与体系と生活水準を受け入れるよう説得しやすいからである。この方法は、グローバル勤務の派遣マネジャーが次から次へと海外勤務を続ける国際キャリア専門職である場合にもうまくいく。この場合は、個人が今までより低い給与体系と生活水準の国に帰国した場合に、生活費調整による差損がもたらすマイナスの影響を減じる。

本国との同等性は、海外勤務に就いているマネジャーが比較的少人数（五〇人以下）である場合、または国際キャリアを積むマネジャー層の場合、もっともうまく機能する。本国賃金の支払いや本国の生活水準の保障は、それらが世界水準より高い場合はとりわけそうであるが、派遣マネジャーが多人数の場合、極めて費用のかかることになる。さらに、世界をまたにかけて高い賃金と生活水準を謳歌する多人数にのぼるマネジャーは、現地のマネジャーや従業員の不公平感を強め、その結果、現地の人々と効果的に働ける派遣マネジャーの能力をそぐ恐れがでてくる。

地域《リージョナル》マーケットまたは合成《コンポジット》マーケット

企業の中には、「地域マーケット」または「合成マーケット」に基づくアプローチに引かれるものもある。この方法は、一揃いの国々の平均給与ならびに生活水準の指標を計算することを意味する。「地域マーケット」という用語は一般的に、地理的に近接する一揃いの国々（たとえば、中央アメリカ、中東、スカンジナビアなど）を意味する。「合成マーケット」という言葉は、企業へのマーケットの重要性のような他の基準でまとめられた国々をいう。このアプローチは、本国との同等性のアプローチより割安である。というのも、それにより企業が、本国と他の国々との間の賃金や生活水準上の格差を小さくし得ることになるからである。

このシステムは、派遣マネジャーが地域マーケットまたは合成マーケットの境界線内に移入し滞在している場合にはうまく機能する。従業員が異なる地域マーケット間または合成マーケット間を行ったり来たりすればするほど、不公平感が生まれる機会が多くなる。この方法は、地域マーケットまたは合成マーケットの境界線が賃金や生活水準レベルに違いが少なく、同じくらいの国々の周りに引かれているときにもっともうまく機能する。たとえば、北米地域としてカナダ、米国、それにメキシコの周りに境界線を引くと、メキシコと他の二国との賃金ならびに生活水準の格差が顕著になるので不公平感が出てくる。

現地市場

派遣者の報酬に関する四番目のアプローチは、海外勤務に就くことは稀なことでないので、特別な報酬や手当は期待すべきではないし、支払うべきでもないという前提から始まる。したがって、従業員はすべて、勤務地が自分の本国であろうとなかろうと、現地市場の相場にしたがい支払われる。この方法を若干修正した方法では、最初の一年か二年はいくらかの手当が支給されるが、その後中止されて、派遣従業員は現地国の人々と同じように扱われる。同様の修正版として、赴任が始まるときに支給される「一回限りのプレミアム」(あるいは時には赴任の最初と最後に支給される場合もある)などいろいろな形がある。この基本的なアプローチが含む意味は明らかで、優秀な従業員は賃金構造と生活水準が本国より高い国への赴任要請は受けるであろうということである。しかし、従業員に逆の異動をさせることは非常に難しい。

この方法はいくつかの制約的条件の下であればうまく機能する。第一に、企業が一般的に事業のマルチドメスティック戦略をとり、情報がほとんど国と国の間を出入りしないことを望む場合で、この場合、派遣マネジャーに対する企業のニーズは比較的小さい。第二に、企業が、親会社の本国、あるいはもっとも望ましい派遣従業員の属する国より、さらに発展した国に進出する場合である。この場合には、従業員が以前より高い賃金を受け取るので、この方法はうまくいく。しかし、この割増金は先進国の高い生活水準を維持する費用に、ある程度相殺されるかもしれない。

諸手当

派遣者の報酬に関する前述の一般的なアプローチを頭に入れた上で、派遣マネジャーにしばしば支給される数多くの諸手当を検討することができる。派遣マネジャーに支給される手当の数と種類は、支給する企業の数と種類にほぼ匹敵する。しかし、そのうちいくつかの手当てはほぼ共通であり、したがってそれらを吟味し、企業の傾向を検討することは役に立つ。

海外勤務プレミアム

海外勤務プレミアムは、グローバル勤務の受諾に伴う従業員や家族の前向きな気持ちや犠牲に配慮して支給する金額のことである。この報酬は、異国の習慣、食べ物、気候、交通機関、教育、買い物、医療機関などで不便な外国生活を送ること、および家族、友人、本国の慣れ親しんだ環境から離れることの代償として支給される。二五〇社を上回る米国多国籍企業に対する、ORC（Organizational Resources Counselors）社の一九九〇年の調査によると、七八％の企業が外国勤務プレミアムを支給している。[*2] このプレミアムを支給するほとんどの企業は、基本給をベースにして、一般的にその一〇％から二五％を支給している。企業によっては、たとえば五〇、〇〇〇ドルなどの上限を設定しているところもある。しかし、過去一〇年でこの％は劇的に下がった。一度、海外売上高が全体の五〇％を、超えて押し上げられ「国際的」になると、ほとんどの企業は外国勤務プレミアムの支給を中止する。

ハードシップ手当または特別地域手当

ハードシップ手当は、外国勤務プレミアム（支給がある場合）に加えて、グローバル勤務のある特定の国や地域の特に厳しい点に配慮して支給される。ハードシップには、物理的な孤立状態、極端な気候条件、政治的不安定や危機、さらには不適切な住居、教育、医療、あるいは食物による劣悪な生活条件などが含まれる。ORC社の調査では、多国籍企業の六八％は勤務国によって派遣者にハードシップ手当を支給している。支給している企業の比率はほとんど変わらないが、ハードシップ手当が適用される国の数は劇的に減少している。ほとんどの企業では、日本、シンガポール、スペインなどの国は「ハードシップ」リストからははずされている。

ハードシップと認定し評価した上で、公平な報酬額を決めることは簡単な作業ではない。ほとんどの企業は二通りの方法をとる。最初のテストは外部のマーケット・テストである。企業は、当該国や地域で働く派遣マネジャーのいる類似した企業の競争的実施状況を検討する。約五〇％の企業は外部の専門家を使い支給額の評価を行う。二番目のテストは内部のマーケット・テストである。このテストでは、企業は優秀な従業員をある国や地域に引き付けるために必要な報酬を査定するだけである。外部のマーケット・テストと内部のマーケット・テストの結果の相関関係は高い場合と低い場合とがあり、幅がある。

何らかの力学によって、企業は二つの相場の高い方を選ばざるをえないことがある。通常、企業は、従業員が任地に到着してすぐ他の企業のハードシップ手当と自分のそれを比較するであろうことを知っている。結局、内部の市場価格が外部の市場価格より低くても、企業は外部の市場価格にすることにして、従業員の不公平感や不満を回避する。また、低い外部の市場価格を上回る内部の市場価格を選び、優秀な従業員にハードシップ勤務を受け入れさせることもある。採用する方法の如何にかかわらず、企業の大多数はグローバル勤務の期間を通じて、ハードシップ手当を段階的に廃止するようなことはしない。

生計費手当

生計費手当（COLA）は、同等の生活水準を維持する費用が国によって異なるということで採用されている。多国籍企業の九〇％以上が生計費手当を支給している。本来、企業やそのコンサルタント会社は、勤務先国の「バスケット一杯の商品」の価格と、他の国（通常、本国）のそれとを比較する。勤務先国の方が比較されている国より高くつく場合は、生計費調整が行われる。勤務先国の生活費が比較対象されている国より低い場合は、調整されない。マイナスの調整をする企業はごくまれである。

生計費手当の一般的な算出方法は次の例で示されよう。大手会計会社の上級マネジャーのジャネット・マックウイリアム（Janet McWilliams）は、ボストンから東京に派遣されている。会計会社は海外生計費手当の算出を専門とするコンサルタント会社と契約を結んでいる。コンサルタント会社は家族を持たない独身者が東京で暮らすにはボストンのときより六五％余計にかかると判断する。次に、コンサルタント会社はジャネットの一〇万ドルの給料の六〇％が手取り所得（商品、サービス、住宅などの費用）で、残りの四〇％が可処分所得（税金、貯金など）と見積もる。したがって、ジャネット・マックウイリアムの東京での生計費手当は次のような計算に基づいて三万九千ドルと出る。ジャネットの一〇万ドルの給料の内、六万ドルが手取り給与となる。東京の生活がボストンで生活するより六五％余計にかかると見積もられるので、九万九千ドルよりわずかに多い手取り給与を必要とするであろう。その場合の調整額は三万九千となる。この調整額は一般的に「無税」である。ほとんどの生計費手当はまた、主としてインフレ率や為替相場の違いによって変化する二国間の生活費を比較するために見直される。

インフレの見直しのタイミングとインフレ率は特に重要である。たとえば、インドネシアの年間インフレ率が一二〇％である場合、生計費手当を算出する頻度やタイミングは大きな影響を持つ。企業Aは三カ月ごとにインフレを評価し、企業Bは毎月行うとしよう。三カ月ごとに、両企業の従業員は生計費手当に約三〇％上乗せされる。しかし、企業Bの従業員の購買力はより適切に保護されている。一月に両企業の従業員は一人一億ルピア受け取るとすると、四月には二人とも約一億三千万ルピア受け取ることになる。企業Aの従業員は二月と三月に一億ルピアずつ受け取り、他方で、企業Bの従業員は二月に一億一千万ルピア、三月に一億二千万ルピア、すなわち三カ月合計で企業Aの従業員より三千万ルピア多く受け取ることになる。

生計費手当はまた為替相場の変化によって影響を受ける。外国為替相場はかなり不規則に変化する。たとえば、一九八〇年代初頭、ドルは円に対して実質三〇%以上上昇し、その後一九八〇年代の終半には三五%以上値を下げた。一九九〇年代の終半、ドルは再び円や他のアジア通貨に対して上昇した。たとえば、韓国では一〇〇%近くドル高となった。為替相場変動の重大さを示すために、ジャネット・マックウイリアムの例に戻ることにする。ジャネットが東京に赴任したときの円のドル対相場が一ドル一五〇円とすると、ジャネットの円建ての総生計費手当は五八五万円となる。彼女が日本へ来てから六カ月経ったときの円のドル対相場が一三〇円と仮定すると、三万九千ドルを両替すると五〇七万円だけになる。この変動は彼女にとって七八万円の損失である。一ドル一三〇円の為替相場では七八万円は、六千ドルの追加を意味する。

公定為替相場は、非公定為替相場または実質為替相場を常に正しく反映しているわけではない。特に、国の通貨が世界の為替相場マーケットで自由に取引されていない発展途上国では、政府は自国の通貨を過大評価するきらいがある。したがって、一ドルは公式には中国の一〇元を買えるだけなのに、非公式には二〇元を買うことができる。とりわけ、インフレ率の高騰と公定為替相場の調整の遅れによって、従業員の実質購買力に重大なマイナスの影響が出ることもある。企業がこれらの問題を認識できなかったことで、従業員や家族に不満を募らせ、高いコストのかかるグローバル勤務からの早期帰任を招くこともしばしばある。この状況は一九九〇年代後半の「アジアの通貨危機」で際立ち、そのときインドネシアのルピア等の通貨は六カ月で八〇%下落した。

住宅手当

世界の多くの地域で、住宅手当は派遣者の給与体系の中でもっとも高額なものとなってきた。たとえば、香港や東京のアパートは月五千ドルから一万ドルかかる。企業は住宅手当額を決めるのに際し、主に次のような三つの方法をとる。

第一の方法は一律手当で、この場合、従業員の家族構成や組織内のランクによって住宅用に使える固定額が決まる。その手当額以下で適当な物件が見つかれば、その差額は従業員のものとなる。物件がその手当額を上回るときは、従業員がその差額を支払う。企業は正確な最新情報を用意して、住宅手当に払いすぎることがないように、あるいは逆に少なすぎて従業員に不満をもたせないようにする必要がある。

第二は、従業員の本国での住宅費と、勤務先国の住宅費を決めてしまう方法である。勤務先国の住宅費の方が高い場合は、その差額分の手当が支給される。米国企業の約四分の一がこの方法で住宅手当を処理している。

第三は、家賃なしで、または従業員の本国と同じ家賃で勤務先国の住宅を提供する方法である。住宅手当よりも住宅を提供する企業はほとんど、本国でかかるであろう費用と同じ家賃を従業員に請求する。

ガス・水道・光熱費手当

ガス・水道・光熱費手当を処理する方法はおおまかに二つある。一つ目は、従業員にガス・水道・光熱費手当を支給する方法である。固定の住宅手当の場合と同様、企業は勤務先国のガス・水道・光熱費の価格や合理的な使用量についての正確な情報を持っていなくてはならない。ガス・水道・光熱費を払いすぎる場合にも、熱帯地方でエアコンを使わせすぎないためにも、費用は同様に高くつくことになる。二つ目は、勤務先国と本国との費用格差を見積もり、勤務先国のガス・水道・光熱費の方が高いとき、その差額に等しい手当を支給する方法である。しかし、大体において、これらの特殊なガス・水道・光熱費手当は次第にまれになり、今は生計費手当に組み込まれるようになってきている。

家具・備品手当

企業が家具・備品手当を扱う三つの主な方法がある。第一の方法は、従業員の家具・備品を新しい赴任地に送ることである。通常、たとえば一五、〇〇〇ポンドというように、輸送物質によって決まる最大重量の規定がある。この方法の利点は、従業員とその家族が自分たちが自宅で使っていた家具・備品を使えることである。しかし、この方法は高くつき、しかも荷物が損傷したり遅れたりして、従業員の不満を募らせたり、怒らせたりすることがある。

第二の方法は、企業が家具・備品を購入するか、またはリースして（この方が多い）、海外派遣マネジャーに無料で提供する方法である。この方法には、一、〇〇〇ポンド未満の身の回り品の輸送費も付随していることが多い。企業は赴任中の家具・備品の保管料を支払うこともある。この役目は簡単そうに見えるが、やり方が悪いと、従業員は不満を持つ。ある米国の派遣者は、「保管中に、私たちの身の回り品のほとんどが台無しになってしまいました。この混乱を整頓するのは大変で、非常なストレスとなりました。企業は実質的にほとんど援助してくれませんでしたので、私たちが自分の力でやったんです」といい放った。

第三の方法は、家具・備品を購入できるだけの決まった金額（八、〇〇〇ドルから一〇、〇〇〇ドル）を従業員に支給する方法である。希望の家具・備品がこの金額より安いときは、その差額は従業員のものとなる。もしも高いときは、従業員がその差額を現地通貨（円、ポンド、ルピア、あるいはリラ）で支払う。

教育手当

子供の教育問題は、海外勤務を要請されたほとんどの親にとって重要問題である。ほとんどの企業の社内事情では、子供が派遣国の現地校に通わなくてはならない場合、グローバル勤務を受け入れる優秀な従業員はほとんどいなくなるような状態である。結局、ほとんどの企業は現地の「インターナショナル」スクールに通う通常の費用（学費、本代、学用品代など）をカバーする教育手当を支給している。勤務国に適切な教育施設がない場合は、多くの企業は本国にある寄宿学校の費用の一部を負担するという支援を行う。より包括的な教育手当になると、子供が両親のところに一～二回行ける往復切符も含まれる。教育手当が少ない企業では、寄宿学校の支援や補助もなく、航空運賃を支給するのみにとどまる。

帰国休暇手当

ほとんどの企業は、役員とその家族に対して勤務先国と本国との間のビジネス・クラスの航空運賃を年間一回支給する。従業員は好きなように使えるそれと同額の現金支給を強く望む。この制度によって、従業員は安いエコノミー・クラスの切符を買ってその差額を懐に入れたり、あるいは帰国休暇を帰国ではなく他の場所や国への旅行に使ったり、さらにあるいは両方が可能となる安い旅行プランを立てたりすることができる。ほとんどの米国企業は、従業員に帰国休暇を本国で使うように強要していない。

転居手当

転居手当は、諸経費を前もって正確に算定できず、人によってまちまちであることを前提に、支給されるものである。移動に伴う雑多な経費は、典型的に一月の給与と同金額、または五、〇〇〇ドル、あるいはいずれかのうちの低い方を転居手当として充てられる。米国企業の半数近くは、勤務の始めと終わりに一定額を支給している。

休息・休養手当

休息・休養手当はハードシップ手当を伴う海外勤務と強く関連している。一般的に、これらの休息・休養手当は、従業員とその家族が勤務国の過酷な状況から逃れ、元気を取り戻すために支給される。このような旅行は往々にして、従業員とその家族が勤務国で手に入らない商品を買ったり、治療を受けるために必要である。多くの企業は休息・休養手当については「活用するか、さもなくば流すか」という二者択一のやり方を採る。これは、従業員や家族が同手当を、肉体的または精神的健康のために別利用することを望まないからである。一般的に、休息・休養手当はもっともチャレンジングな地域に認められる。

医療手当

企業は従業員やその家族の健康を危険にさらすわけにはいかないので、すべての医療費（通常、目と歯の治療は除く）を支払う。保険でカバーされる分を超過する医療費も支払う企業がある。途上国では、企業は、従業員やその家族が勤務国以外の国で適切な治療を受けるために医療手当を支給せざるをえないこともある。

自動車・ドライバー手当

企業が上級役員を除いて自動車手当を支給する場合、その自動車手当は勤務先国で自動車を所有し運転することと、本国でのそれとの差額分に基づいている。企業は次第に自動車手当を支給しなくなりつつある。組織外部のマーケットの圧力は、自動車または自動車と運転手を上級役員に提供するかどうかを決定するもっとも大きな要素に見える。本社からのすべての派遣者に社用車を提供する米国企業は四分の一にも満たない。他方、三分の二の企業では、社用車が不可欠である場合、それを提供している。環太平洋諸国においては組織外部のマーケットの圧力は大きく、米国の役員は、本国で同様な地位にいるときでもおよそ縁がない社用車と運転手が提供される。

クラブ会員手当

多くの国でクラブ会員権は、従業員とその家族がテニスコート、スイミング・プール、エクササイズ・ルームなどの普通のレクリエーション施設を利用できる唯一の（または、もっともお金のかからない）手段である。ところによっては、クラブ会員権がビジネス上の決断や政界・財界とのコンタクトといった非公式ではあるが重要な人物へ近づくためになくてはならない地域もある。ほとんどの企業はケース・バイ・ケースで従業員のクラブ会員権を支払う。支払いを決定する上で、安全性と職位とが主要な決定要素となる。

税金

税金は、グローバル勤務で働くマネジャーの場合は複雑な問題である。細かいことや特殊なことは、経験豊かな専門家だけが処理できる。しかし、一～二の重要な問題を理解することにより、企業あるいは個々のマネジャーは税金コンサルタントや税金対策のサービスをうまく利用できるようになる。

税金対策とグローバル勤務への主なアプローチには二種類ある。一つ目の方法は、通常、税金保護といわれるものである。この方法では、企業は、本国にいたなら支払っていたであろう税金より多く払った分を従業員に払い戻す。今まで説明した報酬や手当の多くは、従業員の課税所得に付加され、それは本国にいた場合の金額より多くなっている。これらの付加税を穴埋めするために払い戻される割増金も課税所得であり、それによって付加税が出て、払い戻しがさらに必要となる。極端なことをいうと、この方法は、補償と税金の払い戻しが、繰り返し、際限なく続くサイクルとなる可能性がある。結局、企業はこのサイクルを一回または二回で止めさせるかどうかを決断しなくてはならない。もう一つの大きな問題は、高税率の本国から低税率の勤務先国へ派遣された従業員は、本来本国で払うよりも実際は少なく払っているかもしれないということである。この場合、企業は、従業員が差額を懐に入れて良いのか、会社に払い戻させるのかを決断しなくてはならない。ほとんどの企業はこのような場合に、従業員に差額を払い戻しするように求めることは難しいとみている。

二つ目の方法は通常、**税金平等化**といわれるものである。税金平等化策の目的は、従業員が本国で支払ったであろう金額以上でも以下でもない金額の支払いを、従業員に保障することである。税金平等化策によって、従業員が支払ったであろう税金は給与から差し引かれる。そして企業は、従業員が納税義務のある本国と現地国の実際の税金をすべて支払う。税金平等化策には利点がいくつかある。まず、仮定による本国税額を給与総額から控除すると、実際の課税所得は減る。ORC社はこの仮定による税金の算出方法によりいろいろな差額が出ることを発見した。米国企業の約二五％が基本給のみで、五四％が基本給とボーナスで、さらに、八％が基本給、ボーナス、およびすべてのプレミアムで仮定による税金を見積もっている。税金平等化によって企業にもたらされる収益は、高税率の国から来た従業員の場合は特に、相当な額になる。この潜在的な利点が、米国企業の一〇社のうちほぼ九社までがこの方法を採用する理由である。

この方法のもう一つの利点は、帰任の際の問題を少なくすることである。たとえば、従業員が米国からサウジアラビア（実質的には個人所得税がない国）へ派遣され、税金分のたなぼた的利益を懐に入れてよいといわれていたら、この従業員は帰任に際して少なからぬショックを経験することであろう。可処分所得の三〇％から五〇％の減少を多分経験することになる。さらに別の利点は、異なる国の税制同士を税金平等化によって調整することで、低税率の国（サウジアラビアなど）の出身者を高税率の国（スウェーデンなど）へ異動させやすくする。最後の利点は、グローバル勤務に就いている従業員の大多数が比較的高税率の国の出身である場合、企業はしばしば税率格差ゆえに純益（またはコスト削減）を得ることである。

▼総合的解決策▲

これらのもろもろの基本的なアプローチ、諸手当、および金銭がらみの問題からどのような教訓が汲み取れるだろうか。多くの多国籍企業は海外派遣にお金がかかりすぎ、かつ複雑すぎると判断して、派遣マネジャーの数を減らすという思い切った方法をとっている。しかし、これらの企業は良いものも悪いものも共になくしているのかもしれない。われわれは、コスト削減や簡素化策の長所と短所を検討した後、各種各様の多国籍企業にとって、廉価で効果的なアプローチのアウトラインを示すことにする。

拒食症と「ぜい肉のない」状態

ほとんどの企業が国際的に異動する従業員に支給するもろもろの共通の手当から明白なように、グローバル勤務は高くつく。グローバル勤務者五〇〇人をかかえる、ある米国の多国籍企業は、これらの従業員に対する追加的費用を八、〇〇〇万ドルと見積もっている。結局、ほとんどの企業は派遣にかかる全経費を削減するために、コスト削減活動を派遣者数の減少に向ける。企業が増分コストの総額八、〇〇〇万ドルから四、〇〇〇万ドルを削減するのにもっとも手っ取り早い方法は、派遣者を五〇〇人から二五〇人に減らすことで、最近ウエスト・コースト銀行（West Coast bank）が行ったものである。この方法は適切かもしれないが、企業がそのお金を賢く使っているかどうか判断する上で、多少検討すべきことが残っている。

グローバル環境の中で企業を引っ張っていく、組織の将来の主要リーダーに国際経験をさせるべきであるとすると、コスト削減のためにグローバル勤務者の数を減らすことは、グローバル競争の場において企業の長期的な将来を犠牲にして短期的なメリットを選択しているといえるのかもしれない（第1章の中の派遣者の戦略的役割に関する議論を参照のこと）。

後継者育成計画と知識の移転の戦略的な役割に加えて、調整と統制の役割もまた、グローバル勤務をしているマネジャーの総数を減らす前に注意深く検討されなければならない。調整と統制のコスト削減に対する企業文化の役割について、最近多くの論文が書かれている。[*3] 強い企業文化の持つ共有の価値観は、しばしば第二の統制メカニズムといわれる。この考え方は、世界中の従業員の行動を直接監視し、報告し、そして評価を行う（第一の統制）方が、従業員に決断や行動を統制する価値観を内在化させる（第二の統制）より費用がかかるということを意味する。たとえ文化や価値観の中身は世界中で異なっていても、一つの共通の要素は、人々が他の人々によって社会化され、ある価値観を受け入れるようになるということである。したがって、組織が強い企業文化を確立し維持することを希望するなら、望ましい価値観を受け入れ、他の人々を自分たちの価値観に順応させることができるような人々が必要となるであろう。効果的な順応は一般的に、かなりの直接的な接触期間を必要とする。したがって、**企業がもし世界に通用する強い企業文化を望むなら、マネジャーを世界中のオペレーションに赴任させることが必要となるであろう。**

派遣はお金がかかる。すなわち、海外勤務は高くつく。これら二つの見解に疑問を投げかける者はいないであろうが、役員や政策担当者は、派遣者の数を大幅に削減する計画を実行する前に、後継者育成計画、知識の移転、および調整と統制を注意深く検討しなければならない。削減計画とは、組織を「ぜい肉のない」状態にするものであって、拒食症患者にするものではない。

過去へのジャンプ

派遣はお金がかかり、派遣者の報酬システムは複雑であるということには誰もが納得する。結果的に、多くの企業はプレミアムの割合を設定し、そのままにしておくことによって、プロセスを簡略化するように努めている。政策担当者は次第に、「これらのマネジャーに二〇％、給与に上乗せし、赴任させよ」というようになっている。派遣者の報酬に関するこのような変化は、事実上、過去への後戻りを表す。一九五〇年代頃の派遣者報酬の初期には、ほとんどのマネジャーはわずかばかりの割増で赴任していった。

この簡易化は、フラストレーションのたまった人事担当者や他の役員の感情にいかに魅力的で訴えるものであっても、多くの問題を解決することにはならないので、結果は失望させるようなものとなりそうである。これは優秀な従業員を海外勤務に引きつけることにはならないし、為替相場の変動が他の国の実質購買力に重大な効果を与える場合の問題解決にもならない。さらに、勤務先国の高いインフレ率のために低い生活水準を余儀なくされる問題の解決にならないし、従業員が他企業の似たような役職の派遣者と自分とを比べたとき感じる不公平感を取り除くことにもならない。

派遣者の報酬システムは高くつき、かつ複雑であるが、焦点はまず、報酬システム全体、そして報酬システムの効力に当てられる必要がある。戦略的な視点から見ると、グローバル勤務に就いている従業員の数を単純に削減しても、前向きなことは何も出ず、実際には組織および個人の有効性に対してマイナスの結果をもたらす恐れがある。同様に、報酬システムの簡易化は、能率を重視するあまり有効性を犠牲にするだけかもしれない。多くの従業員やシステムはお金がかかり複雑であるが、このことは大して重要ではない。本当に重要なことは、割高で複雑な資産が、苦労とお金を費やすだけの価値のあるものなのかどうかをどのように確認するかということである。

より広い視野

問題をより広い視野で見る一つの方法は、表面的には狭くみえる次のような疑問に答えることである。われわれは、従業員に海外勤務を受け入れてもらうために、なぜ高額の割増金を出さなくてはいけないのか。この答えは簡単にいうと、人に動機付けがある限り、その気になって何かを行わせる前には、予想収益は予想費用より大きくなくてはならないということである。企業は海外勤務に対して、去るものは日々に疎し的なアプローチをとると従業員に思われている程度に応じて、キャリア・コストは相当なものになる可能性がある。二六か国以上の海外勤務から帰国したばかりの米国人のマネジャー一七四人を調査したわれわれの結果によると、八〇%が自分の国際経験が会社に評価されておらず、帰国後昇進したのがわずか一一%だけであったということがわかった。[*4] 他の調査では、人事担当者の六五%は海外勤務はキャリアにプラスの影響を与えると考える一方で、派遣者の七七%はマイナスの影響があると考えていた。[*5] 以上のような事実や、海外勤務から帰国した後六カ月間も、バスケット・ボールのホールディングのように妨害行為を受けつづけたというひどい話は、グローバル勤務を受け入れようとする従業員の心の中のキャリア・コストを吊り上げている。従業員の中には、割増報酬を狙ってこれらのキャリア・コストを受け入れる者もいる。個人のキャリアの可能性が大きくなればなるほど、コストは膨らみ、企業が海外勤務受諾を従業員に奨励するための報酬額はますます高額になる。

しかし、金銭的な報酬とは別に、海外勤務を受諾する利点は数多くある。ほとんどの従業員は海外での仕事のより大きな自立性と責任とを期待し、しかも実際にもそれらを経験する。[*6] かれらは、マーケット知識、語学力、人との付き合い方、グローバルな視点などを磨く。確かに、これらの要素は費用便益分析ではプラスである。ほとんどの従業員にとってそうであろう。しかし、これらの予想される短期の利点は、長期的に予測されるキャリア・コストを簡単に上回るようには見えない。とりわけ、取得されたスキルや経験が将来、企業によって活用されるとは思えない場合は特にそうである。お金は、プラス・マイナスの均衡を保つための次善の策といえる。

重要な点は、グローバル勤務を受諾するか拒否するかについて従業員が決断する際に影響するであろう費用・便益の可能性をすべて調べることではない。むしろ重要なことは、従業員がこれらを決断する際に、金銭的**および**非金銭的な要素がその決断に関係してくることである。これが、お金に焦点を合わせるということ

表8・2　期待理論とグローバル勤務

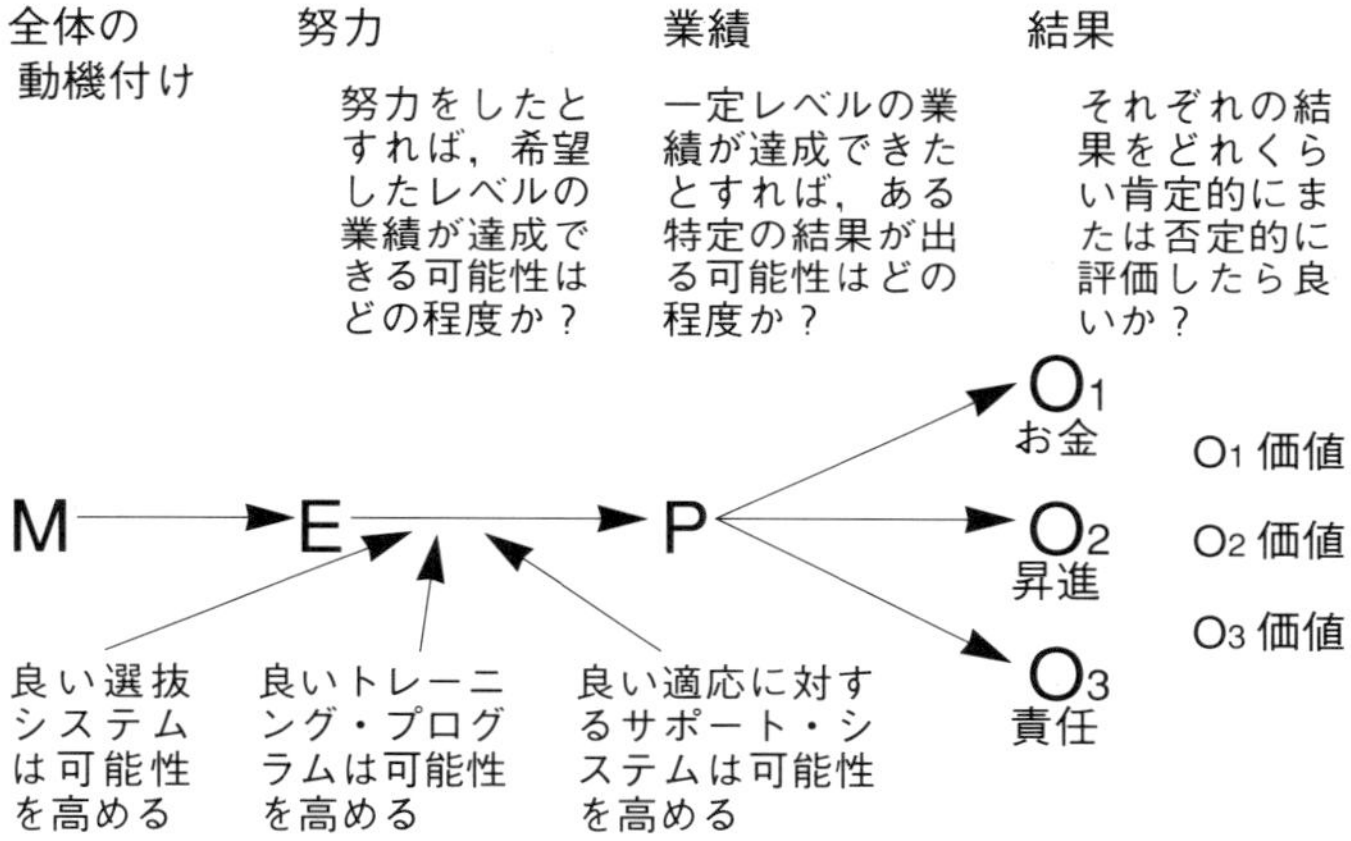
全体の動機付け
努力
業績
結果
努力をしたとすれば，希望したレベルの業績が達成できる可能性はどの程度か？
一定レベルの業績が達成できたとすれば，ある特定の結果が出る可能性はどの程度か？
それぞれの結果をどれくらい肯定的にまたは否定的に評価したら良いか？
M
E
P
O1 お金
O2 昇進
O3 責任
O1 価値
O2 価値
O3 価値
良い選抜システムは可能性を高める
良いトレーニング・プログラムは可能性を高める
良い適応に対するサポート・システムは可能性を高める

良い報酬システムはO_1（お金）の可能性を高める
良いキャリアパス・システムと帰任政策はO_2（昇進）の可能性を高める
良い仕事設計システムはO_3（責任）の可能性を高める

とが、B（決断と達成における長期の金銭的および非金銭的要素の両者を含む）を期待しつつ、A（個人にとって費用を上回る短期収益の最大化）に対して報酬を支給するお決まりのやり方となる理由である。海外に派遣された従業員一人につき増大する出費を排除するのではなく、削減する一つの方法は、グローバル勤務が成功裡に終了した際に報酬を増やすことである。帰任に関する第9章と第10章では、報酬の可能性についての従業員の見方に対するプラスの影響を最大化するような帰任策を如何に再設計するかに限定して検討する。われわれは、付加的な金銭的報酬の少なくともいく分かは、派遣政策、キャリア・システム、帰任手順などの非金銭的な報酬に置き換えることができると考えている。もし、従業員が、派遣政策により海外勤務中に業務達成能力を高めることができ、さらにかれらの海外での業績が帰任と同時に報われると信じるならば、さしあたり低めの金銭的なインセンティブでもグローバル勤務を受け入れるモチベーションを持つであろう。ただし、かれらは、すべての金銭的な報酬を自からあきらめるということではなく、低目の水準を受け入れるということに注意して欲しい。この考えはよく知られた動機付けの有名な理論であるところの、期待理論の枠組みで図表8・2に示されている。

金銭的および非金銭的双方の要素の効率や効果が、企業の目標や目的、さらには企業環境と整合的である場合、企業の報酬システムはもっともうまく機能する。本書のいままでの章のほとんどは、派遣政策の効率および効果を高めるための具体的手順のアウトラインを述べている。これらの派遣政策はまた、努力はグローバル勤務の期間中の良い業績に結びつくという従業員の信念を高めるという二重の目的に寄与している。この後の章は、帰任やキャリア開発のためのシステムをどのように高め、それによって報酬システムを改善し、さらに国際マネジャーの動機付けを高める方法について詳細に議論する。これらの重要事項を報酬システムに追加しても、金銭的な報酬の構成や政策の費用に見合う効果を上げる方法はまだいくつか残されている。

スリー・ステップ・アプローチの基本原理

効果的な報酬政策は、優秀な従業員を引き付け、公平感を高めることが必要であると同時に、不必要な出費を削減しなければならない。以下に示すアウトラインは、国際報酬システムを構築する上での一般的な戦略的アプローチならびに具体的な戦術的ヒントの双方に関連している。われわれが提示するものはまったく新しいものではないし、万能薬でもないが、しかし、グローバル勤務のための報酬システムを構築する上で考慮に入れるべき若干の興味深い課題を提起している。

ステップ一

この一般的アプローチでは、相当低くなる生活水準に甘んじなくてはならないとしたら、ほとんどの人は外国へ喜んで赴任したいとは思わないと想定する。結局、「バランス・シート」アプローチで見たように、第一段階では、勤務先国の生活水準を本国のそれと同じようにするために何が必要かを考える必要がある。企業は個々人のために正確な計算をするに際して注意深くしなければならない。たとえば、米国と日本との生活、あるいはボストンと東京との生活、いずれでも比較することができる。多くの場合、一般的な比較と具体的な比較の違いは大きい。米国、日本、スイスの平均的な住宅費の差は、ボストンと東京、ロスアンゼルスとジュネーブの具体的な住宅費の差よりずっと大きい（したがって、企業にとって経費が大きく異なってくる）ということはすでに見てきた。詳細な比較は必ずしもいつもできるとは限らないが、それは明らかに最も正確な値に近い。したがって、外部のコンサルタントに依頼する場合、重要なことは、第一に、かれらが生計費（特に住宅費）をどのようにして算出するか、第二に、かれらがどれくらい詳細な情報を提示できるかである。この第一ステップではまた、従業員はそれぞれの生まれた国で任命される必要がある。ほとんどの従業員にとって、これは単に本国である。しかし、国際キャリア専門職にとっては、簡単に定義される「本国」というのはない。この場合、「キャリア」上の本国に任命される必要がある。

ステップ二

本国と勤務先国での個人の生計費を算出した後で、本国の生計費を個人の通常の基本給から控除する。この生活費には通常、住宅費、ガス・水道・光熱費、食費、衣服費、交通費、医療費、娯楽費、教育費、それに税金などが含まれる。残りが個人の可処分所得である。この可処分所得は通常のシステムを通じて、また本国の通貨で従業員に支給される。

ステップ三

勤務先国の生計費の推定額が、勤務国の通貨で従業員に支払われる。このシステムは、最近多くの国際報酬担当マネジャーを悩ます為替相場での調整やリスクを顕著に低下させる。従業員は勤務先国で生活費に必要と見積もられた金額のみ外国の通貨で支給される。しかし、かれらは、本国の銀行口座から勤務先国へお金を自由に移せる。ただし、送金に伴う差損のリスク（逆に差益享受）は個人に帰属する。

スリー・ステップ・アプローチの利点と条件

非金銭的な報酬システムがうまく組み込まれている場合には特にそうであるが、このスリー・ステップ・アプローチは原則として、従業員が生活水準を著しく下げないことを保障する。勤務先国へ送金することで生活水準を上げるときの損益勘定は、かれらの決断によるものである。この基本的アプローチは派遣者と現地国の人々との間、または、いろいろな国の出身である派遣者間に存在する不公平感をも減らす。というのも、国際マネジャーは、勤務先国の生計費に固定された金額を現地通貨で受け取るからである。いろいろな国（または同一国でもいろいろな地域）の出身である派遣者間で可処分所得に確かに存在する格差は、大体において、海外勤務の期間中は本国の銀行口座の中で「目に見えない」からである。同時に、企業は経費全般を削減するであろう。

われわれは、報酬に関する他の基本的アプローチの検討の中で、ある特定のアプローチが大なり小なり効果的となる条件を検討した。これらの一般的な条件には、

(1) 派遣者数の多少

(2) 派遣者が本国へ帰任するのか、または一つの国際的ポストから別の国際的ポストへ移動するのかどうか

(3) 派遣者が同一の国、または似たような国の出身であるのかどうか

(4) 生計費の格差に関する詳細な数値があるのかどうか、などが含まれる。

したがって、このスリー・ステップ・アプローチがこれらの条件にどの程度、依存しているのか、あるいは依存していないのかを検討することは理にかなっている。

このアプローチが依存する第一の条件は、正確で詳細な生計費に関する情報が入手できることである。スリー・ステップ・アプローチは詳細な情報がなくても活用できるが、その効果は一般的な生計費情報が当該従業員の特定の状況にいかにうまく対応しているかどうかの関数である。しかし、この方法は他の三つの主な条件からは比較的独立している。企業が多くの派遣者を持てば持つほど、この方法による貯蓄総額は大きくなるが、派遣マネジャーの総数とは無関係にそのアプローチを活用することができる。この方法は、派遣

者が帰国するのか、または国際キャリア専門職であるのかどうかに関係なく活用できる。国際キャリア専門職の場合に求められる唯一のことは、かれらが「キャリア」上の本国に任命されるということである。ある米国大手企業は、その人が最後に退職しそうだなと考えられる国に基づいて「キャリア」上の本国を決めている。最後に、派遣者が受け取る金額は、グローバル勤務の期間中の推定「手取り所得」のみなので、ある国の派遣者が、異なる賃金構造や生活水準を持つ様々な国の出身者で構成されているかどうかは、重要な要素とはなりえない（前述のとおり、可処分所得の格差は本国の銀行口座で「目に見えない」状態にある）。したがって、ある特定の条件下で、すでに述べた他の基本的アプローチが有効であったにしても、この方法がはるかにより一般的であるといえる。

このスリー・ステップ・アプローチを活用する際の含意は、税金平等化策が必要となるということである。税金平等化策においては、従業員の本国の推定税額が基本給から控除されるので課税総所得が少なくなる。その後、企業は所定の全納税額を納める。このスリー・ステップ・アプローチの下では、推定税額の他に、本国の推定生活費も基本給から控除されるので、個人の課税所得は相当に減る。この実質的な貯蓄は、個々の従業員に何の負担もなく、企業に帰属する。

このアプローチのもう一つの含意は、子供の教育の質に見合うだけの経費が企業によって支給されることである。多くの場合、本国の基本給から控除される教育費は、勤務先国で払う経費より少なくなる。われわれの経験や考えからいうと、優秀な従業員がかれらの子供に対する同質の教育を受けさせる場合の差額を支払わなければならないとしたら、あるいは、子供の教育レベルが低下することになるとしたら、これらの優秀な従業員に海外勤務を受け入れさせることは困難だということである。

このアプローチの最後の含意は、勤務先国のインフレは監視して生計費手当に組み入れる必要があるということである。海外勤務者の手取り所得と可処分所得とを区分することにより、為替相場の変動に伴うリスクや複雑な調整はほぼなくなってしまうにしても、購買力に対するインフレの影響を監視する必要性はなくならない。各企業は生計費手当が変化する頻度に注意深い考慮を払わなくてはならないが、そこには一般的なルールがいくつか適用できる。勤務先国のインフレ率が年率一五%を上回る場合、従業員は購買力の大幅な低下を感じ、それに対して半年ごとの調整がなされないなら企業に対してある種の失望を感じるであろう。三〇%以上のインフレ率では、少なくとも四半期ごとの調整が必要である。八〇%以上のインフレ率の場合、生計費は毎月調整されなければならない。三五〇%のインフレ率では、毎週の調整が必要で、一、〇〇〇%以上のインフレ率となると、毎日の調整が必要となるであろう。

諸手当

このスリー・ステップ・アプローチが採用されたとしても、手当に関する決定をいくつかしなければならない。これを検討する基本的な目的は、報酬システムの効力を損なうことなく、どの部分から手当を減らすかをはっきりさせることである。

ハードシップ手当

企業が強い組織内マーケットを持っていない場合には、ハードシップ手当が完全に廃止されることはないであろう。それにもかかわらず、海外勤務の報酬システムの効果への厳しいダメージもなく廃止できるかもしれないハードシップ手当を組織外部のマーケットで支給している多くの都市が存在する。たとえば、環太平洋諸国の多くの企業が、香港、ソウル、シンガポール、台北および東京のような都市に対して、一、〇〇〇ドルから五、〇〇〇ドルのハードシップ手当をいまだに支給している。バンコク、マニラ、それにメキシコなどでは、安全性、健康、公害汚染などの問題の故にこの手当が必要であるという議論がされるが、東京のような清潔で安全な都市に対して同様の議論をするのは極めて難しい。

住宅手当およびガス・水道・光熱費手当

このスリー・ステップ・アプローチにおいて、勤務先国で同様の住宅手当やガス・水道・光熱費手当が支給されるべきである。東京や香港のような大都市では、この出費は基本給より大きくなることがある。派遣者の家族構成や人数がいくらか予想され、安定的である場合、企業はレンタルのための現金を支給するより、家屋やアパートを購入することによって、多額のお金を節約できることもある。多くの場合、住宅の提供は企業にとって税務負担の削減にもなる。最後に、企業は、高インフレの期間は特に、従業員が勤務国で家屋を購入することや、本国で自宅を売却することを思いとどまらせなければならない。一九七〇年代に海外に派遣された多くの米国人は自分の家を売ったものの、帰国したときにインフレのために住宅マーケットから締め出される結果に終わった。多くの米国企業は、海外勤務に出発する従業員に家を売ることを思いとどまらせている。企業には従業員の家を売買することができないが、海外勤務の期間中に貸家として斡旋することはできる。

家具・備品手当

遠距離を移動する場合、家具・備品を一括購入し、身の回りの物を送るのに一、〇〇〇ポンドを上限とする輸送手当を支給する方が、個々の従業員の家具・備品を輸送するより一般的に安くあがる。この金額の設定には慎重でなければいけないものの、一般的には七、〇〇〇ドルから一〇、〇〇〇ドルの間で、従業員は欲しい物を買っても借りてもよく、差額が出れば懐に入れてもよく、足りなければ支払ってもよい。派遣者が一、二年ではなく、三年から五年滞在するとしたら、最初にまとまった額を支給すれば、赴任している間ずっと家具・備品の賃貸料を支給するより安くあがる。

帰国休暇手当

派遣者は通常、勤務国と本国の間を旅行するとき、ビジネス・クラスの往復飛行機代とホテル代を合計したまとまった金額を受け取ることを希望する。派遣者とその家族は、現在の海外勤務の後で本国に帰国する予定の場合、本国に一時帰国すべきである。われわれは、企業が実際の飛行機の切符を用意するなど、親が子にするようなことをすることは勧めない。しかし、派遣者は一年に少なくとも一回帰国すべきである。

転居手当

多くの米国の派遣者にインタビューすると、グローバル勤務に伴う移動にかかる予期しない出費についてくり返し指摘がある。しかし、滞在中の予期しない「引越し」費用をいつも指摘する者はほとんどいないので、もしも企業が年間の転居手当を支給するなら、おそらく支給しすぎているのであろう。転居手当をまったく支給しない場合は、企業は優秀な従業員を引き付けることは不可能であろうが、海外勤務の最初と最後に一括払いで支給することは、おそらく費用効果から見てまさに妥当なものであろう。

まとめ

グローバル勤務に従業員を派遣することはお金がかかり、その報酬システムは複雑である。しかし、肝心なことは、グローバル勤務やその関係する報酬システムの対費用効果である。金銭的な報酬を強調しすぎることによって、「Bを期待しているのに、Aに対して報酬をあたえる」、すなわち、非金銭的なインセンティブに対する理解を期待する一方で、金銭的なインセンティブの最大化に報酬をあたえるという問題を引き起こしている。われわれは、良い選抜、トレーニング、適応、それに派遣政策は、グローバル勤務の期間中ならびにその後に業績向上の実現可能性を高めることができ、そして、グローバル勤務の非金銭的報酬に注目し、それにより従業員が海外勤務を受け入れ、その任務を全うしようという動機付けを高めるということを述べてきた。しかし、良い報酬システムには、金銭的および非金銭的報酬の双方を含まなければならない。多くの企業が派遣費を削減したいと考えているが、われわれは、企業がまず個々の派遣者の費用効果に関心を持つべきであると考える。われわれは、他の基本アプローチより状況に依存せず、かつ派遣者が実質的に貯蓄ができるような、派遣者の報酬についてのスリー・ステップ・アプローチを提示した。グローバル勤務の派遣者数はあまりにも多すぎるので、削減すべきである。にもかかわらず、派遣者数の削減は、将来の派遣者の選抜と同様、グローバル競争社会で担うかれらの戦略的役割を考慮に入れて入念に計画されなくてはならない。

注

1 Kerr, "On the Folly of Rewarding A while Hoping for B."
2 Organization Resources Counselors, *1990 Survey of International Personnel and Compensation Practices*.
3 Edstrom and Gaibraith, "Transfer of Managers as a Coordination and Control Strategy in Multinational Organization"; Ouchi, "A Conceptual Framework for the Design of Organizational Control Mechanisms"; Ouchi, "Markets, Bureaucracies, and Clans"; Ouchi, "The Relationship Between Organizational Structure and Organizational Control."
4 Black and Gregersen, "When Yankee Comes Home: Factors Related to Expatriate and Spouse Repatriation Adjustment."
5 Gregersen, Black, and Hite, "Expatriate performance Appraisal: Principles, Practices and Challenges."
6 Gregersen and Black, "Global Executive Development: Keeping High performers After International Assignments."

第Ⅳ部　グローバル勤務以後

第9章　帰任：従業員の再適応と仕事への支援

多くの派遣者とその家族は、グローバル勤務から帰国するとき、英雄を迎えるような熱狂的な歓迎を想像するが、[*1]万が一、何らかの歓迎でもしてもらえれば幸運といわねばならない。[*2]ある米国人派遣者の配偶者が述懐する。

帰任を「帰省」だと思っているのなら、あなた自身の失敗は決まっているようなものです。夫の会社は、帰任した夫をいわゆる棚ざらしの状態にしたままでした。これはひどいことです。帰国したとき、夫は文字通り降格され、社内の誰一人何もしてくれようとはしませんでした。夫はすべてを自分で処理しなければなりませんでした。かれは社内で黙殺されてしまったのです。もしも、あの会社に本当の帰任システムがあったならば……。会社というのは、海外勤務から帰任する従業員をなぜもっと有効に、かつ情け深く扱うことができないのでしょうか。

われわれは、帰任後、自分の「アイデンティティ」を実際に喪失したある米国人派遣者にインタビューした。はっきりしていることは、帰国後三カ月間、かれは社内記録に存在していなかったことだ。かれは二つの大切なローン（家と自動車）を断られたとき初めて、クレジット会社を通して、自分が失業扱いになっているという事実を知った。これは稀なケースだと思われるかもしれないが、われわれの調査とコンサルティングによると、こういったケースはまったくの例外ではない。事実、帰国したほとんどの派遣者は、飛行機が本国に着陸した瞬間に、失業状態となる。かれらの名前は従業員名簿には載っているかもしれないが、社内での安定した地位は保障されていない。[*3] われわれの調査によると、この状況は米国、欧州、およびアジアの派遣者が帰国したときに見うけられるケースである。世界各国の赴任から帰国した派遣者とその家族は実に重大な問題に直面する。これらの問題のわかりやすい例が、以下の意見から垣間見られる。

帰国する際には、大きな変化に対して心しておくこと。帰任後のカルチャー・ショックは海外に赴任したときに経験したカルチャー・ショックよりも大きいと覚悟すること。―七年間のインドネシア勤務から帰国した派遣者

海外へ赴任するときは変化があることを予想しているので、海外へ赴任するよりも帰国したときの方がもっと大変でした。帰任時に体験したのが本当のカルチャー・ショックです。私は自分の国にいるのに、異邦

人でした。自分自身の態度が変わったので、かつての習慣を理解することができなかったのです。旧友は引越してしまっていたり、子供が産まれていたり、あるいは連絡自体つかなくなってしまっていました。私たちの海外経験に関心を示す人もいましたが、ほんの少しだけです。かれらは単に私たちの海外経験を理解できなかっただけか、あるいは私たちの生活を羨んだだけでした。—三年間のベトナム勤務から帰国した派遣者の配偶者

帰国も「海外勤務」のうちと考え、時間をかけて「事態」を把握すること。特別な処遇を期待しないこと。あなたは基本的に「新入社員」です。自分自身に気を配ること。なぜなら、だれもあなたのことを気にとめてくれないからです。私は帰国して九カ月経っても、しかも三三年間を会社にささげてきたのに、社内にまだ自分のオフィスはなく、あるのは腰掛け的な仕事のための「ブルペン」だけです。—一年間の英国勤務から帰国した派遣者

帰国してみると、海外勤務はまるで刑罰のようであり、私のキャリアにとって本当に「鉄丸の足かせ」のように思える。—一四年間の海外勤務から帰国した派遣者

一部の幹部役員やライン・マネジャー（特に海外経験のない者）にとって、これらの意見は少し大げさに思えるかもしれないが、帰任に関する調査において、米国人派遣者の六〇％、日本人の八〇％、およびフィンランド人の七一％が帰任後に何らかのカルチャー・ショックを受けている（図表9・1を参照）。一〇年

表9・1　帰任後のカルチャー・ショック

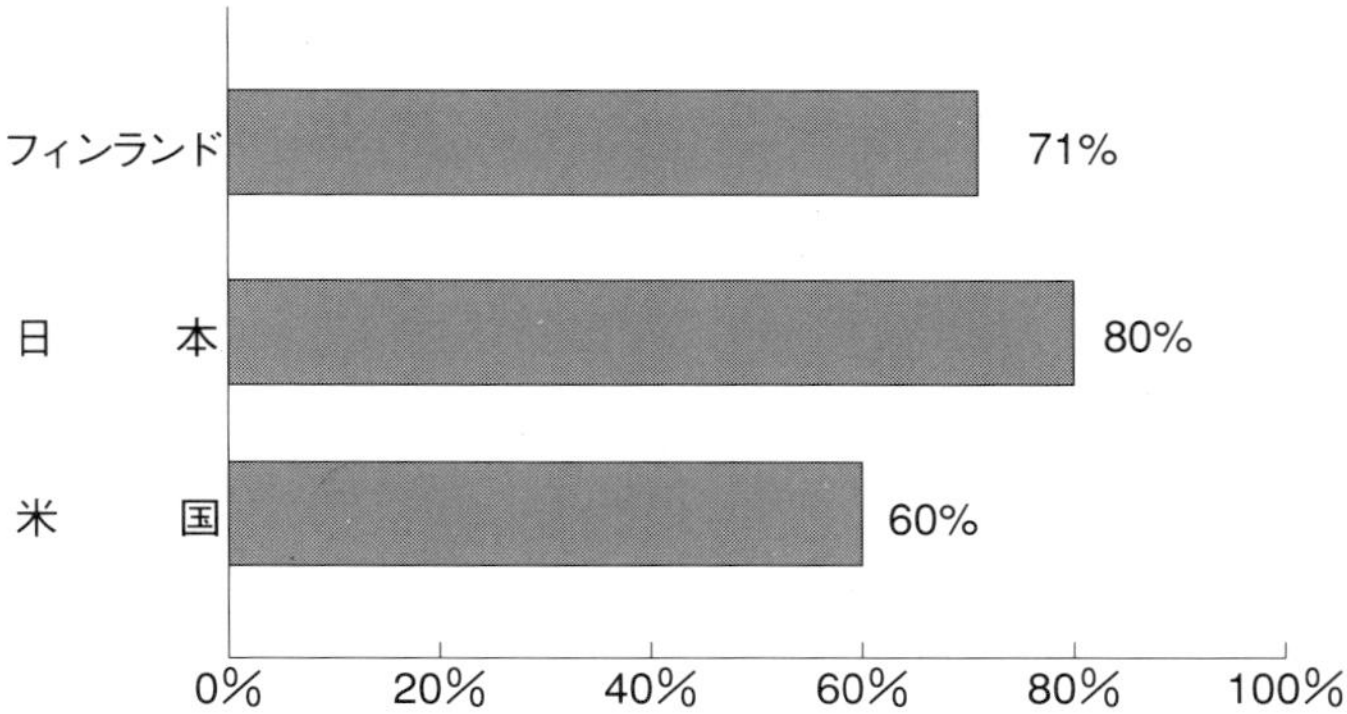

注：この図表は，元来海外赴任したときの適応より，帰任後の適応の方が難しいと感じるマネジャーのパーセンテージを示している。

間におよぶナンシー・アドラー（Nancy Adler）の米国人派遣者に関する研究もわれわれの調査結果と同じで、とりわけ帰国後のカルチャー・ショックは海外勤務に赴任するときのカルチャー・ショックより大きいことを示唆している。[*4]

悪いことに、ほとんどの役員は帰任問題に対して関心がない。事実、本社の対応は往々にして、「帰国後のカルチャー・ショックとは何事だ。いったい何を騒ぎ立てているんだ。とにかく、かれらは〝家〟に帰ってきただけではないか」というようなものである。この見解の問題点は、虚実がまぜこぜになっていることである。派遣者は帰国しているとはいえ、かれらが直面する変化の度合いや種類が問題なのである。これらの変化には新しい政治体制、交通システム、社会的グループ、食生活、言葉などとの格闘が含まれるであろう。そして、派遣者自身も本国自体も、三年から五年の海外勤務を終えたあとではすっかり変わってしまっている。

帰任過程

派遣者も本国も、海外勤務中に変化していることはまぎれもない事実である。これらの変化の主な側面を図表9・2に示す。海外勤務に赴任する前は、派遣者は意識的にも無意識的にも、本国において有効に機能するメンタル・マップや日常の行動様式を身に付けている。そして、グローバル勤務に際しては、比較的少数の派遣者のみが当該国への赴任経験があり、異文化対応の準備やトレーニングを前もって受けた派遣者はさらに少ない。[*5] したがって、かれらは赴任国でどのように発言し、どのように行動するのかという予備知識がほとんどない状態で未知の国へ赴任する。ほとんどの派遣者は赴任国に数年間滞在して初めて、新たに慣れ親しんだ「外国」文化の中でどのように発言するのか、どのように行動するのか、といった新しいメンタル・マップや日常の行動様式を身に付ける。

派遣者が赴任国に適応し変化するにつれ、本国への客観的な側面も同時に急速に変化していく。たとえば、世界各国で起こりうる景気循環や一九八〇年代後半から一九九〇年代初期にかけての大規模な政治的変革を考えてみよう。本国で起きるかもしれない劇的変動とは別に、グローバル勤務期間に本国ではささいな、しかしおそらく派遣者にとっては極めて重大な変化が、絶え間なく起きている。多くの状況において、たとえば以前住んでいた本国の近隣関係（引越しする人、入居してくる人）、友人関係（旧友が新しい友達をつくる）、学校関係（寄附レベルの変化や先生の交代）で、これらの変化は起きている。したがって、何人かの派遣経験者は帰任者に対して、「帰任を他の海外勤務と考えておくべきだ。帰国するとすぐ、

図表9・2　変化の構成要素

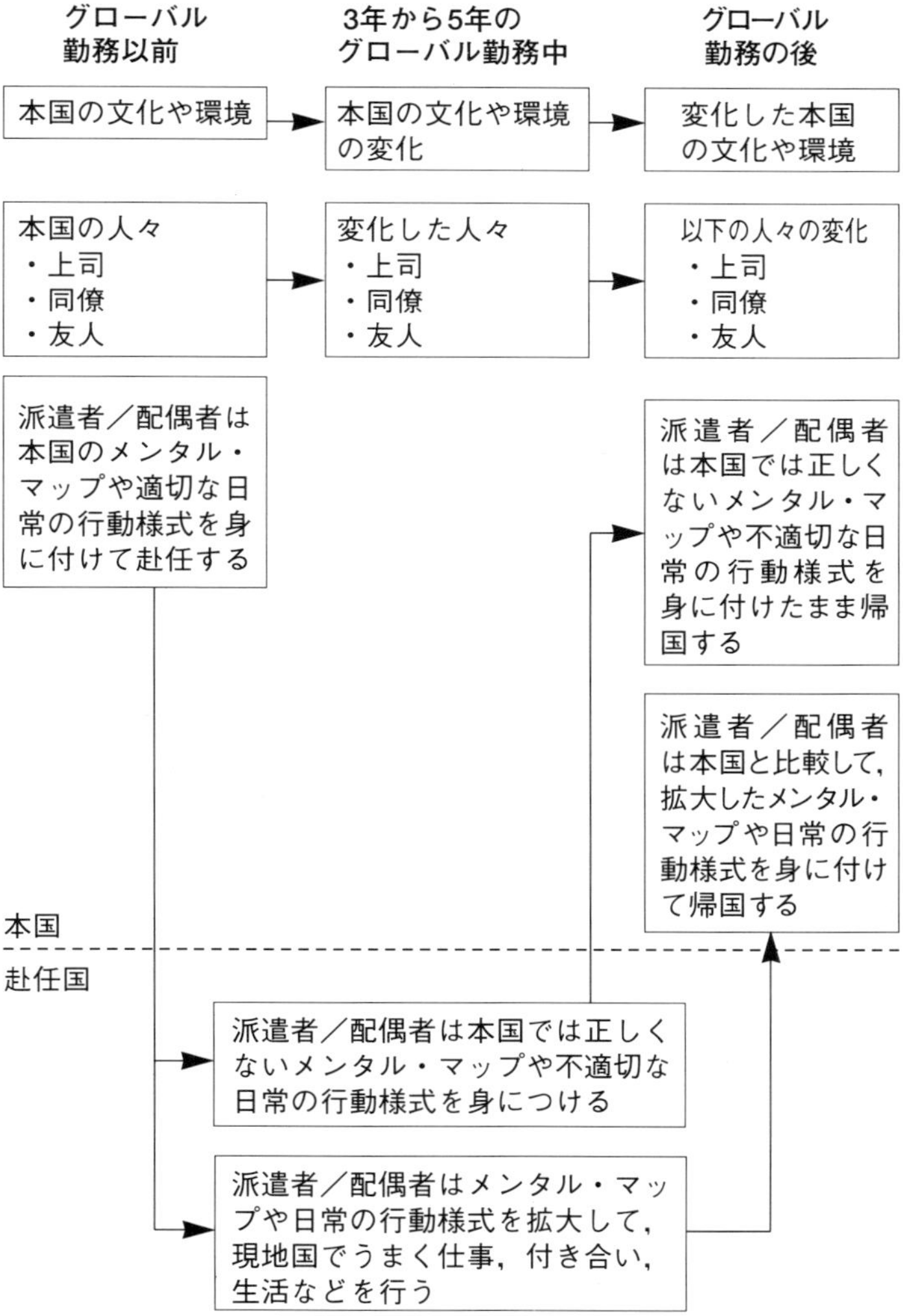
グローバル勤務以前
3年から5年のグローバル勤務中
グローバル勤務の後
本国の文化や環境
本国の文化や環境の変化
変化した本国の文化や環境
本国の人々
・上司
・同僚
・友人
変化した人々
・上司
・同僚
・友人
以下の人々の変化
・上司
・同僚
・友人
派遣者／配偶者は本国のメンタル・マップや適切な日常の行動様式を身に付けて赴任する
派遣者／配偶者は本国では正しくないメンタル・マップや不適切な日常の行動様式を身に付けたまま帰国する
派遣者／配偶者は本国と比較して，拡大したメンタル・マップや日常の行動様式を身に付けて帰国する
本国
赴任国
派遣者／配偶者は本国では正しくないメンタル・マップや不適切な日常の行動様式を身につける
派遣者／配偶者はメンタル・マップや日常の行動様式を拡大して，現地国でうまく仕事，付き合い，生活などを行う

自分の生まれ故郷で異邦人になったように感じる。現実の本国がいつまでも記憶の中にある国と同じと思ってはいけない」と助言する。そして、劇的変化や地味な変化もまた、本国の職場で起きている（たとえば、事業の再構築、戦略的転換、管理職の昇進など）。このような社内の変化が帰任者の適応に与える影響は、一八年以上親会社で働いたあとに海外勤務を経験した、次の帰任者の言葉に表れている。「かつて私が勤めていた部門は再編成され、その私が勤めていた子会社は厳しいコスト削減にさらされていました。以前の経営者は首になっていたので、私が戻る状況は非常に厳しく、社内で仕事を見つけるためのサポートはほとんど期待できませんでした。帰国したときに、社内に配置されるのではなく排除されているということを強く感じました」

本国や親会社で変化が起こると同時に、本国や親会社がかつてどういう状況で、現在はどういう状況なのかという派遣者自身の主観的な見方もグローバル勤務の間で変化が起こることがある。このようなメンタル・マップが変化する理由はいくつかある。

本国がかつてどういう状況だったかを正確に思い出すことは難しいが、もし実際思い出したとしても、これらの記憶は本国の理想的な面に偏りがちである。この過程は、オズの国に住み、カンザスの生活を懐かしむにつれ、「お家のように良いところは他にはない」と感じたドロシーにちなんで、〝ドロシー・シンドローム〟と呼ばれている。ある配偶者は過去の知覚のゆがみを振り返って、次のよう述べている。

海外（ほとんど途上国）で過ごした数年間はずっと、米国が世界中のどこの国よりも本当にはるかに優れていて、すばらしい国だといつも思っていました。二六年間におよぶ四回のグローバル勤務の間、この考えを抱いてきました。しかしいざ帰国してみると，米国も他の国と同じで，特別大した国ではないことがわかりました。これは極めて認めがたい現実でした。

ほとんどの派遣者は，異なる言葉，態度や行動様式の国や文化の中で三年から五年間，仕事に従事し，生活をする。もしも，うまく外国の環境に溶け込んでいたら，かれらの態度や行動が変わってしまっても仕方がない。たとえば，多くの米国人や欧州人の家族は，環太平洋諸国に赴任してからは，靴をはいたままよその家に上がるのは落ち着かない。グローバル勤務中にはさらに重大な変化が起きる。たとえば，日本人男性はグローバル勤務中に妻や子供と強い絆に結ばれた新しい家族観を抱くようになる。帰国すると，これらの強い絆はしばしばなくなり，多くの日本人派遣者は，赴任先で経験した夫や父親としての新しい役割を「奪い取られた」ような感覚になり，自分の会社に対して強い怒りと恨みを抱くようになる。しかし，われわれがインタビューしたある日本人の配偶者の経験から，日本人に起こる変化の違った一面がわかる。派遣者の妻は日本へ帰国してから六カ月間毎日泣き続けて，夫に海外へ戻ろうと頼んだ。彼女は夫の英国赴任の期間中，副社長夫人としての社会的役割を持つことで，人々と交流し，生活を楽しみ，自分を表現し，世界の話題について議論するなどの機会を得た。これらは，日本へ帰国すると，とうてい望めないものだった。

家庭内での変化のほかに，職場でも変化が起きる。たとえば，ほとんどの派遣者はグローバル勤務で味わった自律性を捨てて，社内の官僚的体質を学びなおすことがなかなかできなかった。[*6] ある日本人派遣者は，次のようにいっている。「最初海外へ赴任したとき，自分の周りに大勢の賛成者がいないで決断を下すのが怖かった。ところが本社へ戻ってみると，合意による決定の上手なやり方を忘れていただけでなく，それが良い方法であるという確信が持てなくなった」。

派遣者の見方の変化を示す別の例が、次のある米国人派遣者の経験によく表れている。「マネジャー、事務員、セールスマンなど職場の米国人と対応するのはまだ難しい。三年間日本に滞在し、日本の職場で働いたことで、やっと私はアメリカ社会に存在する他人への無関心さを実感した」。事実、グローバル勤務期間に身に付けた新しい評価基準は往々にして、本国へのプラス評価よりマイナス評価となる。たとえば、ドイツから帰国したフィンランド人マネジャーは、次のように述べている。「自分の生活と大陸欧州人の生活とを比べる機会を持ってから、本国を見る目が非常に厳しくなった。フィンランドの物価は恐ろしく高いのに、人々は非常に物質主義的に見える」。

派遣者とその家族が三年から五年もの海外勤務から帰国したとき、その上司、同僚や友人も変化しているが、派遣者とその家族の方は変化していないとしばしば間違った見方をされる。六年間の海外勤務からフィンランドに帰国したある配偶者は自らの変化に対して、「親戚も友人も、外国での数年間に私が『成長』したことを認めようとはしなかった」と述べている。ある米国人派遣者も同じく、「古い友人は私が何も変わらずに帰ってきて、**まるでどこにも行かなかったかのように**生活を再び始めることを望んでいた」と述べている。

グローバル勤務中の本国や人々（海外勤務の派遣者、本国の友人や同僚）の変化は、第2章と第5章で述べた異文化適応との同様の変動を生み出す。これは、派遣者が帰国する場合においても同様である。具体的には、多くの派遣者は、何をすべきかに関して誤ったメンタル・マップを身に付け、どのようにしたら良いかをわからず、さらに、今や「外国」と化した本国で、それらの行動がどのような結果を招くか不確かなまま、グローバル勤務から帰任する。

▼帰任後の適応と最終結果：業績▲

世界中の多国籍企業と仕事をしていると、役員から「多国籍企業が、なぜ帰任後の派遣者とその家族の適応に対して注意を払う必要があるのか」としばしば尋ねられる。調査と経験に基づくと、帰任後の適応に注意しないと、会社としての最終結果にマイナスの影響が出る、つまり役員や管理職の業績を落としかねないということがわれわれの答えである。派遣者が帰任後の適応に成功すると、業績が伸びることは明らかである。[*7] さらに、派遣者の家族が帰任後の適応に成功すると、その良い家庭環境が仕事にも波及し、派遣者の仕事の能率を向上させるというプラスの「波及」効果が生まれる。[*8] 帰任者の仕事の業績は、帰任後に配偶者が人間関係や文化全般へ適応できるかどうかにかなり影響される。[*9] 配偶者の適応の波及と業績不振について、ある米国人派遣者は、次のような現実味のある経験を語っている。「私の妻は欧州から帰国してからというもの、米国の郊外の住宅を非常に苦痛というよりも嫌悪していた。妻が適応に失敗したことで、生活は楽しくなくなり、私の仕事の業績も振るわなくなった」。

帰任後の適応の次元

われわれは、海外勤務中の異文化適応を比較するために、派遣者とその家族が帰国時に適応する三つの基本的な分野を明確にした。[*10] 第一に、派遣者は新しい仕事と職場環境に適応しなければならない。たとえ派遣者が親会社で約一五年間勤務してきたとしても、「帰国時の、企業内カルチャー・ショックに対して準備せよ」と忠告する。親会社で一二年間勤務してきたある派遣者は、「私の会社の企業文化はむちゃくちゃになってしまった。今や、戦略的目的が以前とは異なり、異なる業務処理の『ツール』が用いられ、もったいぶった新しい専門用語が使われている。私はまったく新しい企業『言語』を習得しなければならなかった」と述懐している。興味深いことに、帰任後における仕事関連の適応問題は、もっとも派遣者の話題にのぼる問題の一つであった。[*11]

第二に、派遣者とその家族は本国の同僚や友人との付き合い方に適応しなければならない。グローバル勤務から帰ってくると、本国の人々が往々にして外国人のように思えることがある。たとえば、米国人は会話のきっかけに世間話をすることで知られているが、ほかの文化圏の人たちにすれば、この手の会話は不真面目に思えるかもしれない。あるフィンランド人が米国に数年滞在し、この世間話に慣れたころ帰国すると、そのような「つまらない」話にまったく乗ってこないフィンランド人と付き合うことになる。帰任後、本国の人たちとの付き合い方でよく見られる問題として、本国の人々が帰任者の国際的な経験に関心を示さないということがある。最後に、派遣者の子供たちは帰任後に大きな言葉の壁にしばしば直面する。この問題はとりわけ、グローバル勤務期間中に誕生し、母国語の複雑さが理解できていない小さな子供たちの場合にあてはまる。さらに一〇代の子供たちの場合、本国で生まれ育った子供と比べて自分のアクセントが違うこと、時代遅れのスラングしか知らないこと、正しい構文やイントネーションのいくつかを身に付けていないことなどがわかり、言葉の壁に悩まされる。帰任後に本国の人たちとうまく付き合うことは、派遣者にとっても、配偶者や子供たちにとっても大きな課題である。それらの問題のいくつかは、次の話にいくらか表れている。

帰国したあと、私の娘は文化的な観点から自分が英国人でもなく米国人でもないと感じていました。彼女は海外の学校ではボス的存在であったのに、本国ではただの新入り扱いになったのです。帰国してから九カ月が経っているのに、彼女はいまだに他の学生と自分はまったく「違う」と感じています。――九年間におよぶ四回目のグローバル勤務から帰国した派遣者

第三に、派遣者とその家族は、その人生の大半を本国で過ごしてきたにもかかわらず、一般的な生活環境（食物、気候、住宅、交通機関、学校など）への再適応の問題にも直面する。なによりも一般的な文化への適応は往々にして最大の問題となる。米国、日本、欧州から帰任してきた派遣者の大多数は、帰任後に重症の一般的なカルチャー・ショックに見舞われる。次の話は帰国後の生活のある特有のジレンマを表している。[*12]

帰国して、住宅を探して、何がどこに売ってあるのかを見つけ、友人をつくるのは大変でした。以前同じ

国の同じ都市圏に住んでいたのに、まるで新世界に入り込んだようなゼロからのスタートでした。帰国した瞬間、母国にいるという実感がわきませんでした。——六年間の欧州駐在から帰国した米国人配偶者

私はフィンランドで成長したというのに……長く荒涼とした厳しい冬の寒さへの備えをまったく忘れていました。——三年間のオーストラリア駐在から帰国したフィンランド人派遣者

日本では、会社通勤だけでこれほど心底疲れるということを今まですっかり忘れていました。本当にうんざりします。——五年間の米国駐在から帰国した日本人派遣者

帰任後の適応に影響する要因

帰任後の適応は、ほとんどの派遣者とその家族にとって重大な問題である。適応には大雑把に分けて、仕事関係、本国の同僚や友人との人間関係、本国の一般的な文化という三つの種類がある。適応に関する調査によれば、帰任後の適応について一つか二つ以上の側面を促進、もしくは抑制するある特定の要因がある。図表9・3は、帰任後の適応に影響する帰国前の要因、および帰任後の適応に影響する帰国後の要因を示している。さらに、これらの要因は、本国や本社の変化に関する重要な情報源や、個人、仕事、組織、帰国後の異文化適応に影響する仕事以外の要因など、いくつかのグループに分類される。これらの要因が派遣者と

図表9・3　バランスシート

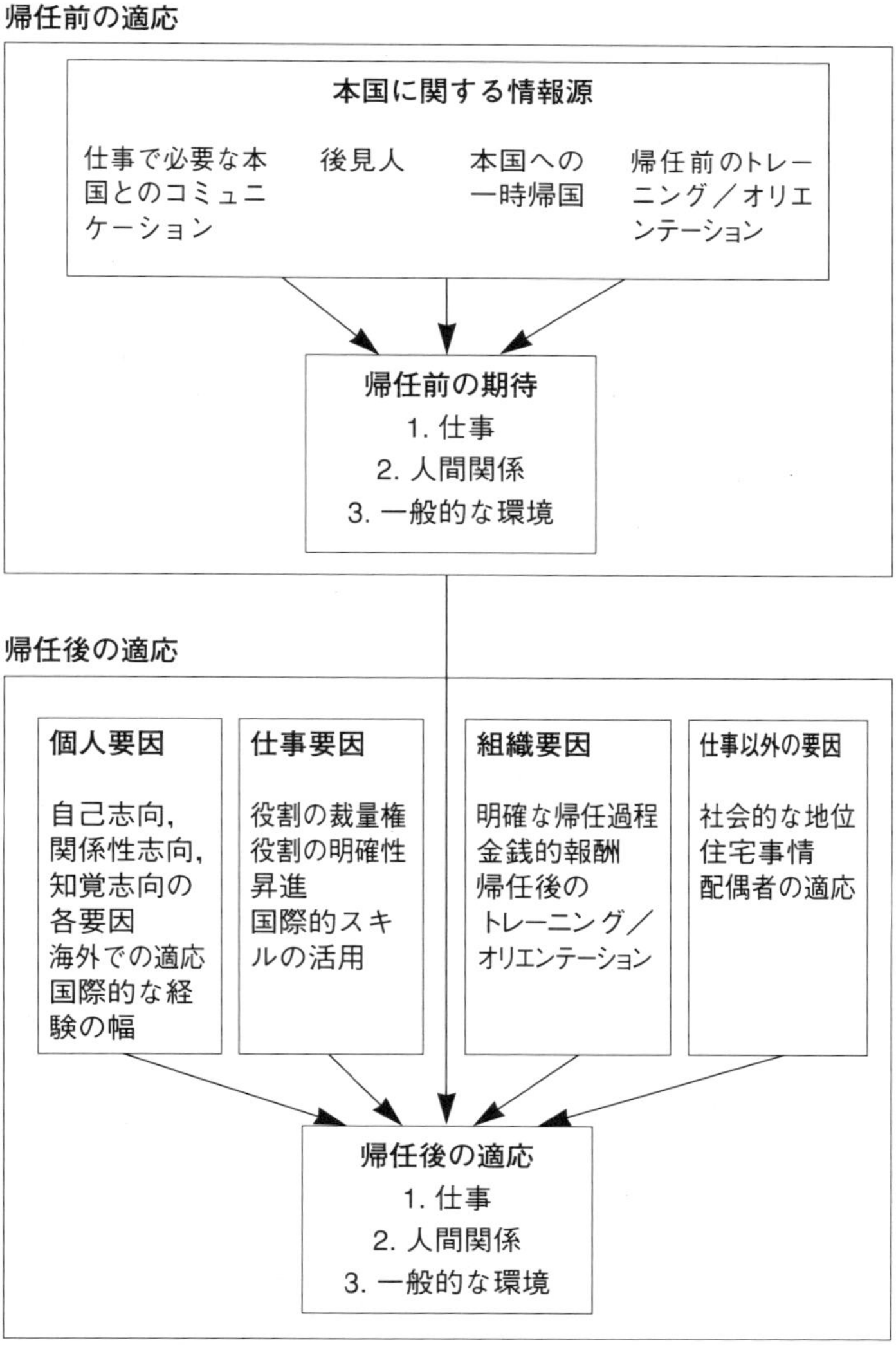
帰任前の適応
本国に関する情報源
仕事で必要な本国とのコミュニケーション
後見人
本国への一時帰国
帰任前のトレーニング／オリエンテーション
帰任前の期待
1. 仕事
2. 人間関係
3. 一般的な環境
帰任後の適応
個人要因
自己志向，関係性志向，知覚志向の各要因
海外での適応
国際的な経験の幅
仕事要因
役割の裁量権
役割の明確性
昇進
国際的スキルの活用
組織要因
明確な帰任過程
金銭的報酬
帰任後のトレーニング／オリエンテーション
仕事以外の要因
社会的な地位
住宅事情
配偶者の適応
帰任後の適応
1. 仕事
2. 人間関係
3. 一般的な環境

その家族の帰任後の適応にどのように影響するかを検討してみよう。

帰国前に行う帰任後の適応

派遣者は、グローバル勤務へ赴任する前に事前適応を行うように（第5章参照）、グローバル勤務から帰国する前にも事前適応を行う。帰任直前の事前適応は、基本的にはメンタルなものがほとんどである。いい換えれば、実際の帰国以前に、本国での仕事や生活のためのメンタル・マップへと変更し始めている。本国も派遣者もグローバル勤務期間にたいてい変化しているので、メンタル・マップを変更しておくことは、一般的に効果的である。本国に関する正確な情報源は、派遣者とその家族が帰国前に本国におけるメンタル・マップを修正したり、調整するのに役に立つ。

情報交換

管理職や役員の仕事に含まれる本社（在本国）と海外事業所間の広範囲なやり取りは、しばしば重要な情報を派遣者にもたらす。本国と海外事業所間の調整の必要性がとりわけ大きい多国籍企業やグローバル企業にとって、仕事上の必要なやり取りや情報交換は、重要である。管理職または役員である派遣者が、本国と仕事上必要な調整を行うことにともなって信頼性の高い情報が行き来する。しかし、明らかにこの情報の大半は親会社の変化に関するものであり、かつて住んでいた近所、子供の学校、仕事以外の友人に関する情報はほとんど含まれない。したがって、仕事上のやり取りを通して得た情報は、派遣者の仕事への適応を促進するものではあるが、本国での人間関係や一般的な環境への適応の役にはほとんど立たない。[*13]

後見人《スポンサー》

ほかに仕事に関連した情報源としては主に、組織の後見人、メンター、または「保護者《ゴッド・ペアレント》」がある。[*14]正式または非公式に選任されたメンターは、機構の変更、戦略上の変更、職場での政変、昇進の機会、仕事や会社に関連した一般情報などの重要な情報を派遣者に対して与えることができる。この情報は派遣者の一般的な文化への適応には役立たないが、帰任後の仕事や本国の人たちとの連絡の際にうまく役に立つだろう。[*15]グローバル勤務中と勤務終了後に有力な後見人がいないと、派遣者は次のような窮地に陥ることもある。「ベネズエラに九年間滞在したあと、誰とも継続的なコンタクトをとっていないと帰任後の適応は難しい。誰も知っている人はいないし、気を遣ってくれる人もいないので非常に不安定な立場であり、簡単に次の人員削減計画の標的になる可能性がある。海外赴任に費やした犠牲に対して、いくらかの報償があるべきだ」。この帰任者の場合、有力な後見人がいれば、帰任後に遭遇した大きな問題のいくつかを解決してくれたかもしれない。後見人は、グローバル勤務中の適応に関する重要な情報や帰任後の有力なサポートを与えることができるのに、実際、海外勤務中に後見人を指名する派遣者は比較的少数である。事実、われわれの調査によれば、米国人派遣者の二二％、日本人の二二％、フィンランド人の五一％だけが海外勤務中に後見人がついていた。[16] 一般的に、後見人がついている者は、ついていない者より職場にうまく適応するので、後見人指名率の低さは残念な結果であるといわざるをえない。[17]

帰国休暇

本国や会社に関する別の重要な情報源は、海外勤務中の定期的な一時帰国である。[18] 一時帰国をすることによって、派遣者とその家族は職場、友人間、本国内での変化を実感する機会が持てる。逆に、同僚や友人も派遣者の変化を知ることができる。われわれが調査した米国人派遣者の六五％が海外勤務中に自分と家族の分の帰国休暇手当を受け取っている。[19] しかし、約二五〇社の米国とカナダの多国籍企業を調査したところ、派遣者とその家族の三五％だけしか、帰国休暇をとることを義務づけられていない。[20] その結果、派遣者が帰国休暇手当を使って他の場所へ旅行するので、帰国休暇による情報やそれに関連するメリットを得られないことがよくある。

帰任前のオリエンテーション

企業が提供する帰任前のトレーニングやオリエンテーションもまた情報源である。[21] トレーニングや海外への適応に関する前の章で、トレーニング効果や、異文化対応トレーニングのために企業が取ることができる各種のアプローチについて検討した（第4章参照）。これと同じ原則が、派遣者が文化圏を再び超えて、外国と見間違うばかりの本国に再入国する帰任過程にも適用できる。いろいろな国籍の帰任者がこのようなトレーニングの重要性を強調してきた。事実、グローバル勤務後の多国籍企業の派遣者にとって、帰任時のトレーニングは、適切な仕事に就くための支援に続いて希望するサポートである。[*22] トレーニングは職場への適応だけでなく、本国の人々との人間関係や新しい環境に住む場合の適応を促す。

帰任前トレーニングの重要性とそのトレーニングの有効性を示す調査結果から考えると、帰任時のトレーニングやオリエンテーションを行っている多国籍企業が比較的少ないという事実はやや驚きである。事実、調査によると、米国人派遣者の六四％、日本人の九二％、フィンランド人の七七％が帰国前に何のトレーニングも受けていなかった。全配偶者の約九〇％が帰国前のトレーニングを受けていなかった。[*23] 帰国後、ある配偶者は、「三年ないし五年も経つと、本国にも多くの変化が起こるので、赴任前にオリエンテーションがあるように、帰任に関する何らかの会合を派遣者の家族のために設けた方が良い」と述べている。トレーニングがないと、多くの派遣者や配偶者は帰任時に本国についての正しい情報を巧く探すこと（そして、しばしば理解すること）ができない。

帰国後の帰任適応

派遣者が帰国したあと、仕事関係、人間関係、一般的な文化などへの適応を促進、または抑制するような要因がいくつかある。これらの要因は個人、仕事、組織、それに仕事以外の種類に分類される。

個人的な要因

異文化適応に関連する重要な個人的な要因の多くについては、第3章と第5章で論じた。これらの要因は帰任後の適応過程にも同様に、うまくあてはまる。とりわけ、自己志向的要因、関係性志向要因、および知覚志向的要因は帰任後の適応に関するすべての面にプラスの影響を与える。

皮肉なことに、赴任国での適応がうまくいくと、結局、帰任時にさらに重大な適応問題が起こる恐れがある。[*24] このことは、本国と極端に違う文化圏での勤務を行った派遣者とその家族、あるいは連続して複数のグローバル勤務をしたか、または赴任期間が長期であったかして長期間海外に滞在した派遣者に、よくあてはまる。基本的に、外国文化に関する原理と規則を習得すればするほど、本国の原理と規則に戻ることが困難になる。長期の海外勤務経験を持つある米国人は、「海外に二一年間もいると、帰国したあと『なじむ』のは恐ろしく困難なことである」と述べている。いろいろな意味で、複数国にわたるグローバル勤務や長期のグローバル勤務は、結果的に本国において「異邦人」と化すだけである。さらに、長期のグローバル勤務の経験をすると派遣者とその配偶者は、帰任後に本国のすべての面で適応することが難しくなる。[*25]

仕事の要因

派遣者にとって、帰任が成功するもっとも重要な要因の一つは、帰任後の仕事の選択である。[*26] 悪いことに、六カ月以上前に帰任の辞令を発令しているのは、北米多国籍企業の四・三%にとどまる。三〇%の企業では約三カ月前に辞令を発令し、六四%の企業では、帰任計画自体はっきりと決まっていないため、派遣者は各自バラバラに帰任の辞令を受け取っている。[*27] この直前に発令される帰任の辞令で、われわれが調査した帰任者たちは、仕事上、非常に苦い思いをしている。

帰国して三カ月にもなるのに、いまだに安定的な仕事を待っている状態です。三〇年間、この会社に勤務し、三回にもおよぶ海外勤務をしたというのに。——米国人派遣者

帰国したとき、私には職務記述書さえもありませんでした。社内には私の居場所がどこにもないかのように感じました。事実、みんなに、「あれっ、ここで何をしているの?」と聞かれました。まるで自分が少なくとも九カ月間のあいだ「臨時雇い」だったかのように思えました。——親会社で九年間勤めた派遣者

私を本社組織に戻す責任を負ってくれる人は誰もいませんでした。昇進を期待していましたが、最後には無職になりました。私の妻は海外に行くために、同じ会社での仕事を辞めました(彼女には一二年間のキャリアがありました)。彼女の仕事は帰国後、紹介してもらえる約束でした。しかし、彼女の職探しに対しても何の支援もしてくれませんでした。——親会社で一五年間勤めた米国の派遣者

計画性のない帰任後の仕事

これらの理由から、職場での効果的な適応の第一歩が、仕事に配属されることにあることは明白である。

しかし、国籍の如何に関わらず、派遣者の約三分の二は、帰任する前に帰任後のかれらの仕事が何であるか知らされていない。[28] 帰任後の仕事が計画されていることはほとんどなく、着陸する滑走路が空いていないため、混雑する空港の上空で待機する飛行機に類似していることから、派遣者はしばしば帰任後の仕事につくため「待機」しているといわれる。派遣者が帰任後に社内で仕事にありついたとしても、地位が最適でないことは、驚くに値しない。事実、帰任者の地位は往々にして曖昧で、さして重要ではない「名目上の仕事」をあてがわれ、それに気をとられて他の人の邪魔者にならないようにさせられているだけなのでのである。

仕事上の自律性の低下

たとえ安定した地位が与えられたとしても、派遣者が最近の海外勤務中に持っていた地位と比較して、[29] 自律性と権限が少ないことが多い。次の話にあるように、半数以上の帰任マネジャーが、本国では自律性も権限も少なくなったと述べている。[30]

私は海外に滞在していたときは、自分をビジネスに影響を与えている存在だと実感していました。米国ではそれは、最小限のものでした。帰国すると、新規につくられた曖昧なスタッフの仕事にあてがわれましたが、そこには友人も、手づるも、経営者との接触もありませんでした。企業側は、派遣者はすでに自主的意思決定スキルを向上させていること、最終的な権限を持つことに慣れていること、さらに、トップ経営者の信頼により自分でビジネス判断ができていたことなどを認識する必要があります。新しい仕事で、私のビジネス判断は海外にいたときより、ずっと低く評価されています。企業の体質が変わるまでは、派遣者は帰任したときに失望しなくて済むように最悪の状況を想定した方がよいでしょう。

帰任後の適応にプラスになるために、裁量度の高い仕事を帰任者に与えることが会社全体にとって重要であることはもっと強調されてよい。[*31]

曖昧な仕事期待

明確な職務記述や高い役割の明確性を帰任者に与えることは、帰任後の職場への適応を促進する。[*32] 明らかに、帰任者に対して仕事を明確にする際の第一歩は、「待機中」の地位より幾分か良い仕事を与えることである。そうでなければ、それらのポジションは基本的に「名目上の仕事」なので、余計に曖昧にならざるをえない。

昇進への期待はずれ

多くの派遣者は、海外勤務をうまく終了させたら昇進が待っていると期待して、グローバル勤務を選んでいる。悪いことに、このグローバル勤務へのロマンチックな思い込みは、通常、帰任の現実と一致しない。八回におよぶ海外勤務で二〇年間の国際的な経験をしたある欧州人派遣者は、「海外派遣者は、昇進という点では会社から完全に忘れ去られる。事実、キャリアという点から見ると、私の海外勤務は刑罰のようだった」と述べている。米国人にとって、状況はさらに悪く、「私は所属部署に対する配慮から英国での勤務のために赴任した。帰任時、家族と離れて過ごした一〇カ月の苦労に対して何の特別な待遇も受けなかった。

帰国後、私は昇進を熱望していたが、それは叶わなかった」。現実には、米国人や日本人の派遣者の約一割しか海外での地位と比べた場合の昇進をしていないのに対し、フィンランド人の派遣者の場合は約三割と比較的高い。[*33]

降格の衝撃

このように帰任者の昇進が少ないのは、多くの多国籍企業が行ってきた事業の再構築や規模の縮小をある程度、反映している。しかし、帰任者に対する降格の多さは、本国のマネジャーの降格率の比ではない。特に、帰任に際し、米国人マネジャーの七七％、日本人の四三％、フィンランド人の五四％が海外での地位と比べて降格されている。[*34]

スキルの非活用

派遣者は往々にして、グローバル勤務中を通じて各国の特性についての知識、熟達した言葉能力、国際的マネジメント・スキルを習得している。事実、海外勤務の戦略的な目的の一つは、企業の役員やマネジャー層の国際的なスキルおよび知識を増やすことである。しかし、派遣者が帰国すると、これらのスキルは矛盾した使われ方をする。[*35] 帰任後に国際的な経験を活用する機会があると報告した帰任マネジャーは全体の半分にも満たない。一〇〇万ドルも投資して派遣者を送り込み、支援をし、帰国させたのに、ほとんどの企業はそれらの投資に対して、最低限のリターンで満足しているとは驚きである。ある派遣者は次のような意見を持っている。

企業は国際的な経験を評価すべきです。評価するだけでなく、実際に有効活用すべきです。本社は、派遣者が現実のビジネス界、つまりグローバル・マーケットから学んだ経験、「ビジネス手腕」、交渉術、それに熟達した外国語などを無駄にしないようにして欲しい。——米国人派遣者

この会社は私の国際的なスキルをほとんど評価していません。事実、現在私は日本語が堪能であるのに、会社は日本語スキルを活用できるような地位に就かせようとする気配をまったく示しません。何ともったいないことでしょう。——米国人派遣者

私は将来、欧州に関する知識を会社で活用できるようになることを希望していますが、現在、この知識が評価されているとは感じられません。——日本人派遣者

組織の要因

帰任過程や適切な金銭的報酬に対する親会社の全体的な取り組みは、派遣者の帰国後の適応に顕著な影響を与えることができる。[*36] 悪いことに、帰任過程全体を明確にすることに一貫した関心を示しているのは、少数の企業だけにとどまる。

曖昧な帰任過程

ほとんどの派遣者は、会社は帰任過程について、非常に曖昧な状況しか伝えてこなかったと感じている。[*37] 一般的に、各国の多くの派遣者は、帰任後の地位、将来のキャリア、妥当な報酬、税金補助が曖昧にされており、これらを不安に思っていた。この全体的な曖昧さは次の米国人派遣者の話が、よく示している。「帰国とはどういうことかって？ それは、自分の仕事について明確な方向性が示されないこと、キャリアの明確な方向性がないこと、帰任時の支援がないこと、それからすべてが自分の責任になることだ」。企業内の帰任過程の全体的な曖昧さは、企業がグローバル勤務に対する戦略的取り組みのなさを示している。

金銭的な衝撃

帰任過程の明確化の他に、企業は派遣者が帰国したときの金銭的報酬に対して特別の配慮をしなければならない。帰任時に受け取った非金銭的な報酬が大体において低いので（一時しのぎの仕事、降格など）、帰任者は金銭的な報酬やグローバル勤務を終えたあとの生活水準低下の可能性に対して、非常に神経質になる。次の話にこれらの金銭的な報酬をめぐる状況を示している。

住宅費から基本的な必需品まで、すべての費用がニューヨークでは割高なのはわかってはいたが、やはりショックでした。ニューヨークでは何もかもお金がかかります。メキシコやその前のブラジル滞在では、家族も私も生活は快適でした。米国に帰国して、現実に引き戻されたのです。予算を立ててから買い物をすることさえ、もう何年間も忘れていました。—米国人派遣者海外にいると、自動車が無料で使えたり、ガソリンが無料だったり、本国よりも立派な家に住めたりといろいろな恩恵を受け、これらの恩恵にすっかり慣れてしまいます。そして、帰国し、元の生活に戻ると、慣れきったこれらの恩恵は一瞬にして消えてしまいます。シンデレラの話のように一二時の鐘が鳴ってしまったのです。——米国人配偶者

これらの二つの家族にとって、派遣者の報酬のバランス・シート（第8章を参照）の帳尻は合わない。確かに、かれらは海外勤務中に受け取ることができる手当の多くを享受したが、これらの手当は勤務が終わればたいてい終了する。薬物中毒のように、派遣者とその家族は帰任後にしばしば金銭的な「禁断症状」を経験する。国籍の如何に関わらず、すべての派遣者の約四分の三が帰国後に生活水準の明らかな低下に直面しなければならない。[*38]

実施されない帰任後トレーニング

多くの国際企業が帰任者の報酬に一貫した関心を示さず、帰任過程を明確にしないので、派遣者が帰国した後にトレーニングやオリエンテーションがほとんどないことは、驚くに値しない。企業によるトレーニングやオリエンテーションが全体的に行われないことは、次の米国人配偶者の話によく表れている。「本国の情報や、たとえ小さくても会社が支援してくれるすべての事柄について何でも教えて欲しい。私の知っている奥さんのうち、ほんの一人か二人しか会社から正式な情報を受け取っていません。私たちが得た情報のほ

とんどは、苦心してやっと見つけたものや、口コミで伝わってきたものでした。結局、私たちが得た情報の多くは、古すぎて役には立ちませんでした」。グローバル勤務後のトレーニングやオリエンテーションは帰任後の適応を促進する。[*39]

仕事以外の要因

仕事以外の二つの主な要因、すなわち、社会的地位の変化と住宅状況の変化も帰任後の適応に影響を与える。[*40]

社会的地位の低下

帰国後、派遣者とその家族は外国人という公式の地位を失う。ある帰任者の調査によると、米国人の五四％、日本人の四七％、フィンランド人の二七％が社会的地位の顕著な低下を経験し、海外勤務中の地位に比べて、帰国後、社会的地位の向上を経験したのはこの三か国の派遣者全体の四％にも満たなかった。[*41] これらの統計によってわかることは、帰任した派遣者と配偶者は、社交およびレクレーションの場（ディナー、レセプションなど）で名誉あるゲスト、あるいは近所の「お客様」として遇されることはない。せいぜい、他の家族や子供たちがかれらの言葉、文化、赴任国に興味を示すだけである。ある配偶者は、「帰国してもっとも驚いたことは、海外勤務中、生活のすべての面で如何に特別待遇を受けていたかに自分自身が気づいていなかったことです」と語った。

一般的に派遣者は海外勤務中、自分のことを小さな池の大きな魚のように感じる。帰国すると、大きな池の小さな魚になる。一般的に帰国は、帰国に伴う降格、金銭的な役得の喪失、本社での埋没などによって、帰任者の社会的地位の低下意識を一気に増幅させる。九年間の英国勤務から帰国したある米国人派遣者によると、「**海外でオーケストラの指揮者をしたあとに、帰国後に第2バイオリンの地位を受け入れることは非常に難しい**」。概して、社会的地位が実質的になくなることは、帰任後の適応のすべての面においてマイナスの影響を与える。[*42]

住宅事情

社会的地位の変化の他に、住宅事情の変化が派遣者とその家族の帰任後の適応に著しく影響を与える。とりわけ、快適な住宅は帰任者の適応の三つの側面に影響し、米国人配偶者の帰任後の一般的な適応に対してプラスの影響を与える。[*43] 帰任後の住宅事情に関しては、次の三つの問題が影響を与える。第一に、派遣者がグローバル勤務中に本国の家を人に貸していた場合、帰国時、通常二〜一五週間ホテルに滞在し、借家人が壊したであろう個所の修理の期間にあてる。これらの費用は、修理代として（たった二年で）一五、〇〇〇ドルを超える場合もあるが、これらの費用を補償する企業は比較的少ない。第二に、派遣者がグローバル勤務の前に家を売却していた場合、企業の方針および、もしくはホテル滞在の問題から、帰任後できるだけ早く適当な住宅を探すしかない。住宅ローンが認められる以前に、企業が帰任した派遣者と家族のホテル手当を削減することもある。また、家族全員のホテル宿泊にかかる面倒な問題のために、派遣者は最高とはとてもいえない住宅を購入することになる場合もある。第三に、派遣者が海外勤務に赴任する前に家を売却していると、本国の住宅価格は全体的に上昇しているが、帰任後に住宅購入手当が支給されない場合（北米多国籍企業の六〇％は住宅購入手当を支給していない）、帰任者にとって住宅は大きな問題となる。[*44]

われわれの調査によると、日本人派遣者が住宅事情において、もっとも著しい低下を経験しているのかもしれない。[*45] 事実、日本人派遣者の約七〇％が帰任時における住宅事情は満足のいくものではないと語った（日本人は、本国の住宅が海外と比べて概してずっと小さいという点で、いくつか特有の問題が起こる）。

▼配偶者の帰任後の適応についての特有な問題▲

われわれが検討してきた派遣前と派遣中の要因の多くは、帰任後の派遣者と同様に配偶者にも影響をおよぼしていた。しかしながら、配偶者の帰任後の適応に関するいくつかの重大で特有の問題は、グローバル勤務の前、中、後を通しての配偶者のキャリアのあり方によるものである。

配偶者のキャリアに関する問題

われわれの帰任問題に関する研究によると、米国人の配偶者の五五％はグローバル勤務前に、一二％はグローバル勤務中に、さらに三〇％は帰任後に仕事に就いている。フィンランド人の配偶者の場合、それぞれ同比率は、七二%、二〇%、七五%となる。[*46] これらのデータをまとめてみると、多くの配偶者が派遣者（夫もしくは妻）のグローバル勤務のために、相当なキャリア上の犠牲を払っているが、帰国後も多くの配偶者は再就職を求めていることがわかる。

帰国時の大きな問題は復職問題でした。何年間もトレーニングや教育を受けていないと、キャリア上の損失です……年金上の損失となることはいうまでもありません。―三年間のサウジアラビア勤務から帰国したフィンランド人の配偶者

海外勤務中に本国の同僚と連絡を取ったり、訪問したりすることを時々は行っていましたが、帰国後、同僚との人間関係を再構築することや職場での生活に復帰するには、赴任期間中よりもっと多くの努力が必要でした。―四年間のフランス勤務から帰国した米国人の配偶者

多くの場合、配偶者がグローバル勤務から帰国してすぐ再就職することは難しい。概して、就職問題には専門能力の低下やコネの喪失が影響してくるからだ。採用する側は、かれらがまた近い将来グローバル勤務に付いて行くのではないかと心配し、就職活動が一層困難になる配偶者もいる。また、家庭を守り、子供の適応を手助けしようと一生懸命で、就職活動の時間がほとんどない配偶者もいる。

帰任後の適切な就職活動をする場合の苦労を考慮し、グローバル勤務をするために相当なキャリア上の犠牲を強いられた配偶者に対して、就職活動の支援をしている多国籍企業がまだまだ少数であることはまこと

に残念である。とりわけ、フィンランドでは帰任した配偶者の一五%が企業の再就職支援を受けていたが、米国企業ではその比率はたったの二%に過ぎない。[47]

日本人配偶者特有の問題

米国人や欧州人の配偶者が帰任後に直面するキャリア関連の重大な問題とは異なり、日本人の配偶者（ほとんど女性）は帰国したときに、同じように困難ではあるが、いくらか異なる状況に直面する。海外勤務の前、中、後に、日本人の妻たちは一般的に、家計を預る主婦、母親／教育者、それに隣り近所のお付き合い担当者としての三つの大きな役割を果たしている。[48]主婦としての役割の中で、とりわけ家庭内のお金（投資を含む）に関するすべてをやりくりすることがほとんどの日本人の配偶者にとって大切な仕事である。帰任後に日本人の配偶者が述べた問題の五四%が主婦の役割に関することであった。[49]これらの問題は、引越、家計のやりくりから、住宅や生活条件などにまでおよぶ。一般的に海外では（メイドを雇うなどして）家事が楽なので、日本人配偶者の帰任後の適応問題は、家事と主婦業に戻る苦労から始まっている。

母親／教育者としての役割は、日本人の配偶者にとってもっとも重要な役割であろう。日本社会では、成人人生の方向を大きく左右するのが教育である。政府や大手企業は基本的に日本のエリート大学の卒業生に対して終身雇用を保証するので、小学校、中学校、高校での勉強の大半が大学入試で高得点を取ることに結びついている。事実、トップクラスの大学のほとんどの合格者が放課後の「詰め込み」コース、いわゆる塾に数年間通っている。学校や先生との連絡役を行い、家庭内で子供の尻を叩き、コーチするのも母親の役割である。「教育ママ」という日本語の有名な言葉がある。日本の教育システムは厳格なので、子供が日本へ帰国したときに遭遇する問題は、配偶者の適応に顕著な影響を与える。通常、妻たちは子供たちにそういった問題が起きると、帰国後、子供たちの日本への同化と学習を早めようと大変な努力をするので、子供たちは外国人としていつまでも非難されることもないし、教育上遅れていると批判されることもないことになる。[*50]

妻の隣り近所のメンバーとしての役割には、実際の近所付き合いだけでなく、いろいろな社会グループに参加することも含まれる。基本的に日本人の配偶者は、所属するグループや所有する能力によって自分のアイデンティティを獲得する。日本におけるグループとは、就学前の子供を近所の公園に毎日連れて行く母親たちのグループ、いけばな教室のグループなども含んでいる。海外では、日本人の配偶者も通常、夫に同行して会社のディナーや行事に出かけたり、家庭でディナー・パーティーを開いたり、夫の仕事関係者の家庭でのパーティーに出席するなどまったく新しい役割や状況を経験する。妻はこれらの仕事や社会活動に海外では参加できても、日本では参加できない。これらの役割から突然引退することは、配偶者（日本人派遣者の妻）にとって不満や苦痛となる。それは、多くの日本人の妻たちが海外勤務中にこれらの活動を楽しむ術を覚え、新しいアイデンティティや自尊心を身に付けたからである。

配偶者適応の影響

ほとんどの企業は、帰任後に配偶者をサポートしていない。役員によっては、企業が従業員の家庭生活まで介入すべきではないと考える者もいるが、現実には、家族が派遣者に同行することを求められ、家族は海外勤務を終えたあとに重大な問題に直面する。われわれの調査による最も重要な点は、配偶者の帰任後の適応が従業員の職場への適応にプラスの影響を与えるということである。従業員の帰任後の適応が従業員の全般的な業績にプラスの影響を与えることから、配偶者の適応過程は重要である。[*51]

成功する帰任へのステップ

帰任後の適応に関するわれわれの検討は、企業が派遣者とその家族を海外勤務から戻すときに直面する多くの問題やジレンマに焦点を当ててきた。帰任者が会社や本国において「中ぶらりん」状態になっている問題などから、帰任者とその家族はかれらがグローバル勤務を成功させたことに企業がまったく関心を示していないという疑いを持ち続ける。われわれは帰任を促進させるために、会社ができる事柄に焦点を移して検討しよう。

帰任の戦略的役割の定義

効果的な帰任への第一歩は、派遣者が帰国後になしうる戦略的役割の分析である。海外派遣に先立ち、企業は特定の派遣者を海外に送る三つの主な目的、すなわち、幹部の育成、海外事業所の調整と統制、それに情報や技術の移転を定義しておくべきである。海外勤務の戦略的目的を幹部の育成とするなら、帰任後の任務は、幹部としてのスキルや知識を向上させる重要なステップとなる仕事でなくてはならない。海外勤務の戦略的目的を海外事業所の調整と統制とするなら、帰任後の任務は海外でのコネクションを活用し、本社と良好な関係を確立している海外事業所との間で有効な調整と統制を継続することが、派遣者の仕事である。海外勤務の戦略的目的を情報や技術の移転とするなら、本社は帰任者から情報と技術をどのように受容するのが企業にとって最も得策かを真剣に考慮することである。悪いことに、本社は往々にして、海外事業所から学ぶべき情報や技術を過小評価するきらいがあり、有効な情報と技術の移転が巧く行かないことがある。

帰任に計画的な目的がなければ、派遣者を海外に送るための一〇〇万ドル以上の投資はまったくの浪費といえる。さらに、帰任に戦略的な目的がなければ、帰任者とその家族が直面する多くの問題に対して、企業が一貫して、多大な注意を払わなければならない理由はほとんどない。

帰任支援チームの設立

帰任の明確で戦略的な目的が定義されたあとは、人事部の代表者と派遣者の後見人から構成される帰任支援チームを結成すべきである。帰任支援チームは実際の帰任から少なくとも六カ月前に派遣者の帰任の準備を始めるべきである。できれば、人事部の代表者が派遣と帰任を自ら経験したことがある人物だとなお良い。この意見は多くの派遣者から出されている。[*52]

帰任の経験に対して**いくらかでも**理解を示してくれる人がいたら、とにかく助かります。派遣者とその家族のほとんどが、帰国時に必要な事柄について何も知りません。私たちは海外に住み、一度帰任の経験があるので、何をすべきかわかっていましたが、基本的に自分で何とかしなければなりませんでした。―米国人派遣者

人事部は帰任者のトラウマ（精神的外傷）を理解すべきです。人事部が派遣経験者で構成されていたら最高のシナリオです。―フィンランド人派遣者

人事部のほとんどの従業員は国際的な経験がありません。その結果、かれらは帰任過程が理解できないのです。これは大きな間違いです。―日本人派遣者

上司や後見人は、派遣者を帰任後に適切な地位に就かせる主要な責任を持ち、帰任支援チームでは重要な役割を果たす。たとえば、GEの医療システム部門は、後見人が帰任過程で重要な役割を果たすことを望んでいる。後見人はこの役割を果たす際の影響力の度合により、その実力を正式に評価される。

注目すべきハイ・リスクの帰任者

いったん、帰任後の任務に対する戦略的な目的が定義され、帰任支援チームが結成された後は、帰国時に最大の問題を抱えていそうなハイ・リスクの帰任候補者に注目することが大切である。派遣者（および配偶

者）に次の二つの特徴のいずれかでもあてはまる場合、かれらはハイ・リスクのグループに分類される。[*53] 第一に、長期にわたる（赴任回数が多い、またはそれぞれの赴任期間が長い）国際経験のある派遣者と配偶者は、もっとも難しい帰任過程を示す可能性がある。第二に、本国と極端に違う国の海外勤務から帰国した派遣者と配偶者（たとえば、ドイツ人が中国から帰任する場合）も難しい適応過程を示す可能性がある。これらの派遣者は、長期の海外生活や非常に異なる環境での経験のために、本国や本社を間違って理解してしまう可能性が極めて高い。

正しい情報による派遣者管理

グローバル勤務中に派遣者、親会社、そして本国はおそらく大きく変化しているので、派遣者の帰国時における本国に対する理解は多くの面で間違っている場合がある。したがって、派遣者の期待が満たされ、帰国後に職場でも職場以外の環境でもうまく適応できるように、会社は従業員が帰国する前の段階から、かれの期待を適切に保つべく、修正しなければならない。[*54] 帰任時の期待を適切に管理することの重要性は、次の派遣者の経験に良く表されている。

私はオーストリアで生まれ、一八歳になるまでドイツに住んでいました。そのあと、米国に移住しましたが、オーストリアとドイツとの結びつきは相変わらず強いものでした。一年前、英国とドイツ両国で働く機会があり、私はドイツでの勤務を喜んで引き受けました。まるで故郷に帰るような気分でした。休暇で旅行したときの記憶や、両親や親戚の話を通して覚えていたドイツについての期待を胸にドイツへ戻りました。逆に、英国に関しては、行く前に何ら特別の感情も抱いていなかったので、ただ行くだけという感じでした。最初に英国へ行きましたが、驚いたことに、私は英国が好きになりました。米国の生活とは大変に違っているものの、実際には何の適応問題も起こりませんでした。そのあと、英国で起こらなかった適応問題はドイツで起こりました。ドイツ人は非常に厳格で、頑固でした。故郷と思っていた国で自分が外国人であるように感じたのです。ドイツでの適応問題において、予想していた米国とドイツの二国間の違いは何の関係もありませんでした。もっとも苦痛を感じた違いとは、以前に住んでいたドイツと、再び戻ってきた現実のドイツとの違いでした。

本国の情報源の確立

企業は、帰任者が帰国する前に後見人、帰任前のトレーニングやオリエンテーション、一時帰国、全般的な本国情報など、いくつかの方法を使って、帰任者の期待を正しく形成することができる。

後見人の選任

グローバルな勤務期間を通じて、特に帰任直前において、後見人は派遣者に重要な情報を与えることができる。もし特定の派遣者に海外勤務中、後見人がついていない場合には、帰任過程をもっとスムーズにするためにも後見人を選任することはやはり重要である。後見人が与える情報は、大体において会社関連の変化に集中するが、本国の変化に関わるニュースも含んでいることがある。われわれの調査対象者である配偶者たちの何人かは、企業が海外勤務の途中や帰国後に、派遣者の家族と頻繁に連絡があるような「家族の後見人」を考慮するように提案している。この関係が確立されたら、家族の後見人は派遣者家族に本国の一般的な変化に関する多くの情報を提供してくれるだろう。

トレーニングの提供

トレーニングとオリエンテーションは帰任過程全体に関する重要な情報を派遣者とその家族にもたらす。ある派遣者は、「派遣者に帰任のためのパンフレットを渡すだけではだめだ」と語っている。派遣者は仕事がどのように変化しているか、本国の人たちとの付き合いの方、生活環境全般の変化などについての情報を必要としている。仕事関連の情報は、社内の組織と政治的な変化、技術革新、諸手続の変更などが中心であるかもしれない。コミュニケーションに関するトレーニングは、派遣者が今まで赴任していた国と本国での付き合い方の違いが中心となるかもしれない。このトレーニングでは、本国の人たちが概して派遣者の国際的な経験に関心を示さない事実について派遣者とその家族の注意を促すことも含むべきであろう。この無関心さは職場や職場以外のいたるところで感じられるものである。これらのことは一見単純な問題のように思えるが、帰国後に、本国の人たちが自分の海外での冒険話に何時間も惹きつけられ、聞いてくれることを期待している派遣者にとって大切なトレーニングである。最後に、住宅事情、収入の変化、税制、学校制度、物価などに関する、トレーニングとオリエンテーションが想定される。

派遣者の配偶者やほかの家族にも、帰任過程に関連した情報を提供することも大切である。フィンランド人の配偶者が正式な情報の重要性について強調している。八年間に四回も勤務国を変わった彼女は、「大企業では、従業員の海外への赴任前帰任時の、トレーニングとオリエンテーションが派遣者の幸せのために重要である事実があまりにも忘れられ易い」と語っている。

経営幹部が帰任時のトレーニングに関して、よく口にする質問は、「派遣者がまとまって帰国しない場合に、いったい誰がトレーニングを行うのか」というものである。確かに、個別の帰任トレーニング・プログラムを提供するために、トレーナーを世界各国に送り込むには、莫大な経費と時間がかかるであろう。派遣者が多数滞在する地域から集団で帰国する場合、このやり方は効果的である。しかし、多くの企業において、各派遣者は様々な時期にグローバル勤務から帰国する。この問題に対処するために、われわれの顧客であるハイテク企業は、帰国前に派遣者とその家族に送付するビデオ・トレーニング・システムを開発している。このビデオは企業特有の情報や帰任に関する一般情報を提供している。別の事例では、われわれは非競合企業どうしの合同研修プログラムを立ち上げ、年間を通じて定期的に開く一日帰任研修プログラムに帰任者を参加させている。

帰国休暇の奨励

後見人やトレーニングと平行して、グローバル勤務期間中、とりわけ帰任直前に一時帰国することによって、派遣者と配偶者はより正確に本国の状況を把握する機会を持つ。前述したように、われわれが調査した派遣者の三分の二はその企業から有給の帰国休暇を与えられているが、帰国休暇を義務づけているのは企業全体の三分の一だけである。本国への帰国休暇を義務づければ、派遣者とその家族にグローバル勤務中に本国の情報を得る機会を与えることによって、企業にとっても益となり得る。このため、本国への帰国休暇は重要である。

新聞や雑誌の支給

本国に関するほかの重要な情報源は、本国の新聞や雑誌である。フィンランド人の配偶者は、次のように述べている。「帰国することがわかったら、本国から送られてくる新聞や雑誌を読んだ方が良い。そうすることで、本国で何が起きているのかをずっとよく理解できるからである」。新聞や雑誌は値段が高いかもしれないが、いろいろな活用方法がある。ある企業では本国の大手新聞の日曜版だけを送り、ある企業では週刊誌や月刊誌のみを送り、またある企業では同一事業所の派遣者たちに一部だけを送って、回覧させている（回覧だと新聞や雑誌が派遣者の家族にまで届かずに、配偶者や子供たちが最新のニュースに接することができない恐れがある）。方法はともかくとして、目的は、派遣者や配偶者が帰国の際に、正確な期待を持てるように、本国に関する情報を提供することである。

本国の職場環境の準備

帰任に関連する多くの問題を回避するために、帰任支援チームは派遣者と相談の上、帰任後の派遣者のキャリア・パスやキャリア・オプションを調べる必要がある。理想としては、帰任後の仕事は、グローバル勤務の三つの戦略的目的のうちの一つを満たすものである。そうでなければ、企業は海外に派遣し、帰国させた従業員への投資に対して、わずかなリターンしか期待できない。帰任後の仕事には何らかのチャレンジ要素と望ましいレベルの自律性とを含めるべきである。大半の役員やマネジャーは仕事についてこれらの特質が含まれることを望む。帰任者はたいてい海外で、自律性が高く、責任の大きい仕事に慣れてしまっているからである。やりがいのある仕事をさせるほかに、ある一定の範囲の中で、従業員がグローバル勤務で学んだことに見合う帰国後のスキルの活用方法を見極めることが、重要である。帰国したある派遣者は次のように述べている。「世界各国での勤務をうまくこなした派遣者は、ビジネスをやる上でたくさんの幅広い見識を持っている。企業はこれらの貢献を排除、浪費、妨害したりせずに、派遣者の幅広い見識や大局観を企業の資産として扱うべきである」。調査も同様の結果を示しているが、われわれはこの意見に賛成である。派遣者の見識とスキルが帰任後の仕事と一致したとき、派遣者は帰任後の仕事にずっと適応しやすい。この過程の良い例として、あるフォード役員の帰任経験をみてみよう。「帰国後、私は三年間日本のマツダで働いて学んだことを活用する機会のある役職に就いた。新しい仕事は素晴らしいものであった。結局、海外事業部門に戻ってきたので、帰国過程は簡単に終わった。私の新しいグループでは、マツダがどのような仕事をしているのか知ることは重要なことであり、私はその知識を持っている」。この場合、仕事はやり甲斐のあるものに見えるし、派遣者が海外で習得した特有のスキルを活用することになる。しかし、企業にとってもっと重要なことは、派遣者の帰任後の勤務が、重要な戦略的な目的である情報の移転を達成されたように見えることである。このフォードの派遣者が得た知識は、グローバル勤務後、親会社によって有効に活用されたのである。

いくつかの企業やほかの業界では、事業規模の縮小や再構築などの事情で、派遣者が帰国したときにかれらに理想的な仕事を与えるのは難しいかもしれない。海外で情報が遮断されたままでいるよりも、早めにはっきりとその状況を従業員に伝える方が良い。米国大手エネルギー会社のある派遣者は、帰任への「知らぬ間の展開」方法について次のように語った。「派遣者が帰国を待っている間、新しい勤務への配置準備がどれくらい進んでいるのか、あるいは進んでいないのかという情報さえどうして企業は与えてくれないのか。帰国三カ月前に赴任先のジャカルタから送った問い合わせの手紙にも何の返事もなかった。帰任が決まってからの数カ月間、何の情報もないままで海外で暮らすのはつらいものだった」と。基本的に、派遣者が帰国の際、良い仕事を期待できないのなら、会社は帰国前にその事実を伝えるべきである。そうでないなら、適応問題の原因にもなる間違った過剰な期待を胸に帰国することになる。[*55]

適切な仕事が決まったら、会社は帰任者の将来の上司や同僚のこれまでのキャリアを確認しなくてはならない。これらの人々はしばしば、国際的な経験がほとんど、もしくはまったくなく、帰任問題を経験している人を理解したり、そういう人と一緒に働くことも難しいであろう。帰任に関するわれわれの調査によると、国際的な経験のある上司がいる米国人の帰任者は少なかった（二九％）。[*56] 一般的に、過去に国際的な経験のない上司は、帰任問題に対する理解と同情をほとんどもっていない恐れがある。実際に上司や同僚が適応過程を妨害した場合もある。ある米国人派遣者は、次のようにうち明けている。「帰国に伴い、以前の海外の地位に比べて、私の責任は極端に小さくなってしまったのに、同僚は私の海外勤務をうらやんでいた」。フィンランドやスウェーデンでは、同僚や上司が海外勤務をうらやむことは少ないが、スカンジナビアでは自動車税や所得税が高いので、帰任者の無税の新車や過去の無税による所得に対して嫉妬されることがある。違う見方もある。米国の輸送業界の企業へ戻ったある米国人派遣者は、次のよう述べている。「私が海外勤務中に日本人とうまく働けるようになったことが、同僚の敵愾心を生んだことにショックを受けた」。このような経験をすると、帰任者は自分の国際的な経験に対して口を閉ざすようになる。

次の米国人派遣者のケースのように、本国の同僚や上司がグローバル勤務や帰任後の地位から生じる戦略的な目的をだめにする恐れもある。「この会社では、外の世界で何が起きているかについての知識も関心もなかった。私が海外に赴任したことや学んだことには誰一人として気にも止めなかった。何もかもが米国や本社寄りでなければならなかった」。われわれは、重大な問題に発展しかねないこれらの問題を回避するために、企業がトレーニングとオリエンテーションを帰国前の派遣者に対してだけではなく、同僚や上司に対しても行うことを提案する。これは、周囲が派遣者の帰任過程を理解し、サポートするようになることを目的としている。

適切な報酬の設計

ほとんどの派遣者はグローバル勤務から帰ったあと、報酬が著しく減少する。この減少は、往々にして海外勤務のサイクル全体を通しての「Bを期待するのにAに対して報酬を与える」というやり方を反映している。グローバル勤務中、企業はしばしば莫大な特典や手当を派遣者に支給し、任務が成功裡に完了するように奨励する。このように、インセンティブとして金銭的な報酬ばかり重視すると、企業と派遣者は帰任時の適応問題の失敗を招くことになる。なぜなら、ほとんどの派遣者が帰国したとき、重大な金銭的な喪失に苦しむことになるからである。遠く離れた土地の派遣者への経済的な支援を正当化することは簡単であるが、報酬の専門家は派遣者が帰国に際して必要とする金額の方に注目する。おそらくもっとも重要な点は、企業は帰国を特別給付に値する難儀なこととして認めていないために、帰任過程への追加的報酬や支援の必要性を理解できないことである。

この帰任という難しい事情に対して、企業は派遣者の報酬についてより多くの注意を払わなければならない。そうしないと、帰任者は、帰任後に職場または家庭への適応がうまくいかないか、または退職して国際的な経験が評価される他の企業で働くことになるであろう。帰任者の報酬全体について検討する第一歩は、帰任者と本国の従業員たちを比較し、不公平の可能性を査定することである。このような比較がないと、ある米国人派遣者が次に述べたような問題が起きる。「海外勤務中、私が本国に戻るときの直属の上司による私の業績に対する査定を見て、目の前が真っ暗になった。米国に戻ったとき、私の給与は留守中の二年間のまま調整されておらず、恐ろしい状態であった。帰国してから、損失を取り戻すために私は必死に働かなければならなかった。今やっとそのような状態は終わり、生活は普通に戻った」。グローバル勤務期間の最初から最後までに起りうる帰任問題や他の経済的な窮地に対処するために、企業は第8章に示された派遣者の報酬に対する三段階のアプローチを守るべきである。

適切な住宅取得の奨励

適切な住宅を探し出して取得することは、多くの帰任者にとって重要な問題であり、帰国後の配偶者の適応に大きな影響を与える問題である。次の数人の帰任者は良い経験をした人たちである。

自分の家に戻って本当に助かりました。私たちには、アイデンティティを確認できるような場所、私たちを気遣ってくれる友人と近所の人々がいました。海外勤務中も学校の先生と連絡を取り続けたことで、私たちのことを覚えていてくれていたので、帰国後も子供が同じ学校に通えたのもよいことでした。―米国人の配偶者

本国では以前のアパートを確保しておくことが大切です。一〇代の大事な時期には、友人や社会的なつながりがとりわけ重要です。子供たちをもとの学校や地域に戻らせることができたのはよいことでした。―フィンランド人の配偶者

第8章で述べたように、帰任の最高のシナリオは、派遣者、配偶者そして子供たちにとって派遣前と同じような継続性が確保できることである。自宅を貸し出していた派遣者にとっての問題は、借家人がつくったと思われる損傷部分の修理である。企業は一時的な借家、融資、とりわけもっとも大きな問題かもしれない住宅の修理にかかる期間などについて考える必要がある。

グローバル勤務中に本国の家を確保していなかった人は、新しい家を探し出し、購入し、引越をするための支援が必要となる。グローバル勤務の最後の数カ月間、家探しの一時帰国は効果的である。派遣者の家探しがどうしても帰国後になる場合、企業は派遣者と配偶者が吟味して探すことができる十分な時間を与えなければならない。

支援グループの提供

われわれの調査では、帰任者ならびに配偶者は、企業の計らいで他の帰任者や家族と個人的に会い、交際する機会があったらよいと語っている[*57]。これは互いの国際経験を共有する機会にもなる。ある配偶者は、次のように述べている。「支援グループがあったなら、帰国する家族が抱く疑問に答えることができたと思います。グローバル勤務中には多くの変化が起こります。それらの疑問に対する答えを自分たちだけで探すとは、挫折感となり、家庭内に無用の緊張が生じることになります」。支援グループ提供の試みは、企業にとって比較的お金がかからない上、大きな利益をもたらすといえる。

「休止時間」の計画

帰国して新しい仕事や家庭での日常生活に慣れるまで、多くの時間が必要であるが、次の米国人のように、多くの派遣者は帰国した翌日には仕事を始める。

「土曜日に帰国して月曜日にはフル回転で仕事を始めました。それ以来、週七〇時間体制で働いています。」

「火曜日に帰国、水曜日に仕事開始。それ以来、毎日一〇～一二時間働いています。まだ多くのことに適応できていないので、本当は憂鬱でたまりません。」

「週に六日、毎日一四時間仕事をしています。会社側は私にかかる経費を減らすために、ホテル住まいを止めるようにいいますが、住宅を探す時間さえないのです。」

多くの欧州人派遣者は、日常生活を取り戻すためには、帰任した後、三～四週間にわたる従来通りの休暇を取得することを提案している。米国人派遣者は最高で二週間の休暇を提案し、企業が帰任者に休暇を取らせるべきであるという人もいた。時間の多寡に関わらず、大切なことは企業が派遣者に移行のための余裕期間を認めることである。

企業への貢献に対する感謝

帰任後の適応の最終の側面は感謝の心に終始する。何人かの派遣者、特に配偶者は、企業がかれらの業績に感謝したり、または帰国する家族に対して少しでも関心を寄せてくれるとしたら、それがどれくらいかれらにとって意義深いことであるか語っている。フィンランド人の配偶者は、次のようにいっている。「妻や子供たちが生活を根こそぎ海外へ移すことや、帰国の苦労に払った犠牲に対して、なぜ企業は家族に対して『ありがとう』の一言さえいえないのでしょうか」。われわれも同感である。

▼今後の展望◀

グローバル勤務の最終段階は、効果的な帰任により、帰任者が次世代の派遣者へポジティブなフィードバックを与えることである。帰任者の同僚がグローバル勤務を命じられたら、かれらは次のフォードの派遣者のようにいうかもしれない。「本国に戻ってどのような問題があったかですって？ 私たちが問題を抱えているように見えますか。すべてがうまくいきました」。フォードは、三年間の日本勤務から戻った、この派遣者とその家族をどのように扱ったのか。フォードは三時間にわたる全般的かつ文化に関連するトレーニングを行った。それは重要なことである。同社は明確な仕事への期待と適度な責任、そしてすばらしい報酬を提供した（少なくともその派遣者の目には）。かれは国際的な経験を高く評価してくれる同僚や上司がいるかつての（グローバル勤務以前の）部門に戻った。最後に、かれは帰国に対して正確な期待を持つことができた。

結論として、帰任者の帰任問題に対する企業の無関心は、従業員の業績、ひいては会社の業績を損なう。逆に小規模で、比較的お金のかからない対策でも、会社にとって大きな利益をもたらし、そしてグローバル・マーケットにおける競争力を高めることができるのである。

注

1 Oslund, "The Overseas Experience of Expatriate Business People."

2 Black and Gregersen, "When Yankee Comes Home: Factors Related to Expatriate and Spouse Repatriation Adjustment"; Napier and Peterson, "Expatriate Re-entry: What Do Repatriates Have to Say?"; Harvey, "Repatriation of Corporate Executives: An Empirical Study"; Clague and Krupp, "International Personnel: The Repatriation Problem"; Oddou and Mendenhall, "Succession Planning for the 21st Century: How Well Are We Grooming Our Future Business Leaders?"; Gomez-Mejia and Balkin, "The Determinants of Managerial Satisfaction with the Expatriation and Repatriation Process"; Adler, "Re-entry: Managing Cross-Cultural Transitions."

3 Napier and Peterson, "Expatriate Re-entry"; Black and Gregersen, "When Yankee Comes Home."

4 Black and Gregersen, "When Yankee Comes Home"; Black and Gregersen, "OKaerinasai: Factors Related to Japanese Repatriation Adjustment"; Gregersen, "Coming Home to the Cold: Finnish Repatriation Adjustment"; Adler, " Re-entry"; Adler, *International Dimensions of Organizational Behavior*.

5 Black and Gregersen, "When Yankee Comes Home"; Gregersen, "Commitments to a Parent Company and Local Work Unit During Repatriation"; Gregersen and Black, "Antecedents to Commitments to a Parent Company and a Foreign Operation"; Black and Gregersen, "Antecedents to Cross-Cultural Adjustment for Expatriates in Pacific Rim Assignments"; Black, "A Tale of Three Countries."

6 Black and Gregersen, "When Yankee Comes Home"; Black, "A Tale of Three Countries"; Oddou and Mendenhall, "Succession Planning for the 21st Century"; Clague and Krupp, "International Personnel"; Adler, "Re-entry."

7 Gregersen and Black, "Global Executive Development: Keeping High Performers After International Assignment"; Black and Gregersen, "Functional and Dysfunctional Turnover After International Assignments."

8 Black and Stephens, "Expatriate Adjustment and Intent to Stay in Pacific Rim Overseas Assignments"; De Cieri Dowling, and Taylor, "The Psychological Impact of Expatriate Relocation on Spouses"; Black and Gregersen, "When Yankee Comes Home"; Black and Gregersen, "The Other Half of the Picture; Antecedents of Spouse Cross-Cultural Adjustment."

9 Black and Gregersen, "When Yankee Comes Home"; Black and Gregersen, "OKaerinasai: Factors Related to Japanese Repatriation Adjustment."

10 Black , Gregersen, and Mendenhall, "Toward a Theoretical Framework of Repatriation Adjustment"; Clague and Krupp, "International Personnel"; Adler, "Re-entry."

11 Black, "A Tale of Three Countries."

12 Black ,Gregersen,and Mendenhall,"Toward a Theoretical Framework of Repatriation Adjustment";Boyacigiller,"The Role of Expatriates in the Management of Interdependence,Complexity,and Risk in Multinational Corporations."

13 Black ,Gregersen and Mendenhall,"Toward a Theoretical Framework of Repatriation Adjustment";Harvey,"Repatriation of Corporate Executives";Harvey,"The Other Side of Foreign Assignments";Oddou and Mendenhall,"Succession Planning for the 21st Century."

14 Black ,Gregersen and Mendenhall,"Toward a Theoretical Framework of Repatriation Adjustment"

15 Black,"A Tale of Three Countries."

16 Black,"A Tale of Three Countries."

17 Black,Gregersen and Mendenhall,"Toward a Theoretical Framework of Repatriation Adjustment"

18 Black and Gregersen,"Antecedents to Cross-Cultural Adjustment."

19 Organization Resources Counselors,1990 Survey of International Personnel and Compensation Practices.

20 Black,Gregersen and Mendenhall,"Toward a Theoretical Framework of Repatriation Adjustment";Black and Mendenhall,"Cross-Cultural Training Effectiveness;A Review and Theoretical Framework for Future Research."

21 Black,"A Tale of Three Countries";Gregersen and Black,"Antecedents to Commitments to a Parent Company and a Foreign Operation";Black ,Gregersen and Mendenhall,"Toward a Theoretical Framework of Repatriation Adjustment."

22 Black,"A Tale of Three Countries."

23 Gregersen and Black,"Antecedents to Commitments to a Parent Company and a Foreign Operation."

24 Black and Gregersen,"When Yankee Comes Home,"

25 Black and Gregersen,"When Yankee Comes Home",;Black and Gregersen,"OKaerinasai";Gregersen,"Coming Home to the Cold";Black,"A Tale of Three Countries";Oddou and Mendenhall,"Succession Planning for the 21st Century."

26 Organization Resources Counselors,1990 Survey of International Personnel and Compensation Practices.

27 Black,"A Tale of Three Countries."

28 Black and Gregersen,"When Yankee Comes Home";Clague and Krupp,"International Personnel";Oddou and Mendenhall,"Succession Planning for the 21st Century";Adler,"Re-entry";Black ,Gregersen and Mendenhall,"Toward a Theoretical Framework of Repatriation Adjustment."

29 Black,"A Tale of Three Countries";Oddou and Mendenhall,"Succession Planning for the 21st Century."

30 Black and Gregersen,"When Yankee Comes Home";Black and Gregersen,"OKaerinasai";Gregersen,"Coming Home to the Cold."

31 Black and Gregersen,"When Yankee Comes Home";Gregersen,"Coming Home to the Cold."

32 Black,"A Tale of Three Countries."

33 Black,"A Tale of Three Countries."

34 Black and Gregersen,"When Yankee Comes Home";Clague and Krupp,"International Personnel";Gomez-Mejia and Balkin,"The Determinants of Managerial Satisfaction";Black,"A Tale of Three Countries."

35 Black,"A Tale of Three Countries";Clague and Krupp,"International Personnel";Oddou and Mendenhall,"Succession Planning for the 21st Century."Adler,"Re-entry."

36 Black,"A Tale of Three Countries."

37 Black,"A Tale of Three Countries."

38 Black and Gregersen,"When Yankee Comes Home";Black and Gregersen,"OKaerinasai";Gregersen,"Coming Home to the Cold."

39 Black,"Coming Home:The Relationship of Expatriate Expectations with Repatriation Adjustment and Job Performance";Black ,Gregersen and Mendenhall,"Toward a Theoretical Framework of Repatriation Adjustment";Black,"The role of expectations during repatriation for Japanese managers";Black,"O Kaerinasai:Factors

Related to Japanese Repatriation Adjustment"; Gregersen and Black, "Global Executive Development: Keeping High Performers After International Assignments."

40 Black, "A Tale of Three Countries."

41 Black and Gregersen, "When Yankee Comes Home"; Black and Gregersen, "OKaerinasai."

42 Black and Gregersen, "When Yankee Comes Home."

43 Organization Resources Counselors, 1990 Survey of International Personnel and Compensation Practices.

44 Black, "A Tale of Three Countries."

45 Black, "A Tale of Three Countries."

46 Black, "A Tale of Three Countries."

47 Black, "The Other Side of the Picture on the Other Side of the World: Repatriation Problems of Japanese Expatriate Spouses"; Nakane, Japanese Society.

48 Black, "The Other Side of the Picture on the Other Side of the World."

49 White, *The Japanese Overseas*.

50 Black and Gregersen, "When Yankee Comes Home"; Black and Gregersen, "Functional and Dysfunctional Turnover."

51 Black, "A Tale of Three Countries."

52 Black and Gregersen, "When Yankee Comes Home."

53 Black, "Coming Home: The Relationship of Expatriate Expectations with Repatriation Adjustment and Job Performance."

54 Black, "Coming Home." 55. Black, "A Tale of Three Countries."

56 Black, "A Tale of Three Countries."

57 Black, "A Tale of Three Countries.

第10章　定着策：経験豊かなグローバル・マネジャーの活用

二回の勤務で七年の国際的な経験を持ち、前の会社で一六年間の勤務経験を持つ、この高業績派遣者の証言をよく考えてほしい。

帰国してから、私は同僚たちの目には「よそ者」でした。給料はひどいものでした。海外での四年間のあと六％の昇給しかありませんでした。しかも私には「適当な」仕事は決して見つかりませんでした。かれらが仕事をやっと探し出したのは、帰国してから五カ月後のことでした。私はかれらに、会社を辞めて小さな会社の技術コンサルタントの職に五五％増の給料で就くことを告げました。この転職をしてから、私は、技術スキル、言語スキル（以前の勤務でアラビア語を学びました）、それに交渉スキルを活用して、以前勤めていた会社の競争相手に利益を与えています。何という資源の無駄遣いでしょう！

第9章では、世界の各地域からの帰任者とその配偶者について、適応状況と、様々な適応の側面に影響する要因について詳細に検討した。同時に、企業が帰任後の適応を格段に促進し、それによりグローバル勤務後に仕事成果を挙げる方法も概説した。この章では、組織コミットメントの状況と、帰任後の会社へのコミットメントに影響する様々な要因に焦点を移す。組織コミットメントは、高業績派遣者をグローバル勤務後も企業に留めておくために非常に重要である。[*1]

最優秀グローバル・マネジャーの戦略的財産としての確保

もし多国籍企業が過去三年に二〇〇万ドルないし四〇〇万ドルを生産設備に投資していて、その設備がドアを出て競争相手の生産施設に向かおうとしていたら、プロダクション・マネジャーが決然とした行動を取らないでいるだろうか。

そのように想像することは難しいであろう。しかし毎年、役員やマネジャーという「資産」(企業はかれらに文字通り何百万ドルも投資した)が、グローバル勤務から帰国した後、企業のドアから外へ出て行くのである。たとえば、私たちが行った米国人帰任者についての研究では、四二%が帰国してから自分の会社を辞めることを真剣に考えたことがあり、七四%が一年先まで同じ会社で働いているとは思っておらず、そして七九%が自分たちの国際的スキルに対する需要は高く、他の企業でもっとよい職を見つけることができると考えていた。さらに、その米国人帰任者の二六%は、帰国後に実際に転職先を捜していた。[*2] より具体的に言えば、自発的離職によって四〇%ないし五五%の帰任者を失ったいくつかの米国、欧州の企業と、私たちは仕事をしたことがある。

たとえ帰任者が帰国後親会社に留まったとしても、自分のマーケット知識、技術的スキル、外国語能力、等々が活用されていないと考えている者が多い（第9章参照）。これらの現実に直面して、一流多国籍企業は、戦略的な人事管理（人的資源管理）上の次のような問題を考えざるを得なくなってきている。

・費用のかかるグローバル勤務から派遣者を帰国させた後、われわれは投資に対して十分な回収を得ているだろうか。

・帰任後、最優秀グローバル・マネジャーを定着させ、かれら特有のスキルを活用しているだろうか。

もしこの問に対する答えがノーなら、帰任者は競争相手のところで働くか、あるいは企業に留まっても能力以下の力しか発揮せず、投資は無駄になっている。

私たちは、企業の戦略目標に有益とも不利益ともなりうる、帰任者がとる四つの一般的行動パターンが帰任過程で見られることを見つけた。[*3] これらのパターンを、図表10・1に示す。理想的には、多国籍企業は帰任者が帰国後、第一象限にあることを望む。基本的には、帰任者が高業績者で、しかも企業に留まるとき、**機能的人材定着**《ファンクショナル・リテンション》は見られる。二つの主な要因が機能的人材定着に関連している。第一が、高い帰任後の適応であり、第二が、親会社に対する高いコミットメント、つまり忠誠心である。第9章で検討したように、

図表10・1　帰任の結果

		組織コミットメント 高い	組織コミットメント 低い
帰任適応	高い	**機能的人材定着** 高業績 高い定着意識	**機能障害的離職** 高業績 低い定着意識
帰任適応	低い	**機能障害的人材定着** 低業績 高い定着意識	**機能的離職** 低業績 低い定着意識

高い帰任後の適応は、高い仕事成果につながる。さらに、組織に対する帰任後の高いコミットメントは、企業に定着する意志に結びつく。

機能的人材定着《ファンクショナル・リテンション》

企業は「機能的人材定着」を非常に戦略的な理由から達成することを望んでいる。たとえば、もし派遣者が海外に行って、国際的視野を広くし、それらを本社に持ち返ると、この戦略的機能は「優秀人材（ベスト）」をキープすることだけで達成できる。私たちがこの本を通して何度も指摘してきたように、私たちの調査は、海外勤務が将来のグローバル・リーダーを養成する上で最も有力な方法であることを示している。海外で成果をあげ、帰国後も活躍しているマネジャーに、将来グローバル・マネジャーになる最も高い可能性があるといえる。残念ながら、多くの企業で、この機能的人材定着のカテゴリーに当てはまる者があまりにも少なすぎる。

機能障害的離職《ディスファンクショナル・ターンオーバー》

もっと不幸なことに、機能障害的離職のカテゴリーに当てはまるマネジャーの割合が多くの企業であまりにも大きすぎる。高業績者の大部分が帰任後、短期間で離職してもかまわないとする企業はまずないが、現実には、それがよくある。仕事にも本国の人々との対人関係にも、さらに本国の一般環境にも巧く適応しているが、親会社への強いコミットメントを示さない、帰任者に起こる状況である。高業績者が去ると、企業はほとんどの場合、企業固有の経験、グローバルな視野、国際的スキル等々の資源についての甚大な損失を被る。ある米国人派遣者がフランスに二年勤務して帰国した後、われわれに次のように語った。「企業は国際マネジャーを競争相手に追いやってしまうのではなく、企業を成長させ拡大させる資産として活用すべきである」。

企業は高業績帰任者が辞めると、投資したものを失うだけでなく、グローバル勤務の戦略目標を成しとげる機会も逃してしまう。たとえば、米国人派遣者が重要なマーケット情報や技術革新を得るために日本の子会社に派遣されても、もし派遣者が帰任後、辞めてしまえば、この情報や技術は移転できなくなってしまう。

機能的離職《ファンクショナル・ターンオーバー》

海外勤務後にマネジャーを手離してしまうのは、必ずしも悪いことではない。実際、**機能的離職**は、企業に利益をもたらす。というのは、これらの帰任者は帰国後、適応することも業績をあげることもできないからである。かれらは、会社に対するコミットメントも低く、辞めてしまう。海外勤務に適するマネジャーを一〇〇％正しく選抜することは不可能であるから、勤務後に低業績者が離職することはあるし、また、むしろその方が良い。もし帰任者の多くがこのカテゴリーに当てはまるなら、海外派遣サイクルの最初の局面、おそらく派遣者の選抜過程と決定において抜本的な変更が必要である。

機能障害的人材定着《ディスファンクショナル・リテンション》

低業績者であるが帰任者が企業に留まる**機能障害的人材定着**も、企業にとっては望ましくない。これらの帰任者は一般に親会社に対して高い忠誠心を持つが、帰国後新しい仕事環境、社会環境、それに一般環境の適応に成功していない。このパターンは、一、不適格者が勤務に派遣された。二、適切にトレーニングされておらず業績が上がらない。三、帰任後の就職先が他にないという場合に起こりうる。もし企業の帰任マネジャーのほとんどがこのカテゴリーに当てはまるなら、国際オペレーションが「過去の人」や「未来のない人」が捨てられる場所という評判が立つ前に、企業はきちんと介入をすべきである。

帰任期間中の組織コミットメントに影響する要因

企業が二つの領域における最優秀の人材―高い職務遂行能力を示し、しかも親会社に帰任者（機能的人材

図表10・2　帰任後の組織コミットメントの基本的枠組み

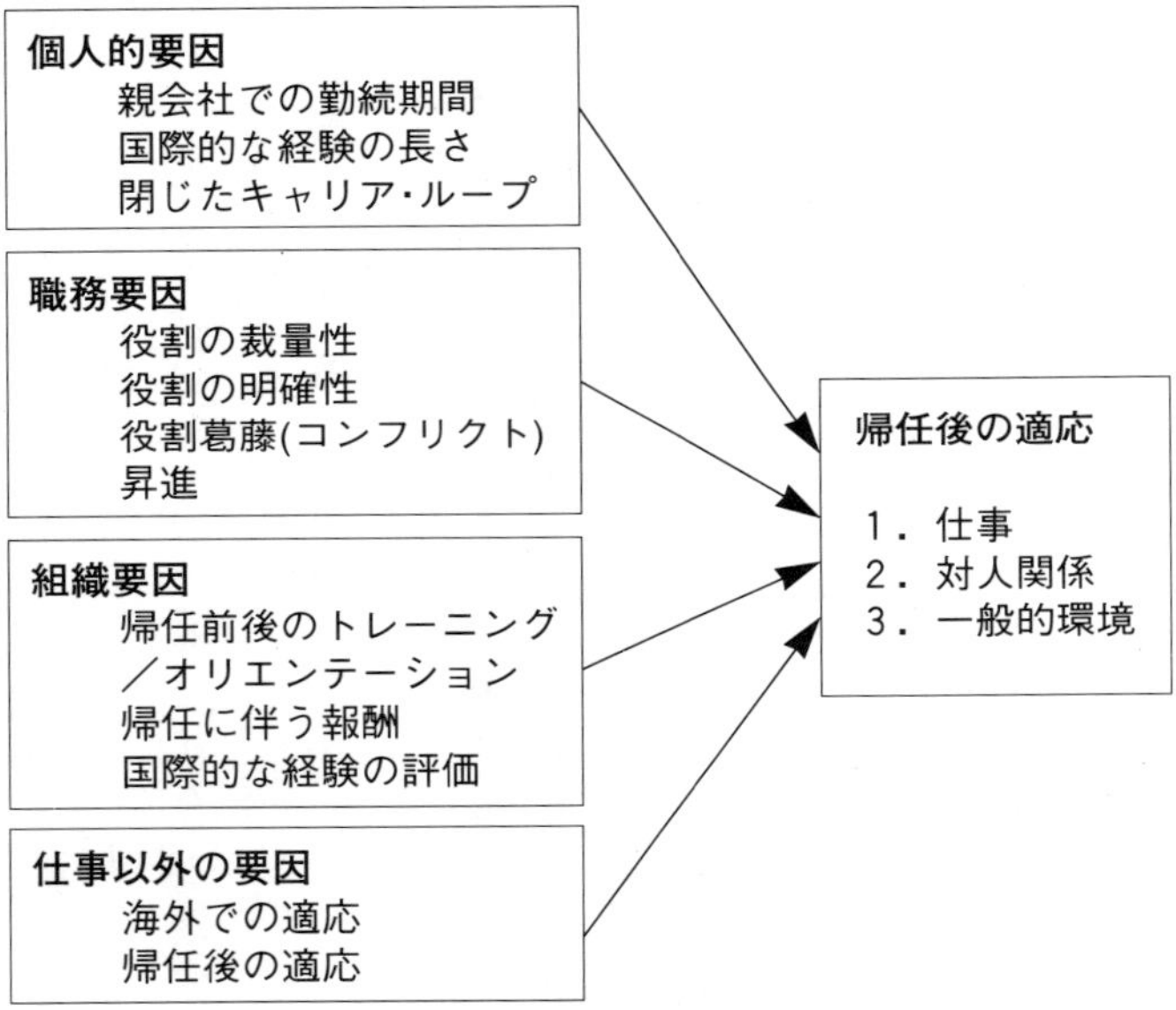

定着）―を得るためには、二つの重要な過程に注意しなければならない。帰任後の適応と組織コミットメントである。まず、帰任後の組織コミットメントに影響する要因について見てみよう。

帰任後、派遣者の組織的コミットメントを維持するための最初のステップは、グローバル勤務**中**かつ帰任**前**のコミットメントのパターンをチェックすることである。[*4] 第6章で、派遣者が勤務中に（かれらをグローバル勤務に派遣した）親会社のみならず、国外のオペレーションにコミットするようになるにはどうすればいいかを検討した。さらに、企業がグローバル勤務の間、ずっとコミットメントを向上させ、維持するのに役立ついくつかの要因を示した。たとえば、親会社での勤務経験が数年間あり、海外勤務中明確で、相当に自律的な仕事に就いている派遣者は、グローバル勤務中、コミットメントは比較的高い。派遣者が帰国した時、企業は帰任者の全般的なコミットメントを新たに形成するか、あるいは維持する必要がある。[*5] 親会社へのこの重要なコミットメントに影響する要因は、グローバル勤務中の派遣者の忠誠心に重要な役割を果たす要因とは幾分異なっている。私たちは、帰任後、派遣者のコミットメントに影響を与える四つの一般的カテゴリーを確認した。それらは個人、仕事、組織、仕事以外の諸要因であり、図表10・2にそれらを表示する。

個人的要因

ある意味では、企業が個人的要因をコントロールすることは不可能かも知れないが、それらの影響に気づくことで、帰任後の適応がどのマネジャーにとって困難か容易か、どのマネジャーが企業に高いあるいは低い忠誠心を持っていて、帰任後も会社に留まるつもりか否かを予測し、より良い計画を立てることができる。

親会社での勤続期間

平均的な派遣者は、グローバル勤務をする時点で、すでにかなり長い親会社での勤務経験を持っている。私たちが調査した何百人ものマネジャーのほとんどは親会社での勤務経験が少なくとも一二年あった。[*6] 特定の会社への時間やエネルギーの多大な投資が、かれらを企業につなぎとめるのに役立つ。それゆえ、一つの組織での勤続の長さは、一般に、その組織へのコミットメントを強める。[*7] グローバル勤務期間中、親会社での長い勤務経験は、親会社へのコミットメントを高める。帰任後、親会社での勤続の長さは米国人マネジャーの親会社へのコミットメントを維持するのに重要な要因であることを私たちは見つけた。[*8] しかし日本人とフィンランド人の派遣者が帰任する場合には、親会社での勤続の長さは忠誠心には結びつかなかった。[*9] 日本人あるいはフィンランド人の場合、コミットメントに対し勤続の長さの影響が少ないのは、両国では企業を超えての人材流動性が低いことに一部起因するかも知れない。

国際的な経験の長さ

帰任後のコミットメントに関係する別の重要な要因は、派遣者が本国以外で働いた期間の合計である。[*10] 国際的な経験がどれだけ派遣者にあるのか。この問が重要なのは、派遣者の中で最も豊富な国際経験のある者（つまりキャリア派遣者）は通常、自ら多大な投資を自分たちの国際キャリアに行っているからである。企業の多くはマネジャーの帰任後、かれらの国際的な経験を活用することができない。このため派遣者の中には、本国から離れ、外国勤務により国際的スキルや知識を継続して活用することにより、自分たちの国際業務に関する専門知識を活かする者もいる。さらに、派遣者自身による貴重な国際的スキル向上のための投資は、かれらの本国離れの裏返しともいえる。事実、国際的な経験が豊富な派遣者に本国や同国人との付き合いに対してほとんど「アレルギー」に近い嫌悪感が生まれることもある。金融業界のある米国人キャリア派遣者は次のように説明する。「私の会社では、国際的な経験が軽視されています。本国の人たちは米国は非常に特異なので、海外で何を学んでも米国国内マーケットにはほとんど役立たないと思っています」。日本でも、キャリア派遣者は、次のように同様の感想を述べる。「帰国すると、自分や海外で一緒に働いていた人たちのようには、誰も国際的な経験の価値を認めてはくれません。実をいえば、現実問題として、この会社の『国内（ドメスティック）』従業員には、海外オペレーションなどというものは存在さえしていないのです。国際企業に対する私の提言ですか？　少なくとも、海外に一度も行ったことのない本国の人たちに簡単な説明をしたり一緒に働く機会があれば、国際的な視点の重要性をもう少し理解してもらえるでしょう」。

このような問題を反映して、豊富なグローバル勤務経験のある米国人派遣者は、帰国後、コミットメントが低いのが一般的である。それに対し、豊富なグローバル勤務の経験があるフィンランド人派遣者は、親会社に対するコミットメントが高かった。[*11] この関係は、米国の多国籍企業に比べるとフィンランド企業にとって海外オペレーションが比較的まだ新しいものであり、また、フィンランド企業が海外経験を重視している結果かも知れない。

転勤パターン

帰任期間中の親会社へのコミットメントを維持する上で重要な役割を果たすかもしれない最後の要因は、グローバル勤務の前、中、後の仕事のパターンである。[*12] 派遣者の中にはこのパターンを**キャリア・ループ**と呼ぶ者がいる。閉じたキャリア・ループでは、派遣者はグローバル勤務以前もその間も、それ以後も会社の同じ部門に勤める。開いたキャリア・ループでは、部門としての連続性は無くなり、派遣者はグローバル勤務を通じて部門を次々と移っていく。私たちの調査では、米国、日本、欧州の派遣者の三〇％から四〇％が、海外勤務を通じて、閉じたキャリア・ループを経験していた。[*13] 閉じたキャリア・ループを構築するのは重要である。そうすることにより、勤務の間ずっと職場や親しい人たちと派遣者とが一体感をもちやすいからである。キャリア・ループの重要性は私たちの調査にも現れており、帰任後の派遣者のコミットメントにとって重要であることがわかった。興味深いことに、日本人派遣者は例外である。閉じたキャリア・ループは、帰任後、日本人派遣者のコミットメントに影響しないようだった。[14] これはおそらく、日本のマネジャーが機能および部門の境界を越えて定期異動することに起因する。この慣行は米国や西欧にはそれほど一般的ではない。

職務要因

マネジャーが帰任後に就く仕事の性質は、組織に対するコミットメントと、その結果として現在の会社に留まるか、別の企業に移るかの意志に影響する最も強力な要因の一つである。さらに明確にいえば、四つの要因が帰任後の組織コミットメントに大きく影響する。

派遣者はグローバル勤務中、重要で目立つ仕事に慣れてしまう。さらに、高い自律性と裁量度のある仕事を通じて、強い行動志向と結果を出そうという責任感とがグローバル勤務中に培われることが多い。[15] しかし帰任後は、企業のグローバル展開で強力な戦略的資産となるはずのスキルを役立てることはできず、臨時でレベルの低い〝待機中〟のポジションを割り振られることが多い。[16] 残念だが、帰任者が帰国して「間に合せ仕事」をあてがわれる場合、「本当の仕事」を求めて会社を去る結果になることが多い。高業績派遣者からの次のようなコメントがこれを指摘している。

帰国後の勤務がどのようなであるかを理解しておくことは非常に重要です。もし仕事が十分にやり甲斐の

ある面白いものでなければ、企業は最優秀の派遣者を失うことはいとも簡単なことなのです。―米国人派遣者

私の現在の仕事は私が海外で学んだこととまるで無関係です。企業にとって何という無駄でしょう。多くの金を使って私を海外に派遣し、そして帰国させ、しかもそこで私が学んだことを役立てようともしないのですから。―日本人派遣者

帰国しようとしている他の派遣者に対する私の提言は、履歴書を新しくしておくこと、ですね。海外で得た経験は帰国するとほとんど評価されないし、無視されることが多い。他の企業はその知識や能力を買いますよ。派遣者と企業が、事前の計画通り、海外で得たスキルや経験の活用をなぜしようとしないのか私には理解できません。帰国後の仕事は単なる「着陸地点」であるというのが原則のようです。派遣者の能力を活かして、企業と従業員の両方のために最大の利益を引き出す機会が失われているのです。―フィンランド人派遣者

帰任後の仕事の重要性についてのこれらのコメントは、私たちの総合的な調査でも裏付けられている。それによれば、米国、日本、フィンランドの企業が帰任者に、はっきりと計画された仕事、かなり大きな裁量度、および仕事のやり方についての一貫した指示が与えられれば、派遣者は帰任後、親会社により高い忠誠心を示すものである。*17

組織的要因

いくつかの人事管理施策と慣行によっても、帰任後の組織コミットメントを向上させることができる。これらによって、派遣者を国外ポストに派遣し、そこから帰任させるに際して会社は派遣者について気配りし、協力的で、そして最も重要なことは、信頼できるということを帰任者に伝えるのである。[*18]

帰任トレーニング

帰任の過程で、信頼でき協力的である企業のとるべき最初のステップは、帰任の前後に、派遣者とその家族に対して、トレーニングとオリエンテーションを行うことである。このトレーニングは、帰任後の異文化適応を促すばかりでなく、派遣者に、グローバル勤務中かれらがまったくの「去る者は日々に疎し」の状態ではなかったことを伝える。第6章で、私たちは、トレーニングがグローバル勤務中の親会社へのコミットメントにポジティブに影響することを述べた。残念ながら、私たちは科学的な観点に基づいて、これを報告できない。というのも、帰任トレーニングを実施する企業が少な過ぎるからである。事実、九七％の米国人、九四％のフィンランド人、それに九八％の日本人派遣者は、帰任前後に四時間未満のトレーニングならびにオリエンテーションしか受けていない。[*19]

報酬

帰任前後のトレーニングに加え、十分な帰任後の報酬を与えることも、帰任後の企業の支援と信頼とを伝える方法である。帰任の際の多くの困難が、すでに第8章と第9章で概説されている。企業が、派遣者のために帰任に伴う金銭的負担を取り除ける程度に応じて、帰任者の親会社へのコミットメントは高くなる。私たちの調査から、この相関は米国人が帰国する際に特に顕著なことがわかった。[*20] 帰任後の報酬の最も難しい側面は、減収と、それに伴う生活水準の低下である。帰国に伴う金銭的な問題を最低限に抑え、かつ派遣者の組織コミットメントを最大にするために、企業は金銭的報酬に関するスリー・ステップ・アプローチ（第8章で概説）を採用することができる。これは、グローバル勤務のサイクル全体を通して、収入の変動を最小限に抑え、帰任後の金銭的な不公平感を減少させるといえる。

国際的な経験の価値

帰任後のコミットメントに影響する最後のそして最も重要な組織的要因は、企業が企業全体に国際的な経験や国際的視野の価値を認めていることをどの程度伝えているかである。[*21] 帰任後に与えられた仕事、直属の上司や同僚の態度、国際的な経験に対する公式、非公式の報酬制度、昇進等々を通じて、この評価は帰任者に伝わる。これらのすべての要因を総合して、国際的な経験の価値を企業が認めているかどうかについて帰任者の判断が生まれる。親会社に対する帰任者のコミットメントを維持する上で最も重要な要因は、国際的な経験を高く評価し、それがさらに帰任者を親会社に留める組織文化を育てることである。このような文化を企業が育成しない限り、評価されていないと感じる帰任者を生みだし、自分たちを高く評価してくれる会社を求めて、帰任者は他社に移ってしまう。残念だが、大多数（六〇％ないし八〇％）の派遣者は、自分たちの企業が国際的な経験の価値を認めているとは思っていない。[*22] このように国際的な経験活用の割合が低いことは、次の派遣者のコメントにも良く表れている。

国際的な経験の後に自分自身の「価値」が高くなったと思うのは、単に本人がそう感じるだけのことに過ぎない。派遣者は、本当に（貴重な）わずかの人しか、かれらの国際的な経験に興味を示さないものと心得ておくべきです。—米国人派遣者

帰国に際して最も困難だったのは、私の海外での経験が期待していたほど会社で高く評価されなかったことです。帰国に際しては、期待は低く抑えておくべきです。あなたが海外で過ごしたなんて誰も関心がないということを忘れてはいけません。—フィンランド人派遣者

自分の国際的な経験を非常に価値ある財産であると考えなさい。しかしその真価を十分認めるような人は他にほとんどいないことを悟りなさい。—日本人派遣者

一流企業は自分たちの企業文化を丹念に評価し、国際的な経験や国際的視野を全社的に高く評価することで、コミットメントが強く忠誠心のある派遣者を定着させている。この対策は単純に見えるかも知れないが、派遣者からすれば企業の多くは「Bを欲しているのにAで報いる」というジレンマから抜け出せないでいる。たとえば、米国人経営者は国際的な経験の価値を喧伝することでよく知られており、その証拠に「ウォール・ストリート・ジャーナル」の様々な記事は二一世紀のCEOにとってのグローバル勤務の長所と必

要性を取りあげている。[*23] しかし現実は、フォーチュン誌五〇〇企業のうち五％に満たない企業しか、過去の国際的な経験を役員昇進決定の際の重要な選抜基準として考慮しておらず、国際的な経験に本当に関心がある企業はごくわずかであることは明らかである。[*24] 企業が国際的な経験の重要性についていうことと実際どうそれを扱っているかの間のこの様な矛盾点は、企業がグローバル経験豊かなグローバル・マネジャーを高く評価しているということを効果的に、かつ一貫して帰任者に伝えるためには、その再検討が必要である。

仕事以外の要因

帰任後のコミットメントの維持に関連する要因の最後のカテゴリーは、海外勤務中とそれ以後の異文化適応に関係している。[*25] グローバル勤務中のコミットメントに関する過去の研究では、米国人派遣者が外国文化に適応すればそれだけ、親会社に対するコミットメントが低くなることがわかっている。[*26] しかしながら、米国人派遣者とってこのような適応は帰任後のコミットメントには（プラス、マイナスどちらにも）何の影響もない。対照的に、私たちの調査では、海外勤務中適応に成功した日本人および欧州人派遣者は、海外勤務後、親会社へのコミットメントが高いことがわかった。[*27]

海外での適応がこのように帰任後のコミットメントにプラスに影響するのは、少なくとも三つの要因に関係しているらしい。第一に、調査の結果、日本と欧州の企業は米国の企業よりも、帰任に関する施策やその実施に、系統的な注意を払っている。[*28] このためグローバル勤務中の派遣者に親会社が多くのサポートを行い、それが適応の成功とより高いコミットメントにつながるのかも知れない。第二に、日本人と欧州人派遣者の流動性は米国人よりも明らかに低い。その結果、比較的に非流動的な管理職の労働市場で転職を試みるよりも、親会社に留まった方が、時間とエネルギーの投資に対するプラスの回収を得る可能性が高い。第三に、一般に日本と欧州の企業は、米国の企業よりも、グローバル勤務の価値を重視する。グローバル勤務が重んじられ、そのためグローバル勤務中、派遣者の適応が成功するように、会社は配慮するのである。

帰国後、派遣者は、新しいが幾分見慣れた本国の文化や親会社の環境に再適応する上で多くの大きな困難に直面する。この適応プロセスについての細かい点の多くは第9章で検討した。ここでは、有効な帰任適応の重要さを再度強調したい。特に、グローバル勤務後の本国への有効な適応が、親会社へのコミットメントにポジティブに影響することを私たちは発見した。[*29] 基本的に、個人と企業が帰任プロセスを促進しようとする努力によって、帰任者がうまく適応し、業績を上げるのに役立つばかりでなく、親会社へのコミットメントも強まる。というのはグローバル勤務のサイクル全体を通して企業のサポートを当てにできると帰任者が感じるからである。

帰任後のコミットメントを維持する戦略

帰任過程でコミットメントに影響をおよぼす上で、三つの重要な点がある。第一に、企業は国際的な経験、国際的視野、国際的スキルを高く評価する企業文化をつくり出すことにより、コミットメントを高めることができる。第二に、企業は適切な帰国後の仕事に関する計画を練り上げて、高業績派遣者を企業内に留まらせることができる。第三に、企業はハイリスク派遣者が海外勤務から帰国したときに特に注意することによって、機能障害的離職を減らすことができる。

グローバル経験を高く評価する組織作り

グローバル経験を肯定的に評価する組織文化をつくり出すことは、帰任後の親会社へのコミットメントを向上させるために最も重要な要因である。グローバル勤務は個人と家族に犠牲を強いる。企業はこのような犠牲が尊重されるようにしなければならない。グローバル企業が決して望まないのは、「未来の派遣者は海外でどのような業績を立てたところで、本社では何の値打ちもないということを悟らなければならない。また一から『昇進の階段』を上り直さなくてはならないのだ。だから自分の身の振り方は自分で考えなさい、本社では誰も何もしてくれないのだから」と示唆するような派遣者である。企業は、国際的な経験の価値を企業が認めているのか、認めていないのかの認識を生み出す公式、非公式な様々な動向に注意を払わなければならない。

派遣者は、他の多くの従業員と同様に、多国籍企業では何が報われ何が報われないかについて注意深く見ている。特に、昇進と役員への昇格は、何が重要とされているかについて知る重要な手がかりである。世界中の企業の多くが、国際的な経験がグローバル展開に必須であると喧伝するが、役員会や役員クラスの人々の中に国際的な経験のある者はいない。国際的な経験を昇進の評価に加えれば、企業が国際的な経験を高く評価していることを帰任者に伝える第一歩を踏み出すことになる。七五%以上の上級マネジャーが国際的な経験を持つスリー・エム社（三M）、シティコープ社（Citicorp）、コルゲート社（Colgate）のような会社では、会社の取り組みが明らかに違う。これらの企業や他の先進的企業では、従業員はグローバル・ビジネスについての知識が高く評価されていることを知っている。

昇進プロセスと絡んで、報酬についての施策も、国際的な経験に関して企業が「必要なところにお金を回している」かどうかを派遣者が知る重要な手がかりである。換言すれば、派遣者が帰任に際して大きな金銭的損失を被らなければ、かれらは企業が国際的な経験の価値を認めていると感じる。第8章で概説した報酬に関する施策をグローバル勤務のサイクルを通して採用すれば、派遣者が帰任後に不公平感を味わうことは少なくなる。基本的に、帰国後の報酬が十分であることは、企業の中に国際的文化をつくり出すことに結びつく。

帰任前後に企業が実施するトレーニングは、「本国でのカルチャー・ショック」に対応できるよう促進するだけでなく、企業が帰国することの大変さに気付いていて注意を払っていることを帰任者に示している。企業が帰任後にトレーニングやオリエンテーションを実施しないなら、その暗黙のメッセージは、企業は独善的（問題はわれわれとは関係ない）か、「われわれは何も知らない」（無知）なのだ。どちらの場合でも、帰任者は、かれらの国際的な経験が企業にとって価値がないことをすぐに理解する。

帰任後の適切な仕事の割り当ても、企業が国際的な経験と国際的な視野の価値を認めていることを伝える。もし帰任者が国際的スキルを活用できないポジションに任命されたら、帰任者は自分のもつスキルや知識が重要でないことにすぐ気付く。これは米国人帰任者の、次の言葉にも表れている。「もし企業が本当にグローバル化したければ、派遣者が海外で得たスキルや経験を実際に活用し、そして帰任時のポジションや企業内でのキャリア計画にもっと力を注ぐことにより、国際的な経験の価値を認めるべきです」。

公式な仕組みに加え、多くの非公式な方法でも、企業がグローバルな経験を高く評価していることは伝えられる。これらの非公式な仕組みは、(帰任後トレーニングや報酬のような)施策表明によって簡単に「制度化」できるものではない。その代わり、人事管理施策が実施された時に、これが明らかになる。たとえば、シティコープ社は、グローバルな経験の価値を文字通り認め、グローバル勤務を完了した個人を昇進させている。その結果、役員会、役員どうしの会合、それに戦略計画作成プロセスでは、本国の観点よりむしろ国際的観点が全体に貫かれている。グローバルな観点が常に話題に上るので、会社では国際的な経験が確かに重要だということが帰任者に伝わる。

国際的な経験の価値が暗黙に認められている他の例として、外国人が実際に「異人」ではないという程度を示す指標として、本国のオフィスに何人の外国人が働いているかを観察しても知ることができる。本社が恒常的に「グローバル化」すると、帰任者は、帰国し、本社を見回し、本国のグローバル環境を見て、グローバル経験が確かに重要だと感じるようになる。

最後に、グローバル勤務の利益とコストについて従業員の間で交わされる「戦争物語」は、企業はグローバル経験をどの程度、評価していると従業員が考えているかを示す強力なバロメーターである。私たちが企業内を回り、グローバル勤務の相対的魅力について観察すると、インフォーマルなコメントとして、誰々が海外に行った後、仕事、結婚、それにキャリアを失ったホラー物語か、派遣者が戦略目標を達成し、その業績を認める企業のもとに凱旋するヒーロー物語のどちらかに、基本的に、分れる。これらの例は、企業内でのグローバル経験の価値について派遣者が密かに知ることができるインフォーマルな方法である。

帰任後ポジションの戦略的計画

帰任者のためのポジションを入念に計画し選択することは、帰任者に結果を出す責任感を与えることで、企業が海外の経験を高く評価していることを、帰任者に知らせることになる。親会社へのコミットメントは、強い責任感を感じる仕事に就いていることに部分的に関係している。帰任者が帰国後に就いた仕事が、海外で経験した仕事に比べ曖昧で取るに足りないものであるなら、帰任者の仕事あるいは企業に対するコミットメントは低くなる。それゆえ、企業は、継続的な経営幹部の養成、調整と統制、あるいは情報や技術の移転など、派遣者が帰任後、やるべき戦略的目的を明らかにすべきである。戦略的目的ならびに、どのようにその仕事が目的達成に関連するかは、はっきりとかつ直接に個人に伝えられなければならない。

企業内の後見人と人事部代表からなる帰任支援チームは、企業内の潜在化している仕事を検討すべきである。企業は、派遣者がグローバル勤務期間中に得ていた自律性や裁量度がどの程度であったのかを考慮すべきである。可能なら、帰国後のポジションには、グローバル勤務時の仕事と同等かそれ以上に難しい課題と自律性を与えるべきである。よく計画され、巧く選ばれた帰任後のポジションは、帰国したマネジャーの仕事に対する責任感と、企業に対するコミットメントおよび忠誠心とにとって重要である。もしこのようなポジションが本国で準備できない場合には、帰任後の仕事が望ましいものではないことを前もって企業は、帰任以前に帰任者に伝えるべきである。個人の期待がかなわないときには特に、帰任者の正しい期待が重要になる。最後に、企業は派遣者が派遣中、習得した言語、交渉、異文化間コミュニケーション等のスキルや、外国マーケットの重要な知識などの国際的スキルの活用に努めるべきである。

ほとんどの企業が、帰任後の良い仕事は魔法のように出て来ると決めてかかっているが、先進企業はまったく逆の発想をする。という想定から始める。帰任者と仕事の良いマッチングはつくられるのであって、出てくるものではないことを知っている。その結果、かれらはマネジャーを帰国後の仕事にマッチングさせることに相当な時間とエネルギーを費やす。このプロセスの素晴らしい事例をモンサント社（Monsanto）に見ることができる。帰任する人に適切な仕事を探すことは、個人評価と組織評価という二つの部分から成るプロセスを伴っている。

帰任のおよそ三カ月から六カ月前に、派遣者個人が自分の海外勤務経験で身につけたスキルの棚卸しを行う。この棚卸しには四つの側面がある。

一・派遣者は、海外派遣前に自分が決めた仕事の目標を再検討する
二・派遣者は、キャリア上の関心がどう変化したか、そして、その関心がどの方向に、あるいはおおよそどういう方向に自分が向かいつつあるかを書き出す
三・派遣者は、勤務中に習得した新しい知識とスキルを吟味する
四・最後に、派遣者はこの情報のすべてを総合し、自分が貢献でき、自分の最大の可能性に向かって成長できる組織内の仕事ならびに事業部門の種類を特定化する

並行して、派遣者のラインの後見人と人事部の代表よりなるチームが評価を行う。モンサント社のこのチームを成功させている鍵の一つは、チームのメンバーが、かれら自身、海外勤務を経験していることである。ほとんどの企業では、ラインあるいは人事マネジャーの約一〇％しか海外勤務に就いておらず、この経験は稀である。モンサント社の経験豊かな帰任支援チームは異動ならびに仕事変更がすぐに必要か、その可

能性があるかについて数カ月にわたって幅広く検討する。第二のステップには、本人の個人的評価を慎重に行い、本人と将来の展望についての話し合いをする必要がある。第三のステップは「マッチ・メーキング」プロセスで、ここで個人の能力と希望が組織の機会とニーズに最もうまく適合する仕事を決定する。

当然ながら、タイミングがいつも完璧なわけではないが、このようなプロセスにより、モンサント社では帰任後の離職が劇的に低下した。モンサント社のプロセスは幅広く、良いマッチングと満足を生み出し、たとえ理想的なマッチングが不可能なときでさえ、帰任したマネジャーは高く評価され、公平に扱われていると感じている。

ハイリスク帰任者の特定と追跡

企業はハイリスクな帰任者を明らかにし、追跡することによりかれらの帰任をよりうまく管理することができる。特に、親会社での勤続が短いか、豊富な国際的仕事の経験を持つ帰任者は、帰国したときに親会社へのコミットメントが最も低い。興味深いことに、同じことがグローバル勤務中の派遣者にも存在する。[*30] したがって、企業は勤続期間の短い派遣者に対し、グローバル勤務中および終了後に特に注意を払い、機能障害的離職によって投資が無駄になることを防がなければならない。さらに、国際的な経験が豊富な派遣者は、国際的な経験の重要性とその価値に関して企業の言動の不一致に敏感である。これは非常に重要な点である。なぜなら、これらの派遣者には国際的な経験があり、国際的な結びつきを持つ本社あるいは国内オペレーションのいずれかに戦略的利益となるからである。アイデンティティや自負心がグローバルなスキルと経験に結び付いているハイリスク派遣者のために、企業は帰任後に適切な仕事の選ぶことに特に注意を払う必要がある。

▼最優秀グローバル・マネジャーの確保による競争優位性の創造▲

最良のシナリオでは、多国籍企業は従業員をグローバル勤務に派遣することにより、経営幹部の養成、調整と統制、あるいは情報や技術の移転などの戦略的目標を達成する。これらの戦略的目標は、帰任者が類似の目標を帰国後の仕事として行うことで、さらに前進する。戦略的目標は帰任者が帰国後、業績を上げ企業を辞めない場合にのみ成しとげることが可能である。もし機能的人材定着が見られ、帰任者が適応に成功し、強いコミットメントを示せば、グローバル・マネジャーの定着と活用により、多国籍企業は競争優位性を生み出す可能性が高まる。最優秀のグローバル・マネジャーを帰任後に定着させれば、競争優位性の獲得は企業タイプを問わず可能であるが、この優位性はグローバル化が進んでいる企業ほど重要である。

グローバル化の輸出段階においては、企業が派遣者を海外に派遣することは比較的少なく、したがって帰任者も比較的少ない。それでも、企業は各派遣者へ多大の投資を行っており、また企業がグローバル展開を進める上でも各帰任者は重要である。このことから、有効な帰任施策と慣行をつくり出し、最高のグローバル・マネジャーを定着させることは、比較的少数の派遣者がいるにすぎない輸出段階の企業でさえも重要であることがわかる。

グローバル化のマルチドメスティック段階にある企業は、輸出段階の企業よりも多数の派遣者を活用している。しかしながら、多国籍およびグローバル企業とは異なり、マルチドメスティック企業は、派遣者を個々の仕事に比較的長期間従事させ、あるいは途中で帰任させずに複数の国に派遣する傾向がある。したがって、多国籍およびグローバル企業と比較し、マルチドメスティック企業における帰任のニーズは低い。マルチドメスティック企業がグローバル・マネジャーを帰任させる場合にはその帰任を効果的に行うことにより、現行の戦略的機能を達成し、さらには、将来的なグローバル展開につなげなければならない。なぜならマルチドメスティック企業が多国籍あるいはグローバル企業に成長する可能性があるためである。

多国籍およびグローバル企業には、現地国と本国を往来する多数の派遣者がいる。本章と第9章で取り上げた問題は、多国籍およびグローバル企業に関係が深い。なぜなら、これらの企業は国際マネジャーや国際役員という資産に多大の投資を行っているからである。私たちが協力したある金融企業は、年間の利益がおよそ一億五千万ドルだったが、年に三千万ドル近くを派遣者の給与や支援に投資していた。このようにコストがかかるので、多国籍およびグローバル企業では、戦略的にかつ体系的に帰任プロセスを計画し、最優秀マネジャーを確保する必要性が強まる。

多国籍およびグローバル企業は、グローバル勤務者を戦略機能として役立てる必要があるばかりでなく、派遣者の帰任を通して国際的視野、マーケット知識、技術改善等々を本国やグローバル戦略計画立案プロセスに持ち込む必要がある。もし帰任プロセスの管理を誤ると、帰任者が企業にとって非生産的な、次のようなアドバイスを派遣中のグローバル勤務者にすることになる。

帰国についてのアドバイスは、（帰国）するな。―日本人派遣者

もし海外のポジションが気に入っていて、帰って官僚的な本社の環境で働きたいと思わないなら、今の場所に留まって楽しみなさい。もし私が仮にもう一度やり直せるなら、今すぐにドイツに戻ってできる限り長くそこで暮らします。―米国人派遣者

残念だが、このアドバイスでは、ますます派遣者は帰国したくなくなってしまう。多国籍企業にとっては、かれらに戻ってもらう必要がある。かれらに帰任してもらわないと、「グローバル組織の硬化」が始まる可能性がある。派遣者が帰任者のほとんどいない親会社に帰国して、述べた次のような例がそれを物語っている。

私は役員室に世界規模の考え方が決定的なまでに欠如していることにショックを受けました。―米国人派遣者

私が四年間米国で暮らした後、オフィスで私がニューズ・ウィークを携えて読むのを同僚たちはあざ笑いました。私は自分の会社の裏切り者にでもなったような気分を味わいました。―日本人派遣者

帰国したとき、私は本国の組織が海外でビジネスが実際にどう処理されているか、まったく知らないこと

を知りました。—フィンランド人派遣者

どのようなグローバル化段階の企業でも、効果的に人材を海外に派遣し、効果的に帰国させることによって、戦略的目標を成しとげる必要がある。企業のグローバル化が極めて高度化し、より多くの派遣者にそれぞれ戦略的目標を達成させる必要があればあるだけ、海外勤務の管理の重要性はさらに高まる。過去のグローバル勤務を適切に管理していれば、企業はより効果的に（たとえば輸出段階からさらに統合化されたグローバル段階へ）グローバル化の段階を移行でき、意思決定の中心人物が必要なグローバルな視点と経験を有し、また他のマネジャーと従業員がグローバル勤務を望むようになる。このような戦略的な理由から、企業は帰任後も、最優秀国際マネジャーを確保する必要があり、そのためには、グローバル勤務中と帰任後のかれらのコミットメントに特に注意を払わなければならない。

注

1 Black and Gregersen, "Functional and Dysfunctional Turnover After International Assignments"; Gregersen and Black, "Global Executive Development: Keeping High Performers After International Assignments."
2 Black, "A Tale of Three Countries."
3 Black and Gregersen, "Functional and Dysfunctional Turnover."
4 Gregersen and Black, "Antecedents to Commitment to a Parent Company and a Foreign Operation."
5 Gregersen, "Commitment to a Parent Company and a Local Commitment During Repatriation: The Japanese and Finnish Experience."

6 Black, "A Tale of Three Countries."

7 Mathieu and Zajac, "A Review and Meta-analysis of the Antecedents, Correlates, and Consequences of Organizational Commitment"; Mowday, Porter, and Steers, *Employee-Organization Linkages: The Psychology of Commitment, Absenteeism, and Turnover*.

8 Gregersen, "Commitment to a Parent Company and a Local Work Unit."

9 Gregersen, "Organizational Commitment During Repatriation."

10 Gregersen, "Commitment to a Parent Company and a Local Work Unit."

11 Gregersen, "Commitment to a Parent Company and a Local Work Unit"; Gregersen, "Organizational Commitment During Repatriation."

12 Gregersen, "Commitment to a Parent Company and a Local Work Unit."

13 Black, "A Tale of Three Countries."

14 Gregersen, "Organizational Commitment During Repatriation."

15 Adler, "Re-entry: Managing Cross-Cultural Transitions"; Adler, *International Dimensions of Organizational Behavior*; Black and Gregersen, "When Yankee Comes Home: Factors Related to Expatriate and Spouse Repatriation Adjustment"; Clague and Krupp, "International Personnel: The Repatriation Problem"; Harvey, "Repatriation of Corporate Executives: An Empirical Study"; Napier and Peterson, "Expatriate Re-entry: What Do Repatriate Have to Say?"; Oddou and Mendenhall, "Succession Planning for the 21st Century: How Well Are We Grooming Our Future Business Leaders?"

16 Clague and Krupp, "International Personnel"; Black, "A Tale of Three Countries."

17 Gregersen, "Commitment to a Parent Company and a Local Work Unit"; Gregersen, "Organizational Commitment During Repatriation."

18 Gregersen, "Commitment to a Parent Company and a Local Work Unit."

19 Black, "A Tale of Three Countries."

20 Gregersen, "Commitment to a Parent Company and a Local Work Unit."

21 Gregersen, "Commitment to a Parent Company and a Local Work Unit"; Gregersen, "Organizational Commitment During Repatriation."

22 Black, "A Tale of Three Countries."

23 Bennett, "The Chief Executives in the Year 2000 Will Be Experienced Abroad."

24 Korn-Ferry study cited in Oddou & Mendenhall, "Succession Planning for the 21st Century."

25 Gregersen and Black, "Antecedents to Commitment to a Parent Company and a Foreign Operation"; Gregersen, "Commitment to a Parent Company and a Local Work Unit."

26 Gregersen and Black, "Antecedents to Commitment to a Parent Company and a Foreign Operation."

27 Gregersen, "Commitment to a Parent Company and a Local Work Unit"; Gregersen, "Organizational Commitment During Repatriation."

28 Tung, "Selection and Training Procedures of U.S., European, and Japanese Multinationals"; Tung, *The New Expatriates: Managing Human Resources Abroad.*

29 Gregersen, "Commitment to a Parent Company and a Local Work Unit."

30 Gregersen, "Commitment to a Parent Company and a Local Work Unit."

第11章　グローバル勤務サイクル全体の管理：ベスト・プラクティスの確立

私たちのほとんどは頭が固くて、文字通り、頭に強い打撃を受けないと、世界のメンタル・マップを変えようと思ったり、実際に変えたりできないものである。経営者は、MBAプログラム、社内の経営者教育プログラム、あるいは企業内での業務経験などから徹底した国際経営のトレーニングを受けるわけではない。[*1]米国のCEOで海外勤務に出たことのある者は四分の一に満たない。[*2]国際的に仕事をしたCEOにとってカナダが断然最も多い海外勤務先で、次に英国、そしてベルギーと続いている。米国のCEOのほとんどが海外経験をカナダと欧州で得ている。中南米や極東で生活し、仕事をした者は極めて少数である。

企業が日本、韓国、ドイツ、あるいは台湾の企業と競争しなければならないなら、それらの企業がどのようにオペレーションを行っているかについて全体像を知る最善の方法は、最も優秀な人材をこれらの国に派遣することである。そうしたなか、驚くべきことに、米国の上位千社のうちCEOが極東で働いたことがあ

図表11・1　海外勤務への対照的なアプローチ

戦略的・系統的	戦術的・受動的
1．海外勤務を長期的投資として取りかかる。	1．海外勤務を短期的支出として取りかかる。
2．競争力のある戦略を策定し実施するために必須の，グローバルな視点と経験をもつ将来の経営者を養成する。	2．外国事業所の短期的問題への応急処置的アプローチに力点を置く。
3．本国と海外事業所の間および事務所相互間の重要な調整と統制機能の有効性を高める。	3．海外勤務の機能のいくつかを無目的無計画に果たし，問題が起こってから注意を向ける。
4．情報，技術，それに企業の価値観を，全世界的な組織に効果的に広める。	4．価値，技術，製品，およびブランドの点で世界的な組織を系統的に統合化できない。

る会社はほとんどないのである。

もし経営者が有効なグローバル戦略を企業―本社および子会社―のために策定するのなら、国際的視野が必要である。そうでないと、戦略策定に「ピンぼけ《ガーベージ・イン・ガーベージ・アウト》」現象が生じる。つまり戦略は、戦略「策定者」がその過程に持ち込むアイデア、概念、そして知識が確かなものであるときにのみ有効である。多国籍企業や国際的企業が成功するためには、グローバル戦略の展開が最も重要だということはほとんどの経営者が同意するだろう。しかしながら、戦略は戦略自体がそれを展開するのではない。人が戦略を展開するのである。企業の全世界的な戦略的目標を、経営陣が望むような仕方で達成するには、適任の人々が世界中に配置されていなければならない。しかしながら、グローバル勤務の「適材」を捜すのは容易ではなく、かれらが上位二〇のMBAコースから自動的に出現するわけでもない。そうではなく、われわれが

図表11・2　満足度ギャップ

提供された支援サービス	サービスの重要性	サービスの満足度	満足度ギャップ
文化対応オリエンテーション	72%	52%	20%
語学トレーニング	57%	69%	12%
家捜し／引越し	93%	64%	29%
商品／サービス格差	91%	73%	18%
医療	97%	65%	32%
帰国休暇	92%	78%	14%
海外での継続的支援	80%	53%	27%
帰任	91%	66%	25%
配偶者カウンセリング	71%	29%	42%
キャリア計画	86%	27%	59%

注：結果は，SHRM国際人的資源研究所が行った1997年の調査を基にしている。

国際的に明敏な人々を養成するしかないのである。

派遣役員は現在および未来の健全なる企業財政のために非常に重要な存在であり，かれらは経営陣の「関心事」の中の低い位置に置くことはできない。第1章で触れたように，派遣役員やマネジャーは企業のために次のような重要な役割を果たす。かれらは本社と子会社の間の調整をし，戦略を実行し，組織の統制システムの品質や有効性を確保し，グローバル情報システムを管理する。さらには，国際経験や国際的視野を持つ人材を経営陣に起用する上で必要となる，国際的あるいは異文化対応のためのビジネス・スキルについての専門的知識を身に付けている。

明らかに，企業の中には海外勤務の様々な面での手本となる先進企業がある。しかしグローバル勤務者選抜，トレーニング，異文化適応，二重帰属，業績評価，報酬，それに帰任の各段階において系統的に注意を払っている企業はごくわずかである。自ら認める通り、戦略的、系統的視点からではなく、海外勤務をとらえている企業がほとんどである。

図表11・2が示すように、企業からの支援の種々の側面に対して派遣者が感じる重要度と、かれらの受けたその支援に対する満足度との間にはいまだに大きな隔たりがある。以下の節では、海外勤務に対しより系統的で戦略的なアプローチを採用し、このアプローチで成功している企業のいくつかに光を当てる。

▼選抜：適任者の選抜▲

私たちの最初のすばらしい例は、民間援助機関のワールドビジョン・インターナショナル社（Worldvision International）である。この団体は、組織の生産性と、戦略目標を達成するために短期あるいは長期勤務で海外に派遣する人々の資質とが、いかに深く結びついているかをよく理解している。その理念は、当団体には不適任者を派遣する余裕はないということであり、したがって、多大の時間とエネルギーを費やして、国際舞台で成功するために必要な技術的および異文化対応の資質を持つ人々を捜している。企業のうち組織的な選抜制度があるのは五〇％に満たず、候補者のスクリーニングに何らかの形式のテストを採用しているのは一〇％に満たない。*3

ワールドビジョン・インターナショナル社の配置政策は、すべての企業と同様に、常に変化し進化しつづけているが、効果的な派遣者が海外での成功の鍵であるという原則は常に変わらない。ワールドビジョン・

図表11・3　ワールドワイドビジョン・インターナショナル社の採用プロセス

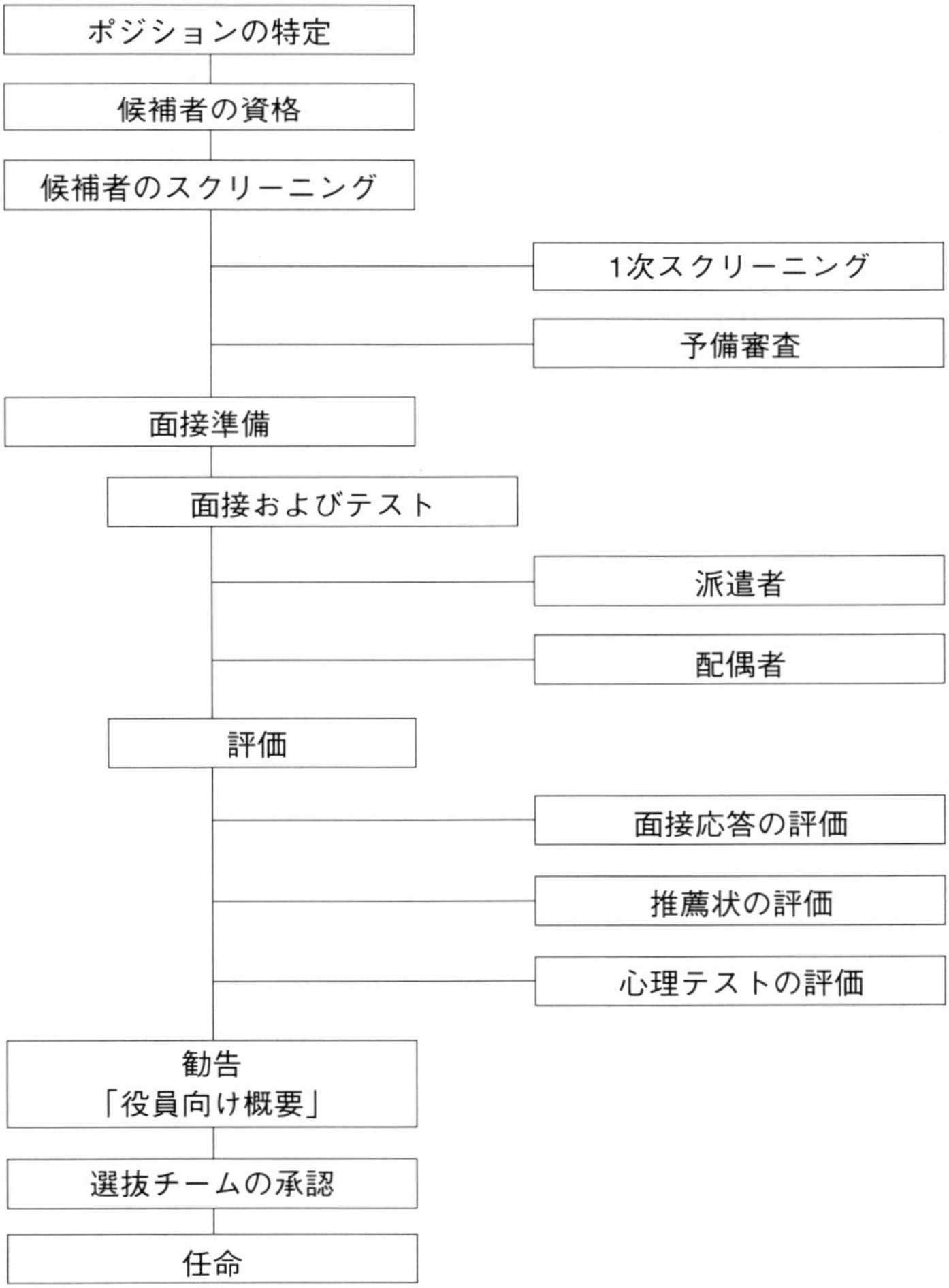

インターナショナル社の選抜過程は図表11・3に示したように、九段階にも分けられている。

ステージ一：ポジションの特定

第一段階では、人事部が、雇用先マネジャーと協力してポジションの特定を行う。かれらは職務記述書を作成し、人員要請を提出して、部門副社長、雇用先マネジャー、人材開発担当取締役、人事担当取締役の承認を求める。求人過程が始まる前に、この海外勤務の性質と目的についてこれらすべての人たちが同意しなければならない。

ステージ二：候補者資格の決定

雇用先マネジャーと連携して、人事部は候補者に要求される技術的および異文化対応の要件を決定する。これらの資格要件には、学歴、過去の海外での過去の経歴と経験、性格、および、その他ポジションが必要とする具体的要件などが含まれる。行動特質を見極めた後、候補者を面接する際の評価に役立てるリストを作成する。

ステージ三：スクリーニング

ステージ二で確立した判断基準を用いて、候補者の一次スクリーニングが、人事部によって行われる。最適格の候補者が選抜され、雇用先マネジャーと部門副社長に報告されて、予備審査を受ける。予備審査の後、もしその決定が肯定的—その候補者で先に進める—ならば、過程は次の段階に進む。もし予備審査が否定的であれば、スクリーニング過程を最初からやり直すか、あるいはそのまま続行する。

ステージ四：面接の準備

人事部職員は、雇用先マネジャーと協力して、誰が候補者に面接すべきかを決定する。ほとんどの場合、複数の面接が予定される。面接は、人事部の職員、雇用先の部門のマネジャー、選任されたその他の面接担当者によって、行われるのが一般的である。

ステージ五：面接とテスト

グローバル勤務の候補者は、様々な特質から評価することができる。下記の二八の特質から、面接担当者は特定の海外勤務に最も重要なものを選択することができる。

・影響力　・意思疎通スキル―文書による　・口頭発表スキル　・問題分析力　・経営管理
・ストレス耐久力　・判断力　・交渉力　・活力　・指導力　・リスニング・スキル
・組織に対する感受性　・柔軟性　・技術的解決力　・忍耐力　・意思疎通スキル―口頭による
・部下の育成　・権限委譲　・自発性　・適応力　・決断力　・計画・組織能力　・動機　・感受性
・資源活用能力　・政治感覚　・財務分析能力　・独立心

一人の面接担当者が選択されたすべての特質を見るわけではない。そうではなく、各面接担当者は面接で特定の特質について見るように割り当てられる。特定の勤務に無関係だとされる特質は無視される。面接担当者にはかれらの各特質の範囲内で尋ねるべき特定の質問群がある。ただし、別の質問をリストに加える自由度は与えられている。図表11・4と図表11・5にそのような質問例を挙げている。

面接担当者は、かれらの面接の評価を書面にして二四時間以内に提出する。書面による意見に加えて、面接担当者は候補者に対するかれらの評価を二つの客観的なフォーマットを通して一 - 五のスケールで表現するように奨励される：面接の中で現れた各スキル特質の度合いと候補者の総合的な評価を、優秀、中の上、中、中の下、不可で表す。

ステージ六：面接とテストの評価

人事部は、面接担当者の書面による回答、候補者の推薦状、面接の過程で行われた心理テストすべての結果を評価する。候補者の配偶者も、それ程厳密ではないが、面接され、心理テストで潜在的な適応能力を判断される。

ステージ七：人事部の勧告

人事部内スタッフは面接、推薦状、心理テストの結果をまとめ、その勧告とともに概要を雇用先マネジャーと部門副社長に提出する。

ステージ八：承認

もし勧告が候補者にポジションを申し出るものなら、それは部門副社長、雇用先マネジャー、人材開発担

図表11・4　忍耐力

1．今日の地位にあなたがなるまでにどんな大きな障害を乗り越えなければなりませんでしたか。どうやってそれを乗り越えましたか。

2．あなたは今までに，よいアイデアを提出したのに上司が行動を起こしてくれなかったことがありますか。あなたはどうしましたか。

3．固執しすぎたとあなたが考える経験談を話すことができますか。状況はどのように改善されましたか。

4．しばらく固執していたおかげで何か得られたと思う経験談を話すことができますか。

5．あなたは一講座や活動一を最後までやらなかったようですね。どうしてですか。

6．平均的なプロジェクトを完成させるまでにどのくらい時間がかかりますか。一番長くかかったのは何ですか。なぜですか。

7．諦める前に役所を普通何回訪問しますか。

8．あなたが全力を投入したのに失敗してしまったそのときの状況を説明してください。

9．あなたが失敗した一番大きなプロジェクトは何ですか。あなたは何をしましたか。

10．あなたが一番苦労した大学の講座は何ですか。それに対し，あなたはどう対処しましたか。

11・あなたが大学で直面した一番大きな問題は何ですか。あなたはその問題をどう処理しましたか。

面接担当者は問題や障害の大きさを確定して，それらを克服するのに必要な忍耐力を計ること。

図表11・5　権限委譲

1．あなたがここにいる間，誰があなたの「代理」をしていますか。その人はどのようにして選ばれましたか。それはなぜですか。その人の仕事の出来をどうやってあなたは知りますか。あなたが後を任せてきた人の責任に関してあなたの部下に公式の発表を行いましたか。

2．権限委譲したことであなたが失敗した最大のことを説明してください。

3．権限委譲しないことであなたが失敗した最大のことを説明してください。

4．あなたがもっと権限委譲しないのはなぜですか。

5．あなたが部下に権限委譲する際の意思決定の仕方を説明してください。

6．任務の権限委譲に関するあなたの判断基準を説明してください。

7．もし権限委譲の程度が部下によって違うのなら，どう違うか，なぜ違うかを説明してください。

8．部下に手助けをさせるほど大きな問題を抱えたのはいつですか。どんな行動をあなたは取りましたか。なぜ特定の人に手助けを求めましたか。

9．あなたは週に何時間残業しますか。（もっと権限委譲する必要がありますか。）

10．何日か離れた後で，あなたはどうやってあなたの会社の現状を把握しますか。

11．あなた自身の経験から，権威や責任を委譲することに直面した例を引用できますか。

面接担当者は話題に上がった各権限委譲の目的を確定すること。被面接者は何を達成したかったのか，なぜ特定の人が問題の処理に選ばれたのか。

図表11・6　選抜に関する２つのアプローチ

戦略的・系統的	戦術的・受動的
目的 ●経営者養成 ●調整と統制 ●革新，技術，文化の移転	目的 ●短期的問題への処置
焦点 ●技術的スキル ●異文化対応スキル ●家庭状況	焦点 ●技術的スキル
過程 ●複数の選抜判定基準 ●複数の選抜方法	過程 ●単一の選抜判定基準 ●単一の選抜方法

当取締役、それに人事担当取締役によって構成される選抜チームによって承認されなければならない。人事部は、報酬および諸手当の詳細を雇用先マネジャーと話し合い、派遣者候補案を提出して、選抜チームの各メンバーの承認を求める。

ステージ九：任命

人事部は、仕事の肩書き、着任日、給与、勤務条件、家財道具運搬に関連する具体的情報、銀行取引の手配、現地勤務への異動、さらに、その他の重要な情報を含んだ辞令書を発行する。この過程は長期間におよび、手間取るものの、この選抜過程の下で送り出された派遣者は非常に成功していると企業の経営陣は評価している。ワールドビジョン・インターナショナルの経験では、効果的な選抜にかけた時間と経費の投資は、組織と個人両方に、相当な長期的リターンをもたらし成功している。

ワールドビジョン・インターナショナルでは、第3章で検討した原則の多くをそのまま適用している。ワールドビジョン・インターナショナルは、重要な「ステークホールダー」（派遣者の将来の成功に関心のある個人）のチームを関与させ、選抜過程を開始した。組織は次に、どんな戦略的目標を派遣者が海外で達成することができるかを決定し、その後で特定の勤務に最も関係のある、包括的で焦点を絞った選抜判定基準のリストを作成した。複数の選抜方法を使い、一連の選抜判定基準に対する候補者の評価をした。最後に、ワールドビジョンは家族の重要さを認め、適当とされるときには、配偶者も選抜過程に関与させた。このアプローチによって、海外勤務は素晴らしい実績を生んでいる。基本的には、ワールドビジョン・インターナショナルは、国際的人材配置に戦略的・系統的アプローチ（戦術的・受動的アプローチと対照的）を採用している。これら二つのアプローチの違いが図表11・6に示されている。子会社の当面のニーズに基づいた性急な選抜の犠牲になることなく、ワールドビジョン・インターナショナルは、勤務の性格と目的を慎重に考慮し、それから戦略的目標を効果的に達成できる候補者を探し出している。

トレーニング：人々が正しいことをするための支援

第4章で私たちは、派遣前トレーニングも重要ではあるが、受け入れ国でのトレーニング—特に二から六カ月後—が派遣者の生産性に非常に重要であることを指摘した。派遣者と配偶者が現地に落ち着き、外国文化の複雑な事情に接し始めたとき、現地国を本当に理解したいという気持ちが増す。このときに、密度の高いトレーニング方法を採用すれば、長期的には良い結果がもたらされる。もし派遣者がこの期間に現地国の文化の「真髄」に接しないと、不正確に現地国を理解する間違った「認知マップ」ができてしまうかも知れない。頑固なステレオタイプや悪い性癖が染み付くのはこの時期が多い。ひとたびこのような誤解が確立してしまうと、派遣者が現地国についての新しい、より正確な知識を積極的に求めていく可能性は低い。

このような問題を避けるため、私たちは、ＩＢＭアジア・パシフィック社（IBM-Asia Pacific）や日本アイ・ビー・エム社（IBM-Japan）などの企業と作業してきた。日本アイ・ビー・エム社では最近、東京に赴任した上級役員とその配偶者に、受け入れ国トレーニングを実施した。私たちの、一週間にわたる六〇時間超の集中セミナーでは、日本の人々と日本のビジネス文化を理解する上で最も重要な様々なトピックについて扱った。その内容には次のようなものが含まれる。古代史、中世史、現代史、日本の宗教と哲学、日本国内の社会化、日本社会の心理学的、社会学的構造、日本の職場での組織的行動、日本の産業の歴史、日本の組織デザインと構造、日本の人的資源制度、日本でのビジネス交渉、日本語習得のための戦略、企業系列間の関係、政府、教育制度、「やくざ（マフィア）」。

第4章で記述した三ステップ習得過程では、派遣マネジャーは、第一に、新しい文化の規範を**注視し**、第二に、新しい規範の性質を**保持し**、理解し、第三に、それに沿った新しい行動様式を**実践する**ことが必要とされる。受け入れ国でトレーニングを実施することにより、ＩＢＭ社は、この習得過程を促進できた。というのは、役員はセミナーで教わった概念を、その週やあるいはたった一日前に経験したことと重ね合わせることができたからである。この方法はさらに、知識をすぐに実行に移すことで、かれらが教わったことを実践し、確認することを可能にした。

図表11・7　トレーニングに関する2つのアプローチ

戦略的・系統的	戦略的・受動的
投資的視点 ●職業トレーニング ●組織・ビジネストレーニング ●文化対応トレーニング ●語学トレーニング **結果** ●経営者成長 ●現行ビジネス業績の向上 ●家族適応の向上	**コスト的視点** ●着任後異文化トレーニングなし **結果** ●低い仕事の成果 ●高い派遣者離職

第4章で採用した原則に沿って、ＩＢＭ社は、以下の教育方法を選択した：講義、映画、本（宿題）、事例、サバイバル・レベルの語学トレーニング、役割練習、それに実地研修。これらの方法の各々が、参加者が日本において日本を学習していたので、実施時さらに効果的であった。調査結果と助言に沿って、配偶者もこの一週間のトレーニングに参加した。

国際経営者のトレーニングのためのＩＢＭ社のこのアプローチは、同社が適応を促進すると同時に業績を向上させるためにはトレーニングに投資する必要性があることを理解している。これは同時に、海外勤務の戦略的目標（たとえば、経営者育成、調整、企業統制、技術移転）を達成する可能性を高めるためにも必要である。ＩＢＭ社のトレーニングに対する戦略的・系統的アプローチは、図表11・7に要点を示したように、戦術的・受動的アプローチとまったく対照的である。

語学トレーニング

語学トレーニングは企業にとって、頭の痛い、複雑な問題である。大人がテープを聞いて二週間で外国語を覚えることができると主張する語学会社は多いが、現実は、外国語を習得するには大変な努力が必要である。事実、ある言語を流暢に話すようになるには、海外で暮らさなければならないのが一般的である。それでも、派遣者は海外に出る前に、最低限のサバイバルあるいは会話レベルを習得することはできる。それを土台にして、流暢さへの一歩はすぐに始まるだろう。その国に到着するまで新しい言語を学ぶのを待つと、恐れ、疑い、職務責任、それに強力な困難感が、新しい言語を覚えるときに必要な、長期の、計画的な、日々のコミットメントを圧倒してしまう危険がある。

グローバル勤務を出発の四から六カ月前に予告してもらえれば、講義や自習で、サバイバル・レベルの外国語に達することは十分可能である。語学指導は、出発前には一、二時間なければならない。どのくらい達成できるかは、もちろん、学習者の言語を身につける能力、学習に使うテクニック、それにその言語自身の難しさに依存する。

私たちが調査や相談をした際、戦略的で、密度の高い、毎日の語学プログラムを、出発の四から六カ月前に派遣者のために実施している企業には出会わなかった—たとえ言語のスキルが、グローバル勤務中の戦略的目標を達成するための鍵であってもである。しかしながら、本書の著者の一人は、この語学準備の原則を、個人的に検証してみた。かれは、スイスに一学期（約五カ月）暮らすという勤務を受け入れた。この期間中、言語能力に関しては観光客のようにはなりたくなかったので、かれはドイツ語を四カ月間毎日一時間ずつ学習した。出発の日までに、かれはサバイバル・レベルよりましに話すことができたが、まだ会話レベルには至らなかった。スイスに来てから五カ月たって、かれのドイツ語は会話レベルに達した。路上で普通の人と話す能力は、海外勤務に対するかれの家族の満足感を高め、ストレスを減らし、現地国の人々を感心させ（かれらの知っている米国人はまったくドイツ語を学ぼうとしないとかれにいった）そして全般にかれがそこでの勤務を達成する際に役立った。

受け入れ国で行われる異文化対応トレーニング、加えて、出発前と到着後に行われる語学トレーニングは、派遣役員が効果的であるために絶対に必要である。各企業は、それぞれのニーズにできる限りよく合わせてこのようなプログラムを実施すべきであるが、今日までの研究文献によると、ほとんどの企業が、国際人事管理のこの非常に重要な側面を無視している。

評価：人々が正しいことをしているかの判断

効果的な業績評価は、グローバル勤務成功のための重要な構成要素である。第7章で、私たちは個人と組織が利益を受けるような業績評価制度を結果としてもたらすいくつかの要素を検討した。スリー・エム社には、業績評価と育成の構成要素を合体させた模範的な評価過程がある。

主に評価を目的として、スリー・エム社の業績評価制度は派遣者の職務上の直属のマネジャー（現地国の人々かどうかは問わない）から始まる。これらのマネジャーは、年一回、派遣者と協力して、個人と事業所に対する業績に対する期待を明確にする。かれらはまた、共同して、派遣者のキャリア開発に対する業績に対する期待のあり方も明確にする。ビジネスおよび業績に対する期待が同意の下に明確にされた後、これらの判定基準は送付されて、地域副社長と本国の復職時（あるいは帰任時）後見人の審査を受ける。これらの各人は、派遣者の長所を評価し、業績判断基準とキャリアや個人的開発ニーズの選択の際の、潜在的な問題を指摘する。同様の「評価チーム」の過程が起こるのは、事前に明確にされている業績期待の達成度を評価をする際にである。最初に、その年の成果が職務上の直属のマネジャーと派遣者によって再吟味される。さらにこれらの評価は、地域副社長と復職時後見人によっても吟味される。

さらにスリー・エム社では、人的資源レビューと呼ばれる育成と業績評価とを同時に行う制度を開発した。年一回、四人の人たちがグローバル勤務中の業績とキャリアに関する問題を評価する。これらの人たちは、国際部門の人事担当取締役、地域副社長、地域人事マネジャーまたは取締役、および本社執行役員部門からの代表である。「人材評価（Human Resource Review）会議」で、これらの人々はいくつかの側面から、派遣者を評価する。かれらは前年の業績を評価し、さらに重要なことは、かれらは各派遣者の主な育成上の問題を考慮する。たとえば、企業内での派遣者の現在そして将来におけるキャリア上での昇進は、「人材評価会議」での論点になることが多い。この会議はまた、マネジャーが各派遣者についての特定の問題、たとえば、コスト関連、勤務期間、それに今後の帰任の過程等について考え、議論する場ともなる。

スリー・エム社の業績評価は、第7章で検討した原理の多くを利用している。たとえば、評価、育成の両過程で、スリー・エム社は、二人以上を関与させている。事実、派遣者の業績およびキャリア開発を評価する際には、スリー・エム社は、派遣者の成功に利害を持つマネジャーや役員を加えることによって、複数の視点を取り入れている。さらに、スリー・エム社は、業績関連の問題を吟味するだけでなく、評価範囲を派遣者のキャリア関連の課題まで広げる。いい換えれば、評価に対するスリー・エム社のアプローチは、成功のための三つの最も重要な要素を含んでいる：一）複数の人を使って業績を評価する、二）様々な評価判断基準を取り入れる、三）評価過程では業績評価および育成の両面に焦点を当てる。

報酬：社員が正しいことをしたことを認める

アメリカン・エキスプレス社（American Express）には、派遣者のためのよく練られた報酬制度があり、それは基本的には、「平等化」アプローチである。もっと正確にいえば、アメリカン・エキスプレス社では、住宅手当とガス・水道・光熱費手当を次の方法で計算する。それは、派遣者が任命されることになる現地国の住宅費とガス・水道・光熱費の査定をすることと、職務、給与水準、候補者の家族数を明確に考慮することによってである。この住宅手当は現地国の通貨で支給される。その額はインフレに対して調整され、年一回か、あるいはもっと頻繁かは現地国のインフレ率により異なる。一般的に、アメリカン・エキスプレス社は、従業員が住宅を本国で売却したり、現地で購入しないように勧める。会社は、海外で勤務している間、各人の住宅の賃借や管理についての資金援助のほか、情報についても提供する。住宅およびガス・水道・光熱費手当が、現地の本人に支払われている一方、グローバル勤務がなかった場合に従業員におそらく生じたであろう住宅費とガス・水道・光熱費の推定額が本人の本国での給与から差し引かれる。その結果、本人は、住宅費とガス・水道・光熱費に対し、海外に派遣されなかった場合とほぼ同額を支払うことになる。

このアプローチは、税金にも適用される。従業員の本国での税金の最初の計算が年初に行われ、さらに詳細な再計算が年末に行われる。この推定による税額は、給与、ボーナスを含む稼得所得に基づく。この勤労所得は、税引き前収入や給与の繰り延べがあればその分だけ差し引かれる。本国で働いていた場合におそらく控除対象にしてもらうであろう控除明細も計算される。この推定による税金は、本人の本国の給与から一年を通して差し引かれる。年末の再計算を基に差し引かれあるいは還付されるべき税金の調整があれば、そのときに行われるが、それは一般に少額である。アメリカン・エキスプレス社は、その後、実際に生じた本国および現地のすべての税金を支払う。

アメリカン・エキスプレス社はさらに、他に多数の慎重に考慮された手当てを支給する。海外に移りそして帰ることの困難を理解して、アメリカン・エキスプレス社は「モビリティ手当」の一部を本人が海外に出る際に支払い、残りを帰国時に支払う。同社はさらに、直接の引越し費用を支払い、さらに引越しの際の雑費をカバーするために若干の額を支給する。加えて、アメリカン・エキスプレス社は、子供の教育費用、帰国休暇、それに、極端で困難な状況にあると認定された国についてハードシップ手当の支援もしている。

このアプローチによって、アメリカン・エキスプレス社は、「Bを欲しながらAに報いる」を避けることができる――すなわち、このアプローチは、能力のある人々をグローバル勤務に引き付けるが、金銭的動機がグローバル勤務を受諾する際の唯一のあるいは主な理由にはならない。さらに、現地での費用を現地の通貨で支払うと同時に、予期される本国での費用を差し引くことにより、二つの潜在的問題の発生を抑制する。第一に、予期した経費を現地通貨で支払うことにより、企業の為替リスクを減じる。第二に、企業は、予期される本国での経費を差し引くことにより、もしすべての手取り所得、可処分所得、ならびに手当格差が現地通貨で支払われ（したがって目に見え）たとすれば、個人が経験するであろう不公平感を減じている。これら二つの目的を達成するのに加え、これらの実施は企業にとっても全般的な報酬および税金にかかる経費を削減する。

帰任：人々の再適応と業務遂行を支援する

米国企業で系統的帰任プログラムがあるのは三分の一に満たない。系統的なプログラムがある企業での平均的な帰任後の離職率が五％なのに対し、それがない企業ではおよそ二五％である。[*4] ほとんどの企業に戦略的で系統的なアプローチが欠如していることから、驚くに当たらないが、直近の経験に基づいて再度勤務を受けることを望む海外勤務者はたった四〇％程度しかいなかった。[*5]

第1章で、私たちはフランス子会社におけるGEメディカル社（GE Medical）の「人」の失敗を検討した。その経験以来、GEメディカル社は国際的人的資源過程の理解に非常に努力してきた。その結果、同社はいくつかの非常に効果的な派遣者プログラムを創設し実施した。GEメディカル社の努力の中で際立つ一つの分野は、帰任者への注目度である。たとえば、GEメディカルシステム社は、帰任を成功させ、派遣者のキャリア開発に貢献することを保証するための派遣者後見人制度を開始した。[*6] 制度は極めてシンプルである—長期の派遣者（海外勤務一年以上）なら誰でもそのプログラムを適用される資格がある。資格のある派遣者は、後見人をあてがわれる。この後見人は、本国のマネジャーで、なるべくなら派遣者が復職する部門にいることが望まれる。派遣者後見人制度には四つの要素がある：派遣者、後見人、現地国のマネジャー、それに人材ネットワークである。

派遣者

海外赴任する前に、派遣者は自分自身の専門能力の開発に責任を持つことを期待されている。いい換えれば、会社は派遣期間を通じて派遣者の面倒を見るわけにはいかないということである。派遣者は自分のキャリアを向上させるために努力をすることを要求される。派遣者は次のことを期待される。すなわち、キャリア向上の機会としての仕事を受け入れ、それに対する家族の承諾を取り、仕事において何を要求されているかを明確にし、家族とともに語学および異文化対応プログラムに参加して勤務に備え、さらに勤務完了後には、後見人と将来のキャリア・アップの機会について話し合うことなどである。

海外にいる間、派遣者は年に最低一度は後見人と直接会うことを期待されている。この面談で、自分自身の業績、キャリア期待、それに会社におけるかれらの状況に関連するその他の問題について話し合う必要がある。派遣者はまた、会社のセミナー、ビジネス会合、報告書、電話、等々を利用して、本社とのネットワークを構築し維持することも期待されている。派遣者はかれらの管理スキルを向上させるために努力することを期待されている。最後に、本社に帰る前に、派遣者はかれらのキャリアの選択肢を客観的に再評価することを期待されており、これは、強い後見人―派遣者関係が存在すればより容易になる。

後見人《スポンサー》

後見人の主な役割は、帰任者の帰任が成功裡に進むように、保証することである。後見人の派遣前の責任は以下の通りである。

・派遣者選抜過程への参加
・派遣候補者の帰任計画を検討し、派遣者のキャリア上の機会、障害、それに行き詰まりを特定する。
・派遣者と直接会い、後見人の海外勤務に対する見方について話し合う。
・公式に「人材ネットワーク（Human Resource Network）」と派遣者のための帰任計画について意思疎通をはかる。

派遣者の海外勤務の間、後見人は次のことをする必要がある。すなわち、現地国のマネジャーならびに派遣者への電話、および業績評価の写しから、派遣者の業績をチェックし、派遣者と年一度面会して勤務について話し合い、「人材ネットワーク」に対し派遣者の業績の評価を行い、さらに、派遣者の本社との接触を促して個人的ネットワークを維持させることなどを行う必要がある。派遣者が帰国する前に、後見人は進んでキャリア・アドバイザーとして積極的に働き、そして派遣者のために雇用先マネジャーに推薦状を提出する必要がある。

現地国のマネジャー

現地国のマネジャーは、派遣中および帰任の過程で重要な役割を果たす。派遣者が海外に到着する前に、現地国のマネジャーは、派遣者が職場に来ることによる影響の評価をし、派遣者の選抜の際には大きな役割を果たし、組織が派遣者を迎える準備をし、さらに、派遣者に対し受け入れ国のメンター（後見人）を任命しなければならない。派遣者の在任期間中、現地国のマネジャーは、年一回の業績評価を完成し、写しを派遣者の後見人および人材ネットワークに送ることを要求される。現地国のマネジャーは、他の社員とよりも多くの時間を使って、派遣者と連絡を取り合い、かつフィードバックを提供しなければならない。派遣者を帰任させる前に、現地国のマネジャーは、人材ネットワークを作動させ、帰任の過程を始めさせなければならない（これは、勤務の期間が終わる遅くとも六カ月前に始まる）。現地国のマネジャーはさらに、勤務全般の業績評価を完成して、人材ネットワークを通じて後見人に送らなければならない。

人材ネットワーク

GEメディカル・システム社の人材ネットワークは、海外勤務の前に以下の機能を遂行しておく必要がある。

・海外勤務計画レビューを年二回開催する
・派遣候補者の特定と選抜を調整する
・後見人割り当てを行う
・後見人から送られた派遣者の帰任計画を管理する
・すべてのグローバル配置と派遣管理の中心として活動する

図表11・8　支援に関する2つのアプローチ

戦略的・系統的	戦術的・受動的
去るものに…支援あり ●企業内の後見人 ●意思疎通のリンク ●本国訪問 ●帰任トレーニングおよびオリエンテーション ●帰任後の仕事の系統的計画 ●帰任後の機会に対する個人および組織の前向きの評価	去るものは…日々に疎し ●支援なし ●帰任に対する計画なし

・勤務の契約面を管理する
・トレーニング・プログラムを組織する

派遣者の勤務中、ネットワークは業績評価、給与計画、それに派遣者の業績の見直しを調整する。ネットワークはさらに、派遣者、後見人、ならびに現地国のマネジャーの間の連絡を監視する。また勤務に関する契約条項を管理する。最後に帰任の遅くとも六カ月前に、あるいは現地国のマネジャーからの要請によって、ネットワークは、帰任者のために適切なポジションを計画し見つけるために、帰任の過程を活性化する。

ＧＥメディカルシステム社のような組織的な方法で帰任を計画する企業は非常に少ない。この企業は、効果的に派遣者を支援することによって将来のグローバル競争の優位性を持続する重要性を理解しているのである。ＧＥ社は、後見人、頻繁な連絡、明確な帰任の過程、それに帰国後の勤務に対する計画など、本国と複数のリンクを確立することにより、派遣者を忘れないでいる。対照的にほとんどの企業は、図表11・8に表されるように、派遣者に対して「去るものは日々に疎し」アプローチを採用している。これは戦術的・受動的考え方に起因し、派遣中と派遣後に「見捨てられた」派遣者を生む結果となる。

グローバル勤務：経営者の成功とグローバルな競争力の鍵

本書を通して、私たちは海外勤務に対して包括的、系統的、かつ戦略的志向のアプローチを採るために、理論的根拠、論理、それに証拠を検討した。統合化され、適切に設計された国際人事制度を支持する経済的論拠に加え、同様に重要な別の考慮が必要である。それは社員に対する企業の倫理的責任である。

この責任を理解する一つの道は、実際の、戦闘の成功に欠かせない準備について考察することである。戦闘に入る前に、兵士、パイロット、ならびに船員は、兵器の扱い方、戦闘戦術、および戦争の戦略に習熟している。事実、かれらはおそらく高い経費をかけて夥しい数の戦闘シミュレーションやトレーニングを受けただろう。「砂漠の嵐作戦」のような出来事は、準備とトレーニングの価値の明確な証拠となる。なぜ軍隊や諜報機関は、それ程までの時間を使ってスタッフに準備をするのだろうか。当然だが答えは、そういうトレーニングや準備なしでは、戦場での遂行能力に支障をきたす—命が失われるからである。

十分な選抜、トレーニング、支援を提供しないでおいて、その上で命の危険があるかもしれない状況に人を送るのは非倫理的であろう。この論理は戦争のときには明瞭だが、しかし多国籍企業のために個人をグローバル勤務に派遣するときにはそうではない。それでも、私たちは、海外勤務している派遣者がもし自分たちの組織からほとんど支援もトレーニングも受けることがなければ経験することが多い痛み、ストレス、深い悲しみ、それに、その他の心理的な困難を目の当たりにしてきた。次に挙げる引用はこの問題に関する私たちの考えの一部を要約している。

社員や家族を追い立てて、太平洋や大西洋の向こう側に送り、外国のビジネスと社会文化の中を、独力で巧みに成功すると期待することが倫理的といえるだろうか。多分米国の経営者たちは、並外れた報酬体系との交換の上であるから公平で倫理的であると考えるだろう。海外で暮らし働くことは、適応することであり、それには大変なストレスが伴う。人をそんな状況に置き、しかもその状況に対処するために何の道具も与えないのは、企業にも経済的な損失だろうし、本人にも個人的な損失だろうが、それだけはない。明らかに間違っている。[*7]

もちろん、私たちも、人々をシカゴからサウジアラビアにビジネスのために送り出すのと、戦争のために送り出すことが同じでないことは理解している。マネジャーが命をかけるのは、兵士と同じにではない。しかし、海外勤務を引き受けたとき、派遣者はしばしばかれらのキャリア、心理的健康、結婚生活、子供の教育、さらに、その他の仕事上あるいは仕事以外の生活の重要な側面を危険に曝す。この深刻な現実が次の質問を求める。間違った人間を送ること、不十分にトレーニングすること、あるいは異文化の中で暮らし働いているかれらを、理解し支援することができないこと、これらは多国籍企業にとって倫理的なのか。

私たちは、海外勤務のサイクルを通して派遣従業員に十分な支援を実施することは、企業にとって経済的

図表11・9　競争力の上昇スパイラル

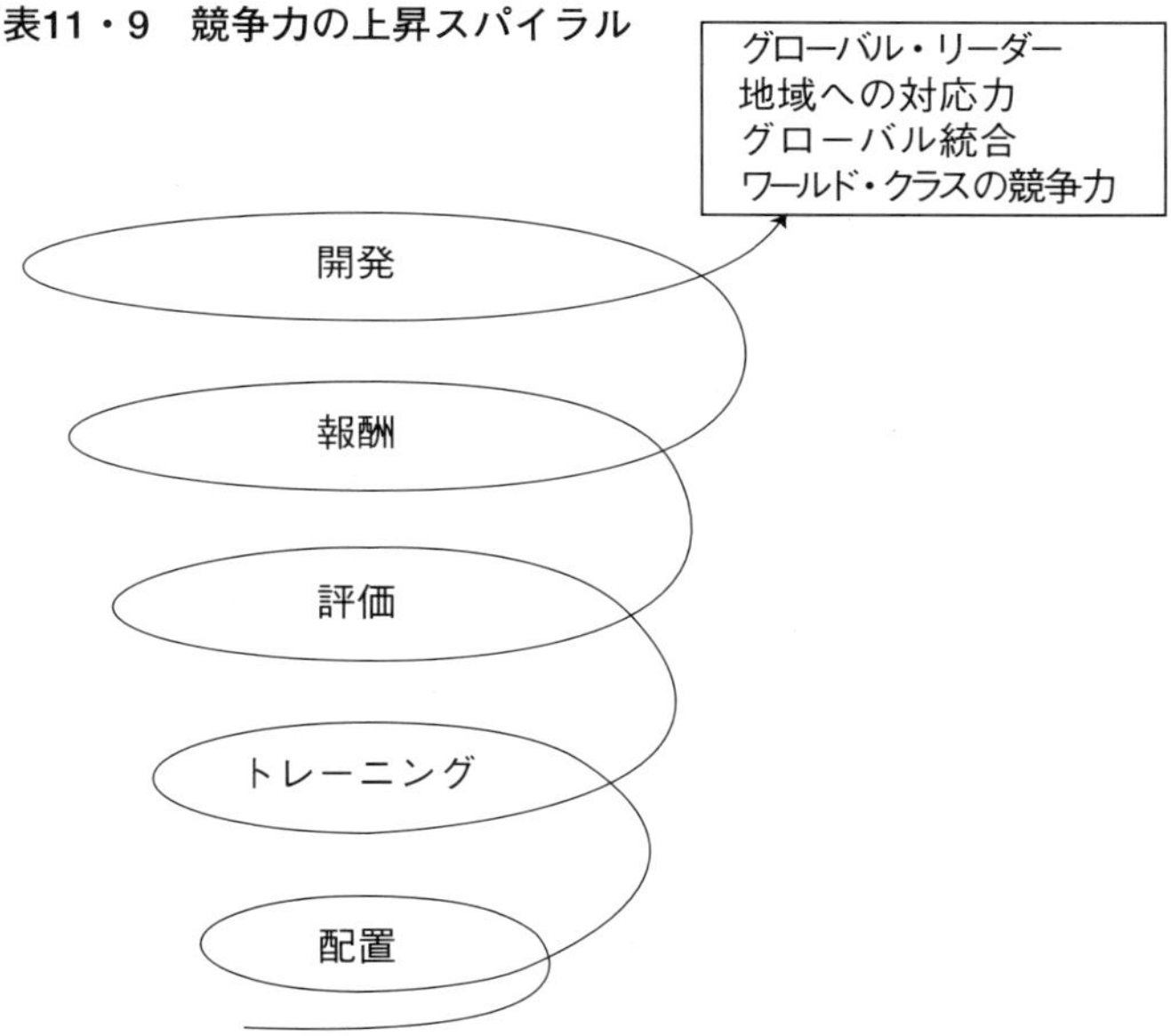

に賢いばかりでなく、多分もっと重要なことは、道義的に必要なのだということである。最先進企業では、グローバル化と国際化という問題全般を真剣に捉え、上級役員チームとハイ・ポテンシャル（有望人材）マネジャー次世代のグローバル・マネジャーの国際化に多大の投資を行っている。これらの企業はまた、企業の戦略的目標を達成するため、そしてグローバルな競争相手に対して勝利の戦いをするため、海外勤務者にトレーニング、道具、ならびに支援を供給している。

多国籍企業には、地球全体に広がる戦略的目標がある。それらの目標を成功裡に実現するために、かれらは金銭的資産ばかりでなく人という資産にも頼っている。百戦錬磨のグローバル企業には、海外勤務の際の選抜、トレーニング、評価、報酬、それに人々の育成の価値を認め、それが必要であることを理解している経営者と人事の上級マネジャーがいる。グローバル勤務に対する政策に、そのような勤務が競争優位性と将来の経営者が優秀であるためのカギである。**図表11・9**は、そのことを反映している企業に何が起こるかをイメージ的に示している。図はグローバル競争力の上昇スパイラルを示している。各段階での政策が、次の段階での成功率を増加させる。

多くの点で、この国際人的資源政策と実践のスパイラルは、ボードゲームの「シューツ・アンド・ラダーズ」に似ている。このゲームでは、一回のさいころの振り間違えが深刻な転落を起こし、ゲームに負けてしまうこともある。派遣者の世界では、一つの不適切な政策が、個人的にも組織的にも失敗をもたらす結果となりうる。対照的に、グローバル勤務に対する戦略的で系統的なアプローチは、派遣者が「シュート」政策で滑り落ちるのではなく、かれらが「ラダー」を上り、海外にいる間も帰国後も戦略的目標を達成することを確実にすべく手助けをする。戦略的・系統的アプローチの結果は、海外での卓越した仕事の成果とともに、より高い異文化適応、外国子会社でのより高いレベルの業績、順調な帰任後の適応と業績、さらには重要な国際的経験やスキル、専門知識の将来における活用というかたちで現れる。海外勤務の成功は、国際人的資源政策の成功からもたらされ、二一世紀のグローバル競争市場で成功する国際企業の中心となるだろう。

注

1 Porter and McKibben, *Management Education and Development: Drift or Thrust into the 21st Century?*

2 Gregersen, Black, and Hite, "Expatriate Performance Appraisal: Principles, Practices and Challenges"; Roman, Mims, and Jespersen, "The Corporate Elite: A Portrait of the Boss."

3 Boles, "How organized is your expatriate program?"

4 Hanse, "Repatriation Programs Work."

5 Frazee, "Research Points to Weaknesses in Expat Policy."

6 Information on this best practice comes from General Electric Medical Systems' *The Expatriate Sponsorship Program*.

7 Black and Mendenhall, "A Practical but Theory-Based Framework for Selecting Cross-Cultural Training Methods" p.199

監訳者あとがき

本書は、Black, J. Stewart, Hal B. Gregersen, Mark E. Mendenhall, and Linda K. Stroh, "Globalizing People Through International Assignment" Addison-Wesley, 1999. の全訳である。

監訳者たちは、気心の知れた長年にわたる調査研究の仲間であるが、とりわけ、日本労働研究機構に設置された日本人海外派遣者の調査研究委員会で同じテーマについて数年にわたり調査を続けている同僚である。本書との関連では、日本労働研究機構から出版される「日本企業の海外派遣者：職業と生活」（二〇〇一年三月刊）を参照されたい。

原著者たちの業績は、この分野の研究者にとって必読のものとなっている。また、本書の随所に現れているように、著者たちは実業界との接触も極めて深く、実務の方々にも極めて示唆の深い書物となっている。

監訳者たちの分担は以下のようである。永井が第1、2、5、6章、梅澤が第7、9、10章、そして白木が第3、4、8、11章を担当した。相互にクロスチェックを行った後、訳語の統一や全体の文章のトーンを調整する作業は白木が担当した。

本翻訳書のボリュームは予想以上に大きなものとなり、巻末に添付することを予定していた索引は割愛せざるを得なかった。他方、読者の便宜を図り、目次は原著よりやや詳しいものとした。

いずれにせよ、本書の翻訳が企図されてから6カ月で原著出版社との交渉から、翻訳、製本までを行ったものである。誤訳等がないよう、細心の注意を払ったつもりであるが、思わぬ誤訳や誤解を生むような表現が残っていないとはいいきれない。読者諸賢のご叱正を請う次第である。

さらに、今回のスピーディな翻訳ならびに出版は、鶴岡公幸課長をはじめとする財団法人国際ビジネスコミュニケーション協会の翻訳協力者の方々による献身的なご尽力と、白桃書房の大矢栄一郎専務取締役の出版に関する熟練とがあって、はじめて成り立ったものである。この場を借りて心から感謝申し上げる。

監訳者を代表して　白木三秀

著者紹介

J・ステュアート　ブラック（Stewart Black）博士は、調査や出版、海外勤務に関してのコンサルティングサービスを手がける会社、グローバル・アセスメント・センターのディレクターである。（二〇〇〇年末現在、ミシガン大学ビジネス・スクール教授に就任している。―訳者注）ブラック博士はカリフォルニア大学アーバイン校で経営学の博士号を取得し、ダートマスカレッジ・エイモスタック・ビジネス・スクールの、前準教授であった。これまで数々の学術的および教授法に関して表彰を受け、また世界中で五〇回以上ものプレゼンテーションを行ってきた。

ブラック博士の調査やコンサルティングは、グローバル・リーダーシップ、戦略的人的資源管理、海外勤務および異文化経営といった領域に重点を置いている。また、博士はアメリカン・エキスプレス、ブラック&デッカー、ボーイング、ブランスウィック、エクソン、GM、IBM、ケロッグ、コダック、モトローラ、NASA、ホンダ、川崎製鉄など、様々な国際的企業においてグローバル・リーダーシップ、国際人的資源管理に関するコンサルティングやセミナーを実施している。

ブラック博士はまた一〇〇本以上もの記事や論文、事例などをビジネス・ウィーク、ウォールストリート・ジャーナル、フォーチュン、ハーバード・ビジネス・レビュー、ワーク・フォース、アカデミー・オブ・マネジメント・レビュー、アカデミー・オブ・マネジメント・ジャーナル、ヒューマン・リソース・マネジメント、ジャーナル・オブ・インターナショナル・ビジネス・スタディーズ、そしてヒューマン・リレーションズなどの実務および学術的なジャーナルに掲載している。さらに博士は海外勤務者とその家族のために書かれた、"So You're Going Overseas"、"A Handbook for Personal and Professional Success"そして"So You're Coming Home"をはじめとした八冊もの本を共同執筆している。そして近刊の"Global Explorer: The Next Generation of Leaders"の共同執筆者でもある。

ブラック博士はヨーロッパやアジア中を旅行し、日本に住んで仕事をしたこともあり、日本語を流暢に話すことができる。今までに訪問教授として日本の国際大学に三回招かれている。

ハル　B・グレガーセン（Hal B. Gregersen）博士は、ブリガム・ヤング大学マリオット・ビジネス・スクールで国際経営学の準教授である。同博士は、これまでダートマスカレッジ・エイモスタック・スクール、ペンステート、サンダーバード等で教鞭をとってきた。博士はブリガム・ヤング大学で修士号を取得し、カリフォルニア大学アーバイン校にて博士号を取得している。また、フィンランドで三年間働き、トゥルク・ビジネス・スクールへのフルブライト研究留学の経験から、フィンランド語を読み書きすることができる。

グレガーセン博士の調査は主に、戦略的海外勤務管理、グローバル・リーダーの育成および国際戦略の実施に焦点を当てている。かれはこれらのテーマに関して七〇本以上もの論文や章、事例紹介を書き、それらはアカデミー・オブ・マネジメント・ジャーナル、ハーバード・ビジネス・レビュー、ジャーナル・オブ・アプライド・サイコロジー、ジャーナル・オブ・インターナショナル・ビジネス・スタディーズ、パーソネル・サイコロジー、そしてスローン・マネジメント・レビューといった、主要なジャーナルに掲載されている。グレガーセン博士は海外派遣者とその家族の海外勤務中、およびその後における成功のための手引書である"So You're Going Overseas" "So You're Coming Home"の共同執筆者でもある。かれの海外勤務そしてグローバル・リーダーシップに関する著作は、アクロス・ザ・ボード、ビジネス・ウィーク、エグゼクティブ・エクセレンス、フォーチュン、インダストリー・ウィーク、ロスアンジェルス・タイムズ、U・S・ニュース&ワールド・リポートそしてウォールストリート・ジャーナルを含むビジネス誌に定期的に引用されている。

グローバル・アサイメントセンターのシニアパートナーとして、グローバル戦略と国際人事制度の効果的なリンクを強化するために、グレガーセン博士は北米、ヨーロッパ、アジアなど様々な国の企業のコンサルティングを手がけている。博士はまた、IBM、マリオットなどの会社の経営幹部育成プログラムで定期的に教えている。また、カンファレンス・ボード、エンプロイー・リロケーション・カウンシル、ヒューマン・リソース・プランニング・ソサエティ、インターナショナル・パーソネル・アドミニストレイターズ、オーガニゼイション・リソース・カウンセラーズそしてインターナショナル・リサーチ・インスティテュートといった団体で講演を行っている。

マーク E・メンデンホール（Mark E. Mendenhall）博士は、テネシー大学チャタノーガ校ビジネスリーダーシップセンターの所長である。同博士はブリガム・ヤング大学において心理学の学士号と、社会心理学の博士号を取得している。

メンデンホール氏の主な研究活動は人的資源管理、特に海外派遣マネージャーの異文化適応と日本の組織行動についてである。博士がこういった研究に興味を持ったのは、ニュージーランドのハミルトン郊外で多文化コミュニティーの中に育ったことに起因している。その街では、マオリ族、パケハス（白色ニュージーランド人）の他に、米国、トンガ、サモア、オーストラリアなどからの海外派遣が居住していた。日本での二年の滞在中に、博士は、日本にいる海外勤務者が出会う異文化適応に関する問題がニュージーランドの海外勤務者のそれとまったく同じであることに気がついた。また、メンデンホール博士は沢山の論文を著し、"Readings and Cases in International Human Resource Management"（一九九一年刊、ゲーリー　オドゥ氏との共著）"International Management"（ディビット　リックスとB・J・プネットとの共著による四刷目のテキストブック）における論文と事例紹介を含む、数々の本を出版している。さらにメンデンホール博士は、マネジメントとリーダーシップ効果性について、大手の日刊紙「チャタノーガタイムズ」で毎週コラムを書いている。

かれは現在もコンサルタントとして活躍中であり、異文化適応や日本の経営システムさらにリーダーシップ開発に関するワークショップやセミナーを開催している。また、アカデミー・オブ・マネジメントで活躍し、国際部会における役員、さらに一九九三年には部会長を務めた。かれはまた、アカデミー・オブ・マネジメントの国際化委員会や国際部門の博士課程担当であり、現在、ジャーナル・オブ・インターナショナル・ビジネス・スタディーズ・アンド・オブ・ヒューマン・リソース・プランニングの編集委員の一人である。

メンデンホール博士は広く世界を旅し、人生の約四分の一をニュージーランド、日本、スイスなど海外で暮らしている。

リンダ　K・ストロー（Linda K. Stroh）女史は、シカゴのロヨラ大学人的資源・労使関係研究所のワークプレイス・スタディーズのディレクターであり、教授である。博士は産業社会学の学士号をモントリオールのマギル大学で、修士号を同じモントリオールのコンコルディア大学で、博士号をノースウエスタン大学で取得した。

ストロー博士の研究分野は主に、管理者のキャリア、行動、国内外における組織へのコミットメントに影響を与える組織政策についてである。女史の論文はジャーナル・オブ・アプライド・サイコロジー、パーソネル・サイコロジー、アカデミー・オブ・マネジメント・ジャーナル、インターナショナルジャーナル・オブ・ヒューマン・リソース・マネジメント、ストラトジック・マネジメント・ジャーナル、ジャーナル・オブ・オーガニゼイショナル・ビヘイビアー、ジャーナル・オブ・マネジメント・エジュケーション、スローン・マネジメント・レビュー、ヒューマン・リソース・マネジメント・ジャーナルその他各種のジャーナルに掲載されている。また、同氏の研究成果は、ウォールストリート・ジャーナル、ニューヨーク・タイムズ、ワシントン・ポスト、シカゴ・トリビューンの、フォーチュン、ニューズ・ウィーク、U・S・ニュース&ワールド・リポート、ビジネス・ウィーク等多数のニュースや人気のある刊行物の表紙にも取り上げられている。ストロー博士の“仕事と家庭”調査はトム・ブロカウの夜のニュースでしばしば取り上げられている。

教育と研究活動の他に、彼女はマネジメント・アカデミーのキャリア部会の座長を務めている。現在、彼女はジャーナル・オブ・ボケイショナル・ビヘイビアー、インターナショナル・ジャーナル・オブ・オーガニゼイショナル・アナリシス、そしてジャーナル・オブ・アプライド・ビジネス・リサーチの編集委員を務めている。さらに、インターナショナル・パーソネル・アソシエイション（米国、カナダ内の多国籍企業上位一〇〇社の内六〇社が会員）のアカデミックアドバイザーでもある。ストロー女史はモチベーション、リーダーシップ、変革経営、問題解決、グローバル経営などに関する問題に関して三〇以上もの組織のコンサルティングを行っている。

■ 海外《かいがい》派遣《はけん》とグローバルビジネス
—異文化《いぶんか》マネジメント戦略《せんりゃく》—

■ 発行日——2001年4月26日　初版発行　〈検印省略〉
2011年2月16日　初版3刷発行

■ 監訳者——白木《しらき》三秀《みつひで》・永井《ながい》裕久《ひろひさ》・梅澤《うめざわ》　隆《たかし》

■ 翻訳協力—(財)国際ビジネスコミュニケーション協会

■ 発行者——大矢栄一郎

■ 発行所——株式会社　白桃書房《はくとうしょぼう》
〒101-0021　東京都千代田区外神田5-1-15
☎03-3836-4781　Ⓕ03-3836-9370　振替00100-4-20192
http://www.hakutou.co.jp/

■ 印刷・製本——平文社／渡辺製本

ISBN978-4-561-23341-1　C3034

【翻訳協力】

財団法人国際ビジネスコミュニケーション協会(IIBC)
http://www.toeic.or.jp
〒100-0014　東京都千代田区永田町2-14-2山王グランドビル
03-5521-5874／FAX:03-3581-9801

IIBCは，通産省（現 経済産業省）所管の公益法人として，1986年2月に設立。国際コミュニケーション英語能力テストであるTOEIC(Test of English for International Business Communication)の実施・運営を中核活動としている。また，グローバルなビジネス展開を行う企業にとって，世界に通用する資質，能力，適性を備えた人材の育成のためのWeb情報誌『GLOBAL MANAGER』の発行をはじめ，GHRD(Global Human Resources Development，グローバル人材開発)に関する各種の情報収集・発信のためのセミナー，ワークショップの開催を行っている。

『Professional Competencies and HRD Model for Marine Managers』（TJAAAST、2007年）

梅澤　隆（うめざわ　たかし）
国士舘大学政経学部教授

1949年（昭和24年）東京生まれ。1973年３月同志社大学文学部社会学科卒業後、1980年３月慶應義塾大学大学院社会学研究科博士課程修了。博士（商学）。1981年５月東京工業大学工学部経営工学科助手、1986年４月大阪学院大学経済学部助教授を経て、1993年４月国士舘大学政経学部教授。
専攻は人的資源管理論およびＩＴ産業論。

著書
『ソフトウエアに賭ける人たち』（共著）（コンピュータ・エージ社刊、2001年）
『ソフトウエアに挑む人たち』（共著）（コンピュータ・エージ社刊、2004年）
『チャイナシフトの人的資源管理』（共著）（白桃書房、2005年）
『人的資源管理の基本』（共編著）（文眞堂、2010年）

【監訳者略歴】

白木 三秀（しらき みつひで）
早稲田大学政治経済学術院教授、トランスナショナルＨＲＭ研究所所長

1951年（昭和26年）滋賀県生まれ。早稲田大学政治経済学部卒業後、同大学院経済学研究科博士後期課程修了。博士（経済学）。国士舘大学政経学部助教授・教授等を経て、1999年早稲田大学政治経済学部教授。2005年より政治経済学術院教授。
専門：社会政策、人的資源管理論。

最近の著訳書
『チャイナ・シフトの人的資源管理』（編著）（白桃書房、2005年）
『国際人的資源管理の比較分析』（有斐閣、2006年）
『内部労働市場とマンパワー分析』（監訳）（早大出版部、2007年）
『人的資源管理の基本』（共編著）（文眞堂、2010年）

永井 裕久（ながい ひろひさ）
筑波大学大学院ビジネス科学研究科教授

1958年（昭和33年）東京生まれ。オレゴン州立大学理学部卒業後、ワシントン大学大学院修士課程、慶應義塾大学ビジネススクール（ＭＢＡ）、慶應義塾大学大学院商学研究科博士後期課程修了。博士（商学）。専修大学商学部助教授を経て、1998年筑波大学社会工学系助教授、2004年より教授。
専門：組織行動、人材開発。

最近の著書
『パフォーマンスを生み出すグローバルリーダーの条件』（編著）（白桃書房、2005年）
『日本人海外派遣者の異文化適応とグローバルコンピテンシー』（異文化経営学会、2006年）

References

Abe, H., and R. L. Wiseman. 1983. "A Cross-Cultural Confirmation of Intercultural Effectiveness." *International Journal of Intercultural Relations 7*:53–68.

Adler, N. J. 1986. "Do MBAs Want International Careers?" *International Journal of Intercultural Relations 10*:277–300.

———. 1984. "Expecting International Success: Female Managers Overseas." *Columbia Journal of World Business 19*:79–85.

———. 1986. *International Dimensions of Organizational Behavior*. Boston: PWS-Kent.

———. 1990. *International Dimensions of Organizational Behavior*. 2d ed. Boston: PWS-Kent.

———. 1987. "Pacific Basin Managers: A Gaijin, Not a Woman." *Human Resource Management 26*:169–92.

———. 1981. "Re-entry: Managing Cross-Cultural Transitions." *Group and Organization Studies 6*(3):34156.

———. 1984. "Women Do Not Want International Careers: And Other Myths About International Management." *Organizational Dynamics 13*:66–79.

———. 1984. "Women in International Management: Where Are They?" *California Management Review 26*:78–89

Adler, N. J., and D. N. Izraeli. 1988. *Women in Management Worldwide*. Armonk, N.Y.: Sharpe.

Arthur, W., and W. Bennet. 1995. "The International Assignee: The Relative Importance of Factors Perceived to Contribute to Success." *Personnel Psychology 48*:99–113.

Aycan, Z. 1997. *Expatriate Management: Theory and Research*. Greenwich: JAI Press.

———. 1997. "Acculturation of Expatriate Managers: A Process Model of Adjustment and Performance." In *Expatriate Management: Theory and Research*, Z. Aycan. Greenwich: JAI Press.

Baird, L., and I. Meshoulam. 1988. "Managing Two Fits of Strategic Human Resource Management." *Academy of Management Review 13:*116–28.

Baker J. C., and J. Ivancevich. 1971. "The Assignment of American Executives Abroad: Systematic, Haphazard, or Chaotic?" *California Management Review 13:*39–44.

Bandura, A. 1983. *Social Foundations of Thought and Action.* Englewood Cliffs, N.J.: Prentice Hall.

———. 1977. *Social Learning Theory.* Englewood Cliffs, N.J.: Prentice Hall.

Bartlett, C., and S. Ghoshal. 1988. "Organizing for Worldwide Effectiveness: The Transnational Solution." *California Management Review 31*(1):54–74.

Beer, M. 1981. "Performance Appraisal: Dilemmas and Possibilities." *Organizational Dynamics 10:*24–36.

Bell, N., and B. Staw. 1989. "People as Sculptors Versus People as Sculpture: The Roles of Personality and Personal Control in Organizations." In *Handbook of Career Theory,* ed. M. B. Arthur, D. T. Hall, and B. Lawrence. Cambridge, England: Cambridge University Press.

Bennett, A. 1989. "The Chief Executives in the Year 2000 Will Be Experienced Abroad." *Wall Street Journal,* 27 Feb., A1–A4.

———. 1989. "Going Global." *Wall Street Journal,* 27 Feb. A1.

Björkman, I., and M. Gertsen. 1992. "Selecting and Training Scandinavian Expatriates: Determinants of Corporate Practice." *Scandinavian Journal of Management.*

Black, J. S. 1992. "Coming Home: The Relationship of Expatriate Expectations with Repatriation Adjustment and Job Performance." *Human Relations 45:*177–92.

———. 1990. "Factors Related to the Adjustment of Japanese Expatriate Managers in America." *Research in Personnel and Human Resource Management 5:*109–25.

———. 1991. "Fred Bailey: An Innocent Abroad." In *Readings and Cases in International Human Resource Management*, ed. M. Mendenhall and G. Oddou. Boston: PWS-Kent.

———. 1990. "Locus of Control, Social Support, Stress, and Adjustment to International Transfers." *Asia Pacific Journal of Management 7*(1):1–29.

———. 1994. "**O Kaerinasai:** Factors Related to Japanese Repatriation Adjustment." *Human Relations 47:*1,489–508.

———. 1991. "The Other Side of the Picture on the Other Side of the World: Repatriation Problems of Japanese Expatriate Spouses." Unpublished paper, Amos Tuck School of Business Administration, Dartmouth College.

———. 1990. "Personal Dimensions and Work Role Transitions: A Study of Japanese Expatriate Managers in America." *Management International Review 30*(2):119–34.

———. 1989. "Repatriation: A Comparison of Japanese and American Practices and Results." In *Proceedings of the Eastern Academy of Management International Conference*. Vol. 1. Hong Kong: Eastern Academy of Management.

———. 1992. "Socializing American Expatriate Managers Overseas: Tactics, Tenure, and Role Innovation." *Group and Organization Management 17:*171–92.

———. 1993. "The Role of Expectations During Repatriation for Japanese Managers." *Research in Personnel and Human Resources Management* (Supplement V.3, *International Human Resource Management*). Greenwich, CT: JAI Press, 339–58.

———. 1991. "A Tale of Three Countries." Paper presented at the annual meeting of the Academy of Management, Miami.

———. 1988. "Work Role Transitions: A Study of American Expatriate Managers in Japan." *Journal of International Business Studies 19:*277–94.

Black, J. S., and H. B. Gregersen. 1991. "Antecedents to Cross-Cultural Adjustment for Expatriates in Pacific Rim Assignments." *Human Relations 44:*497–515.

———. 1992. "Functional and Dysfunctional Turnover After International Assignments." Unpublished paper, Amos Tuck School of Business Administration, Dartmouth College.

———. 1991. "The Other Half of the Picture: Antecedents of Spouse Cross-Cultural Adjustment." *Journal of International Business Studies 22:*461–67

———. 1991. "When Yankee Comes Home: Factors Related to Expatriate and Spouse Repatriation Adjustment." *Journal of International Business Studies 22*(4):671–95.

Black, J. S., H. B. Gregersen, and M. E. Mendenhall. 1992. "Toward a Theoretical Framework of Repatriation Adjustment." *Journal of International Business Studies 23:*737–60.

Black, J. S., H. B. Gregersen, and E. Wethli. 1990. "Factors Related to Expatriate Spouses' Adjustment in Overseas Assignments." Paper presented at the Western Academy of Management international conference, Shizuoka, Japan.

Black, J. S., and M. E. Mendenhall. 1990. "Cross-Cultural Training Effectiveness: A Review and Theoretical Framework for Future Research." *Academy of Management Review 15:*113–36.

———. 1991. "A Practical but Theory-Based Framework for Selecting Cross-Cultural Training Methods." In *Readings and Cases in International Human Resource Management,* M. Mendenhall and G. Oddou. ed. Boston: PWS-Kent.

———. 1989. "Selecting Cross-Cultural Training Methods: A Practical Yet Theory-Based Model." *Human Resource Management 28*(4): 511–40.

———. 1991. "The U-Curve Hypothesis Revisited: A Review and Theoretical Framework." *Journal of International Business Studies 22:*225–47.

Black, J. S., M. E. Mendenhall, and G. Oddou. 1991. "Toward a Comprehensive Model of International Adjustment: An Integration of Multiple Theoretical Perspectives." *Academy of Management Review 16:*291–317.

Black, J. S., A. Morrison, and H. Gregersen. (In press) *Global Explorers: The Next Generation of Leaders*. New York: Routledge.

Black, J. S., and L. W. Porter. 1991. "Managerial Behaviors and Job Performance: A Successful Manager in Los Angeles May Not Succeed in Hong Kong." *Journal of International Business Studies 22:*99–114.

Black, J. S., and G. Stephens. 1989. "Expatriate Adjustment and Intent to Stay in Pacific Rim Overseas Assignments." *Journal of Management 15:*529–44.

Blake, R., and J. Mouton. 1964. *The Managerial Grid.* Houston: Gulf.

Boles, M. 1997. "How Organized Is Your Expatriate Program?" *Workforce 76*(8):21–2.

Bowman, E. H. 1986. "Concerns of CEOs." *Human Resource Management 25:*267–85.

Boyacigiller, N. 1990. "The Role of Expatriates in the Management of Interdependence, Complexity, and Risk in Multinational Corporations." *Journal of International Business Studies 21:*357–81.

Brein, M., and K. H. David. 1971. "Intercultural Communication and Adjustment of the Sojourner." *Psychology Bulletin 76:*215–30.

Brett and Stroh. 1995. "Willingness to Relocate Internationally." *Human Resource Management Journal.*

Brewster, C. 1991. *The Management of Expatriates*. London: Kogan Page.

Casio, W. F. 1986. *Managing Human Resources*. New York: McGraw-Hill.

Church, A. T. 1982. "Sojourner Adjustment." *Psychological Bulletin 9:*540–72.

Clague, L., and N. Krupp. 1978. "International Personnel: The Repatriation Problem." *Personnel Administrator 23:*29–45.

Chao, G. T., and Y. J. Sun. 1997. "Training Needs for Expatriate Adjustment in the People's Republic of China." In *Expatriate Management: Theory and Research*, ed. Z. Aycan. Greenwich: JAI Press.

Clarke, C., and M. R. Hammer. 1995. "Predictors of Japanese and American Managers Job Success, Personal Adjustment, and Intercultural Interaction Effectiveness." *Management International Review 35:*153–70.

Copeland, L., and G. Louis. 1985. *Going International*. New York: Random House.

Cotton, J. L., D. A. Vollrath, K. L. Froggatt, M. L. Kengnick-Hall, and K. R. Jennings. 1988. "Employee Participation: Diverse Forms and Different Outcomes." *Academy of Management Review 13:*8–22.

De Cieri, H., P. J. Dowling, and K. Taylor. 1989. "The Psychological Impact of Expatriate Relocation on Spouses." Paper presented at the Academy of International Business annual meeting, Singapore.

Deller, J. "Expatriate Selection: Possibilities and Limitations of Using Personality Scales." 1997. In *New Approaches to Employee Management: Expatriate Management: Theory and Research*, ed. Zeynep Aycan. Vol. 4. London: JAI Press, 93–116.

Dennis L. E. and L. K. Stroh. 1993. "Take This Job and . . . A Case Study of International Adjustment." *International Journal of Organizational Analysis 1*(1):85–96.

Devanna, M. A., C. Fombrun, and N. Tichy. 1984. "A Framework for Strategic Human Resource Management." In *Strategic Human Resource Management*, ed. C. Fombrun, M. A. Devanna, and N. Tichy. New York: Wiley.

DeYoung, G. H. 1990. "The Clash of Cultures at Tylan General." *Electronic Business* (10 December), 148–150.

Dowling, P., and R. Schuler. 1990. *International Dimensions of Human Resource Management*. Boston: PWS-Kent.

Dowling, P., R. Schuler, and D. Welch. 1994. *International Dimensions of Human Resource Management*. 2d ed. Wadsworth International Dimensions of Business Series. Belmont, Calif.: Wadsworth Publishing Co.

Dowling, P. J., R. S. Schuler, and D. E. Welch. 1997. *International Dimensions of Human Resource Management*. 3d ed. Belmont: Wadsworth Publishing Co., Calif.

Doz, Y. L., and C. K. Prahalad. 1981. "Headquarters Influence and Strategic Control in MNCs." *Sloan Management Review 7:*15–29.

Earley, P. C. and M. Erez. 1997. *New Perspectives on International Industrial/Organizational Psychology*. San Francisco: The New Lexington Press.

Edstrom, A., and J. Gaibraith. 1977. "Transfer of Managers as a Coordination and Control Strategy in Multinational Organizations." *Administrative Science Quarterly 22:*248–63.

Employee Relocation Council. 1997. *International Relocation Issues*. Washington, D.C.

Feldman, D., and H. Tompson. 1993. "Expatriation, Repatriation, and Domestic Geographical Relocation: An Empirical Investigation of Adjustment to New Job Assignments." *Journal of International Business Studies 24:*507–27.

Frazee, V. 1998. "Research Points to Weaknesses in Expat Policy." *Workforce 3*(1):9.

Fuchsberg, G. 1992. "As Costs of Overseas Assignments Climb, Firms Select Expatriates More Carefully." *Wall Street Journal*, 9 January, B1–B4.

Gates, S. 1996. *Managing Expatriates' Return: A Research Report*. The Conference Board.

"GE Culture Turns Sour at French Unit." 1990. *Wall Street Journal*, 31 July, A11.

Gertsen, M. 1989. "Expatriate Training and Selection." In *Proceedings of the European International Business Association Conference*, ed. R. Luostarinen. Helsinki, Finland: European International Business Association.

Ghadar, F., and N. Adler. 1989. "Management Culture and Accelerated Product Life Cycle." *Human Resource Planning 12*(1):37–42.

Gibson, C. B. 1997 "Do You Hear What I Hear? A Framework for Reconciling Intercultural Communication Difficulties Arising from Cognitive Styles and Cultural Values." In *New Perspectives on Industrial/Organizational Psychology*, ed. P. C. Earley and M. Erez, 335–62. San Francisco: The New Lexington Press.

Glissen, C., and M. Durrick. 1988. "Predictors of Job Satisfaction and Organizational Commitment in Human Service Organizations." *Administrative Science Quarterly 33*:61–81.

Gomez-Mejia, L., and D. Balkin. 1987. "Determinants of Managerial Satisfaction with the Expatriation Process." *Journal of Management Development 6:* 7–17.

Graen, G. B., C. Hui, M. Wakabayashi, and Zhong-Ming Wang. 1997. Cross-Cultural Research Alliances in Organizational Research: Cross-Cultural Partnership-Making in Action. In *New Perspectives on International Industrial/Organizational Psychology*, ed. P. C. Earley and M. Erez. San Francisco: The New Lexington Press.

Granrose, C. 1994. "Careers of Japanese and Expatriate Chinese Managers in U.S. Multi-National Firms." 10, 4: 59–79.

Greenberger, D., and S. Strasser. 1990. "Development and Application of a Model of Personal Control in Organizations." *Academy of Management Review 11:* 164–77.

Gregersen, H. B. 1992. "Coming Home to the Cold: Finnish Repatriation Adjustment." Paper presented at the meeting of the Academy of International Business, Brussels, Belgium.

———. 1992. "Commitments to a Parent Company and a Local Work Unit during Repatriation." *Personnel Psychology 45:* 29–54.

———. 1992. "Organizational Commitment During Repatriation: The Japanese and Finnish Experience." Paper presented at the annual meeting of the Academy of Management, Las Vegas.

Gregersen, H. B., and J. S. Black. 1992. "Antecedents to Commitment to a Parent Company and a Foreign Operation." *Academy of Management Journal 35:* 65–90.

———. 1995. "Global Executive Development: Keeping High Performers After International Assignments." *Journal of International Management 1:*3–31.

———. 1990. "A Multifaceted Approach to Expatriate Retention in International Assignments." *Group and Organization Studies 15*(4):461–85.

———. 1996. "Multiple Commitments Upon Repatriation: The Japanese Experience." *Journal of Management 22:*209–29.

Gregersen, H. B., J. S. Black, and J. Hite. 1995. "Expatriate Performance Appraisal: Principles, Practices and Challenges. In *Expatriate Management: New Ideas for International Business*, ed. Jan Selmer. Westport, CT: Quorum Books.

Gregersen, H. B., J. Hite, and J. S. Black. 1996. "Expatriate Performance Appraisal in U.S. Multinational Firms." *Journal of International Business Studies 27:*711–38.

Gupta, A., and V. Govindarajan. 1991. "Knowledge Flows and the Structure of Control Within Multinational Corporations." *Academy of Management Review 16*(4):768–92.

Hall, D. 1989. "How Top Management and the Organization Itself Can Block Effective Executive Succession." *Human Resource Management 28:*5–24.

Hall, D. T., and J. G. Goodale. 1986. *Human Resource Management.* Glenview, Ill.: Scott, Foresman.

Hammer, M. R. 1987. "Behavioral Dimensions of Intercultural Effectiveness." *International Journal of Intercultural Relations 11:*65–88.

Hammer, M. R., J. E. Gudykunst, and R. L. Wiseman. 1978. "Dimensions of Intercultural Effectiveness: An Exploratory Study." *International Journal of Intercultural Relations 2:*382–93.

Hansen, F. 1997. "Repatriation Programs Work." *Compensation and Benefits Review 29*(5):14–5.

Harris, P. R., and R. Moran. 1989. *Managing Cultural Differences.* Houston: Gulf.

Harvey, M. 1985. "The Executive Family: An Overlooked Variable in International Assignments." *Columbia Journal of World Business 19:*84–93.

———. 1983. "The Other Side of Foreign Assignments: Dealing with the Repatriation Problem." *Columbia Journal of World Business 17:*53–9.

———. 1989. "Repatriation of Corporate Executives: An Empirical Study." *Journal of International Business Studies 20:*131–44.

Hawes, F., and D. J. Kealey. 1981. "An Empirical Study of Canadian Technical Assistance." *International Journal of Intercultural Relations 5:*239–58.

Hoecklin, L. 1995. *Managing Cultural Differences: Strategies for Competitive Advantage*. Reading, Mass.: Addison–Wesley.

Hofstede, G. 1980. *Culture's Consequences: International Differences in Work-Related Values*. Newbury Park, Calif.: Sage.

House, R. J., N. S. Wright, R. N. Aditya. 1997. "Cross-Cultural Research on Organizational Leadership: A Critical Analysis and a Proposed Theory." In *Perspectives on International Industrial/Organizational Psychology,* ed. P. C. Earley and M. Erez. San Francisco: The New Lexington Press.

HRM Update. 1996. "Spouses a Concern in International Relocation." *HRMagazine* (May).

Ioannou, L. 1995. Unnatural Selection. *International Business* (July), 54–9.

Jackson, S., and R. Schuler. 1985. "A Meta-analysis and Conceptual Critique of Research on Role Ambiguity and Role Conflict in Work Settings." *Organizational Behavior and Human Decision Processes 36:*16–78.

Jaeger, A. 1982. "Contrasting Control Modes in the Multinational Corporation: Theory, Practice, and Implications." *International Studies of Management and Organization 12*(1):59–82.

Janssens, M. 1995. "Intercultural Interaction: A Burden on International Managers?" *Journal of Organizational Behavior* 16:155–67.

Jelenik, M., and N. J. Adler. 1988. "Women: World-Class Managers for Global Competition." *Academy of Management Executive 2:* 11–9.

Kainulainen, S. 1990. "Selection and Training of Personnel for Foreign Assignments." Unpublished master's thesis, University of Vaasa, Finland.

Katz, J. and D. M. Seifer. 1996. "It's a Different World Out There: Planning for Expatriate Success Through Selection, Pre-Departure Training and On-Site Socialization." *Human Resource Planning,* 32–47.

Kendall, D. W. 1981. "Repatriation: An Ending and a Beginning." *Business Horizons 24:*21–5.

Kerr, S. 1975. "On the Folly of Rewarding *A* While Hoping for *B*." *Academy of Management Journal 18*(4):769–83.

Kobrin, S. 1988. "Expatriate Reduction and Strategic Control in American Multinational Corporations." *Human Resource Management 27:*63–75.

Kopp, R. 1994. International Human Resource Policies and Practices in Japanese, European, and U.S. Multinationals. 33, 4:581–99.

Korn-Ferry International. 1981. *A Study of the Repatriation of the American International Executive.* New York: Korn-Ferry International.

Kroeber, A. L., and C. Kluckhohn. 1952. *Culture: A Critical Review of Concepts and Definitions.* Cambridge, Mass.: Harvard University Press.

Lin, Z. 1997. "Ambiguity with a Purpose: The Shadow of Power in Communication." In *New Perspectives on Industrial/Organizational Psychology,* ed. P. C. Earley and M. Erez, 363–76. San Francisco: The New Lexington Press.

Linton, R. 1995. *The Tree of Culture.* Toronto, Canada: McCleland & Stewart.

Lublin, J. 1989. "Grappling with Expatriate Issues." *Wall Street Journal,* 11 December, B1.

McGregor, D. 1960. *The Human Side of Enterprise.* New York: McGraw-Hill.

Manz, C. C., and H. P. Sims. 1981. "Vicarious Learning: The Influence of Modeling on Organizational Behavior." *Academy of Management Review 6:*105–13.

Mathieu, J. E., and D. M. Zajac. 1990. "A Review and Meta-analysis of the Antecedents, Correlates, and Consequences of Organizational Commitment." *Psychological Bulletin 108:*171–94.

Mendenhall, M., E. Dunbar, and G. Oddou. 1987. "Expatriate Selection, Training, and Career-Pathing." *Human Resource Management 26*(3):331–45.

Mendenhall, M., and G. Oddou. 1986. "Acculturation Profiles of Expatriate Managers: Implications for Cross-Cultural Training Programs." *Columbia Journal of World Business 21:*73–9.

———. 1985. "The Dimensions of Expatriate Acculturation: A Review." *Academy of Management Review 10:*39–47.

Miller, E. 1973. "The International Selection Decision: A Study of Managerial Behavior in the Selection Decision Process." *Academy of Management Journal 16*(2):239–52.

Miller, E., S. Beechler, B. Bhatt, and R. Nath. 1986. "Relationship Between Global Strategic Planning Process and the Human Resource Management Function." *Human Resource Planning* 9(1):9–23.

Misa, K. F., and Fabricatore, J. 1979. "Return on Investment of Overseas Personnel." *Financial Executive 47:*42–6.

Moran, Stahl, and Boyer. 1987. *International Human Resource Management.* Boulder, Colo.: Moran, Stahl, and Boyer.

Mount, M. K., and M. R. Barrick. 1995. "The Big Five Personality Dimensions: Implications for Research and Practice in Human Resources Management." In *Research in Personnel and Human Resource Management,* ed. G. R. Ferris, 13:153–200. Greenwich: JAI Press.

Mowday, R., L. Porter, and R. Steers. 1982. *Employee-Organization Linkages: The Psychology of Commitment, Absenteeism, and Turnover*. San Diego, Calif.: Academic Press.

Murphy, D. W., and L. K. Stroh. 1997. "A Critical Evaluation of Expatriate Selection and the Issue of Fit." Paper presented to the International Conferences on Advances in Management (July), Toronto.

Nakane, C. 1970. *Japanese Society.* Berkeley: University of California Press.

Napier, N. K., and R. B. Peterson. 1990. "Expatriate Re-entry: What Do Repatriates Have to Say?" *Human Resource Planning 14:*19–28.

Negandi, A. R., G. S. Eshghi, and E. C. Yuen. 1985. "The Managerial Practices of Japanese Subsidiaries Overseas." *California Management Review 4:*93–105.

Nemetz, P. L. and S. L. Christensen. 1996. "The Challenge of Cultural Diversity: Harnessing Diversity of Views to Understand Multiculturalism." *The Academy of Management Review 21,* 2:434–62.

Nicholson, N., and I. Ayako. 1993. "The Adjustment of Japanese Expatriates to Living and Working in Japan. *British Journal of Management, 4:*93–105.

Oddou, G., H. B. Gregersen, B. Derr, and J. S. Black. (in press). "Internationalizing Human Resources: Strategy Differences Among European, Japanese, and U.S. Multinationals." *International Journal of Human Resource Management.*

Oddou, G., and M. Mendenhall. 1991. "Expatriate Performance Appraisal: Problems and Solutions." In *Readings and Cases in International Human Resource Management*, ed. M. Mendenhall and G. Oddou. Boston: PWS-Kent.

———. 1984. "Person Perception in Cross-Cultural Settings: A Review of Cross-Cultural and Related Literature." *International Journal of Intercultural Relations 8:*77–96.

———. 1991. "Succession Planning for the 21st Century: How Well Are We Grooming Our Future Business Leaders?" *Business Horizons 34:*2–10.

O'Hara, M., and R. Johansen. 1994. *Global Work: Bridging Distance, Culture & Time*. San Francisco: Jossey-Bass.

Ones, D. S. and C. Viswesvaran. 1997. "Personality Determinants in the Prediction of Aspects of Expatriate Job Success." In *Expatriate Management: Theory and Research*, ed. Zeynep Aycan, 63–92. Vol. 4. London: JAI Press.

O'Reilly, C., and J. Chatman. 1983. "Organizational Commitment and Psychological Attachment: The Effects of Compliance, Identification, and Internalization of Prosocial Behavior." *Journal of Applied Psychology 71:*492–99.

Organization Resources Counselors. 1990. *1990 Survey of International Personnel and Compensation Practices.* New York: Organization Resources Counselors.

Oslund, J. 1991. "The Overseas Experience of Expatriate Businesspeople." Paper presented at the annual meeting of the Academy of Management, Miami.

Osland, J. 1995. "Working Abroad: A Hero's Adventure." *Training and Development* 47–51.

———. 1991. "Working Abroad: A Hero's Adventure." *International Journal of Human Resource Management* 2(3):377–414.

———. 1995. *The Adventure of Working Abroad: Hero Tales from the Global Frontier*. San Francisco: Jossey-Bass.

Ouchi, W. G. 1979. "A Conceptual Framework for the Design of Organizational Control Mechanisms." *Management Science 25:*833–48.

———. 1980. "Markets, Bureaucracies, and Clans," *Administrative Science Quarterly 25:*129–141.

———. 1977. "The Relationship Between Organizational Structure and Organizational Control." *Administrative Science Quarterly 22:*95–113.

Parker, B., and G. McEvoy. 1993. "Initial Examination of a Model of Intercultural Adjustment." *International Journal of Intercultural Relations 17:*355–79.

Pellico, M. T. and L. K. Stroh. 1997. "Spousal Assistance Programs: An Integral Component of the International Assignment." In *Expatriate Management: Theory and Research*, ed. Z. Aycan, 227–44. Vol. 4. London: JAI Press.

Porter, L., and L. McKibben. 1988. *Management Education and Development: Drift or Thrust into the 21st Century?* New York: McGraw-Hill.

Porter, M. 1986. "Changing Patterns of International Competition." *California Management Review 28*(2):9–40.

Robinson, R. 1978. *International Business Management: A Guide to Decision Making*. Chicago: Dryden Press.

Roman, M., R. Mims, and F. Jespersen. 1991. "The Corporate Elite: A Portrait of the Boss." *Business Week*, 25 November, 182.

Ruben, I., and D. J. Kealey. 1979. "Behavioral Assessment of Communication Competency and the Prediction of Cross-Cultural Adaptation." *International Journal of Intercultural Relations 3:*15–7.

Schein, E. 1984. "Coming to a New Awareness of Organizational Culture." *Sloan Management Review 10:*3–16.

Schell, M. and C. Solomon. 1997. *Capitalizing on the Global Workforce: A Strategic Guide to Expatriate Management*. Chicago: Irwin Publishing.

Society for Human Resource Management. 1997. *1996–1997 International Assignee Project*.

Solomon, C. M. 1996. "One Assignment, Two Lives." *Personnel Journal* (May).

Stening, B. 1979. "Problems of Cross-Cultural Contact: A Literature Review." *International Journal of Intercultural Relations 3:*269–313.

Stening, B., J. Everett, and L. Longton. 1981. "Mutual Perception of Managerial Performance and Style in Multinational Subsidiaries." *Journal of Occupational Psychology 54:*255–63.

Stephens, G., and J. S. Black. 1991. "The Impact of the Spouse's Career Orientation on Managers During International Transfers." *Journal of Management Studies 28:*417–28.

Stroh, L. K. 1997. The Family's Role in International Assignments. *Fast Change Magazine* (April).

———. 1995. "Predicting Turnover Among Repatriates: Can Organizations Affect Retention Rates?" *International Journal of Human Resource Management* 6(2):443–56.

Stroh, L. K. and M. A. Lautzenhiser. 1994. "Benchmarking Global Human Resources Practices and Procedures." *Mobility*.

Stroh, L. K., L. E. Dennis, and T. C. Cramer. 1994. "Predictors of Expatriate Adjustment." *International Journal of Organizational Analysis* 2(2):176–92.

Torbiörn, I. 1982. *Living Abroad*. New York: Wiley.

Triandis, H. C., V. Vassilou, and M. Nassiakou. 1968. "Three Cross-Cultural Studies of Subjective Culture. Part Two." *Journal of Personality and Social Psychology* 8(4):1–42.

Triandis, H. C., and D. P. S. Bhawuk, 1997. "Culture Theory and the Meaning of Relatedness." In *New Perspectives on International Industrial/Organizational Psychology,* ed. P.C. Earley and M. Erez. San Francisco: The New Lexington Press.

Trompenaars, F. 1994. *Riding the Waves of Culture*. Burr Ridge, IL: Irwin.

Tung, R. 1988. "Career Issues in International Assignments." *Academy of Management Executive* 2(3):241–44.

———. 1988. *The New Expatriates: Managing Human Resources Abroad*. New York, Ballinger.

———. 1981. "Selecting and Training of Personnel for Overseas Assignments." *Columbia Journal of World Business 16*(1): 68–78.

———. 1982. "Selection and Training Procedures of U.S., European, and Japanese Multinationals." *California Management Review 25*:57–71.

Walker, E. J. 1976. 'Till Business Us Do Part?" *Harvard Business Review 54*:94–101.

Ward, C., and A. Kennedy. 1993. "Where's the 'Culture' in Cross-Cultural Transition?" *Journal of Cross-Cultural Psychology 24*: 221–49.

Welch, D. 1994. International Human Resource Management Approaches and Activities: A Suggested Framework. *Journal of Management 31*,2:139–64.

White, M. 1988. *The Japanese Overseas.* New York: Free Press.

Windham International and the National Foreign Trade Council. 1997. *Global Relocation Trends 1995 Survey Report.*

Zeira, Y., and M. Banai. 1985. “Selection of Managers for Foreign Posts.” *International Studies of Management and Organization 15*(1):33–51.